Lappen-Bork
Prüfungstraining
für Rechtsanwaltsfachangestellte

D1734755

DIGITAL

Ihr digitaler Mehrwert

**Dieses Buch enthält zusätzlich folgende Inhalte,
die Ihnen in Kiehl DIGITAL zur Verfügung stehen:**

 Online-Buch

**Schalten Sie sich das Buch inklusive Mehrwert direkt frei.
So einfach geht's:**

1. Rufen Sie **go.kiehl.de/freischaltcode** auf
   oder scannen Sie den QR-Code.

2. Geben Sie Ihren Freischaltcode in Großbuchstaben ein
   und folgen Sie dem Anmeldedialog.

3. Fertig.

4. Sie finden die Inhalte zu diesem Buch jetzt in Kiehl DIGITAL
   (digital.kiehl.de) unter dem Icon „Bücher".

www.kiehl.de

Prüfungstraining für Rechtsanwaltsfachangestellte

Verfahrensrecht | Kostenrecht | Vollstreckungsrecht

Von
Sabine Lappen-Bork
Karsten Roeser †

3., aktualisierte Auflage

ISBN 978-3-470-**63163**-9 • 3., aktualisierte Auflage 2017

© NWB Verlag GmbH & Co. KG, Herne 2010
  www.kiehl.de

Kiehl ist eine Marke des NWB Verlags

Druck und Satz: medienHaus Plump GmbH, Rheinbreitbach – ptkl

Vorwort

Das Buch ist – vom Titel her – vor allem an Prüflinge gerichtet. Doch wird es auch gerne von denen gelesen, die eine knappe, auf den Punkt gebrachte Zusammenfassung der wichtigsten Themen wünschen, die sich nach einer Berufspause wieder in die Materie einarbeiten wollen, für die permanentes Lernen im Beruf selbstverständlich ist, und von denen, die sich ganz einfach mit diesem Buch auf den neuesten Stand bringen wollen.

Das Buch ist aus dem jahrelangen Unterricht in Fachkunde für Rechtsanwaltsfachangestellte entstanden.

Wie bereiten Sie sich auf die Prüfung vor? Wie arbeiten Sie mit diesem Buch?

Sicherlich haben Sie inzwischen eine eigene Arbeitsmethode entwickelt, doch empfiehlt es sich, die nachfolgenden Ratschläge zu beachten:

1. **Arbeiten Sie in diesem Buch nur die Kapitel bzw. Themenkreise durch, die Sie im Unterricht bisher auch besprochen haben!**

   Das Buch setzt den Unterricht in der Schule voraus, ergänzt ihn zwar, ersetzt ihn aber nicht.

2. **Stürzen Sie sich nicht sofort auf die Fragen und Aufgaben, sondern lesen Sie sich zunächst die (in der Regel kurz und zusammenfassend gehaltenen) Ausführungen durch, die die Problemkreise erläutern!**

   Die vorgeschalteten Darstellungen bieten die wichtigen Prüfungsfragen systematisch und im Zusammenhang dar, denn nur dann kann man sie auch wirklich verstehen. Zugleich dienen die Ausführungen Ihrer Wiederholung.

3. **Ziehen Sie beim Durcharbeiten der Kapitel auch Ihre entsprechenden Aufzeichnungen aus der Schule hinzu!**

   Das ist deshalb besonders wichtig, weil die in Ihrem Unterricht behandelten Lerninhalte häufig auch Hinweise dafür sein können, welche Fragestellungen in Ihrer Prüfung auftauchen.

4. Sofern Sie ein Schulbuch für den Fachkundeunterricht zur Hand haben: **Lesen Sie auch im jeweils einschlägigen Kapitel des Schulbuches nach, beschränken Sie sich aber auf die Gebiete, die im vorliegenden Buch oder in Ihren Aufzeichnungen angesprochen sind.**

   Das Schulbuch soll Ihnen helfen, die Prüfungsthemen zu verstehen, es soll Sie aber nicht dazu verleiten, sich den Kopf mit Dingen vollzustopfen, die in der Prüfung niemand wissen will.

5. **Sparen Sie nicht mit Anmerkungen, mit Unterstreichungen oder mit Fragezeichen** (wenn Sie etwas nicht verstanden haben).

   Wenn Sie schon Ihr kostbares Geld für dieses Buch ausgegeben haben, so können/ sollen Sie auch nach Herzenslust darin herummalen, damit es Ihr spezielles Gepräge erhält. Nur dann lernen Sie am besten.

6. Wenn Sie etwas in diesem Buch nicht verstanden haben:

   a) **Lesen Sie die Stelle mehrmals! Schauen Sie sich insbesondere die Beispiele an!**

   b) **Schlagen Sie die entsprechenden Stellen in Ihren Aufzeichnungen, im Schulbuch und im Gesetz nach!**

   c) Falls immer noch Verständnisschwierigkeiten bestehen: **Fragen Sie kompetente Personen in der Schule oder in Ihrem Büro!**

   d) **Lassen Sie keine Fragen offen, es sei denn, Ihr Fachlehrer sagt Ihnen ausdrücklich, dass die Fragestellung in der Prüfung nicht verlangt wird!**

7. Bereiten Sie sich, sofern möglich, nicht nur allein, sondern zusammen mit Mitschülern auf die Prüfung vor! Ihre Lerngruppe sollte insgesamt aber höchstens aus drei Mitgliedern bestehen.

   Machen Sie hierzu regelmäßige, feste Termine aus an einem Ort, an dem Lernen wirklich möglich ist. Trotzdem: Auch das Lernen alleine ist unerlässlich.

8. Bei den kurzen Prüfungsfragen in diesem Buch **decken Sie bitte mit einem Blatt die nachfolgenden Musterlösungen zu, notieren Ihre Antwort auf ein Blatt oder formulieren die Lösung wenigstens laut**. Vergleichen Sie erst dann Ihre Lösung mit der Lösung im Buch.

   Haben Sie richtig geantwortet, so kennzeichnen Sie die Frage am Rand mit einem „**+**", wenn nicht, vermerken Sie ein „**-**". Jede Frage sollte mindestens mit drei „**+**" versehen, d. h. mindestens 3-mal richtig beantwortet sein! Vorsicht, Betrugsgefahr – aber **Sie** sind der/die Betrogene!

9. **Die umfangreicheren Prüfungsaufgaben lösen Sie bitte ebenfalls auf einem Blatt.** Vergleichen Sie erst dann Ihre Lösung mit der Lösung im Buch.

10. **Lernen Sie am Abend vor der Prüfung nicht,** sondern lenken Sie sich im Gegenteil möglichst angenehm ab und gehen Sie früh ins Bett.

    Was Sie bis zum Vorabend nicht gelernt haben, das brauchen Sie auch nicht in der letzten Sekunde zu verschlingen. Sie verdauen es womöglich nicht richtig. Im Übrigen würden Sie durch ein Lernen bis zur letzten Sekunde lediglich nervös und hektisch werden.

Nun aber: viel Spaß – und viel Erfolg!

Sabine Lappen-Bork
Jüchen, im Sommer 2017

Benutzungshinweise

Diese Symbole erleichtern Ihnen die Arbeit mit diesem Buch:

 TIPP

Hier finden Sie nützliche Hinweise zum Thema.

 MERKE

Das X macht auf wichtige Merksätze oder Definitionen aufmerksam.

 ACHTUNG

Das Ausrufezeichen steht für Beachtenswertes, wie z. B. Fehler, die immer wieder vorkommen, typische Stolpersteine oder wichtige Ausnahmen.

 INFO

Hier erhalten Sie nützliche Zusatz- und Hintergrundinformationen zum Thema.

 RECHTSGRUNDLAGEN

Das Paragrafenzeichen verweist auf rechtliche Grundlagen, wie z. B. Gesetzestexte.

 MEDIEN

Das Maus-Symbol weist Sie auf andere Medien hin. Sie finden hier Hinweise z. B. auf Download-Möglichkeiten von Zusatzmaterialien, auf Audio-Medien oder auf die Website von Kiehl.

Aus Gründen der Praktikabilität und besserer Lesbarkeit wird darauf verzichtet, jeweils männliche und weibliche Personenbezeichnungen zu verwenden. So können z. B. Mitarbeiter, Arbeitnehmer, Vorgesetzte grundsätzlich sowohl männliche als auch weibliche Personen sein.

Feedbackhinweis

Kein Produkt ist so gut, dass es nicht noch verbessert werden könnte. Ihre Meinung ist uns wichtig. Was gefällt Ihnen gut? Was können wir in Ihren Augen verbessern? Bitte schreiben Sie einfach eine E-Mail an: **feedback@kiehl.de**

Abs.	Absatz
AG	Aktiengesellschaft
AG	Amtsgericht
AktG	Aktiengesetz
ArbGG	Arbeitsgerichtsgesetz
AVAG	Anerkennungs- und Vollstreckungsausführungsgesetz
BAG	Bundesarbeitsgericht
BBiG	Berufsbildungsgesetz
BerHG	Beratungshilfegesetz
BFH	Bundesfinanzhof
BGB	Bürgerliches Gesetzbuch
BGBl	Bundesgesetzblatt
BGH	Bundesgerichtshof
BVerfG	Bundesverfassungsgericht
BVerwG	Bundesverwaltungsgericht
d. J.	dieses Jahres, des Jahres
EB	Empfangsbekenntnis
EGBGB	Einführungsgesetz zum BGB
EGZPO	Einführungsgesetz zur ZPO
e. V.	eingetragener Verein
FamFG	Gesetz über das Verfahren in Familiensachen und in den Angelegenheiten der freiwilligen Gerichtsbarkeit
FamGKG	Gesetz über Gerichtskosten in Familiensachen
FGG	Gesetz über die Angelegenheiten der freiwilligen Gerichtsbarkeit
FGO	Finanzgerichtsordnung
FinG	Finanzgericht
GbmG	Gebrauchsmustergesetz
GBO	Grundbuchordnung
GbR	BGB-Gesellschaft, Gesellschaft bürgerlichen Rechts
GenG	Gesetz betreffend die Erwerbs- und Wirtschaftsgenossenschaften (Genossenschaftsgesetz)

GewSchG	Gesetz zum zivilrechtlichen Schutz vor Gewalttaten und Nachstellung
GG	Grundgesetz
GKG	Gerichtskostengesetz
GmbH	Gesellschaft mit beschränkter Haftung
GmbHG	Gesetz betreffend die Gesellschaften mit beschränkter Haftung
GV	Gerichtsvollzieher
GVG	Gerichtsverfassungsgesetz
GVGA	Geschäftsanweisung für Gerichtsvollzieher
HGB	Handelsgesetzbuch
i. d. R.	in der Regel
InsO	Insolvenzordnung
JGG	Jugendgerichtsgesetz
KFB	Kostenfestsetzungsbeschluss
KfH	Kammer für Handelssachen
KG	Kommanditgesellschaft
KV	Kostenverzeichnis
LG	Landgericht
MarkenG	Markengesetz
MB	Mahnbescheid
NJW	Neue Juristische Wochenschrift
OHG	Offene Handelsgesellschaft
OLG	Oberlandesgericht
OWiG	Gesetz über die Ordnungswidrigkeiten
PatG	Patentgesetz
PKH	Prozesskostenhilfe
RA	Rechtsanwalt
RAK	Rechtsanwaltskammer
RPflG	Rechtspflegergesetz

RVG	Rechtsanwaltsvergütungsgesetz
S.	Satz; Seite
ScheckG	Scheckgesetz
SE-Ausführungsgesetz	Gesetz zur Ausführung der Verordnung (EG) Nr. 2157/2001 des Rates vom 08.10.2001 über das Statut der Europäischen Gemeinschaft (SE)
SG	Sozialgericht
SGB	Sozialgesetzbuch
SigG	Signaturgesetz
s. o.	siehe oben
StA	Staatsanwaltschaft
StGB	Strafgesetzbuch
StPO	Strafprozessordnung
s. u.	siehe unten

USt	Umsatzsteuer
UStG	Umsatzsteuergesetz
VA	Vollstreckungsauftrag
VB	Vollstreckungsbescheid
VG	Verwaltungsgericht
vgl.	vergleiche
VO	Verordnung
Vorbem.	Vorbemerkung
VU	Versäumnisurteil
VV	Vergütungsverzeichnis zum RVG
VwGO	Verwaltungsgerichtsordnung
WEG	Wohnungseigentumsgesetz
WG	Wechselgesetz
ZPO	Zivilprozessordnung
ZVG	Gesetz über die Zwangsversteigerung und Zwangsverwaltung

Teil I: Das Verfahrensrecht

1. Aufbau und Aufgaben der Gerichtsbarkeit

Kein Recht ohne Verfahrensrecht. Es reicht nicht aus, Recht zu haben, man muss es auch bekommen. Wer ist nun aber befugt, uns dieses Recht zu geben, welche staatliche Instanz ist dem Grundsatz nach zuständig, welche Ausnahmen und Besonderheiten gibt es? Das Rechtsstaatsprinzip gebietet es, dem Bürger die Möglichkeit zu geben, staatliche Maßnahmen von zuständigen Gerichten nach festgelegten Verfahrensregelungen überprüfen zu lassen. Hier sind die wichtigsten Verfahrensbestimmungen:

1.1 Übersicht

Zur Durchsetzung von Ansprüchen des Einzelnen gewährt der Staat dem Bürger Rechtsschutz durch die Gerichte und stellt hierfür verschiedene Rechtswege zur Verfügung. Welcher Rechtsweg zuständig ist, ergibt sich aus dem Begehren des Bürgers.

Abb. 1: Die Gerichtsbarkeit (allgemein)

1.1.1 Die Staatsgerichtsbarkeit

Die Staatsgerichtsbarkeit besteht aus den Staats- bzw. Verfassungsgerichtshöfen der Länder und dem Bundesverfassungsgericht mit Sitz in Karlsruhe. Sie entscheiden in verfassungsrechtlichen Angelegenheiten, etwa ob ein Gesetz mit dem Grundgesetz oder der Landesverfassung vereinbar ist, welche Kompetenzen die Organe des Bundes und der Länder haben, ob ein Bürger durch staatliche Gewalt in seinen Grundrechten verletzt wurde, ob eine Wahl gültig ist usw.

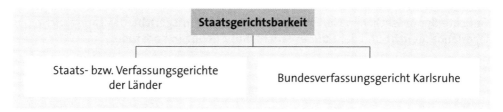

Abb. 2: Die Staatsgerichtsbarkeit

1.1.2 Die ordentliche Gerichtsbarkeit

Der Begriff „ordentliche Gerichtsbarkeit" hat historische Gründe. Als er mit dem GVG von 1877 entstand, waren nur diese Gerichte im Sinne der Gewaltenteilung unabhängig. Die Verwaltungs- und Finanzgerichte gehörten zu dieser Zeit noch zur Verwaltung. Heute sind alle in § 95 GG genannten Gerichtszweige unabhängig, der Begriff „ordentliche Gerichte" wurde jedoch beibehalten. Die ordentliche Gerichtsbarkeit unterteilt sich in die **Zivilgerichtsbarkeit** und die **Strafgerichtsbarkeit**. Im Rahmen der Strafgerichtsbarkeit werden Straftäter abgeurteilt, die Straftaten begangen haben (z. B. Mord, Betrug, Diebstahl).

Streitige und freiwillige Gerichtsbarkeit: Die Zivilgerichtsbarkeit gliedert sich in die streitige und die freiwillige Gerichtsbarkeit (siehe Abbildung 3). In der **streitigen Gerichtsbarkeit** streiten sich Parteien vor dem Richter über die Berechtigung bürgerlich-rechtlicher Ansprüche, wie das etwa bei Kaufpreis- und Mietforderungen, aber auch bei Schadensersatzansprüchen und Familiensachen der Fall ist. Die verfahrensrechtliche Grundlage hierfür bietet neben dem Gerichtsverfassungsgesetz (GVG), dem Gesetz über das Verfahren in Familiensachen und den Angelegenheiten der freiwilligen Gerichtsbarkeit (FamFG) insbesondere die Zivilprozessordnung (ZPO).

Zu den wichtigsten Aufgaben der freiwilligen Gerichtsbarkeit gehören:

- die Führung des Grundbuches

- die Nachlasssachen

- die Betreuungssachen

- die Registersachen (z. B. Vereinsregister, Handelsregister).

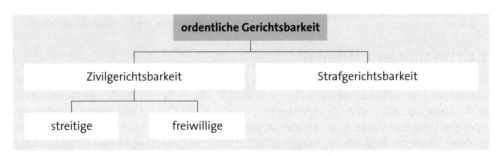

Abb. 3: Ordentliche Gerichtsbarkeit

Gerichte der ordentlichen Gerichtsbarkeit sind das **Amtsgericht**, das **Landgericht**, das **Oberlandesgericht** und der **Bundesgerichtshof** mit Sitz in Karlsruhe.

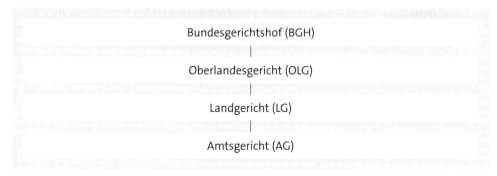

Bundesgerichtshof (BGH)

|

Oberlandesgericht (OLG)

|

Landgericht (LG)

|

Amtsgericht (AG)

Abb. 4: Gerichte der ordentlichen Gerichtsbarkeit

1.1.3 Die besonderen Gerichte (Fachgerichte)

Der Aufbau der besonderen Gerichte ergibt sich aus Abbildung 5. Es zählen hierzu die Gerichte der **Arbeitsgerichtsbarkeit**, der **Verwaltungsgerichtsbarkeit**, der **Finanzgerichtsbarkeit** und der **Sozialgerichtsbarkeit**.

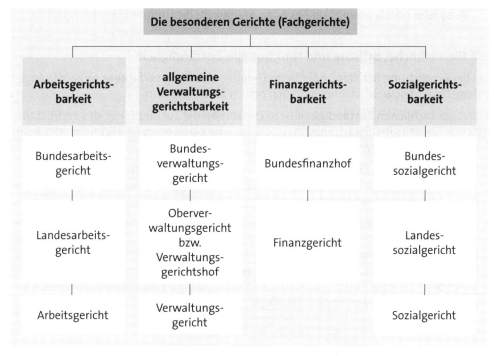

Abb. 5: Die besonderen Gerichte (Fachgerichte)

a) Die **Arbeitsgerichte** sind u. a. zuständig für Rechtsstreitigkeiten zwischen Arbeitgeber und Arbeitnehmer, soweit sie mit dem Arbeitsverhältnis im Zusammenhang stehen, und für Streitigkeiten zwischen Tarifvertragsparteien.

   Beispiele: Kündigungen, falsche Lohnabrechnungen, Klagen auf Zeugniserteilung, Mitbestimmungsrechte des Betriebsrats.

b) Die **allgemeinen Verwaltungsgerichte** sind zuständig für Rechtsstreitigkeiten auf öffentlich-rechtlichem Gebiet und richten sich gegen Maßnahmen von Behörden.

   Beispiele: Anfechtung einer Ausweisungsverfügung, Verpflichtungsklage auf Baugenehmigung, Anfechtung einer Nichtversetzung

c) Die **Finanzgerichte** entscheiden in Rechtsstreitigkeiten mit Finanzbehörden in Abgabeangelegenheiten (Steuern, Zölle).

   Beispiel: Klage gegen einen Steuerbescheid

d) **Sozialgerichte** sind zuständig für öffentlich-rechtliche Streitigkeiten auf den Gebieten der Sozialversicherung: Kranken-, Pflege-, Renten-, Unfall-, Arbeitslosenversicherung und das Arbeitslosengeld II, das Soziale Entschädigungsrecht (z. B. Kriegsopferversorgung, Opferentschädigung usw.), die Sozialhilfe, das Vertragsarztrecht und andere sozialrechtliche Gebiete.

   Beispiele: Anerkennung von Erwerbsunfähigkeit, bestimmte Rentenansprüche

1.2 Die sachliche, örtliche und funktionelle Zuständigkeit

Bei der Einreichung der Klage oder beim Einleiten des Mahnverfahrens muss das angerufene Gericht sowohl sachlich als auch örtlich zuständig sein.

▸ Mit der **sachlichen Zuständigkeit** bezeichnet man die Zuständigkeit des erstinstanzlichen Gerichts im Instanzenaufbau, z. B. ob eine Klage beim Amtsgericht oder beim Landgericht erhoben werden soll.

▸ Unter der **örtlichen Zuständigkeit** versteht man die Zuständigkeit des Gerichtsbezirkes, z. B. ob die Klage beim Amtsgericht Berlin Wedding oder beim Amtsgericht Düsseldorf eingereicht werden muss.

▸ Mit der **funktionellen Zuständigkeit** meint man die Zuständigkeit eines Organs bzw. eines Spruchkörpers innerhalb eines Gerichts. Die funktionelle Zuständigkeit verteilt die Rechtspflegeaufgaben in einem Rechtsstreit auf verschiedene Rechtspflegeorgane oder Instanzen (z. B. Welches Gericht ist für die Berufung zuständig? Ist für eine Klage beim Landgericht die Zivilkammer oder die Kammer für Handelssachen zuständig? Ist der Richter oder der Rechtspfleger zuständig?).

1.2.1 Einigungsversuch vor Gütestelle

Nach § 15a Abs. 1 EGZPO können die Länder in Gesetzen bestimmen, dass in Bagatellstreitigkeiten die Erhebung der Klage erst zulässig ist, nachdem von einer Gütestelle versucht wurde, die Streitigkeit einvernehmlich beizulegen (**obligatorische Streitschlichtung**). Diese Rechtswegbeschränkungen, die von den Ländern unterschiedlich geregelt sind, können bei folgenden Streitigkeiten gelten:

► In vermögensrechtlichen Streitigkeiten über **Ansprüche bis 750 €** (vgl. jeweiliges Landesgesetz; in NRW gilt diese Beschränkung beispielsweise nicht!).

► In **nachbarrechtlichen Streitigkeiten** (§§ 910, 911, 923 BGB und nach landesgesetzlichen Vorschriften), sofern es sich nicht um Einwirkungen von einem gewerblichen Betrieb handelt.

► In **Streitigkeiten wegen Ehrverletzungen**, sofern sie nicht in Presse oder Rundfunk begangen worden sind.

► In Streitigkeiten über Ansprüche nach Abschnitt 3 des Allgemeinen Gleichbehandlungsgesetzes.

Haben die Länder solche Gütestellen eingerichtet, so hat der Kläger mit der Klage in den genannten Fällen eine Bescheinigung über den erfolglosen Einigungsversuch der Gütestelle einzureichen. Die Bescheinigung ist dem Kläger auf Antrag auch auszustellen, wenn binnen **drei Monaten** das von ihm beantragte Einigungsverfahren nicht durchgeführt worden ist.

Eine Bescheinigung über den erfolglosen Einigungsversuch ist nach § 15a Abs. 2 EGZPO entbehrlich, wenn die Parteien nicht in demselben Land wohnen oder ihren Sitz oder eine Niederlassung haben sowie

► bei Klagen nach den §§ 323, 323a, 324, 328 der Zivilprozessordnung, Widerklagen und Klagen, die binnen einer gesetzlichen oder gerichtlich angeordneten Frist zu erheben sind

► bei Wiederaufnahmeverfahren

► bei Ansprüchen im Urkunden- und Wechselprozess

► bei der Durchführung des streitigen Verfahrens über Ansprüche, die im Mahnverfahren geltend gemacht worden sind

► bei Klagen wegen vollstreckungsrechtlicher Maßnahmen.

1.2.2 Das Amtsgericht

Beim Amtsgericht sind Abteilungen eingerichtet; es entscheidet in Zivilsachen ein **Einzelrichter** (§ 22 Abs. 1 GVG), in Strafsachen ein **Strafrichter** (§ 25 GVG) bzw. das **Schöffengericht**, das mit einem Vorsitzenden und zwei Schöffen besetzt ist (§§ 28, 29 GVG).

Das Amtsgericht ist u. a. gem. §§ 23 - 23b GVG sachlich zuständig für folgende bürgerliche Rechtsstreitigkeiten:

1. über Ansprüche bei einem **Streitwert bis 5.000 €** sowie

2. **ohne Rücksicht auf den Wert des Streitgegenstandes:**

   a) aus einem Mietverhältnis über Wohnraum

   b) zwischen Reisenden und Wirten, Fuhrleuten, Schiffern …

   c) Streitigkeiten nach § 43 Nr. 1 bis 4 und 6 des Wohnungseigentumsgesetzes

d) wegen Wildschadens

e) spezielle Vertragsansprüche bei der Überlassung eines Grundstücks

f) in Familiensachen und Angelegenheiten der freiwilligen Gerichtsbarkeit.

In Strafsachen ist das Amtsgericht gem. §§ 24, 25 GVG sachlich zuständig für

1. Vergehen, wenn sie im Wege der **Privatklage** verfolgt werden oder

2. wenn eine höhere Strafe als eine **Freiheitsstrafe von vier Jahren**, die Unterbringung in einem psychiatrischen Krankenhaus oder eine Sicherungsverwahrung nicht zu erwarten ist.

Das Amtsgericht darf nicht auf eine höhere Strafe als vier Jahre Freiheitsstrafe und nicht auf die Unterbringung in einem psychiatrischen Krankenhaus oder in der Sicherungsverwahrung erkennen.

Das Amtsgericht ist u. a. weiterhin zuständig für das Mahnverfahren, die Zwangsvollstreckung, die Zwangsversteigerung, die Zwangsverwaltung und das Insolvenzverfahren. Dies ergibt sich jedoch nicht aus dem GVG, sondern aus anderen Gesetzen wie der ZPO dem ZVG und der InsO.

Beispiel

Abteilungen beim Amtsgericht sind das Grundbuchamt, die Vollstreckungsabteilung, die Abteilung für Zwangsversteigerung und Zwangsverwaltung, die Insolvenzabteilung, das Handelsregister.

Durch Landesgesetz können einem Amtsgericht für die Bezirke mehrerer Amtsgerichte die Familiensachen sowie ganz oder teilweise die Handelssachen und die Angelegenheiten der freiwilligen Gerichtsbarkeit zugewiesen werden.

1.2.3 Das Landgericht

Das Landgericht kann in **1. und in 2. Instanz** zuständig sein. Beim Landgericht sind **Zivilkammern** eingerichtet, in den meisten Bundesländern auch **Kammern für Handelssachen**. Die Zivilkammer ist mit drei Berufsrichtern besetzt (§§ 60, 93, 75 GVG). Weiterhin ist die **Große Strafkammer** eingerichtet, die mit einem Berufsrichter als Vorsitzenden, zwei Berufsrichtern als Beisitzern und zwei Schöffen besetzt ist. Daneben gibt es die **Kleine Strafkammer** mit einem Berufsrichter und zwei Schöffen sowie die **Große Strafkammer als Schwurgericht** mit einem Berufsrichter als Vorsitzenden, zwei Berufsrichtern als Beisitzern und zwei Schöffen (§§ 60, 76 GVG).

Grundsätzlich entscheidet die Zivilkammer durch eines ihrer Mitglieder als Einzelrichter **(originärer Einzelrichter)**. Zu den Ausnahmeregelungen vgl. § 348 Abs. 1 Satz 2 ZPO.

Übertragung auf die Zivilkammer (§ 348 Abs. 3 ZPO):
Der Einzelrichter des Landgerichts legt den Rechtsstreit der **Zivilkammer** zur Entscheidung vor, wenn

1. die Sache **besondere Schwierigkeiten** tatsächlicher oder rechtlicher Art aufweist,
2. die Rechtssache **grundsätzliche Bedeutung** hat oder
3. die Parteien dies übereinstimmend **beantragen**.

Liegt eine originäre Einzelrichterzuständigkeit wegen der in § 348 Abs. 1 Satz 2 ZPO genannten Ausnahmen nicht vor, so kann umgekehrt die Kammer einem ihrer Mitglieder die Sache zur Entscheidung vorlegen, wenn die Sache **keine besonderen Schwierigkeiten** tatsächlicher oder rechtlicher Art aufweist, die Rechtssache **keine grundsätzliche Bedeutung** hat und **nicht** bereits im Haupttermin vor der Zivilkammer zur Hauptsache verhandelt worden ist **(obligatorischer Einzelrichter)** (§ 348a ZPO).

Als **1. Instanz** ist das **Landgericht in Zivilsachen gem. § 71 GVG** sachlich zuständig

1. bei Streitigkeiten – soweit keine Familiensachen etc. – **über 5.000 €**;
2. **ohne Rücksicht auf den Wert des Streitgegenstands:**
   a) bei Klagen gegen den **Fiskus (= Staatskasse)** aufgrund von Beamtengesetzen,
   b) für Ansprüche gegen **Richter und Beamte** wegen Überschreitung ihrer amtlichen Befugnisse oder wegen pflichtwidriger Unterlassung von Amtshandlungen,
   c) für Schadensersatzansprüche aufgrund falscher, irreführender oder unterlassener öffentlicher **Kapitalmarktinformationen** sowie
   d) für **spezielle Verfahren** nach dem Aktien-, SE-Ausführungs-, Umwandlungs-, Spruchverfahrens-, Wertpapiererwerbs- und Übernahmegesetz.

Nach § 71 Abs. 4 GVG können die Länder bestimmen, dass die Verfahren a) bis c) **einem bestimmten Landgericht** für die Bezirke mehrerer Landgerichte übertragen werden.

Ein besonderer Zweig der ordentlichen Gerichtsbarkeit ist die **Patentgerichtsbarkeit** (Patente werden für Erfindungen erteilt, die neu sind, auf einer erfinderischen Tätigkeit beruhen und gewerblich anwendbar sind (§ 1 PatG). In Patentstreitigkeiten ist das **Landgericht erstinstanzlich** zuständig (§ 143 PatG). Auch hier können die Länder bestimmen, dass alle Patentstreitigkeiten **einem bestimmten Landgericht** zugewiesen werden (für NRW ist z. B. das Landgericht Düsseldorf zuständig).

Die **Kammer für Handelssachen** (Besonderheit!) besteht aus einem Berufsrichter als Vorsitzenden und zwei ehrenamtlichen Laienrichtern (= Handelsrichtern), § 105 Abs. 1 GVG. Die **Übertragung auf einen Einzelrichter** ist nur bei der Zivilkammer erster Instanz möglich!

Die **Kammer für Handelssachen** ist u. a. zuständig (§ 95 GVG)

1. für Klagen zwischen **Kaufleuten**,

2. in **Wechsel- und Schecksachen** und

3. in **Wettbewerbssachen**,

soweit die Landgerichte im Übrigen zuständig sind (Gegenstandswert!).

Beispiele

Kaufmann klagt gegen Kaufmann 4.000 € ein. Sachlich zuständig ist das Amtsgericht!

Privatmann klagt gegen Privatmann eine Scheckforderung über 16.000 € ein. Zuständig ist die Kammer für Handelssachen beim Landgericht!

Als **1. Instanz** in Strafsachen ist die **Große Strafkammer** des Landgerichts zuständig für Verfahren gem. § 74 GVG für die Verhandlung und Entscheidung

1. bei einer Straferwartung ab **vier Jahren** Freiheitsstrafe

2. bei Einweisung in ein **psychiatrisches Krankenhaus**, Anordnung von **Sicherungsverwahrung** oder besonderer Bedeutung des Falles (§ 74 Abs. 1 GVG).

Die Große Strafkammer als **Schwurgericht** ist gem. § 74 Abs. 2 GVG zuständig für die Verhandlung und Entscheidung bei sogenannten **Kapitalverbrechen (Mord, Totschlag usw.).**

Als **2. Instanz** in **Zivilsachen** ist das Landgericht zuständig gem. § 72 GVG:

1. Bei **Berufungen und Beschwerden** gegen Entscheidungen der Amtsgerichte in bürgerlichen Rechtsstreitigkeiten, wenn nicht die Zuständigkeit des Oberlandesgerichts begründet ist.

2. Bei Beschwerden in **Freiheitsentziehungssachen** und in den von den **Betreuungsgerichten** entschiedenen Sachen.

Für Streitigkeiten nach § 43 Nr. 1 bis 4 und 6 WohnungseigentumsG ist das für den Sitz des Oberlandesgerichts zuständige Landgericht gemeinsames Berufungs- und Beschwerdegericht.

Als **2. Instanz** in **Strafsachen** ist die **Kleine Strafkammer** des Landgerichts zuständig gem. § 74 Abs. 3 GVG für die Verhandlung und Entscheidung über das Rechtsmittel der **Berufung** gegen die Urteile des **Strafrichters** und des **Schöffengerichts**.

1.2.4 Das Oberlandesgericht

In Zivilsachen entscheidet das Oberlandesgericht in **Senaten** und ist mit drei Berufs-richtern besetzt. Es ist in **Zivilsachen funktionell nur in zweiter Instanz** (ausgenommen Musterverfahren nach § 118 GVG) zuständig. In **Strafsachen** kann es in **1. Instanz, aber auch als Revisionsinstanz** tätig sein und ist in erster Instanz mit fünf (in der Revisions-instanz mit drei) Berufsrichtern besetzt.

Das **Oberlandesgericht** ist in 2. Instanz in **Zivilsachen** zuständig (§ 119 GVG):

1. Bei der **Beschwerde** gegen Entscheidungen des Amtsgerichts in Familiensachen so-wie in Angelegenheiten der freiwilligen Gerichtsbarkeit, ausgenommen der Freiheits-entziehungssachen und der von den Betreuungsgerichten entschiedenen Sachen.

2. Bei der **Berufung** und der **Beschwerde** gegen Entscheidungen der Landgerichte.

In **Strafsachen** ist das OLG zuständig u. a. (§§ 74a, 120, 121, 122 GVG):

1. In **erster Instanz** u. a. bei **Friedensverrat, Hochverrat, Landesverrat usw.**

2. für eine **Revision** gegen

   a) die mit der Berufung nicht anfechtbaren Urteile des Strafrichters

   b) die Berufungsurteile der kleinen und großen Strafkammern.

1.2.5 Der Bundesgerichtshof

Der Bundesgerichtshof entscheidet in **Senaten**, die mit fünf Berufsrichtern besetzt sind (§ 139 GVG). Er ist funktionell nur als **Revisionsinstanz** zuständig.

In **Zivilsachen** ist der **Bundesgerichtshof** gem. § 133 GVG zuständig für

1. die **Revision** und die **Sprungrevision**

2. die **Rechtsbeschwerde** und die **Sprungrechtsbeschwerde.**

In **Strafsachen** ist der Bundesgerichtshof gem. § 135 GVG zuständig für **Revisionen** ge-gen Urteile des **Strafsenats** beim OLG, wenn dieser erste Instanz war, und vor allem gegen Urteile der **großen Strafkammern** der Landgerichte.

1.3 Die örtliche Zuständigkeit

a) **Allgemeiner Gerichtsstand, §§ 12 ff. ZPO**

   Das Gericht, bei dem eine Person ihren **allgemeinen Gerichtsstand** hat, ist für alle gegen sie zu erhebenden Klagen zuständig. Dies ist bei natürlichen Personen der **Wohnsitz** bzw. bei juristischen Personen der **Sitz**. Hat der Beklagte überhaupt kei-nen Wohnsitz, so wird der Gerichtsstand durch den derzeitigen **Aufenthaltsort** oder, wenn dieser unbekannt ist, durch den **letzten Wohnsitz** bestimmt.

b) **Besonderer Gerichtsstand**

Besondere Gerichtsstände sind u. a. die

1. des **Aufenthaltsortes (Beschäftigung)**, § 20 ZPO (bei Studierenden, Hausgehilfen usw.)

2. der **Niederlassung**, § 21 ZPO (bei Gewerbetreibenden ist das der Ort der selbstständigen Handelsniederlassung, i. d. R. genügt der Ort der Zweigniederlassung)

3. der **Mitgliedschaft**, § 22 ZPO (für Klagen der parteifähigen Personengesamtheit gegen ihre Mitglieder als solche oder bei Klagen der Mitglieder untereinander, z. B. bei OHG, KG. Für AG, GmbH und Genossenschaft gelten Sonderregelungen)

4. der **Erbschaft**, § 27 ZPO (bei Klagen der Erben oder Vermächtnisnehmer: der Wohnsitz des Erblassers)

5. des **Erfüllungsortes**, § 29 ZPO (Für Streitigkeiten aus einem Vertragsverhältnis und über dessen Bestehen ist das Gericht des Ortes zuständig, an dem vereinbarungsgemäß erfüllt werden musste. Die Regelung gilt insbesondere nur für Kaufleute und juristische Personen des öffentlichen Rechts, aber auch für Klagen aufgrund eines Anwaltsvertrages.)

6. für **Haustürgeschäfte**, § 29c ZPO (Wohnsitz oder Aufenthaltsort des Verbrauchers)

7. bei **Beförderungen**, § 30 ZPO (Ort der Übergabe oder der Ablieferung des Gutes, Gerichtsstand des Frachtführers oder Verfrachters und der Abgangs- oder Bestimmungsort bei Beförderung von Fahrgästen und ihrem Gepäck auf Schiffen)

8. der **unerlaubten Handlung**, § 32 ZPO (Tatort. Die Regelung gilt für den Täter, Mittäter, Anstifter, Gehilfen, haftenden Dritten.)

9. der **Widerklage**, § 33 ZPO (wenn das Gericht auch für den Gegenanspruch örtlich zuständig ist und der Anspruch mit dem in der Klage geltend gemachten Anspruch oder den vorgebrachten Verteidigungsmitteln in Zusammenhang steht)

10. des **Hauptprozesses**, § 34 ZPO (bei Gebühren des Rechtsanwalts: das Gericht des Hauptprozesses, sofern die Gebühren eingeklagt werden können, unabhängig von der Höhe des Gegenstandswertes)

c) **Wahlweiser Gerichtsstand, § 35 ZPO**

Ein **wahlweiser Gerichtsstand** bedeutet, dass unter mehreren zuständigen Gerichten der Kläger die Wahl hat, etwa wenn verschiedene Gerichte eines allgemeinen und besonderen Gerichtsstandes zuständig sind und der besondere Gerichtsstand nicht zugleich auch ein ausschließlicher Gerichtsstand ist.

Beispiele

Mandant Mahler wird in Düsseldorf von Berger aus Berlin verletzt. Mahler hat die Wahl zwischen dem allgemeinen Gerichtsstand des Beklagten (§ 13 ZPO, also dem Gericht in Berlin) und dem besonderen Gerichtsstand der unerlaubten Handlung (§ 32 ZPO, also Düsseldorf).

Mandant Mahler hat vom Vermieter Vetten in München eine Wohnung gemietet. Der Vermieter wohnt in Hamburg. Mietstreitigkeiten können nur bei dem ausschließlich zuständigen Gericht in München (§ 29a ZPO) geführt werden.

d) **Vereinbarter Gerichtsstand, § 38 ZPO**

Ein an sich örtlich nicht zuständiges Gericht kann durch eine Vereinbarung zuständig werden.

Eine Gerichtsstandsvereinbarung für die erste Instanz ist zulässig **unter Kaufleuten** oder **juristischen Personen des öffentlichen Rechts**, sogar **mündlich** oder **stillschweigend**, sonst aber nur **schriftlich**:

1. wenn mindestens eine der Vertragsparteien **keinen allgemeinen Gerichtsstand im Inland** hat oder

2. wenn die Gerichtsstandsvereinbarung **nach Entstehen der Streitigkeit** getroffen wurde (es genügt, wenn die Parteien unterschiedliche Auffassungen über die Rechtsfolgen aus dem betreffenden Rechtsgeschäft austauschen) oder

3. wenn die Gerichtsstandsvereinbarung für den Fall der **Verlegung des Wohnsitzes** bzw. des Aufenthaltsortes oder für den Fall getroffen wurde, dass der gewöhnliche **Aufenthalt** im Zeitpunkt der Klageerhebung **unbekannt** ist.

e) **Unwirksame und unzulässige Gerichtsstandsvereinbarung, § 40 ZPO**

Eine Gerichtsstandsvereinbarung hat keine Wirkung, wenn sie sich nicht auf ein **bestimmtes Rechtsverhältnis** bezieht.

Eine Gerichtsstandsvereinbarung ist bei einem **ausschließlichen Gerichtsstand und bei nichtvermögensrechtlichen Streitigkeiten, die den Amtsgerichten ohne Rücksicht auf den Wert des Streitgegenstandes zugewiesen sind**, nicht möglich. Ausschließliche Gerichtsstände sind im Gesetz als solche bezeichnet.

Ausschließliche Gerichtsstände sind/gelten insbesondere u. a.

1. der **dingliche Gerichtsstand**, § 24 ZPO (z. B. für Klagen, durch die das Eigentum oder eine dingliche Belastung geltend gemacht werden)

2. in **Miet- oder Pachtsachen über Räume**, § 29a ZPO (Ort der Miet- oder Pachtsache)

3. bei **Umwelteinwirkungen**, § 32a ZPO (z. B. Schadensersatzanspruch aus Umwelteinwirkung verursacht durch ein Kraftwerk)

4. bei **falschen, irreführenden oder unterlassenen öffentlichen Kapitalmarktin-formationen**, § 32b ZPO (Sitz des betroffenen Emittenten, Anbieters von sonstigen Vermögensanlagen oder der Zielgesellschaft)

5. für **Haustürgeschäfte**, wenn die Klage gegen den Verbraucher erhoben wird (§ 29c ZPO).

Eine Vereinbarung über den **Erfüllungsort** (besonderer Gerichtsstand, § 29 ZPO) ist nicht möglich, wenn die Vertragsparteien Verbraucher sind (§ 29 Abs. 2 ZPO).

Bei der **Beförderung von Fahrgästen und ihrem Gepäck** auf Schiffen kann eine Vereinbarung nicht vor dem Ereignis getroffen werden.

In **Strafsachen** gilt der **Gerichtsstand des Tatortes**, aber auch der des **Wohnsitzes**, **Aufenthalts-** oder **Ergreifungsortes**, §§ 7, 8, 9 StPO.

Jeder OLG-Bezirk besteht aus mehreren LG-Bezirken, jeder LG-Bezirk aus mehreren AG-Bezirken.

Notieren Sie hier bitte die **Landgerichte Ihres OLG-Bezirks**:

_____

Notieren Sie hier die **Amtsgerichte Ihres LG-Bezirks**:

_____

1.4 Prüfungsfragen

1. **Nennen Sie die Gerichte des Bundes und ihren Sitz.**

   Bundesverfassungsgericht und Bundesgerichtshof (beide in Karlsruhe); Bundesarbeitsgericht (Erfurt), Bundesverwaltungsgericht (Leipzig), Bundessozialgericht (Kassel), Bundesfinanzhof (in München).

2. **Nennen Sie die Gerichte der ordentlichen Gerichtsbarkeit.**

   Amtsgericht, Landgericht, Oberlandesgericht, Bundesgerichtshof.

3. **Nennen Sie die „besonderen Gerichte".**

   Arbeitsgerichte, Sozialgerichte, Verwaltungsgerichte und die Finanzgerichte.

4. **Nennen Sie die Gerichte der Arbeitsgerichtsbarkeit.**

   Arbeitsgericht, Landesarbeitsgericht, Bundesarbeitsgericht.

5. **Für welche Rechtsstreitigkeiten ist das Bundesverfassungsgericht zuständig?**

   Für die Verletzung von Grundrechten oder anderer verfassungsrechtlicher Bestimmungen, für die im Grundgesetz bestimmten Rechtsstreitigkeiten.

6. **Mit wie vielen Richtern und in welchen Spruchkörpern entscheiden in Zivilsachen**

   a) **das Amtsgericht**

   b) **das Landgericht**

c) das Oberlandesgericht

d) der Bundesgerichtshof?

a) 1 (Abteilungen)

b) 1 (Einzelrichter) oder 3 (Kammern)

c) 3 (Senate)

d) 5 (Senate)

7. Für welche bürgerlichen Rechtsstreitigkeiten sind die Amtsgerichte sachlich zuständig?

Für Streitigkeiten über Ansprüche bei einem Streitwert bis 5.000 €, im Übrigen ohne Rücksicht auf den Wert:

- bei Mietstreitigkeiten über Wohnraum
- für Streitigkeiten nach § 43 Nr. 1 bis 4 und 6 WEG
- für Streitigkeiten zwischen Reisenden und Wirten, Fuhrleuten, Schiffern ...
- für Streitigkeiten wegen Wildschäden
- für spezielle Vertragsansprüche bei der Überlassung eines Grundstücks
- in Familiensachen und Angelegenheiten der freiwilligen Gerichtsbarkeit.

8. Welche Besonderheit besteht bei Bagatellstreitigkeiten?

Die Länder können bestimmen, dass in Bagatellstreitigkeiten zunächst vor einer Gütestelle versucht werden soll, die Streitigkeit einvernehmlich beizulegen.

9. Kann in Bagatellstreitigkeiten keine Klage eingereicht werden?

Doch, haben aber die Länder die Gütestellen eingerichtet, so hat der Kläger mit der Klage in den genannten Fällen eine Bescheinigung über den erfolglosen Einigungsversuch der Gütestelle einzureichen.

10. Nennen Sie einige Abteilungen der Amtsgerichte.

Zivilabteilung, Grundbuchamt, Vollstreckungsabteilung, Zwangsversteigerung, Zwangsverwaltung, Insolvenzabteilung, Handelsregister, Güterrechtsregister, Vereinsregister usw.

11. Wofür sind die Amtsgerichte in Strafsachen sachlich zuständig?

Für Vergehen, wenn sie im Wege der Privatklage verfolgt werden oder wenn eine höhere Strafe als eine Freiheitsstrafe von vier Jahren nicht zu erwarten ist.

12. Für welche bürgerlichen Rechtsstreitigkeiten ist das Landgericht erstinstanzlich sachlich zuständig?

- Bei Streitigkeiten über 5.000 €, soweit keine Familiensachen etc.,
- bei Klagen gegen den Fiskus aufgrund von Beamtengesetzen und
- bei Ansprüchen gegen Richter und Beamte,
- für Schadensersatzansprüche aufgrund falscher, irreführender oder unterlassener öffentlicher Kapitalmarktinformationen sowie

> für spezielle Verfahren nach dem HGB, dem Aktien-, SE-Ausführungs-, Umwandlungs-, Spruchverfahrens-, Wertpapiererwerbs- und Übernahmegesetz.

13. Entscheiden beim Landgericht in bürgerlichen Rechtsstreitigkeiten grundsätzlich die Kammern oder entscheidet der Einzelrichter?

Grundsätzlich entscheidet die Zivilkammer durch eines ihrer Mitglieder als Einzelrichter (originärer Einzelrichter oder obligatorischer Einzelrichter).

14. Wann legt der Einzelrichter des Landgerichts den Rechtsstreit der Zivilkammer zur Entscheidung vor?

Ein Rechtsstreit wird der Zivilkammer vorgelegt, wenn die Sache besondere Schwierigkeiten tatsächlicher oder rechtlicher Art aufweist, die Rechtssache grundsätzliche Bedeutung hat oder die Parteien dies übereinstimmend beantragen.

15. Wofür ist die Kammer für Handelssachen zuständig?

Sie ist u. a. zuständig für Klagen zwischen Kaufleuten, in Wechsel- und Schecksachen und in Wettbewerbssachen, soweit in diesen Fällen die Landgerichte im Übrigen zuständig sind (Streitwert).

16. Wie ist die Kammer für Handelssachen besetzt?

Die KfH besteht aus einem Berufsrichter als Vorsitzenden und zwei ehrenamtlichen Richtern.

17. Wofür sind die Landgerichte in Strafsachen erstinstanzlich zuständig?

Für die Verhandlung und Entscheidung bei einer Straferwartung ab vier Jahren Freiheitsstrafe, der Einweisung in ein psychiatrisches Krankenhaus und der Anordnung von Sicherungsverwahrung oder bei besonderer Bedeutung des Falles.

18. Wofür ist das Landgericht in zweiter Instanz zuständig?

> In Zivilsachen für Berufungen und Beschwerden gegen Entscheidungen der Amtsgerichte in bürgerlichen Rechtsstreitigkeiten – soweit nicht die Zuständigkeit des OLG begründet ist.

> Bei Beschwerden in Freiheitsentziehungssachen und in den von den Betreuungsgerichten entschiedenen Sachen.

> In Strafsachen für Berufungen gegen Urteile des Strafrichters oder des Schöffengerichts.

19. Für welche Rechtsstreitigkeiten ist das Oberlandesgericht in 2. Instanz zuständig?

> Bei Berufungen und Beschwerden gegen Entscheidungen des Landgerichts.

> Für Beschwerden gegen Entscheidungen der Amtsgerichte in Familiensachen sowie in Angelegenheiten der freiwilligen Gerichtsbarkeit (ausgenommen Freiheitsentziehungssachen und Betreuungssachen).

20. Wofür ist das Oberlandesgericht in Strafsachen zuständig?

> In erster Instanz u. a. für Friedens-, Hoch- und Landesverrat.

> Für die Revision gegen die mit der Berufung nicht anfechtbaren Urteile des Strafrichters und die Berufungsurteile der kleinen und großen Strafkammern.

21. Für welche Rechtsstreitigkeiten ist der Bundesgerichtshof zuständig?

▸ Für die Revision und Sprungrevision sowie

▸ für die Rechtsbeschwerde und Sprungrechtsbeschwerde.

22. Wofür ist der Bundesgerichtshof in Strafsachen zuständig?

Für Revisionen gegen Urteile des Strafsenats beim OLG, wenn dieser erste Instanz war, und vor allem gegen Urteile der großen Strafkammern der Landgerichte.

23. Was ist ein allgemeiner Gerichtsstand?

Der Wohnort (bei natürlichen Personen) bzw. der Sitz (bei juristischen Personen) der Beklagten und bei wohnsitzlosen Personen der Aufenthaltsort bzw. der letzte Wohnsitz.

24. Nennen Sie einige besondere Gerichtsstände.

Die Gerichtsstände des Aufenthaltsortes, der Niederlassung, der Mitgliedschaft, der Erbschaft, des Erfüllungsortes, für Haustürgeschäfte, bei Beförderungen, für unerlaubte Handlungen, der Widerklage und des Hauptprozesses.

25. Was ist ein wahlweiser Gerichtsstand?

Bei einem wahlweisen Gerichtsstand hat der Kläger unter mehreren örtlich zuständigen Gerichten die Wahl.

26. Was ist ein vereinbarter Gerichtsstand?

Bei einem vereinbarten Gerichtsstand wird ein an sich örtlich nicht zuständiges Gericht erster Instanz durch Vereinbarung zuständig.

27. Wann ist die Vereinbarung eines Gerichtsstandes nur möglich?

Unter Kaufleuten oder juristischen Personen des öffentlichen Rechts, auch mündlich bzw. stillschweigend; bei Privatleuten nur schriftlich, wenn sich die Vereinbarung auf ein bestimmtes Rechtsverhältnis bezieht, und zwar nur dann,

▸ wenn mindestens eine der Vertragsparteien keinen allgemeinen Gerichtsstand im Inland hat oder

▸ wenn die Gerichtsstandsvereinbarung nach Entstehen der Streitigkeit getroffen wurde oder

▸ wenn die Gerichtsstandsvereinbarung für den Fall der Verlegung des Wohnsitzes bzw. des Aufenthaltsortes oder für den Fall getroffen wurde, dass der gewöhnliche Aufenthalt im Zeitpunkt der Klageerhebung unbekannt ist.

28. Was bedeutet es, wenn ein Gerichtsstand ein „ausschließlicher" ist?

Bei einem ausschließlichen Gerichtsstand sind weder eine Gerichtsstandsvereinbarung noch ein wahlweiser Gerichtsstand möglich.

29. Nennen Sie drei Beispiele für einen ausschließlichen Gerichtsstand.

Der dingliche Gerichtsstand, der Gerichtsstand für Miet- oder Pachtsachen über Räume, bei Umwelteinwirkungen sowie bei falschen, irreführenden oder unterlassenen öffentlichen Kapitalmarktinformationen.

30. Welcher Gerichtsstand ist in Strafsachen maßgebend?

Es gilt der Gerichtsstand des Tatortes, aber auch des Wohnsitzes, des Aufenthalts- oder Ergreifungsortes.

31. Welche LG-Bezirke hat Ihr zuständiger OLG-Bezirk?

(Bitte hier eintragen.)

---

32. Welche AG-Bezirke hat Ihr zuständiger LG-Bezirk?

(Bitte hier eintragen.)

---

2. Die Zustellung

2.1 Allgemeines

Bei Gericht muss alles Wichtige nachweisbar sein. Die Parteien würden sonst einfach abstreiten, ein Urteil, eine Ladung, einen Beschluss oder dergleichen erhalten zu haben, wenn es für sie vorteilhaft wäre. Um das zu verhindern, gibt es die Zustellung.

Begriff und Bedeutung, § 166 ZPO: Die **Zustellung** ist die Bekanntgabe eines Schriftstückes an eine Person in der gesetzlich vorgeschriebenen Form. Sie dient als Nachweis dafür, wann, an wen, durch wen und auf welche Weise das zuzustellende Schriftstück übergeben wurde. Dadurch kann der **Beginn einer Frist** nachgewiesen werden, auch ist sie von großer Bedeutung bei der Zwangsvollstreckung.

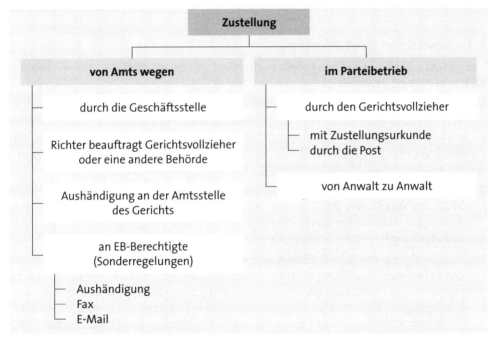

Abb. 6: Zustellungsarten

Wird ein zuzustellendes Schriftstück ausgehändigt, so erhält der Adressat übrigens nicht die Urschrift, sondern stets entweder seine Ausfertigung (die der Urschrift gleichsteht) oder eine Fotokopie mit einem Beglaubigungsvermerk der Geschäftsstelle, dass Urschrift und Abschrift übereinstimmen. Ein gerichtliches **elektronisches** Dokument kann in Urschrift zugestellt werden, einer Beglaubigung bedarf es nicht (§ 169 ZPO).

2.2 Zustellungen von Amts wegen

Diese Zustellungsart ist die Regel.

Von Amts wegen werden insbesondere zugestellt:

- ▶ **Klageschriften**
- ▶ **Urteile** (nicht aber Urteile in abgekürzter Form und Beschlüsse als Voraussetzung der Zwangsvollstreckung)
- ▶ **Beschlüsse**
- ▶ **Ladungen.**

Grundsätzlich führt die Zustellung von Amts wegen die Geschäftsstelle aus.

2.2.1 Gesetzliche Möglichkeiten

Das Gesetz sieht verschiedene Möglichkeiten vor, von denen der sicherste und kostengünstigste Weg zu wählen ist:

1. **Die Zustellung durch die Geschäftsstelle (§ 168 Abs. 1, § 169 ZPO).** Der Urkundsbeamte der Geschäftsstelle kann einen **Justizbediensteten** (Justizwachtmeister oder anderen geeigneten Angehörigen des Gerichts) oder auf dem entsprechenden Vordruck die **Post** mit der Zustellung beauftragen. Die Geschäftsstelle bescheinigt auf Antrag den Zeitpunkt der Zustellung.

2. **Die Zustellung durch den Gerichtsvollzieher oder eine andere Behörde (§ 168 Abs. 2 ZPO).** Der Vorsitzende des Prozessgerichts kann einen Gerichtsvollzieher oder eine andere Behörde mit der Zustellung beauftragen, wenn die zuvor unter (1) genannte Zustellung keinen Erfolg verspricht.

3. **Aushändigung des Schriftstückes an der Amtsstelle des Gerichts (§ 173 ZPO).** Bei dieser Form der Zustellung ist auf dem Schriftstück und in den Akten besonders zu vermerken, wann es zum Zwecke der Zustellung ausgehändigt wurde. Bei der Aushändigung an den Vertreter ist auch dies mit dem Zusatz zu vermerken, an wen das Schriftstück ausgehändigt wurde und dass die Vollmacht nach § 171 Satz 2 ZPO vorgelegt wurde.

4. **Zustellung an einen Vertreter (§ 170 ZPO).** Bei **nicht prozessfähigen** Personen ist an den gesetzlichen Vertreter zuzustellen. Bei nicht natürlichen Personen (AG, GmbH, OHG, KG) genügt die Zustellung an den Leiter. Bei mehreren gesetzlichen Vertretern (z. B. Eltern) oder Leitern genügt die Zustellung an einen von ihnen.

5. **Zustellung an einen Zustellungsbevollmächtigten (§ 171 ZPO).** Die Zustellung kann auch an einen lediglich hierfür Bevollmächtigten (z. B. Freund, Nachbarn) erfolgen.

    Die **Ladung zu einem Termin zur Abnahme der Vermögensauskunft** ist dem Schuldner selbst zuzustellen, und zwar auch dann, wenn dieser anwaltlich vertreten ist (§ 802f Abs. 4 ZPO).

6. **Zustellung an einen Prozessbevollmächtigten (§§ 172, 174 ZPO).** In Verfahren hat die Zustellung an den für den Rechtszug bestellten Prozessbevollmächtigten zu

erfolgen, wenn ein solcher bestellt wurde, andernfalls an die Partei selbst. Das Vollstreckungsverfahren gehört zur ersten Instanz. Bei der Zustellung an einen Rechtsanwalt ist ein schriftliches **Empfangsbekenntnis** ausreichend.

7. **Zustellung an Empfangsbekenntnisberechtigte (§ 174 Abs. 1 ZPO).**

   Folgender Personenkreis ist zum Empfangsbekenntnis berechtigt:

   ▸ **Rechtsanwälte** und **Notare**

   ▸ **Gerichtsvollzieher**

   ▸ **Steuerberater**

   ▸ **sonstige Personen**, bei denen man nach pflichtgemäßem Ermessen der Geschäftsstelle aufgrund ihres Berufes von einer erhöhten Zuverlässigkeit ausgehen kann

   ▸ **Behörden**, **Körperschaften** und **Anstalten** des öffentlichen Rechts.

   Zum Nachweis der Zustellung genügt das mit Datum und Unterschrift des Adressaten versehene Empfangsbekenntnis, dessen Rücksendung verpflichtend und auch per Fax oder E-Mail möglich ist.

   An diesen besonderen Personenkreis kann auch zugestellt werden

   ▸ durch **Aushändigung** des Schriftstücks an der Amtsstelle (§ 173 ZPO),

   ▸ durch **Telekopie (= Fax**, § 174 Abs. 2 ZPO) und

   ▸ durch **elektronisches Dokument (E-Mail)** (Übermittlung einer Kopie des Schriftstückes als geschützte, d. h. mit einer qualifizierten elektronischen Signatur versehene Datei).

   Auch **anderen Verfahrensbeteiligten**, die nicht EB-Berechtigte sind, können elektronische Dokumente zugestellt werden, wenn sie ausdrücklich zugestimmt haben (§ 174 Abs. 3 ZPO).

8. **Zustellung durch Einschreiben mit Rückschein (§ 175 ZPO)**. Bei dieser Zustellungsform über die Post genügt zum Nachweis der Zustellung das ausgefüllte, unterschriebene Original des Rückscheins.

   Zustellungsauftrag, § 176 ZPO: Wird der Post, einem Justizbediensteten, einem Gerichtsvollzieher oder einer anderen Behörde ein Zustellungsauftrag erteilt, so übergibt die Geschäftsstelle das zuzustellende Schriftstück in einem verschlossenen Umschlag und mit einem vorbereiteten Zustellungsvordruck.

2.2.2 Ersatzzustellung

Eine Ersatzzustellung findet statt, wenn der Zustellungsadressat nicht angetroffen wird.

Eine Ersatzzustellung ist möglich:

1. **in der Wohnung** an **erwachsene Familienangehörige**, an eine **in der Familie beschäftigte Person** oder an einen **erwachsenen ständigen Mitbewohner**

2. **in Geschäftsräumen** an eine **dort beschäftigte Person**

3. **in Gemeinschaftseinrichtungen** an den **Leiter der Einrichtung** oder einen dazu ermächtigten Vertreter

4. durch Einlegen in einen **sicheren Briefkasten** (§§ 178, 180 ZPO).

An eine solche Person ist eine Ersatzzustellung unwirksam, wenn sie in dem Rechtsstreit als Gegner beteiligt ist (**verbotene Ersatzzustellung,** § 178 Abs. 2 ZPO). Ist eine solche Ersatzzustellung nicht möglich, so kann sie durch **Niederlegung**

▸ bei dem **Amtsgericht,** in dessen Bezirk der Ort der Zustellung liegt, oder

▸ am **Ort der Zustellung** oder am Ort des Amtsgerichts bei einer von der Post dafür bestimmten Stelle bewirkt werden.

Der Empfänger ist von der Niederlegung schriftlich zu benachrichtigen.

Außerhalb der Wohnung oder **des Geschäftslokals** kann eine Ersatzzustellung nicht vorgenommen werden, dem Zustellungsempfänger selbst jedoch an jedem Ort, § 177 ZPO.

Heilung von Zustellungsmängeln (§ 189 ZPO): Wird eine Formvorschrift bei der Zustellung verletzt, so gilt die Zustellung als in dem Zeitpunkt bewirkt, in dem das Schriftstück dem Empfänger zugegangen ist.

Beispiel

Der erwachsenen Tochter des Zustellungsempfängers wird das zuzustellende Schriftstück am 10.05. auf der Straße ausgehändigt. Die Tochter übergibt ihrem Vater das Schriftstück erst am 15.05. Trotz des Formverstoßes gilt das Schriftstück mit Datum vom 15.05. als zugestellt.

2.2.3 Die Zustellung bei verweigerter Annahme

Wird die Annahme des zuzustellenden Schriftstücks unberechtigt verweigert, so ist das Schriftstück in der Wohnung oder in dem Geschäftsraum zurückzulassen. In Ermangelung solcher Räume ist das Schriftstück zurückzusenden. Das Schriftstück gilt mit der Annahmeverweigerung als zugestellt (§ 179 ZPO).

2.2.4 Zustellung im Ausland

Eine Zustellung im Ausland erfolgt nach den **völkerrechtlichen Vereinbarungen** (§ 183 ZPO).

1. Wenn es erlaubt ist, die Schriftstücke durch die Post zu übersenden, so soll durch **Einschreiben gegen Rückschein** zugestellt werden.

2. Ist eine solche Zustellung nicht möglich, wird durch die **konsularische oder diplomatische Vertretung** des Bundes oder die sonstige zuständige Behörde zugestellt.

3. Soll an einen **Deutschen, der das Recht zur Immunität** genießt und zu einer Vertretung der Bundesrepublik Deutschland im Ausland gehört, zugestellt werden, so erfolgt die Zustellung auf Ersuchen des Vorsitzenden **durch die zuständige Auslandsvertretung**.

2.2.5 Die öffentliche Zustellung

In manchen Fällen wird auch öffentlich zugestellt (§ 185 ZPO).

Die öffentliche Zustellung findet statt, wenn

1. **der Aufenthalt der Person,** der das Schriftstück zugestellt werden soll, **unbekannt** und die Zustellung an einen Vertreter oder Zustellungsbevollmächtigten nicht möglich ist,

2. bei **juristischen Personen**, die zur Anmeldung einer inländischen Geschäftsanschrift zum Handelsregister verpflichtet sind, eine Zustellung **weder** unter der **eingetragenen Anschrift** noch einer im Handelsregister eingetragenen Anschrift einer **für Zustellungen empfangsberechtigten Person** oder einer **ohne Ermittlungen** bekannten anderen inländischen Anschrift möglich ist,

3. **eine Zustellung im Ausland nicht möglich ist** oder keinen Erfolg verspricht oder

4. der Ort der Zustellung die Wohnung einer Person ist, die der deutschen Gerichtsbarkeit nicht unterliegt, weil **Exterritorialität** (z. B. bei Botschaftsangehörigen) besteht.

Die öffentliche Zustellung muss vom Prozessgericht bewilligt werden. Sie erfolgt durch Anheftung einer Benachrichtigung an der Gerichtstafel oder durch Einstellung in ein elektronisches Informationssystem mit folgenden Informationen:

1. die Person, für die zugestellt wird **(den Zustellungsabsender),**

2. der **Zustellungsempfänger,**

3. das **Datum**, das **Aktenzeichen** und die Bezeichnung des **Prozessgegenstandes** sowie

4. die **Stelle,** wo das Schriftstück **eingesehen** werden kann.

Die Nachricht muss weiter den Hinweis enthalten, dass das Schriftstück öffentlich zugestellt wird und Fristen in Gang gesetzt werden können, nach deren Ablauf Rechtsverluste drohen können. Bei der Zustellung einer **Ladung** muss die Benachrichtigung den Hinweis enthalten, dass das Schriftstück eine Ladung zu einem Termin enthält, dessen Versäumung Rechtsnachteile zur Folge haben kann (§ 186 ZPO).

Das Gericht kann zusätzlich die einmalige oder mehrmalige Veröffentlichung im Bundesanzeiger oder in anderen Blättern anordnen (§ 187 ZPO).

Das Schriftstück gilt als zugestellt, wenn seit dem Aushang der Benachrichtigung **ein Monat** vergangen ist, sofern das Prozessgericht nicht eine längere Frist bestimmt hat (§ 188 ZPO).

2.3 Zustellungen auf Betreiben der Parteien

Hier wird die Zustellung durch die Parteien veranlasst. Sie erfolgt grundsätzlich durch den **Gerichtsvollzieher** (§ 192 ZPO), der entweder selbst mit Zustellungsurkunde zustellt oder die **Post** um Zustellung ersucht (§ 194 ZPO). Im Übrigen gelten die bisher besprochenen Regelungen entsprechend.

Sind beide Parteien durch Anwälte vertreten, so kann die Zustellung auch **von Anwalt zu Anwalt** mit **Empfangsbekenntnis** erfolgen (§ 195 ZPO).

Im Parteibetrieb werden insbesondere zugestellt:

- ► Vollstreckungsbescheide (falls beantragt, § 699 Abs. 4 ZPO)
- ► Prozess- und Anwaltsvergleiche
- ► Arreste und einstweilige Verfügungen in Beschlussform an den Antragsgegner (§ 922 Abs. 2, § 936 ZPO)
- ► die Vorpfändung gem. § 845 ZPO (auch vorläufiges Zahlungsverbot genannt)
- ► der Pfändungs- und Überweisungsbeschluss (§ 829 Abs. 2 ZPO).

2.4 Prüfungsfragen

1. **Was ist die Zustellung?**

   Die Zustellung ist die Bekanntgabe eines Schriftstückes an eine Person in der gesetzlich vorgeschriebenen Form.

2. **Weshalb ist die Zustellung von besonderer Bedeutung?**

   Sie dient als Nachweis dafür, auf welche Weise zugestellt wurde. Sie ist auch von großer Bedeutung für den Beginn einer Frist und bei der Zwangsvollstreckung.

3. **Welche Arten von Zustellungen kennt das Gesetz?**

   Die Zustellung von Amts wegen als Regelfall und die Zustellung durch die Parteien.

4. **Welche Schriftstücke werden von Amts wegen zugestellt?**

   Insbesondere Klageschriften, Urteile, Beschlüsse und Ladungen.

5. **Wie wird in der Regel von Amts wegen zugestellt?**

   Der Urkundsbeamte der Geschäftsstelle kann einen Justizbediensteten oder auf dem entsprechenden Vordruck die Post mit der Zustellung beauftragen.

6. **Wen kann der Richter mit der Zustellung beauftragen, wenn die Zustellung durch die Post oder den Justizbediensteten keinen Erfolg verspricht?**

   Einen Gerichtsvollzieher oder eine Behörde.

7. **Wie kann außerdem noch von Amts wegen zugestellt werden?**

   Durch Aushändigung des Schriftstückes an der Amtsstelle des Gerichts.

8. Was ist bei dieser Zustellungsart zu beachten?

Auf dem Schriftstück und in den Akten ist besonders zu vermerken, wann es zum Zwecke der Zustellung ausgehändigt wurde.

9. Wie wird an nicht prozessfähige Personen zugestellt?

An die gesetzlichen Vertreter; gibt es mehrere, genügt die Zustellung an einen von ihnen.

10. Wie wird an nicht natürliche Personen zugestellt?

Es genügt die Zustellung an den Leiter.

11. Wie erfolgt die Zustellung an einen Prozessbevollmächtigten?

An den Rechtsanwalt mit Empfangsbekenntnis.

12. Wann wird aber nicht an einen Prozessbevollmächtigten zugestellt?

Die Ladung des Schuldners zu einem Termin zur Abnahme der Vermögensauskunft.

13. Kann die Zustellung auch an Nachbarn erfolgen?

Ja, wenn sie Zustellungsbevollmächtigte sind.

14. An welchen Personenkreis kann mit EB zugestellt werden?

An Rechtsanwälte und Notare, Gerichtsvollzieher, Steuerberater und sonstige Personen, bei denen man von einer erhöhten Zuverlässigkeit ausgehen kann; außerdem an Behörden, Körperschaften und Anstalten des öffentlichen Rechts.

15. Wie kann an diese (juristischen oder natürlichen) Personen zugestellt werden?

Durch Aushändigung des Schriftstücks, durch Telekopie (= Fax) und durch eine mit Signatur geschützte E-Mail (elektronisches Dokument).

16. Kann auch an nicht EB-Berechtigte per E-Mail zugestellt werden?

Ja, wenn sie ausdrücklich zugestimmt haben.

17. Welche weitere Zustellungsform über die Post kennen Sie?

Die Zustellung durch Einschreiben mit Rückschein.

18. Wann findet eine Ersatzzustellung statt?

Wenn der Zustellungsadressat nicht angetroffen wird.

19. An welchen Orten ist eine Ersatzzustellung möglich?

In der Wohnung, in Geschäftsräumen und in Gemeinschaftseinrichtungen.

20. An wen ist eine Ersatzzustellung in der Wohnung möglich?

An erwachsene Familienangehörige, an eine in der Familie beschäftigte Person oder an einen erwachsenen ständigen Mitbewohner.

21. An wen ist eine Ersatzzustellung in Geschäftsräumen möglich?

An eine dort beschäftigte Person.

22. An wen ist eine Ersatzzustellung in Gemeinschaftseinrichtungen möglich?

An den Leiter der Einrichtung oder einen dazu ermächtigten Vertreter.

23. Welche weitere Form der Ersatzzustellung kennen Sie?

Durch Einlegen in einen sicheren Briefkasten.

24. Wie wird zugestellt, wenn eine Ersatzzustellung nicht möglich ist?

Durch Niederlegung bei dem Amtsgericht, am Ort der Zustellung oder am Ort des Amtsgerichts bei einer von der Post dafür bestimmten Stelle.

25. Wie erfährt der Empfänger von der Niederlegung?

Durch schriftliche Benachrichtigung.

26. Wann darf an Ersatzzustellungsberechtigte nicht zugestellt werden?

Wenn sie in dem Rechtsstreit als Gegner beteiligt sind („verbotene Ersatzzustellung").

27. Kann die Ersatzzustellung auch außerhalb der Wohnung oder des Geschäftslokals erfolgen?

Nein, das ist nicht zulässig.

28. Gilt das auch für den Zustellungsempfänger?

Nein, ihm kann an jedem anderen Ort zugestellt werden.

29. Was verstehen Sie unter einer Heilung von Zustellungsmängeln?

Wurden bei der Zustellung Formvorschriften verletzt, gilt die Zustellung trotzdem als bewirkt, wenn das zuzustellende Schriftstück dem Empfänger zugegangen ist.

30. Wie wird bei verweigerter Annahme zugestellt?

Das Schriftstück ist in der Wohnung oder in dem Geschäftsraum zurückzulassen. In Ermangelung solcher Räume ist das Schriftstück zurückzusenden.

31. Wann kann eine öffentliche Zustellung beantragt werden?

- ► Wenn der Aufenthalt des Zustellungsempfängers unbekannt und die Zustellung an einen Vertreter oder Zustellungsbevollmächtigten nicht möglich ist
- ► wenn eine Zustellung im Ausland nicht möglich ist oder keinen Erfolg verspricht
- ► bei **juristischen Personen**, die zur Anmeldung einer inländischen Geschäftsanschrift zum Handelsregister verpflichtet sind, eine Zustellung **weder** unter der **eingetragenen Anschrift** noch einer im Handelsregister eingetragenen Anschrift einer für **Zustellungen empfangsberechtigten Person** oder einer **ohne Ermittlungen** bekannten anderen inländischen Anschrift möglich ist
- ► wenn wegen Immunität nicht zugestellt werden kann.

32. Was muss im Fall eines unbekannten Aufenthalts dem Antrag beigefügt werden?

Die Bescheinigung der Behörde, dass der Zustellungsempfänger nicht gemeldet ist bzw. unbekannt verzogen ist.

33. Wer veranlasst die öffentliche Zustellung?

Das Prozessgericht.

34. Wie erfolgt die öffentliche Zustellung?

Sie erfolgt durch Anheftung einer Benachrichtigung an der Gerichtstafel oder durch Einstellung in ein elektronisches Informationssystem.

35. Welche Informationen muss die Benachrichtigung enthalten?

► Die Benachrichtigung muss den Zustellungsabsender und Zustellungsempfänger enthalten

► das Datum, das Aktenzeichen und die Bezeichnung des Prozessgegenstandes sowie

► die Stelle, wo das Schriftstück eingesehen werden kann.

► Die Nachricht muss weiter den Hinweis enthalten, dass das Schriftstück öffentlich zugestellt wird und Fristen in Gang gesetzt werden können, nach deren Ablauf Rechtsverluste drohen können.

36. Was muss bei der Zustellung einer Ladung berücksichtigt werden?

Sie muss den Hinweis enthalten, dass das Schriftstück eine Ladung zu einem Termin enthält, dessen Versäumung Rechtsnachteile zur Folge haben kann.

37. Ist eine Veröffentlichung im Bundesanzeiger erforderlich?

Nein, aber das Gericht kann zusätzlich die einmalige oder mehrmalige Veröffentlichung im Bundesanzeiger oder in anderen Blättern anordnen.

38. Nach welcher Frist wird die öffentliche Zustellung wirksam?

Einen Monat nach Aushang der Benachrichtigung.

39. Wie erfolgt die Zustellung im Parteibetrieb?

Durch Beauftragung eines Gerichtsvollziehers, der entweder selbst mit Zustellungsurkunde zustellt oder die Post um Zustellung ersucht.

40. Welche Schriftstücke werden in der Regel im Parteibetrieb zugestellt?

Vollstreckungsbescheide (falls beantragt), Vergleiche, Arreste und einstweilige Verfügungen in Beschlussform an den Antragsgegner, die Vorpfändung und der Pfändungs- und Überweisungsbeschluss.

41. Wie kann die Zustellung erfolgen, wenn beide Parteien durch Rechtsanwälte vertreten sind?

Von Anwalt zu Anwalt.

3. Das anwaltliche Aufforderungsschreiben

Heißt das Schreiben nun freundlich „Erinnerung", unwirsch „Zahlungsaufforderung", juristisch trocken „Mahnung" oder ähnlich – in all diesen Fällen handelt es sich um eine Aufforderung, die den Adressaten bewegen soll, endlich seine Schuld zu begleichen, d. h. in der Regel zu zahlen. Formuliert ein Rechtsanwalt ein solches Schreiben, so spricht man von einem „anwaltlichen Aufforderungsschreiben".

3.1 Eintritt des Verzuges

Das anwaltliche Aufforderungsschreiben bezweckt eine schnelle außergerichtliche Erledigung, vor allem aber die Herbeiführung des Verzuges.

Der Schuldner kommt bei Nichtzahlung unter folgenden Voraussetzungen in Verzug (§§ 280, 286 BGB):

1. **Fälligkeit** der Leistung
2. Zugang einer **Mahnung**, soweit sie nicht entbehrlich ist, s. u.
3. oder unabhängig von einer Mahnung **30 Tage nach Zugang einer Rechnung** oder einer gleichwertigen Zahlungsaufforderung
4. bei **Verschulden** an der Leistungsverspätung (§ 286 Abs. 4 BGB).

3.1.1 Fälligkeit

Eine Leistung ist **fällig**, wenn der Gläubiger berechtigt ist, die Leistung zu verlangen (§ 271 BGB). Das ergibt sich häufig aus der Vereinbarung der Parteien. Ist nichts vereinbart, sind die Leistungen sofort fällig. **Gesetzliche Sonderregelungen** gelten jedoch z. B. für den **Mietvertrag** (Fälligkeit zu Beginn der Mietzeit, spätestens bis zum 3. Werktag, § 556b BGB), für den **Dienstvertrag** (Fälligkeit tritt erst nach Leistung der Dienste ein, § 614 BGB) und beim **Werkvertrag** (hier ist die Vergütung erst bei Abnahme des Werkes fällig, § 641 BGB). Weitere Sonderregelungen können aber auch **vertraglich** vereinbart werden.

Beispiele

In einem Mietvertrag werden Mietvorauszahlungen oder Abschlagszahlungen vereinbart.

Ein Vertrag enthält die Formulierung „Kasse gegen Faktura" (der Zahlungsanspruch wird bereits gegen Zusendung der Rechnung fällig, ohne dass die Ware auch bereits geliefert werden muss).

3.1.2 Mahnung und Entbehrlichkeit

Grundsätzlich muss der Schuldner nachweisbar eine **Mahnung** erhalten haben (§ 286 Abs. 1 Satz 1 BGB). Eine **Mahnung von Geldansprüchen** ist eine eindeutige Zahlungsaufforderung des Gläubigers, die sich auf einen bestimmten Geldbetrag bezieht und erkennen lässt, dass eine Nichtleistung Folgen haben wird. Sie sollte zweckmäßigerweise auch als „Mahnung" ausdrücklich bezeichnet werden.

Zustellungsnachweis: Auch sollte unbedingt an den **Nachweis** für den Zugang der Mahnung gedacht werden für den Fall, dass der Schuldner bestreitet, eine Zahlungsaufforderung überhaupt erhalten zu haben.

Beispiele

Zeugenbeweis eines Boten, die formelle Zustellung oder die Zustellung mit Einschreiben-Rückschein.

Gleichstellung mit Mahnung: Die **Zustellung einer Leistungsklage oder eines Mahnbescheids** stehen der Mahnung gleich (§ 286 Abs. 1 Satz 2 BGB). Spätestens ab diesem Zeitpunkt können also die Verzugsfolgen geltend gemacht werden.

Entbehrlichkeit der Mahnung

1. **Eine Mahnung ist nicht erforderlich,** wenn die Leistung an einem bestimmten **Kalendertag** fällig ist, z. B. durch vertragliche Vereinbarung oder kraft gesetzlicher Bestimmung (§ 286 Abs. 2 Satz 1 BGB). Unter Angaben wie „Anfang", „Mitte" oder „Ende" eines Monats wird der erste, der 15. bzw. der letzte Tag des Monats verstanden (§ 192 BGB).

2. Eine Mahnung ist auch dann nicht erforderlich, wenn der Leistung ein **Ereignis** vorauszugehen hat und eine angemessene Zeit für die Leistung in der Weise bestimmt ist, dass sie sich von dem Ereignis an nach dem Kalender berechnen lässt (§ 286 Abs. 2 Satz 2 BGB). Ein solches Ereignis kann eine Kündigung sein, aber auch jedes andere Ereignis, von dem an ein Kalenderdatum berechnet werden kann.
   Beispiel: So können Formulierungen wie „14 Tage nach Lieferung" oder „2 Wochen nach Lieferung" ohne weitere Mahnung den Verzug herbeiführen.

3. Eine Mahnung ist weiterhin entbehrlich, wenn der Schuldner die Leistung **endgültig und ernsthaft verweigert**. In diesem Fall wäre eine Mahnung sinnlos und lediglich eine leere Förmelei. Der Schuldner befindet sich automatisch im Verzug, wenn er die Leistung verweigert (§ 286 Abs. 2 Satz 3 BGB).

4. Weiter ist eine Mahnung nicht erforderlich, wenn **besondere Gründe** unter Abwägung der beiderseitigen Interessen den sofortigen Eintritt des Verzuges rechtfertigen (§ 286 Abs. 2 Satz 4).
   Beispiele: Der Schuldner selbst kündigt seine Leistung zu einem bestimmten Termin an (sog. „Selbstmahnung"). Der Schuldner entzieht sich der Mahnung.

3.1.3 Die 30-Tage-Regelung des § 286 Abs. 3 BGB

Unabhängig von einer Mahnung kommt der Schuldner auch **30 Tage nach Fälligkeit und Zugang einer Rechnung** oder einer **gleichwertigen Zahlungsaufforderung** in Verzug.

Beispiele

Eine Rechnung geht am 01.03. zu. Die 30-Tage-Frist des § 286 Abs. 3 BGB ist eine **Tagesfrist**. Der Tag des Zugangs zählt nicht mit, weil es sich um eine **Ereignisfrist** (§ 187 Abs. 1 BGB) handelt. Damit läuft die Frist am 31.03., 24.00 Uhr, ab. Der Schuldner befindet sich also ab dem 01.04., 0.00 Uhr, im Verzug.

Eine Rechnung geht am 15.02. zu (kein Schaltjahr). Bei der Fristberechnung ist jeder Monat mit der Anzahl seiner Tage zu berücksichtigen. Erster Tag der Fristberechnung ist der 16.02., Fristende mit Ablauf des 17.03., Verzug ab 18.03.

Die 30-Tage-Regelung gilt nur für Entgeltforderungen. Das sind Forderungen, die als **Entgelt für erbrachte Leistungen** vereinbart wurden. In der Regel werden das Geldforderungen sein. Bei Schadensersatzansprüchen liegt zwar eine Geldforderung, aber keine Entgeltforderung vor.

Für **Verbraucher** (§ 13 BGB) gilt die 30-Tage-Regelung nur, wenn sie auf diese Folgen in der Rechnung oder Zahlungsaufstellung **besonders hingewiesen** worden sind. Verbraucher sind alle natürlichen Personen, die ein Rechtsgeschäft für einen Zweck abschließen, der weder ihren gewerblichen noch ihren selbstständigen beruflichen Tätigkeiten zugerechnet werden kann (insbesondere Privatpersonen oder Kaufleute, die als Verbraucher auftreten, z. B. eine Urlaubsreise buchen).

Soweit bei den Verzugsvoraussetzungen auch ein **Verschulden** verlangt wird, geht man bei **Geldforderungen** in der Regel stets von einem Verschulden aus (§ 286 Abs. 4 BGB).

3.2 Verzugsfolgen

Befindet sich der Schuldner in Verzug, so hat er dem Gläubiger den durch den Verzug entstandenen Schaden zu ersetzen (**einfacher Schadensersatz** oder **Verzögerungsschaden = Verspätungsschaden**), § 280 Abs. 2, § 286 BGB.

Daneben sind aber auch – je nach Sachlage – Ansprüche auf **Leistung** (Erfüllung) und ein **Rücktritt** denkbar.

Bei Geldforderungen gehören zum Verzugsschaden auch die durch den Verzug entstandenen **Verzugszinsen** sowie die Verzugspauschale in Höhe von 40 € nach § 288 Nr. 5 BGB (nur, sofern der Schuldner kein Verbraucher ist).

Folgende Verzugszinsen können verlangt werden:

1. Bei beteiligten Verbrauchern ohne Schadensnachweis als Verzugszinsen **5 Prozentpunkte über dem jeweiligen Basiszinssatz** (§§ 247, 288 Abs. 1 BGB),

2. bei Unternehmergeschäften, wenn also kein Verbraucher beteiligt ist, **9 Prozentpunkte über dem jeweiligen Basiszinssatz** (§§ 247, 288 Abs. 2 BGB),

3. bei Wechsel- und Scheckforderungen **2 Prozentpunkte über dem jeweiligen Basiszinssatz, mindestens aber 6 %** (Art. 48 Abs. 1 Satz 2 WG, Art. 45 Nr. 2 ScheckG),

4. **höhere Zinsen** können verlangt werden, wenn sie **vertraglich vereinbart** sind (§ 288 Abs. 3 BGB) oder

5. wenn sie als **Schadensersatzforderung** geltend gemacht werden (mit Schadensnachweis). Der in Verzug befindliche Schuldner ist nämlich dem Gläubiger gegenüber zum Ersatz des durch den Verzug entstandenen Schadens (Verzugsschaden) verpflichtet. Hierzu zählen bei Geldforderungen u. a. Zinsverluste des Gläubigers infolge von Bankkrediten, aber auch entgangene Anlagezinsen.

Der Zinsanspruch entsteht

▸ mit Eintritt des Verzuges

▸ spätestens mit Rechtshängigkeit (Prozesszinsen, § 291 BGB).

Die Zinsen errechnen sich eigentlich nach dem BGB, in der Praxis (i. d. R.) jedoch nach der folgenden Formel. Es wird mit 360 Zinstagen im Jahr und 30 Tagen im Monat gerechnet:

$$\text{Zinsen} = \frac{\text{Kapital} \cdot \text{Zeit (Tage)} \cdot \text{Zinssatz}}{360 \cdot 100}$$

Weiterhin ist der Gläubiger berechtigt, eine **Verzugspauschale in Höhe von 40 €** geltend zu machen. Dies ist allerdings nur dann möglich, wenn der Schuldner **kein Verbraucher** ist.

3.3 Zweck und Inhalt

Das anwaltliche Aufforderungsschreiben bezweckt die schnellere und kostengünstigere außergerichtliche Erledigung, die Herbeiführung des Verzuges und will die Gefahr des § 93 ZPO vermeiden. Würde nämlich der Kläger bei Gericht eine Klage gegen den Beklagten einreichen, ohne diesen zuvor in Verzug gesetzt zu haben, so könnte der Beklagte die Klageforderung sofort anerkennen und dadurch erreichen, dass dem Kläger die Kosten des Rechtsstreits auferlegt würden.

Stil: Das Aufforderungsschreiben soll korrekt, höflich, sachlich, kurz und verständlich formuliert sein.

Inhalt: Das anwaltliche Aufforderungsschreiben soll folgende Punkte enthalten: die Bezeichnung des Schuldners (Empfängers) und des Gläubigers (Mandanten), die Bestellung („zum Vertreter des …"), die Schilderung des Sachverhalts, die Bezeichnung des Anspruchs (z. B. Geldforderung und Zinsen), die Zahlungsaufforderung mit einer korrekten Fristsetzung (genauer Zahlungstermin!), die Aufforderung, auch die Kosten zu zahlen, die Androhung gerichtlicher Geltendmachung bzw. die Empfehlung, nach fruchtlosem Fristablauf Klage zu erheben, und die Kostenrechnung mit der Unterschrift.

3.4 Prüfungsfragen

1. Wann kommt ein Schuldner bei Nichtleistung in Verzug?

- Bei Fälligkeit
- bei Zugang einer Mahnung, soweit sie nicht entbehrlich ist
- bei einer Entgeltforderung 30 Tage nach Zugang einer Rechnung oder gleichwertigen Zahlungsaufforderung
- bei Verschulden an der Leistungsverspätung.

2. Muss auch bei Geldforderungen ein Verschulden gegeben sein?

Nein, grundsätzlich wird bei Geldforderungen ein Verschulden angenommen.

3. Wann ist eine Forderung fällig?

Sie ist fällig, wenn der Gläubiger berechtigt ist, die Leistung zu verlangen.

4. Welche Gleichstellungen mit einer Mahnung, von denen an die Verzugsfolgen auch ohne Mahnung geltend gemacht werden können, kennen Sie?

Die Zustellung einer Leistungsklage oder eines Mahnbescheids.

5. Wann ist eine Mahnung nicht erforderlich?

- Wenn die Leistung durch vertragliche Vereinbarung oder kraft gesetzlicher Bestimmung an einem bestimmten Kalendertag fällig ist
- bei Wechsel, Scheck, Miete, Pacht und Unterhalt
- wenn sich die Leistung nach dem Kalender berechnen lässt (z. B. bei einer Formulierung wie „14 Tage nach Lieferung").

6. Muss der Schuldner noch gemahnt werden, wenn er die Leistung verweigert?

Nein, wenn der Schuldner die Leistung endgültig und ernsthaft verweigert, befindet sich der Schuldner automatisch im Verzug.

7. Was ist eine „Selbstmahnung" und welche Wirkung hat sie?

Bei einer Selbstmahnung kündigt der Schuldner selbst seine Leistung zu einem bestimmten Termin an. Eine Mahnung durch den Gläubiger ist dann nicht erforderlich.

8. Gilt die 30-Tage-Regelung für Entgeltforderungen auch für Schadensersatzansprüche?

Nein, bei ihnen handelt es sich um Geldansprüche, nicht um Entgeltforderungen als Gegenleistung für erbrachte Leistungen.

9. Welche Besonderheit gibt es bei der 30-Tage-Regelung für Verbraucher?

Diese müssen in der Rechnung auf die Verzugsfolge besonders hingewiesen worden sein.

10. Wann befindet sich der Schuldner nach der 30-Tage-Regelung in den nachfolgenden Fällen im Verzug? Die Rechnung geht zu

a) am 12.01.

Der Verzug tritt ein ab 12.02.

b) am 20.02. (kein Schaltjahr)

Der Verzug tritt ein ab 23.03.

c) am 15.04.

Der Verzug tritt ein ab 16.05.

11. Was ist insbesondere Folge bei Eintritt des Verzuges?

Die Verpflichtung, Schadensersatz zu leisten, wozu auch Zinsen, Kosten und eventuell die Verzugspauschale (nicht bei Verbrauchern) gehören.

12. In welcher Höhe können Verzugszinsen geltend gemacht werden?

► Bei beteiligten Verbrauchern 5 Prozentpunkte über dem jeweiligen Basiszinssatz

► bei Unternehmergeschäften 9 Prozentpunkte über dem jeweiligen Basiszinssatz

► in Wechsel- und Schecksachen 2 Prozentpunkte über dem jeweiligen Basiszinssatz, mindestens aber 6 % Zinsen.

Höhere Zinsen können verlangt werden, wenn sie vertraglich vereinbart sind oder wenn sie als Schadensersatzforderung z. B. wegen Inanspruchnahme eines Bankkredits geltend gemacht werden.

13. Was bezweckt ein anwaltliches Aufforderungsschreiben?

Die außergerichtliche Erledigung, die Herbeiführung des Verzuges und die Vermeidung der Gefahr des § 93 ZPO.

14. Ab wann entstehen Prozesszinsen?

Ab Rechtshängigkeit.

4. Das gerichtliche Mahnverfahren

Der größte Teil der gerichtlich geltend gemachten Ansprüche wird nicht auf dem Klagewege, sondern im gerichtlichen Mahnverfahren erledigt. Dieses Verfahren bietet Vorteile für den Antragsteller, aber auch für den Gegner und sogar für das Gericht, weil es den Richter entlastet.

4.1 Wesen

Das gerichtliche Mahnverfahren ist ein in der ZPO besonders geregeltes Verfahren. Es ist im Gegensatz zur Klage

- **einfacher**, weil es formularmäßig durchgeführt werden kann,

- **schneller**, weil es ohne mündliche Verhandlung durchgeführt werden kann und

- **günstiger** in den Gerichtskosten; es entsteht nur eine halbe Verfahrensgebühr.

Das Mahnverfahren **empfiehlt sich**, wenn mit Einwendungen des Antragsgegners, z. B. dass die Forderung zu Unrecht geltend gemacht werde, nicht zu rechnen ist.

Soll ein **Urkunden-, Wechsel- oder Scheckmahnbescheid** beantragt werden, ist darauf zu achten, dass dieser als solcher bezeichnet wird. Eine Beifügung der Urkunden ist nicht erforderlich, sie sollen jedoch im Antrag bezeichnet werden.

4.2 Zulässigkeit

Grundsatz:

Das Mahnverfahren findet nur statt bei **Geldforderungen in Euro** (§ 688 Abs. 1 ZPO).

4.2.1 Ausschluss des Mahnverfahrens

Das Mahnverfahren ist weiterhin **ausgeschlossen** (§ 688 Abs. 2 ZPO):

a) **für Zinsansprüche des Unternehmers** i. S. d. §§ 491 - 508 BGB gegen einen Verbraucher, wenn der nach den §§ 492 Abs. 2 BGB anzugebende effektive Jahreszins den bei Vertragsabschluss geltenden Basiszinssatz nach § 247 BGB um **mehr als 12 Prozentpunkte** übersteigt.

Die in den o. g. §§ 491 - 508 BGB enthaltenen Regelungen über Verbraucherdarlehensverträge gelten für Verträge zwischen gewerblichen und beruflichen Kreditgebern (z. B. Banken, Händlern, aber auch zwischen Freiberuflern und damit sogar zwischen Rechtsanwälten, die das Honorar stunden) und privaten Verbrauchern (natürliche Personen, soweit kein gewerblicher/beruflicher Zusammenhang besteht). Nach geltender Rechtsprechung beginnt etwa bei einem Zinssatz, der den Basiszinssatz um 12 Prozentpunkte übersteigt, die Sittenwidrigkeit und damit Nichtigkeit des Darlehens/Zahlungsaufschubs. Würde man in solchen Fällen das

Mahnverfahren zulassen, so käme es zu zahlreichen richterlich ungeprüften Vollstreckungstiteln sittenwidriger Forderungen. Der Gläubiger wird in solchen Fällen auf das Klageverfahren verwiesen, in dem zugleich der Richter die Frage prüfen kann, ob die geltend gemachten Zinsen noch zulässig oder schon sittenwidrig sind.

Das Mahnverfahren findet weiterhin nicht statt,

b) wenn die Geltendmachung des Anspruchs von einer **Gegenleistung**, die noch nicht erbracht wurde, **abhängig** ist (§ 688 Abs. 2 Satz 2 ZPO).

Beispiel

Will ein Verkäufer im Mahnverfahren gegen den Käufer seinen Kaufpreisanspruch durchsetzen, so muss der Verkäufer vorher seine (Gegen-)Leistung erbracht haben, d. h. er muss bereits die Kaufsache geliefert haben. Nicht abhängig von einer Gegenleistung sind z. B. Unterhaltsleistungen oder Schadensersatzansprüche.

Schließlich ist das Mahnverfahren ausgeschlossen,

c) wenn der Mahnbescheid durch **öffentliche Bekanntmachung** erfolgen müsste (d. h. wenn der Aufenthaltsort des Antragsgegners unbekannt ist, § 688 Abs. 2 Satz 3 ZPO).

d) wenn der Mahnbescheid **im Ausland** zugestellt werden müsste und das Anerkennungs- und Vollstreckungsausführungsgesetz (AVAG) dies nicht vorsieht (§ 688 Abs. 3 ZPO).

4.2.2 Zum automatisierten gerichtlichen Mahnverfahren

In allen Bundesländern wurde das automatisierte gerichtliche Mahnverfahren eingeführt (siehe auch www.mahngerichte.de). Für die Antragstellung sind besondere Vordrucke vorgeschrieben. Daneben ist es möglich, Anträge in einer nur maschinell lesbaren Form einzureichen bzw. zu übermitteln (Datenträgeraustausch, Datenfernübertragung, Barcode-Anträge über das Online-Mahnverfahren). **Rechtsanwälte und registrierte Inkassodienstleister** können seit dem 01.12.2008 die Anträge auf Erlass eines Mahnbescheides im gerichtlichen Mahnverfahren nur noch in nur **maschinell lesbarer Form** bei den Mahngerichten einreichen.

4.3 Zuständigkeit

Die gesetzlichen Regelungen über die Zuständigkeit beim Mahnverfahren sind für die Parteien bindend und können nicht abweichend vereinbart werden.

4.3.1 Sachliche Zuständigkeit

Ohne Rücksicht auf den Streitwert ist das **Amtsgericht** sachlich zuständig (§ 689 Abs. 1 Satz 1 ZPO). Das Verfahren wird hier vom **Rechtspfleger** bearbeitet (§ 20 Nr. 1 RPflG).

4.3.2 Örtliche Zuständigkeit

Örtlich ist ausschließlich das Amtsgericht zuständig, in dessen Bezirk der **Antragsteller (!)** seinen allgemeinen Gerichtsstand hat, also an seinem Wohnsitz bzw. bei einer juristischen Person an ihrem Sitz. Weiterhin ist zu beachten, dass der Mahnbescheidsantrag gem. § 689 Abs. 3 Satz 1 ZPO bei den **zentralen Mahngerichten** zu beantragen ist, die für die maschinelle Bearbeitung eingerichtet wurden (§ 689 Abs. 3 ZPO).

 ACHTUNG

Damit gibt es beim Mahnverfahren zwei Prüfungsklippen:

- eine bei der **sachlichen Zuständigkeit,** weil etwa auch bei einem Mahnbescheid in Höhe von 1 Mio. € das Amtsgericht sachlich zuständig ist;
- eine bei der **örtlichen Zuständigkeit,** weil nicht – wie bei der Klage – das Gericht des Beklagten, sondern das des Antragstellers örtlich zuständig ist und der Antrag beim zuständigen zentralen Mahngericht einzureichen ist.

Beispiel

Die Antragstellerin, eine GmbH, hat ihren Sitz in Düsseldorf, der Antragsgegner seinen Wohnsitz in Berlin. In Nordrhein-Westfalen sind zwei zentrale Mahngerichte eingerichtet: für den Oberlandesgerichtsbezirk Köln das AG Euskirchen und für die Oberlandesgerichtsbezirke Hamm und Düsseldorf das AG Hagen. Der Mahnbescheidsantrag wäre beim zentralen Mahngericht in Hagen einzureichen, da die Antragstellerin ihren Sitz in Düsseldorf hat und für Düsseldorf das zentrale Mahngericht Hagen zuständig ist.

Hat der **Antragsteller** im Inland keinen allgemeinen Gerichtsstand, so ist ausschließlich das **Amtsgericht Wedding in Berlin** zuständig (§ 689 Abs. 2 ZPO).

Ist der Mahnbescheid im **Ausland zuzustellen,** so ist das Amtsgericht an dem Ort zuständig, an dem ein streitiges Verfahren durchzuführen wäre, § 703d Abs. 2 ZPO, d. h. ein **besonderer Gerichtsstand** wäre maßgebend. Der Mahnbescheid muss beim zuständigen zentralen Mahngericht beantragt werden. Allerdings findet dieses grenzüberschreitende Mahnverfahren nur statt, wenn der Antragsgegner seinen Sitz/Wohnsitz in einem Mitgliedsstaat der Europäischen Union oder einem Vertragsstaat (wie Norwegen oder Israel) hat (§ 688 Abs. 3 ZPO).

Im **arbeitsgerichtlichen Mahnverfahren** ist das Gericht zuständig, das auch für eine Klage zuständig sein würde (§ 46a Abs. 2 ArbGG). Die Landesregierungen können einem Arbeitsgericht die Mahnverfahren für die Bezirke mehrerer Arbeitsgerichte zuweisen.

Bei der Geltendmachung von Zahlungsansprüchen **nach dem Wohnungseigentumsgesetz** richtet sich die Zuständigkeit nach der Lage des Wohnungseigentums, wenn die Gemeinschaft der Wohnungseigentümer Antragstellerin ist, § 43 Nr. 6 WEG.

4.4 Weiterer Verfahrensgang

Mit Eingang des MB-Antrags bei Gericht prüft dieses die Vollständigkeit, Zulässigkeit und Richtigkeit des Antrags. Bestehen insoweit Bedenken, schickt das Gericht im automatisierten Mahnverfahren ein sog. **Monierungsschreiben** an den Antragsteller.

Beispiele

Der Mahnbescheid wurde unvollständig ausgefüllt; aus ihm ergibt sich die Unzuständigkeit des angerufenen Gerichts; es wird Geld in ausländischer Währung geltend gemacht; die Zinsforderung übersteigt den bei Vertragsabschluss geltenden Basiszinssatz um 12 Prozentpunkte usw.

Das Mahnverfahren wird erst fortgesetzt, wenn das Monierungsschreiben vollständig beantwortet wurde.

Automatische Kostenberechnung: Sowohl die Gerichts- als auch die Rechtsanwaltskosten werden maschinell berechnet. Mit Erlass des MB wird maschinell eine Kostenrechnung für den Antragsteller gefertigt, der neben den zu begleichenden Gerichtsgebühren und Auslagen weitere Angaben zur Unterrichtung des Antragstellers enthält: die Geschäftsnummer des AG, das Datum des MB-Erlasses, das Datum des Antragseingangs, die Rechtsanwaltsgebühren sowie den Inhalt des Mahnbescheids, aufgegliedert nach Hauptforderung, Kosten, Nebenforderungen und Zinsen.

4.5 Widerspruch gegen den Mahnbescheid

4.5.1 Rechtsbehelf gegen den Mahnbescheid

Gegen den Mahnbescheid kann binnen einer Frist von zwei Wochen ab Zustellung **Widerspruch** erhoben werden (vgl. § 692 Abs. 1 Satz 3 ZPO: Die Frist ist im Mahnbescheid erwähnt). Aber: Nach § 694 Abs. 1 ZPO **ist der Widerspruch so lange möglich, wie der Vollstreckungsbescheid (VB) noch nicht verfügt ist**, d. h. vom Rechtspfleger noch nicht unterschrieben und in den Geschäftsgang gegeben ist. Die 2-Wochen-Frist ist also eine **Mindestfrist**. Geht der Widerspruch bei Gericht ein, nachdem der VB bereits verfügt wurde, wird er als **Einspruch** gegen den VB behandelt (§ 694 Abs. 2 ZPO).

Beim automatisierten gerichtlichen Mahnverfahren wird dem Gegner ein amtlicher Vordruck übersandt, mit dem er Widerspruch erheben kann. Hierüber erhält der Antragsteller ggf. eine Widerspruchsnachricht. Für den Widerspruch besteht jedoch **kein Vordruckzwang** (§§ 692 Abs. 1 Nr. 5 ZPO), das Formblatt dient lediglich einer rascheren Bearbeitung, sodass schon aus diesem Grunde das Formblatt verwendet werden sollte.

4.5.2 Verfahren nach erhobenem Widerspruch

Hat der Antragsgegner rechtzeitig Widerspruch erhoben und ist die Durchführung des streitigen Verfahrens beantragt, gibt das Gericht, das den Mahnbescheid erlassen hat, den Rechtsstreit nach Zahlung weiterer Gerichtskosten an das Gericht ab, das in dem Mahnbescheid als das für das streitige Verfahren zuständige Gericht bezeichnet worden ist. Verlangen die Parteien übereinstimmend die Abgabe an ein anderes Gericht, gibt das Gericht die Sache an dieses ab (§ 696 Abs. 1 ZPO). Das dadurch zuständig gewordene Gericht hat dem Antragsteller unverzüglich aufzugeben, seinen Anspruch **binnen zwei Wochen** in einer der Klageschrift entsprechenden Form zu begründen.

Mit Eingang der Anspruchsbegründung geht die Sache in das Klageverfahren über, d. h. im schriftlichen Vorverfahren kann nach Belehrung auch ein Versäumnis- oder Anerkenntnisurteil ergehen (§ 331 Abs. 3, §§ 307, 276 ZPO). Die Erhebung des Widerspruchs allein wird nicht als Anzeige der Verteidigungsabsicht angesehen.

4.6 Vollstreckungsbescheid

Das Gericht übersendet dem Antragsteller mit der Zustellungsnachricht einen bereits mit dem Aktenzeichen versehenen zwingend vorgeschriebenen Vordruck für den Antrag auf Erlass des Vollstreckungsbescheids.

Der Antrag kann **frühestens** nach Ablauf von **zwei Wochen** und muss **spätestens** vor Ablauf von **sechs Monaten** eingereicht worden sein, gerechnet ab Zustellung des Mahnbescheids. Danach wird der Mahnbescheid unwirksam und muss gegebenenfalls neu beantragt werden (§ 699 Abs. 1 Satz 2, § 701 ZPO). Die Zustellung des Vollstreckungsbescheids erfolgt von Amts wegen, wenn nichts anderes auf dem VB-Antrag vermerkt wurde, sonst durch die Parteien. Der Vollstreckungsbescheid kann bereits vor Rechtskraft vollstreckt werden.

4.7 Einspruch gegen den Vollstreckungsbescheid

Frist: Der Gegner kann gegen den Vollstreckungsbescheid **Einspruch** einlegen binnen einer **Notfrist von zwei Wochen**, gerechnet ab Zustellung des Vollstreckungsbescheids (§ 339 Abs. 1, § 700 ZPO).

Der Rechtsstreit wird nach Einspruch ohne Kostenzahlung von Amts wegen an das Gericht abgegeben, das in dem Mahnbescheid als für das streitige Verfahren zuständige Gericht bezeichnet worden ist. Durch die Abgabenachricht werden die Parteien von der Abgabe des Rechtsstreits an das zuständige Prozessgericht unterrichtet.

Verlangen die Parteien übereinstimmend die Abgabe an ein anderes Gericht, wird die Sache an dieses abgegeben. Das nun zuständige Gericht setzt dem Antragsteller eine Frist zur Anspruchsbegründung.

Nach Eingang der Begründung wird bei fristgemäßem Einspruch wie nach Klageeinreichung weiter verfahren, § 700 Abs. 3, 1 i. V. m. § 345 ZPO, allerdings kann im Gegensatz zum Verfahrensablauf nach Einlegung des Widerspruchs kein Versäumnisurteil im schriftlichen Vorverfahren ergehen. Stattdessen setzt der Vorsitzende dem Beklagten eine Frist zur Erwiderung auf die Anspruchsbegründung und bestimmt unverzüglich einen Termin, in dem gegebenenfalls der Einspruch durch ein **zweites (!)** Versäumnisurteil verworfen werden kann.

Verschaffen Sie sich nochmals einen Überblick über das Mahnverfahren:

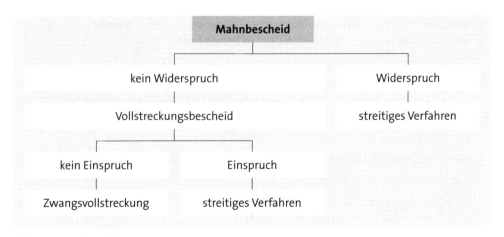

Abb. 7: Das Mahnverfahren

4.8 Prüfungsfragen

1. Wann empfiehlt sich das Mahnverfahren?

Wenn mit Einwendungen des Antragsgegners nicht zu rechnen ist.

2. Welches sind die Vorteile des Mahnverfahrens im Gegensatz zum Klageverfahren?

Das Mahnverfahren ist

- einfacher (formularmäßige Durchführung),
- schneller (ohne mündliche Verhandlung) und
- günstiger (in den Gerichtskosten).

3. Wann ist das Mahnverfahren, auch wenn es sich um eine Geldforderung in Euro handelt, ausgeschlossen?

- Für Zinsansprüche des Unternehmers gegen einen Verbraucher, wenn der nach dem BGB anzugebende effektive Jahreszins den bei Vertragsabschluss geltenden Basiszinssatz nach § 247 BGB um mehr als 12 Prozentpunkte übersteigt.
- Wenn die Geltendmachung des Anspruchs von einer Gegenleistung abhängig ist, die noch nicht erbracht wurde.
- Wenn der Mahnbescheid öffentlich zugestellt werden müsste.
- Wenn das AVAG im Ausland keine Zustellung vorsieht bzw. das Land kein Mitgliedsstaat der EU oder kein Vertragsstaat ist.

4. Welches Gericht ist sachlich für das Mahnverfahren zuständig?

Das Amtsgericht.

5. Welches Gericht ist örtlich für das Mahnverfahren zuständig?

Das für den allgemeinen Gerichtsstand des Antragstellers zuständige zentrale Mahngericht.

6. Welches Gericht ist örtlich für das Mahnverfahren zuständig, wenn der Antragsteller im Inland keinen allgemeinen Gerichtsstand hat?

Das Amtsgericht Wedding in Berlin.

7. Welches Gericht ist örtlich für das Mahnverfahren zuständig, wenn der Antragsgegner im Inland keinen allgemeinen Gerichtsstand, wohl aber einen besonderen Gerichtsstand im Inland hat?

Das Amtsgericht am besonderen Gerichtsstand.

8. Welches Gericht ist im arbeitsgerichtlichen Mahnverfahren zuständig?

Das Gericht, das auch für eine Klage zuständig wäre.

9. Welches Gericht ist für die Geltendmachung von Zahlungsansprüchen nach dem Wohnungseigentumsgesetz zuständig?

Wenn die Wohnungseigentümergemeinschaft Antragstellerin ist, dann an dem Ort, wo das Wohnungseigentum gelegen ist.

10. Wie wird der Mahnbescheid zugestellt?

Von Amts wegen.

11. Wie wird der Vollstreckungsbescheid zugestellt?

➤ Im Parteibetrieb oder

➤ von Amts wegen, wenn es entsprechend beantragt wurde.

12. Welchen Rechtsbehelf gibt es gegen den Mahnbescheid?

Den Widerspruch.

13. Welchen Rechtsbehelf gibt es gegen den Vollstreckungsbescheid?

Den Einspruch.

14. Innerhalb welcher Frist muss der Widerspruch erhoben werden?

Innerhalb einer Mindestfrist von zwei Wochen ab Zustellung, jedoch so lange, bis der Vollstreckungsbescheid verfügt ist.

15. Innerhalb welcher Frist muss der Einspruch eingelegt werden?

Ebenfalls innerhalb einer Frist von zwei Wochen ab Zustellung.

16. Ist eine der Fristen eine Notfrist? Wenn ja, welche?

Ja, die Einspruchsfrist.

17. Wie wird der Widerspruch behandelt, wenn er bei Gericht eingeht, nachdem der VB verfügt wurde?

Der Widerspruch wird dann als Einspruch gedeutet.

18. Innerhalb welcher Frist muss der Antrag auf Erlass des VB gestellt werden? Wann beginnt diese Frist?

Sechs Monate nach Zustellung des Mahnbescheids.

19. Wie geht das Verfahren nach erhobenem Widerspruch bei Gericht weiter?

Sofern dies beantragt wird und weitere Gerichtskosten eingezahlt werden, gibt das Gericht den Rechtsstreit an das im Mahnbescheid bezeichnete Gericht ab.

20. Wie geht das Verfahren nach eingelegtem Einspruch bei Gericht weiter?

Das Gericht gibt den Rechtsstreit von Amts wegen an das im Mahnbescheid bezeichnete Gericht ab.

21. An welches Gericht wird die Sache abgegeben, wenn die Parteien übereinstimmend die Abgabe an ein anderes Gericht verlangen?

Das Gericht gibt die Sache an dieses ab.

22. Was geschieht, wenn der Antrag auf Erlass des VB nach Ablauf der sechs Monate gestellt wird?

Der VB wird nicht mehr erlassen, das Verfahren ist beendet. Der MB ist unwirksam.

23. Ist dann die Forderung nicht mehr durchsetzbar?

Doch, aber es muss ein neuer MB beantragt oder Klage erhoben werden.

24. Worauf sollte bei Beantragung eines Urkunden-, Wechsel- oder Scheckmahnbescheides geachtet werden?

➤ Er muss als solcher bezeichnet sein.

➤ Die Urkunden sollen im Antrag bezeichnet sein; eine Beifügung ist nicht nötig.

5. Das Klageverfahren

Sind anwaltliche Aufforderungsschreiben erfolglos geblieben und ist die Einleitung des gerichtlichen Mahnverfahrens nicht zulässig (z. B. weil es nicht um eine Geldforderung geht) oder ratsam (z. B. weil schon jetzt mit Einwendungen der Gegenseite gerechnet werden muss), so bleibt nur noch die Erhebung der Klage und damit die Einleitung des Erkenntnisverfahrens. Dieses Verfahren wird i. d. R. mit einem Urteil enden, das mit staatlichem Zwang vollstreckbar ist.

5.1 Der Zivilprozess bis zum Urteil

5.1.1 Klageerhebung

Anhängigkeit und Rechtshängigkeit: Mit Einreichen der Klageschrift bei Gericht wird die Sache **anhängig**. Die Klageschrift ist **von Amts wegen** unverzüglich zuzustellen. Erst mit dieser Zustellung gilt die Klage als erhoben. Hierdurch wird die Klage **rechtshängig** (§ 271 Abs. 1, § 253 Abs. 1, § 261 ZPO).

Schriftform, § 253 Abs. 5 ZPO, oder elektronische Form, § 130a Abs. 1 ZPO: Die Klageschrift und alle Anträge und Erklärungen einer Partei, die zugestellt werden sollen, sind **schriftlich** bei Gericht mit den erforderlichen Kopien einzureichen, andernfalls fertigt das Gericht die notwendigen Kopien an. Die Klageschrift und die weiteren vorbereitenden Schriftsätze können auch durch ein **elektronisches Dokument** mit qualifizierter elektronischer Signatur nach dem SigG bei Gericht eingereicht werden, wenn diese für die Bearbeitung durch das Gericht geeignet sind.

Ein Zwang zur Nutzung der elektronischen Form besteht (bislang) nicht. Allerdings ist geplant, ab dem **01.01.2022** für **Rechtsanwälte**, Behörden und juristische Personen des öffentlichen Rechts eine **Pflicht** zur Einreichung vorbereitender Schriftsätze, Anträge und Erklärungen in elektronischer Form zu bestimmen.

Die Klageschriften müssen, wie auch die sonstigen vorbereitenden Schriftsätze, eigenhändig unterschrieben sein (§ 253 Abs. 4, §§ 129, 130 Nr. 6 ZPO). **Faxe** entsprechen der verlangten Schriftform, wenn sie von einem separaten, eigenhändig unterschriebenen Blatt Papier stammen und nicht unmittelbar aus dem Computer heraus gesendet werden. Der Originalschriftsatz braucht grundsätzlich auch nicht nachträglich bei Gericht eingereicht zu werden.

Um Verwechselungen zu vermeiden, sei darauf hingewiesen, dass im materiellen Recht (nach § 126 BGB) die Anforderungen an die Schriftform strenger sind. Hier bezeichnet man als „schriftlich" ein eigenhändig unterschriebenes Original. Ein Fax ist aber insoweit kein Original und entspricht nach dem BGB lediglich der Textform (§ 126b BGB).

5.1.2 Klagearten

Zu unterscheiden sind folgende **Klagearten:**

▸ die Leistungsklage *vor*
▸ die Feststellungsklage *(nachrangig)* *subsidiarität*
▸ die Gestaltungsklage.

Die **Leistungsklage** ist auf die Verurteilung zu einer Leistung gerichtet. Diese kann in einem **Tun**, **Dulden** oder **Unterlassen** bestehen.

Herausgabe, Abgabe einer WE, ...

Beispiele

Eine Zahlungsklage bezweckt ein Tun, nämlich die Zahlung eines Betrages. Die Geltendmachung eines Wegerechts wird ein Dulden und die Klage gegen eine Wettbewerbsverletzung wird ein Unterlassen fordern.

Bei der Sonderform der **Stufenklage** wird z. B. zunächst eine Auskunft oder Rechnungslegung begehrt (erste Stufe) und anschließend auf dieser Basis die daraus resultierende Forderung (zweite Stufe, § 254 ZPO).

Beispiel

Das erbberechtigte Kind verlangt gegen die (Stief-)Mutter ein Verzeichnis der Erbschaft, um daraus die eigenen Erbansprüche abzuleiten.

Die **Feststellungsklage** ist gerichtet auf die gerichtliche Feststellung, ob ein Rechtsverhältnis besteht oder nicht besteht. Hierunter fällt auch die Anerkennung einer Urkunde oder Feststellung ihrer Unechtheit (§ 256 ZPO).

Beispiele

Klage auf Feststellung, dass das Arbeitsverhältnis noch besteht, oder dass eine Urkunde nicht von der Klägerin unterschrieben wurde.

Mit der **Gestaltungsklage** will man die Begründung, Änderung oder Aufhebung eines Rechts erreichen. Die häufigsten Fälle findet man im Familienrecht und Handelsrecht.

Beispiele

Scheidung einer Ehe, Anfechtung der Vaterschaft, Auflösungsklage einer OHG oder KG

5.1.3 Wirkungen der Rechtshängigkeit

Rechtshängigkeit tritt erst mit Erhebung der Klage, also mit Zustellung der Klage an den Beklagten ein und endet mit Rechtskraft des Urteils (§ 261 Abs. 1, § 253 Abs. 1 ZPO). Die wichtigsten mit Rechtshängigkeit eintretenden Rechtsfolgen sind:

1. **Die Einrede der Rechtshängigkeit**

   Wegen derselben Sache braucht sich der Gegner nur vor **einem** Gericht einzulassen; die Klage darf von keiner Partei anderweitig anhängig gemacht werden (§ 261 Abs. 3 Nr. 1 ZPO).

   Beispiel

   Wenn die Klägerin Mahler gegen Berger vor dem Amtsgericht in Düsseldorf und anschließend wegen derselben Sache gegen ihn noch einmal in Berlin Klage erhoben hat, so kann sich Berger in dem Rechtsstreit in Berlin mit der Einrede der Rechtshängigkeit wehren. Er wird vorbringen, dass dieselbe Streitsache bereits vor dem Amtsgericht in Düsseldorf rechtshängig ist. Die Klage in Berlin würde wegen dieser prozesshindernden Einrede durch Prozessurteil abgewiesen werden.

2. **Das Gericht bleibt zuständig**

   Wurde Klage bei dem allgemeinen Gerichtsstand des Beklagten eingereicht und zieht der Beklagte während des Prozesses in eine andere Stadt, so bleibt weiterhin das Gericht am Wohnsitz des Beklagten zuständig (§ 261 Abs. 3 Nr. 2 ZPO).

3. **Hemmung der Verjährung**

   Die Hemmung der Verjährung tritt ein mit Klageerhebung, die Verjährungsfristen laufen nicht weiter (§ 204 Abs. 1 Nr. 1 BGB). Die Hemmung dauert solange fort, wie der Rechtsstreit dauert. Diese hemmende Wirkung der Klage tritt bereits rückwirkend mit ihrem Eingang bei Gericht ein, sofern die Zustellung **demnächst** erfolgt (§ 167 ZPO).

4. **Entstehung von Prozesszinsen**

   Geldschulden werden ab Rechtshängigkeit des Anspruchs verzinst, falls eine Zinsverpflichtung nicht bereits vorher wegen Verzuges bestand, § 262 ZPO, § 291 BGB. Ist die Geldschuld erst später fällig, so ist sie ab Fälligkeit zu verzinsen.

5.1.4 Das Verfahren bis zum Haupttermin

Haupttermin: Nach den Vorstellungen des Gesetzgebers ist der Rechtsstreit in der Regel in einem umfassend vorbereiteten Termin zur mündlichen Verhandlung (Haupttermin) zu erledigen (§ 272 Abs. 1 ZPO).

Nach Zustellung der Klageschrift hat das Gericht zwei Möglichkeiten, den ersten Termin zur mündlichen Verhandlung vorzubereiten:

1. **Früher erster Termin:** Es kann einen sogenannten frühen ersten Termin zur mündlichen Verhandlung anberaumen, verbunden mit einer Frist an den Beklagten zur schriftlichen Klageerwiderung (§ 275 ZPO). Auch in diesem Fall hat das Gericht die Einlassungsfrist von mindestens zwei Wochen zwischen der Zustellung der Klageschrift und dem Haupttermin zu wahren (§ 274 Abs. 3 ZPO).

2. Oder es entscheidet sich für das **schriftliche Vorverfahren gem. § 276 ZPO**. In diesem Fall erlässt der Einzelrichter bzw. der Vorsitzende folgende Verfügungen:

   a) **Aufforderung zur Verteidigungsanzeige:**

   Er lässt die Klage an den Beklagten zustellen mit der Aufforderung, binnen einer **Notfrist von zwei Wochen** ab Zustellung schriftlich anzuzeigen, ob dieser sich gegen die Klage verteidigen will (§ 276 Abs. 1 Satz 1 ZPO).

   Bei Versäumung der Frist kann auf Antrag, der in der Regel in der Klageschrift gestellt sein wird, ein **Versäumnisurteil** ergehen (§ 331 Abs. 3 ZPO). Der Beklagte ist über die Folgen einer Fristversäumnis zu belehren und im Anwaltsprozess auf die Vertretung durch einen Rechtsanwalt hinzuweisen.

   Erklärt der Beklagte, er wolle die Forderung anerkennen und sich nicht gegen den Klageanspruch verteidigen, ergeht ein **Anerkenntnisurteil** (§ 307 ZPO).

   b) **Aufforderung zur Klageerwiderung:**

   Klageerwiderungsfrist als Mindestfrist, § 276 Abs. 1 Satz 2 ZPO: Er setzt eine Klageerwiderungsfrist von **mindestens weiteren zwei Wochen** (keine Notfrist). Das Klageerwiderungsschreiben enthält das zurzeit mögliche Verteidigungsvorbringen. Wird die Frist versäumt, kann das weitere Vorbringen als „verspätetes Vorbringen" ausgeschlossen werden.

   c) **Stellungnahme auf die Klageerwiderung:**

   Mindestfrist, § 276 Abs. 3, § 277 ZPO: Es ergeht die Aufforderung an den Kläger, zur Klageerwiderung innerhalb einer weiteren Frist von **mindestens zwei Wochen** schriftlich Stellung zu nehmen.

5.1.5 Das schriftliche Verfahren

Nach § 128 ZPO wird das Gericht in der Regel nach einem mündlichen Verhandlungstermin durch Urteil entscheiden; ausnahmsweise ist eine **Entscheidung ohne mündliche Verhandlung** zulässig, und zwar:

1. mit **Zustimmung** der Parteien;

2. wenn nur noch über die **Kosten** zu entscheiden ist;

3. bei Entscheidungen des Gerichts, die **nicht Urteile** sind, sowie

4. bei Verfahren mit einem Streitwert bis **600 €** gem. § 495a ZPO (bei diesen Verfahren muss jedoch der Richter auf Antrag einer Partei einen Termin bestimmen).

5.1.6 Der Gütetermin

Der mündlichen Verhandlung (s. u.) geht zur gütlichen Beilegung des Rechtsstreits zunächst ein **Gütetermin** voraus, zu dem das persönliche Erscheinen der Parteien angeordnet werden soll (§ 278 Abs. 3 ZPO). Das Gericht hat in der Güteverhandlung den Sach- und Streitstand mit den Parteien zu erörtern und auf eine Einigung hinzuwirken. Auf den Gütetermin kann verzichtet werden, wenn bereits ein erfolgloser Einigungsversuch vor einer außergerichtlichen Gütestelle stattgefunden hat oder die Güteverhandlung erkennbar aussichtslos erscheint.

Das Gericht kann die Parteien für die Güteverhandlung sowie für weitere Güteversuche vor einen hierfür bestimmten und nicht entscheidungsbefugten Güterichter verweisen, § 278 Abs. 5 ZPO.

Unabhängig von dem Gütetermin soll das Gericht in jeder Lage des Verfahrens auf eine gütliche Beilegung des Rechtsstreits oder einzelner Streitpunkte bedacht sein. Im Gütetermin kann **kein Versäumnisurteil** ergehen, doch soll sich dann – oder wenn die Güteverhandlung erfolglos ist – die mündliche Verhandlung unmittelbar anschließen. Dort kann das Versäumnisurteil beantragt werden. Erscheinen jedoch beide Parteien in der Güteverhandlung nicht, so wird das Gericht das **Ruhen des Verfahrens** anordnen.

5.1.7 Der Haupttermin

Erscheint eine Partei in der Güteverhandlung nicht oder ist die Güteverhandlung erfolglos, soll sich die **mündliche Verhandlung (früher erster Termin** oder **Haupttermin)** unmittelbar anschließen oder unverzüglich Termin zur mündlichen Verhandlung bestimmt werden (§ 279 ZPO).

Im Haupttermin (Termin zur mündlichen Verhandlung) wird in der Regel die Sach- und Rechtslage erörtert werden. Die erschienenen Parteien sollen hierzu persönlich gehört werden. Es gilt nicht der schriftsätzlich angekündigte Antrag, sondern der Antrag, der in der mündlichen Verhandlung gestellt wird. Die Verhandlung ist in der Regel **öffentlich**.

Nach § 128a Abs. 1 ZPO kann das Gericht im Einverständnis mit den Parteien diesen sowie ihren Bevollmächtigten auf Antrag gestatten, sich während der Verhandlung an einem anderen Ort aufzuhalten und dort Verfahrenshandlungen vorzunehmen (z. B. Anträge zu stellen). Die Verhandlung wird zeitgleich in Bild und Ton an den eigentlichen Ort der Verhandlung übertragen **(Videokonferenz)**.

Es gelten für den Termin zur mündlichen Verhandlung die Grundsätze

- der **Verhandlung,**
- der **Mündlichkeit und**
- der **Öffentlichkeit.**

Die Frist zwischen der Zustellung der Klage und dem Terminstag nennt man **Einlassungsfrist**. Sie beträgt mindestens zwei Wochen. Die Frist zwischen der Zustellung der Ladung und dem Terminstag nennt man **Ladungsfrist**. Sie beträgt in Anwaltsprozessen (z. B. vor dem LG) mindestens eine Woche, in anderen Prozessen (z. B. vor dem AG) mindestens drei Tage (§ 274 Abs. 3, § 217 ZPO). Zu den Ladungsfristen im Urkundenprozess siehe § 604 Abs. 2 ZPO.

5.1.8 Beweisaufnahme

In der ersten Instanz soll der streitigen Verhandlung die Beweisaufnahme unmittelbar folgen (§ 279 Abs. 2 ZPO). Hier werden die rechtserheblichen Tatsachen festgestellt. In der **zweiten Instanz** wird in der Regel eine Beweisaufnahme nicht stattfinden, weil das Berufungsgericht grundsätzlich die in der ersten Instanz festgestellten Tatsachen seiner Entscheidung zugrunde zu legen hat (§ 529 ZPO). Folgende Beweismittel sind bei Anfertigung einer Klageschrift zugelassen:

1. **Augenschein** ist eine unmittelbare Sinneswahrnehmung des Gerichts. Er kann alle Sinne beanspruchen: das Sehen, den Geruch, das Gefühl, den Geschmack, das Gehör (§ 371 ZPO).

   Beispiel: Tatwaffe, Ortsbesichtigung

2. **Zeugenbeweis,** § 373 ZPO (Denken Sie hier an die ladungsfähige Anschrift!)

3. **Sachverständigen(-gutachten)**

   Das Gericht kann auch die **schriftliche Beantwortung von Beweisfragen** oder **eine schriftliche Auskunft** durch Zeugen oder Sachverständige anordnen. Die schriftliche Begutachtung kann durch die Verwertung eines gerichtlich eingeholten Sachverständigengutachtens aus einem anderen Verfahren ersetzt werden (§§ 377, 402, 411 f., 414 ZPO).

4. **Urkundenbeweis**

   Es gilt der weite Urkundenbegriff, also gehört hierzu z. B. auch ein Vertragsformular (§§ 415 ff. ZPO).

5. **Eidliche Parteivernehmung**

   Dies ist immer nur bei der **gegnerischen** Partei zulässig (§§ 445 ff. ZPO).

Im Einverständnis mit den Parteien kann das Gericht gestatten, dass sich ein Zeuge, ein Sachverständiger oder eine Partei während der Vernehmung an einem anderen Ort aufhält. Die Vernehmung wird zeitgleich in Bild und Ton in das Sitzungszimmer übertragen **(Videokonferenz)**. Die Übertragung wird nicht aufgezeichnet (§ 128a Abs. 2 ZPO).

Im Anschluss an die Beweisaufnahme hat das Gericht erneut den Sach- und Streitstand und das Ergebnis der Beweisaufnahme mit den Parteien zu erörtern. Der Beweistermin dient als Fortsetzung der mündlichen Verhandlung.

5.1.9 Urteil

Nach einer gegebenenfalls durchgeführten Beweisaufnahme und der letzten mündlichen Verhandlung wird das Gericht in der Regel seine Entscheidung durch Urteil „Im Namen des Volkes" verkünden, wenn der Rechtsstreit zur Endentscheidung reif ist (§ 300 ZPO).

5.2 Die Erledigung des Rechtsstreits ohne Urteil

Ein Rechtsstreit muss nicht nur durch Urteil beendet werden. Folgende weitere Möglichkeiten sind zu nennen:

5.2.1 Klagerücknahme

Mit der Klagerücknahme erklärt die klagende Partei, sie wolle den Anspruch nicht mehr gerichtlich weiterverfolgen. Die Klagerücknahme erfolgt durch

► Schriftsatz oder durch

► Erklärung bis zum Beginn der mündlichen Verhandlung (§ 269 Abs. 1 ZPO).

Rechtswirkung:

► Der Rechtsstreit gilt als nicht anhängig geworden (neue Klage möglich!)

► die Kosten trägt i. d. R. der Kläger (§ 269 Abs. 3 ZPO).

Das Gericht hat die Kostenlast auf Antrag des Beklagten durch Beschluss auszusprechen. Hiergegen ist das Rechtsmittel der **sofortigen Beschwerde** binnen einer **Notfrist von zwei Wochen** statthaft, wenn der Beschwerdewert 200 € überschreitet (§ 269 Abs. 4, § 567 Abs. 2, § 569 ZPO).

5.2.2 Prozessvergleich

Der Prozessvergleich ist ein Titel im Rahmen der Zwangsvollstreckung (§ 794 Abs. 1 Nr. 1 ZPO). Die **Zustellung** erfolgt nicht von Amts wegen, sondern **im Parteibetrieb**.

Kosten: Falls im Vergleich nichts Besonderes geregelt ist, werden die Kosten **gegeneinander aufgehoben**, d. h. jede Partei trägt die eigenen außergerichtlichen Kosten selbst und die Hälfte der Gerichtskosten (§ 98 ZPO).

5.2.3 Erledigung der Hauptsache

Jede Partei kann die Erledigung der Hauptsache in der mündlichen Verhandlung durch Einreichung eines Schriftsatzes oder zu Protokoll der Geschäftsstelle erklären, wenn sich der Rechtsstreit erledigt hat (z. B. durch Zahlung).

Sind sich beide Parteien über die Erledigung einig **(= übereinstimmende Erledigungserklärung)**, entscheidet das Gericht nur über die Prozesskosten durch Beschluss (Kostenbeschluss). Hat **nur der Kläger** die Sache für erledigt erklärt, gilt die Zustimmungserklärung des Beklagten als abgegeben, wenn er der Erledigungserklärung des Klägers nicht innerhalb einer **Notfrist von zwei Wochen** seit Zustellung des Schriftsatzes widerspricht und er auf die Folgen der Fristversäumnis hingewiesen worden ist. Die Kosten werden nach **billigem Ermessen** verteilt. Maßstab ist der voraussichtliche Ausgang des Prozesses (§ 91a Abs. 1 ZPO).

Rechtsmittel gegen den Kostenbeschluss:

Zulässig ist die sofortige Beschwerde binnen einer **Notfrist von zwei Wochen**. Allerdings muss der Gegenstandswert der Hauptsache 600 € und der Beschwerdewert 200 € überschreiten (§ 91a Abs. 2, § 511 Abs. 2 Nr. 1, § 567 Abs. 2, 569 Abs. 1 ZPO, § 11 RPflG).

5.3 Die Klageschrift

Häufig gehört die Anfertigung einer Klageschrift zur zentralen verfahrensrechtlichen Aufgabenstellung. Nehmen wir deshalb einmal als Ausgangsfall eine **typische Prüfungsaufgabe**, in der eine Klage angefertigt werden soll.

5.3.1 Ausgangsfall mit Lösung

Aufgabe: Fertigen Sie eine Klageschrift zu nachfolgendem Fall:

In Ihrer Kanzlei erscheint der Geschäftsführer und persönlich haftende Gesellschafter der „Rasche KG", Kaufmann Karl Rasche, 40213 Düsseldorf, Altstadt 23, und übergibt folgende Unterlagen:

1. Bestellschein und Lieferungsauftrag vom 10.02.20.. des Kaufmanns Manfred Meier, 47839 Krefeld, Grabenstr. 12

   Lieferumfang: 8 Computer „Pentium High Memory Cache"

2. Kopie der Auftragsbestätigung Ihrer Mandantin vom 19.02.20.. unter Zugrundelegung von beigefügten Zahlungs- und Lieferungsbedingungen der „Rasche KG", die als Gerichtsstandsvereinbarung Düsseldorf enthalten

3. Kopie des Lieferscheins vom 02.03.20..

4. Kopie der Rechnung Nr. 4249 über einen Betrag inkl. USt. in Höhe von 16.000 € vom selben Tage. Die Rechnung wurde dem Kaufmann Manfred Meier gleichzeitig mit dem Lieferschein am 02.03.20.. ausgehändigt.

5. Kopie der Mahnung vom 20.04.20.., in dem Manfred Maier aufgefordert wurde, „zur Abwendung eines Rechtsstreits" mit Fristsetzung zum 15.05.20.. den Kaufpreis zu zahlen

6. Bestätigung der Deutschen Bank AG Düsseldorf vom 12.06.20.. über die Inanspruchnahme eines Geschäftskredits durch die „Rasche KG", für den derzeit Zinsen in Höhe von 7 % gezahlt werden müssen.

Nach der mündlichen Information des Geschäftsführers Ihrer Mandantin wurde nicht gezahlt. Geben Sie auch die Höhe der bei Gericht einzuzahlenden Gebühren an!

Hier ist die Klageschrift zum Ausgangsfall:

(Name und Anschrift des RA)

(Ort), (Datum)

Landgericht Düsseldorf
Kammer für Handelssachen
Werdener Str. 3
40227 Düsseldorf

Klage

der Rasche KG, Altstadt 23, 40213 Düsseldorf, vertreten durch den persönlich haftenden Gesellschafter Karl Rasche, ebenda,

Klägerin,

Prozessbevollmächtigter: Rechtsanwalt R, (Anschrift),

gegen

den eingetragenen Kaufmann Manfred Meier, Grabenstr. 12, 47839 Krefeld,

Beklagten,

wegen   Kaufpreisforderung,
Gegenstandswert: 16.000 €.

Namens und in Vollmacht der Klägerin erhebe ich Klage gegen den Beklagten mit den Anträgen:

1. den Beklagten zu verurteilen, an die Klägerin 16.000 € nebst 7 % Zinsen seit dem 02.04.20.. zu zahlen;

2. dem Beklagten die Kosten des Rechtsstreits aufzuerlegen;

3. für den Fall des schriftlichen Vorverfahrens gegebenenfalls Anerkenntnisurteil oder Versäumnisurteil zu erlassen.

BEGRÜNDUNG:

Mit Schreiben vom 10.02.20.. bestellte der Beklagte bei der Klägerin acht Computer „Pentium High Memory" zu insgesamt 16.000 €.

Beweis: Vorlage des Bestellscheins und Lieferungsauftrags des Beklagten vom 10.02.20.., Kopie anbei

Die Klägerin nahm den Kaufantrag mit Schreiben vom 19.02.20.. an und fügte ihre Zahlungs- und Lieferungsbedingungen bei, die als Gerichtsstandsvereinbarung Düsseldorf enthalten.

Beweis: Vorlage der Auftragsbestätigung der Klägerin vom 19.02.20.., Kopie anbei

Am 02.03.20.. lieferte die Klägerin die Ware ordnungsgemäß an den Beklagten aus.

Beweis: Vorlage des Lieferscheins vom 02.03.20.., Kopie anbei

Mit Rechnung Nr. 4249 vom 02.03.20.. berechnete die Klägerin inkl. Umsatzsteuer 16.000 €. Die Rechnung ging dem Beklagten mit dem Lieferschein am 02.03.20.. zu.

Beweis: Rechnung Nr. 4249 vom 02.03.20.., Kopie anbei

Da der Beklagte nicht zahlte, setzte ihm die Klägerin mit Zahlungsaufforderung vom 20.04.20.. zur Abwendung eines Rechtsstreits eine Frist zum 15.05.20.. Da der Beklagte auch daraufhin nicht zahlte, ist Klage geboten.

Beweis: Vorlage der Zahlungsaufforderung 20.04.20..

Die Zinsforderung rechtfertigt sich unter dem Gesichtspunkt des Verzuges. Die Klägerin nimmt in Höhe des geltend gemachten Betrages bei der Deutschen Bank AG Düsseldorf einen Bankkredit in Anspruch, für den sie 7 % Zinsen zahlen muss.

Beweis: Vorlage der Bankbestätigung der Deutschen Bank AG Düsseldorf vom 12.06.20..

Gerichtskosten in Höhe von 879 € sind eingezahlt.

(Unterschrift)

Rechtsanwalt

Anlagen

Hinweise zur Klageschrift:

Die Schwierigkeiten bestehen hier bei der Zuständigkeit des Gerichts (LG der Klägerin wegen der Gerichtsstandsvereinbarung, Kammer für Handelssachen), weiter beim Bankkredit, vor allem aber bei dem Zinsdatum gem. § 286 Abs. 3 BGB (30-Tage-Frist). Die Zahlungsaufforderung (Mahnung) führt nicht zu einem anderen Verzugszeitpunkt, weil die Formulierung „zur Abwendung eines Rechtsstreits" nicht den Verzicht auf den bereits ab dem 02.04. eingetretenen Verzug bedeutet. Mahnungen müssen vorsichtig formuliert sein, damit sie keinen Verzicht auf die bereits entstandenen Verzugsrechte enthalten!

5.3.2 Bestandteile einer Klageschrift

Vergleichen Sie nun die Bestandteile einer Klageschrift mit unserem Ausgangsfall:

1. **Bezeichnung des Gerichts**

   Gegebenenfalls an die Kammer für Handelssachen denken!

2. **Rubrum**

   Der Kläger und Beklagte sollen mit folgenden Angaben bezeichnet werden: Beruf, Vor- und Nachname, Wohnort, Straße mit Hausnummer, gegebenenfalls gesetzlicher Vertreter.

   Gesetzlicher Vertreter einer

AG	ist der Vorstand, §§ 76 ff. AktG
GmbH	ist der Geschäftsführer, § 6 GmbHG
KG	ist der Komplementär (persönlich haftender Gesellschafter), § 164 HGB
OHG	ist jeder Gesellschafter, § 125 HGB
GbR	ist jeder Gesellschafter; sie kann nach einer Entscheidung des BGH klagen und verklagt werden, wenn sie als solche nach außen hin tätig ist
e. V.	ist der Vorstand, § 26 BGB

3. **Klagegrund**

   z. B. „wegen Herausgabe ...“, „wegen Kaufpreisforderung“; unrichtig, weil nichtssagend: „wegen Forderung“

   Die Angabe des Klagegrundes soll gerichtsintern der Geschäftsstelle die Zuordnung der Klage zum zuständigen Richter erleichtern.

4. **Streitwert** (nicht zwingend)

   Die Angabe ist vor allem dann wichtig, wenn hiervon die Zuständigkeit des Gerichts abhängt und der Streitgegenstand nicht in einer bestimmten Geldsumme besteht (§ 253 Abs. 3 ZPO).

5. **Bestellung zum Prozessbevollmächtigten**

   Die Prozessvollmacht muss nicht beigefügt sein.

6. **Klageanträge**

   z. B.: „**Es wird beantragt,**

   1. den Beklagten zu verurteilen, an die Klägerin 10.000 € nebst 5 Prozentpunkte Zinsen über dem jeweiligen Basiszinssatz seit dem 15.12.20.. zu zahlen

   2. dem Beklagten die Kosten des Rechtsstreits aufzuerlegen

       (Der Antrag ist entbehrlich, da das Gericht von Amts wegen über die Kosten entscheidet. Er ist aber üblich.)

   3. Für den Fall des schriftlichen Vorverfahrens beantrage ich, gegebenenfalls Anerkenntnisurteil gem. § 307 ZPO oder Versäumnisurteil gem. § 331 Abs. 3 ZPO zu erlassen.“ (Die Angabe der Paragrafen ist entbehrlich).

       (Hier ist eigentlich auch der Antrag auf Erlass eines Anerkenntnisurteils entbehrlich, da das Gericht bei einem Anerkenntnis auch ohne einen solchen Antrag gem. § 307 ZPO ein Anerkenntnisurteil erlassen wird. Er ist aber üblich. Der Antrag auf Erlass eines VU muss auf jeden Fall gestellt werden.)

Der **3. Klageantrag** meint den Fall, dass der Beklagte im schriftlichen Vorverfahren entweder innerhalb der Notfrist von zwei Wochen, die er für die Verteidigungsanzeige eingeräumt bekommen hat, den Klageanspruch anerkennt oder dass er diese Frist verstreichen lässt.

7. Klagebegründung

Dazu gehören

- ► der **Sachverhalt** und

- ► die Angabe der **Beweismittel**.

8. Erklärung zur Besetzung des Gerichts

Bestehen Bedenken gegen eine Entscheidung der Sache durch einen Einzelrichter? Eine solche Erklärung ist nur bei der Zivilkammer erster Instanz des Landgerichts sinnvoll. Auch der Beklagte muss sich unaufgefordert in seiner Klageerwiderungsschrift zur Übertragung auf den Einzelrichter äußern (§ 253 Abs. 3, § 277 Abs. 1 Satz 2 ZPO).

9. Unterschrift

Die Klage gilt sonst als nicht erhoben!

10. Drei volle Gerichtsgebühren

Zum Beispiel durch Gerichtskostenstempler, da Klagen im Zivilprozess erst nach Zahlung des Vorschusses zugestellt werden sollen (§§ 6, 12 GKG, Nr. 1210 KV GKG).

Kopieren bzw. Ausdrucke:

Es gehen drei Exemplare an das Gericht, nämlich ein Original für das Gericht selbst, eine beglaubigte und eine nicht beglaubigte Abschrift für den Gegner und dessen Prozessbevollmächtigten, eine Durchschrift für die eigenen Akten und eine für den Mandanten zur Kenntnisnahme (d. h. insgesamt 1 Original mit 4 Durchschriften).

Die **Zustellung der Klageschrift** erfolgt **von Amts wegen** unverzüglich, § 271 Abs. 1 ZPO. Im Anwaltsprozess ist der Beklagte zugleich aufzufordern, einen RA zu bestellen, wenn er eine Verteidigung gegen die Klage beabsichtigt.

Hier die Anträge des Beklagten: Es wird beantragt,

1. die Klage abzuweisen

2. dem Kläger die Kosten des Rechtsstreits aufzuerlegen (entbehrlich, s. o.).

Besonderheiten bei einer Klage gegen eine KG, OHG und die GbR:

In einem solchen Fall ist es empfehlenswert, die Klage sowohl gegen die Gesellschaft als auch gesamtschuldnerisch gegen die persönlich haftenden Gesellschafter zu richten, da dies für eine spätere Zwangsvollstreckung von Vorteil sein könnte. Das sind

- bei der **OHG und der GbR:** alle Gesellschafter
- bei der **KG:** der Komplementär (= persönlich haftender Gesellschafter).

Das wirkt sich z. B. bei einer Klage gegen die KG im Einzelnen wie folgt aus:

1. Die Klage ist zu richten

   a) gegen die KG und

   b) gegen den persönlich haftenden Gesellschafter.

2. Die Klageanträge zu 1. und 2. richten sich auf gesamtschuldnerische Verurteilung. („Die Beklagten gesamtschuldnerisch zu verurteilen ...").

3. In der Klagebegründung tritt die Beklagte zu 1. (also die KG) als Handelnde auf. („Die Beklagte zu 1. bestellte bei der Klägerin mit Schreiben vom ...").

4. Zusatz in der Klageschrift: „Der Beklagte zu 2. haftet als Komplementär (oder auch: als persönlich haftender Gesellschafter) für die Verbindlichkeiten der Beklagten zu 1."

5.4 Aktenzeichen

5.4.1 Allgemeines

Jede Sache erhält mit Eingang bei Gericht ein eigenes Aktenzeichen, das stets im Schriftverkehr anzugeben ist. Aktenzeichen lassen bereits im Groben erkennen, worum es bei der Sache geht, und sind wie folgt aufgebaut:

Beispiel

4	O	290	/17
Abteilung oder (hier:) Kammer des Gerichts	Registerzeichen: Art der Angelegenheit	laufende Nr. der Sache	Jahrgang

Es handelt sich in diesem Beispiel also um eine Bürgerliche Rechtsstreitigkeit erster Instanz vor der vierten Kammer des Landgerichts, die als laufende Nr. 290 im Jahre 2017 eingegangen ist.

5.4.2 Die wichtigsten Registerzeichen

1. **Amtsgerichte**

   a) **In Zivilsachen und der freiwilligen Gerichtsbarkeit**

B	Mahnverfahren (Formularsatz)
C	Bürgerliche Rechtsstreitigkeiten einschließlich der Urkundenprozesse, Arreste und einstweiligen Verfügungen
DR	Aufträge an Gerichtsvollzieher
F	Familiensachen
N	Gesamtvollstreckung
K	Zwangsversteigerungssachen
L	Zwangsverwaltungssachen
M	Allgemeine Vollstreckungssachen
HRA	Handelsregister für Kaufleute und Personengesellschaften
HRB	HR für Kapitalgesellschaften

   b) **Strafsachen**

Bs	Privatklagen
Cs	Strafbefehle
Ds	Strafsachen nach Anklageerhebung vor dem Einzelrichter
Owi	Ordnungswidrigkeiten (Bußgeldverfahren)

2. **Landgerichte**

   a) **Zivilsachen**

O	Bürgerliche Rechtsstreitigkeiten 1. Instanz
S	Berufungen in Zivilsachen
T	Beschwerden in Zivilsachen

   b) **Strafsachen**

   aa) **Gericht**

StE	Verfahren in erstinstanzlichen Strafsachen beim BGH
StR	Revision ist Strafsachen
Ns	Berufungssachen vor der kleinen Strafkammer
Qs	Beschwerden in Straf- und Bußgeldsachen

   bb) **Staatsanwaltschaft**

Js	Ermittlungsverfahren in Strafsachen
VRs	Strafvollstreckungssachen

3. **Oberlandesgerichte**

   U   Berufungen in Zivilsachen

   UF   Berufungen und Beschwerden gegen Entscheidungen der Familiengerichte

   W   Beschwerden in Zivilsachen

   WF Beschwerden in Familiensachen

4. **Bundesgerichtshof**

   ZR   Revision in Zivilsachen und Berufungen in Patentsachen

5.5 Prozessvoraussetzungen

Bevor das Gericht auf den Klageanspruch eingeht (z. B. ob die Kaufpreisforderung berechtigt ist), hat es von Amts wegen die Prozessvoraussetzungen zu prüfen, d. h. die Frage, ob die Klage überhaupt zulässig ist. Fehlt eine der Prozessvoraussetzungen, so ist die Klage durch Prozessurteil als unzulässig abzuweisen. In diesem Fall kann die Klage neu erhoben werden, wenn die Zulässigkeit gegeben ist.

Frist: Der Beklagte kann die Unzulässigkeit der Klage rügen

▶ wenn Klageerwiderungsfrist gesetzt war: innerhalb der Frist

▶ sonst im Termin vor Stellung der Anträge zur Hauptsache (§ 282 Abs. 3 ZPO).

Folgende **prozesshindernde Einreden** könnte der Beklagte vor allem geltend machen:

▶ die sachliche und örtliche Unzuständigkeit des Gerichts

▶ die Einreden der mangelnden Parteifähigkeit, Prozessfähigkeit und der nicht ordnungsgemäßen gesetzlichen Vertretung

▶ die Einreden der Rechtshängigkeit und der Rechtskraft.

5.6 Prüfungsfragen

1. **Wie wird Klage erhoben?**

   Durch Einreichung der Klageschrift bei Gericht und Zustellung der Klageschrift.

2. **In welcher Form muss eine Klage erhoben werden?**

   In schriftlicher oder elektronischer Form.

3. **Genügt zur Fristwahrung der Klage auch ein Fax?**

   Ja, wenn es von einem separaten, eigenhändig unterschriebenen Blatt stammt und nicht unmittelbar aus dem Computer heraus gesendet wurde.

4. **Welche weitere Übersendungsform lässt das Gesetz noch zu?**

   Die Versendung als elektronisches Dokument.

5. Gilt der prozessuale Begriff über die Schriftform auch für das materielle Recht (§ 126 BGB)?

Nein, hier bedeutet „Schriftform" die eigenhändige Unterschrift unter ein Original; ein Fax ist kein Original, sondern eine Kopie.

6. Wie wird die Klage zugestellt?

Unverzüglich von Amts wegen.

7. Welche Klagearten kennen Sie?

Die Leistungsklage, Feststellungsklage und die Gestaltungsklage.

8. Nennen Sie für jede Klageart je ein Beispiel.

- ► Leistungsklage: Zahlungsklage
- ► Feststellungsklage: arbeitsgerichtliche Feststellung, dass das Arbeitsverhältnis noch besteht
- ► Gestaltungsklage: Klage auf Ehescheidung

9. Nennen Sie ein Beispiel für eine Stufenklage.

Klage eines Erben gegen den Besitzer der Erbschaft: 1. auf Erstellung eines Verzeichnisses der Erbschaft und 2. auf Herausgabe bzw. Auszahlung des zustehenden Erbteils.

10. Welche Rechtsfolge tritt durch Klageerhebung ein?

Die Klage wird rechtshängig.

11. Nennen Sie die Wirkungen der Rechtshängigkeit.

1. Die Einrede der Rechtshängigkeit.
2. Das Gericht bleibt zuständig.
3. Die Hemmung der Verjährung.
4. Die Entstehung von Prozesszinsen, falls eine Zinsverpflichtung nicht bereits vorher wegen Verzuges bestand.

12. Welche Arten, den Haupttermin vorzubereiten, gibt es?

1. Den frühen ersten Termin oder
2. das schriftliche Vorverfahren.

13. Schildern Sie das schriftliche Vorverfahren.

Der Einzelrichter bzw. der Vorsitzende erlässt folgende Verfügungen:

1. Die Aufforderung zur Verteidigungsanzeige: Binnen einer **Not**frist von zwei Wochen hat der Beklagte zu erklären, ob er sich gegen die Klage verteidigen will.

    a) Bei Säumnis kann auf Antrag ein Versäumnisurteil

    b) bei Anerkenntnis ein Anerkenntnisurteil ergehen.

2. Die Aufforderung an den Beklagten zur Klageerwiderung binnen einer **Mindest**frist von zwei Wochen.

3. Die Aufforderung an den Kläger zur Stellungnahme auf die Klageerwiderung ebenfalls binnen einer **Mindest**frist von zwei Wochen.

14. Was schließt sich grundsätzlich dem schriftlichen Vorverfahren an?

Der Gütetermin (die Güteverhandlung).

15. Welchen Zweck hat dieser Termin?

Der Gütetermin dient zur gütlichen Beilegung des Rechtsstreits.

16. Wann wird dieser Termin nicht stattfinden?

► Wenn bereits ein erfolgloser Einigungsversuch vor einer außergerichtlichen Gütestelle stattgefunden hat

► oder die Güteverhandlung erkennbar aussichtslos erscheint.

17. Kann im Gütetermin ein Versäumnisurteil ergehen?

Nein, es soll sich dann aber die mündliche Verhandlung unmittelbar anschließen. Dort kann man dann ein VU beantragen.

18. Welche Grundsätze in Bezug auf den Haupttermin kennen Sie?

Die Grundsätze der Verhandlung, der Mündlichkeit und der Öffentlichkeit.

19. Welche Beweismittel sind zulässig?

Augenschein, Zeugen, Sachverständigengutachten, Urkunden, eidliche Parteivernehmung (der gegnerischen Partei) und die amtliche Auskunft oder Beiziehung von Akten.

20. Nehmen Sie an, ein Beklagter wird von einem sachlich oder örtlich nicht zuständigen Gericht verklagt. Was kann er unternehmen?

Die Einrede des sachlich oder örtlich nicht zuständigen Gerichts erheben.

21. Wie nennt man diese Einrede?

Prozesshindernde Einrede.

22. Welche solcher Einreden kennen Sie noch?

Die Einrede der mangelnden Prozess- und Parteifähigkeit, der nicht ordnungsgemäßen gesetzlichen Vertretung und der Rechtshängigkeit und Rechtskraft.

23. Auf welche Weise kann ein Rechtsstreit auch ohne Urteil erledigt werden?

Durch Klagerücknahme, durch Prozessvergleich und durch Erledigung der Hauptsache.

24. Wie erfolgt eine Klagerücknahme?

Schriftsätzlich oder durch Erklärung in der mündlichen Verhandlung.

25. Welche Rechtsfolge tritt bei einer Klagerücknahme ein?

1. Der Rechtsstreit gilt als nicht anhängig gewesen und
2. die Kosten trägt der Kläger.

26. Welches Rechtsmittel ist gegen einen hierauf vom Gericht erlassenen Beschluss zulässig?

Die sofortige Beschwerde.

27. Binnen welcher Frist?

Binnen einer Notfrist von zwei Wochen ab Zustellung.

28. Welche Bedeutung hat ein Prozessvergleich bei der Zwangsvollstreckung?

Er ist ein vollstreckungsfähiger Titel.

29. Wie wird ein Prozessvergleich zugestellt?

Er wird im Parteibetrieb zugestellt.

30. Wie verhält es sich mit den Kosten, wenn sie im Vergleich nicht besonders geregelt worden sind?

Sie werden gegeneinander aufgehoben.

31. Wie wird über die Kosten entschieden, wenn die Parteien übereinstimmende Erledigungserklärungen abgeben?

Das Gericht entscheidet durch Kostenbeschluss nach billigem Ermessen.

32. Welches Rechtsmittel gibt es gegen diesen Kostenbeschluss und binnen welcher Frist?

Die sofortige Beschwerde binnen einer Notfrist von zwei Wochen ab Zustellung.

33. Wer ist gesetzlicher Vertreter

    a) bei einer OHG und einer GbR?

    b) bei einer KG?

    c) bei einer AG?

    d) bei einer GmbH?

    e) bei einem e. V.?

    a) Jeder Gesellschafter.

    b) Der Geschäftsführer als persönlich haftender Gesellschafter (Komplementär).

    c) Der Vorstand.

    d) Der Geschäftsführer.

    e) Der Vorstand.

34. Ein Kaufmann will gegen eine KG in Höhe von 10.000 € Klage erheben. Gegen wen ist die Klage zu richten? Wie sieht demgemäß das Rubrum auf der Beklagtenseite aus?

Die Klage soll sowohl gegen die Gesellschaft als auch gegen den persönlich haftenden Gesellschafter (Komplementär) erhoben werden. Die Klage müsste also beispielsweise in Bezug auf die Beklagten lauten:

gegen

1. die Berger KG (volle Anschrift der KG), vertreten durch den Komplementär (Vor- und Zuname), ebenda;

2. den Kaufmann (Vor- und Zuname), volle Anschrift,

Beklagten

35. Wie müssen bei einer solchen Klage die entsprechenden Sach- und Kostenanträge lauten? Es sind die gesetzlichen Zinsen anzusetzen.

„In der mündlichen Verhandlung werde ich beantragen:

1. die Beklagten **gesamtschuldnerisch** zu verurteilen, an den Kläger 10.000 € nebst Zinsen in Höhe von 9 Prozentpunkten über dem jeweiligen Basiszinssatz seit dem ... zu zahlen

2. den Beklagten **gesamtschuldnerisch** die Kosten des Rechtsstreits aufzuerlegen

3. für den Fall des schriftlichen Vorverfahrens ggf. Anerkenntnis- oder Versäumnisurteil zu erlassen.

36. Entwerfen Sie eine Klageschrift zu nachfolgendem Fall:

In Ihrer Kanzlei erscheint der Geschäftsführer der Modewaren GmbH, Kaufmann Heinz Hartung, Neustrelitzer Str. 13, 13055 Berlin, und übergibt folgende Unterlagen:

1. Bestellschein und Lieferungsauftrag vom 10.01.20.. der Textil GmbH, Geschäftsführer Fritz Czech, Hafenstr. 7 in 40213 Düsseldorf

2. Lieferumfang: 400 Kleider, Modell „Frühlingswind"

3. Auftragsbestätigung Ihrer Mandantin vom 16.01.20..

4. Lieferschein vom 20.01.20.. Nr. 1234 über einen Betrag inklusive Umsatzsteuer in Höhe von 20.000 €. Die Rechnung vom 19.01.20.. ging mit der Lieferung zu.

5. Zahlungsaufforderung vom 10.04.20.. mit Fristsetzung zum 25.04.20... Es wurde bisher noch nicht gezahlt.

(Name und Anschrift des RA)
(Ort), (Datum)

Landgericht
Kammer für Handelssachen
Werdener Str. 3
40227 Düsseldorf

Klage

der Modewaren GmbH, Neustrelitzer Str. 13, 13055 Berlin, vertreten durch den Geschäftsführer, Kaufmann Heinz Hartung, ebenda,

Klägerin,

Prozessbevollmächtigter: Rechtsanwalt ..., (volle Anschrift),

gegen

die Textil GmbH, Hafenstr. 7, 40213 Düsseldorf, vertreten durch den Geschäftsführer, Kaufmann Fritz Czech, ebenda,

Beklagte,

wegen   Kaufpreisforderung,
Gegenstandswert: 20.000 €.

Namens und in Vollmacht der Klägerin erhebe ich Klage gegen die Beklagte mit den Anträgen:

1. die Beklagte zu verurteilen, an die Klägerin 20.000 € nebst 9 Prozentpunkte Zinsen über dem jeweiligen Basiszinssatz seit dem 20.02.20.. zu zahlen;

2. der Beklagten die Kosten des Rechtsstreits aufzuerlegen;

3. für den Fall des schriftlichen Vorverfahrens gegebenenfalls Anerkenntnisurteil oder Versäumnisurteil zu erlassen.

Begründung:

Mit Schreiben vom 10.01.20.. bestellte die Beklagte bei der Klägerin 400 Kleider, Modell „Frühlingswind", zu insgesamt 20.000 €. Die Klägerin bestätigte die Bestellung am 16.01.20..

Beweis: Bestellschein und Lieferauftrag vom 10.01.20..
               Auftragsbestätigung vom 16.01.20..

Die Ware wurde ordnungsgemäß geliefert.

Beweis: Lieferschein vom 20.01.20..

Mit Rechnung Nr. 1234 vom 19.01.20.. berechnete die Klägerin inklusive Umsatzsteuer 20.000 €. Die Rechnung ging bei der Beklagten am gleichen Tage mit der Lieferung zu.

Beweis: Rechnung Nr. 1234 vom 19.01.20..

Da die Beklagte nicht zahlte, setzte ihr die Klägerin mit Zahlungsaufforderung vom 10.04.20.. eine Frist zum 25.04.20..

Beweis: Zahlungsaufforderung vom 10.04.20..

Die Zinsen rechtfertigen sich aus dem Gesichtspunkt des Verzuges. Da die Beklagte immer noch nicht gezahlt hat, ist Klage geboten.

Gerichtskosten in Höhe von 864 € werden durch Freistempelung eingezahlt.

(Unterschrift)

Rechtsanwalt

Anlagen

 ACHTUNG

Folgende Klippen sollen Sie u. a. bei dieser Prüfungsaufgabe meistern:

► Sachlich zuständiges Gericht ist das LG, Kammer für Handelssachen.

► Die Vertretungsverhältnisse der Klägerin und der Beklagten sind zu nennen.

► Höhere Zinsen sind weder vertraglich vereinbart, noch ist es ersichtlich, dass die Klägerin Zinsen als Schadensersatzansprüche geltend machen kann. Nach § 288 Abs. 2 BGB sind demgemäß Zinsen in Höhe von 9 Prozentpunkte über dem jeweiligen Basiszinssatz nach § 247 BGB einzufordern.

Wichtig: Die Beklagte befand sich bereits mit Ablauf der 30-Tage-Frist des § 286 Abs. 3 BGB im Verzug, also ab 20.02.20.. Die weitere Zahlungsaufforderung vom 10.04.20.. hebt den bereits eingetretenen Verzug mit seinen Rechtsfolgen nicht auf, da in einer solchen (hier entbehrlichen) Mahnung kein Verzicht auf vorhandene Rechte aus dem Verzug zu sehen ist.

---

37. **Welche beiden Möglichkeiten hat der Richter, den ersten Termin zur mündlichen Verhandlung vorzubereiten?**

    Den frühen ersten Termin und das schriftliche Vorverfahren.

38. **Welche Prozesshandlungen wird der Richter vom Kläger anfordern? Binnen welcher Frist?**

    Binnen einer Frist von mindestens zwei Wochen die Stellungnahme zur Klageerwiderung.

39. **Nennen Sie die Fälle, in denen ein Urteil im schriftlichen Verfahren ergehen kann.**

    Ein Urteil im schriftlichen Verfahren kann ergehen

    1. mit Zustimmung der Parteien,

    2. wenn nur noch über die Kosten zu entscheiden ist,

    3. bei Entscheidungen des Gerichts, die nicht Urteile sind

    4. sowie bei Verfahren mit einem Streitwert bis 600 €.

40. **Wie lautet die Frist zwischen der Zustellung der Klage und dem Terminstag?**

    Einlassungsfrist

41. **Wie lautet die Frist zwischen der Zustellung der Ladung und dem Terminstag?**

    Ladungsfrist

6. Das Säumnisverfahren

Es ist vorstellbar, dass eine Partei nicht willens ist, sich „vor die Gerichtsschranken zerren zu lassen" oder dass sie beabsichtigt, bewusst das Verfahren hinauszuzögern, z. B. weil sie zurzeit nicht liquide ist. Zur Gewährleistung eines ordentlichen Prozessablaufs bestehen deshalb u. a. Verfahrensregelungen für den Fall, dass eine oder gar beide Parteien die erforderliche Teilnahme an einer mündlichen Verhandlung versäumen (§§ 330 f. ZPO).

6.1 Die Säumnis beider Parteien

Zunächst einmal: Wann ist eine Partei überhaupt säumig?

Eine Säumnis liegt vor, wenn

1. entweder die Partei sich nicht fristgerecht gem. § 276 Abs. 1 ZPO im schriftlichen Vorverfahren geäußert hat oder

2. gem. §§ 330, 331 und 333 ZPO in der mündlichen Verhandlung säumig ist.

    Eine Partei ist säumig, wenn sie

    ▸ schuldhaft **abwesend** ist; hat das Gericht davon Kenntnis, dass die Partei ohne ihr Verschulden am Erscheinen verhindert ist, wird es die Verhandlung von Amts wegen vertagen (§ 337 ZPO).

    ▸ wenn sie nicht postulationsfähig ist und im Anwaltsprozess zwar erscheint, aber **nicht durch einen zugelassenen Rechtsanwalt vertreten wird** oder

    ▸ wenn sie **nicht verhandelt**, d. h. keine Anträge stellt (§ 333 ZPO).

Prozesslage: Im Termin sind beide Parteien säumig. In diesem Fall kann der Richter

1. einen **neuen Termin** anberaumen (§ 227 ZPO),

2. das **Ruhen des Verfahrens** anordnen oder

3. eine **Entscheidung nach Lage der Akten** treffen, wenn im vorherigen Termin schon einmal verhandelt worden ist (§ 251a ZPO).

6.2 Die Säumnis einer Partei

6.2.1 Entscheidungen

Ist in der mündlichen Verhandlung nur eine Partei säumig, so kann

1. auf Antrag der erschienenen Partei ein **Versäumnisurteil** ergehen. Stellt der Kläger den Antrag, so ist dessen tatsächliches mündliches Vorbringen als zugestanden anzunehmen. In der Regel wird dann entsprechend den Klageanträgen entschieden werden, sofern die weiteren Voraussetzungen (Prozessvoraussetzungen, Schlüssigkeit des Klagevorbringens) gegeben sind (§ 331 Abs. 1, 2 ZPO).

Erscheint im Termin zur mündlichen Verhandlung der Kläger nicht, so ist dieser auf Antrag des Beklagten mit seiner Klage abzuweisen (§ 330 ZPO).

2. Erscheint der Sachverhalt hinreichend geklärt, so kann die erschienene Partei auch statt eines Versäumnisurteils eine **Entscheidung nach Lage der Akten** beantragen, wenn zuvor in dieser Sache einmal verhandelt worden ist. Eine solche Entscheidung kann z. B. ein Beweis- oder Verweisungsbeschluss sein, doch kann es sich dabei auch um ein Urteil handeln. Ergeht ein solches Urteil nach Aktenlage, ist der Prozess in der Instanz beendet! Hiergegen ist nur noch das Rechtsmittel der Berufung zulässig (§ 331a ZPO).

Zusammenfassung: Erscheint im Termin nur **eine** Partei, so kann diese

1. ein **Versäumnisurteil** beantragen oder

2. eine **Entscheidung nach Lage der Akten**, wenn schon einmal verhandelt wurde.

Vergleichen Sie nun die Übersicht in Abbildung 8.

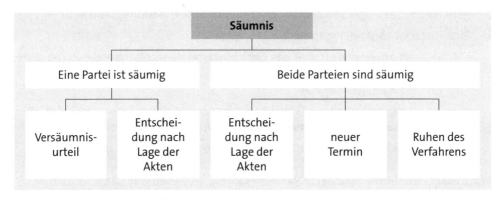

Abb. 8: Prozesslage bei Säumnis (Übersicht)

Zurückweisung des Antrages:

Der Antrag auf Erlass eines Versäumnisurteils oder einer Entscheidung nach Lage der Akten ist zurückzuweisen (§ 335 ZPO):

1. wenn die erschienene Partei die vom Gericht wegen eines von Amts wegen zu berücksichtigenden Umstandes erforderte Nachweisung nicht zu beschaffen vermag; also bei behebbaren Verfahrensmängeln.

   Beispiele: Mangel der Vollmacht, § 88 Abs. 2 ZPO; fehlender Nachweis von Zuständigkeitsvereinbarungen, § 331 Abs. 1 Satz 2 ZPO

2. wenn die nicht erschienene Partei nicht ordnungsgemäß, insbesondere nicht rechtzeitig geladen war.

3. wenn der nicht erschienenen Partei ein tatsächliches mündliches Vorbringen oder ein Antrag nicht rechtzeitig mittels Schriftsatzes mitgeteilt war.

Das gilt nur bei Säumnis des (Rechtsmittel-)Beklagten, denn nur Angriffsmittel müssen rechtzeitig eingereicht werden.

4. wenn im schriftlichen Vorverfahren (§ 331 Abs. 3 ZPO) dem Beklagten die Frist zur Abgabe der Verteidigungsanzeige (§ 276 Abs. 1 Satz 1 ZPO) nicht mitgeteilt oder er nicht über die Folgen der Fristversäumnis belehrt worden ist.

6.2.2 Rechtsbehelf gegen das erste Versäumnisurteil

Ist gegen eine Partei ein Versäumnisurteil erlassen, so steht ihr hiergegen der **Einspruch** zu. Der Einspruch ist binnen einer **Notfrist von zwei Wochen ab Zustellung** bei dem Prozessgericht, welches das Versäumnisurteil erlassen hat, einzulegen (§§ 338 f. ZPO).

Form des Einspruchs (§ 340 Abs. 2 ZPO):

Ein Einspruch gegen ein VU braucht lediglich zu enthalten

- die Bezeichnung des Urteils (einschließlich des Zustellungsdatums),
- die Erklärung, dass „Einspruch" eingelegt werde und, falls nicht schon bereits vorher geschehen,
- die Benennung der Angriffs- und Verteidigungsmittel (§ 341 ZPO) zur Hauptsache (Klageforderung). Es braucht nicht begründet zu werden, warum der Rechtsanwalt säumig war.

Beispiel

... lege ich gegen das Versäumnisurteil des AG A-Stadt
vom ..., zugestellt am ..., Einspruch ein.
(Unterschrift)

Das Gericht prüft von Amts wegen, ob der Einspruch statthaft ist und form- und fristgerecht eingelegt wurde. Fehlt es an einem dieser Erfordernisse, so ist der Einspruch mit oder ohne mündliche Verhandlung als unzulässig zu verwerfen (§ 341 ZPO).

Bei einem zulässigen Einspruch ist ein Termin zur mündlichen Verhandlung über den Einspruch und die Hauptsache zu bestimmen (§ 341a ZPO).

6.2.3 Das zweite Versäumnisurteil

Ist eine Partei unmittelbar nach dem Termin, in dem sie bereits einmal säumig war und in dem antragsgemäß ein Versäumnisurteil ergangen ist, im folgenden Termin noch einmal säumig, so kann die erschienene Partei ein zweites Versäumnisurteil beantragen. Der Urteilstenor wird lauten: **„Der Einspruch gegen das VU ... wird verworfen."** (§ 345 ZPO)

Hiergegen ist nur noch das Rechtsmittel der **Berufung** zulässig, §§ 514 Abs. 2, 345 ZPO. **Sie kann nur darauf gestützt werden, dass der Fall der schuldhaften Säumnis nicht vorgelegen habe.** Dies ist nur selten der Fall!

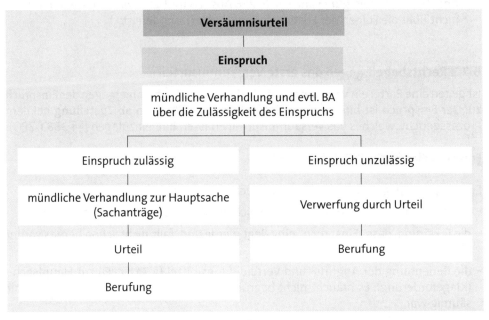

Abb. 9: Die Prozesslage bei nur einem Versäumnisurteil

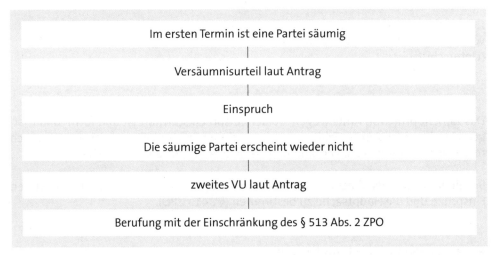

Abb. 10: Das Säumnisverfahren mit zweitem Versäumnisurteil

Beispiel

Die Einlassungs- oder Ladungsfrist ist zu kurz bemessen oder die Partei hat ohne ihr Verschulden den Termin versäumt.

Eine **Begründung** der Berufung ist unbedingt erforderlich. Die erste Instanz ist mit Erlass des zweiten Versäumnisurteils beendet.

6.3 Prüfungsfragen

1. **Wann kann eine Partei säumig sein?**

   Im schriftlichen Vorverfahren oder in der mündlichen Verhandlung.

2. **Wann liegt Säumnis einer Partei in der mündlichen Verhandlung vor?**
   - Wenn sie schuldhaft nicht erschienen ist,
   - wenn sie nicht durch einen zugelassenen Rechtsanwalt vertreten ist oder
   - wenn sie keine Sachanträge stellt.

3. **Welche Entscheidung wird der Richter treffen, wenn ihm bekannt ist, dass eine Partei ohne ihr Verschulden abwesend ist oder die von dem Vorsitzenden bestimmte Einlassungs- oder Ladungsfrist zu kurz bemessen war?**

   Er wird die Verhandlung von Amts wegen vertagen.

4. **Welche Möglichkeiten hat der Richter, wenn nach Aufruf der Sache im Termin beide Parteien säumig sind?**
   - Der Richter kann einen neuen Termin anberaumen,
   - ein Ruhen des Verfahrens anordnen oder
   - eine Entscheidung nach Lage der Akten erlassen, wenn im vorherigen Termin schon einmal verhandelt worden ist.

5. **Welche Anträge kann der Rechtsanwalt stellen, wenn in der mündlichen Verhandlung der Gegner säumig ist?**
   - Den Antrag auf Erlass eines VU oder
   - den Antrag auf Erlass einer Entscheidung nach Lage der Akten, falls schon vorher verhandelt worden ist.

6. **Welcher Rechtsbehelf ist gegen das erste VU zulässig und binnen welcher Frist?**

   Der Einspruch binnen einer Notfrist von zwei Wochen.

7. **Wo ist dieser Rechtsbehelf einzulegen?**

   Bei dem Prozessgericht, welches das VU erlassen hat.

8. Wie wird ein solcher Rechtsbehelf etwa lauten?

„In Sachen Meier gegen Müller, Aktenzeichen XY, lege ich gegen das Urteil des AG A-Stadt vom ..., zugestellt am ..., Einspruch ein." (Es folgen dann ggf. Ausführungen zur Sache, falls noch nicht geschehen.)

9. Welches Rechtsmittel ist gegen ein zweites VU zulässig und welche Besonderheit besteht hier?

In diesem Fall ist die Berufung zulässig. Sie kann nur darauf gestützt werden, dass der Fall der schuldhaften Säumnis nicht vorgelegen habe.

10. Wann ist dies der Fall?

Wenn die säumige Partei nicht fristgerecht geladen war oder ohne ihr Verschulden den Termin versäumte.

11. Wie lautet der Urteilstenor des zweiten VU?

„Der Einspruch gegen das VU ... wird verworfen."

7. Der Instanzenzug im Zivilprozess

Das Rechtsstaatsprinzip verlangt, dass grundsätzlich jede staatliche Maßnahme, sei es einer Behörde oder eines Gerichts, überprüft werden kann. Hier behandeln wir ausschließlich die Überprüfungsmöglichkeiten von gerichtlichen Entscheidungen im Zivilprozess.

7.1 Allgemeines

Die ZPO kennt Rechtsmittel und Rechtsbehelfe. **Rechtsbehelfe** werden in derselben Instanz eingelegt und nachgeprüft. Der Richter oder Rechtspfleger kann seine angefochtene Entscheidung selbst noch einmal überdenken.

Rechtsbehelfe sind

▶ der **Widerspruch** (z. B. gegen einen Mahnbescheid),

▶ der **Einspruch** (z. B. gegen einen Vollstreckungsbescheid oder gegen ein Versäumnisurteil),

▶ die **Erinnerung** (z. B. gegen einen Kostenfestsetzungsbeschluss oder gegen die Art und Weise der Zwangsvollstreckung, § 766 Abs. 1 ZPO) und

▶ die **Rüge** wegen Verletzung des rechtlichen Gehörs (**Anhörungsrüge**).

Bei **Rechtsmitteln** prüft die höhere Instanz die angefochtene Entscheidung, hier ist das Rechtsmittel auch einzulegen. Die sofortige Beschwerde kann man allerdings auch beim Prozessgericht einreichen.

Der Zivilprozess kennt folgende Rechtsmittel:

1. Die **Berufung:** Sie leitet den Prozess in die zweite Instanz über, richtet sich also gegen das erstinstanzliche Urteil.

2. Die **Revision:** Im Zivilprozess findet hier nur (beim BGH) eine **Überprüfung der Rechtslage** statt. Mit der Revision wird das zweitinstanzliche Urteil angefochten.

3. Die **Beschwerde (sofortige Beschwerde** und **Rechtsbeschwerde):** Dieses Rechtsmittel richtet sich nicht gegen ein Urteil, sondern gegen einen **Beschluss** des Gerichts.

Rechtsmittel führen zur Überprüfung der Entscheidung in der nächsthöheren Instanz.

7.2 Die Berufung

In der Berufungsinstanz wird die **Sach- und Rechtslage überprüft**. Grundsätzlich hat das Berufungsgericht allerdings die in der ersten Instanz festgestellten Tatsachen seiner Entscheidung zugrunde zu legen (§ 529 Abs. 1 ZPO).

Ist die Berufung **nicht statthaft** oder **nicht form- oder fristgerecht** eingelegt und begründet worden, verwirft das Berufungsgericht die eingelegte Berufung als **unzulässig** (§ 522 Abs. 1 ZPO).

Hat die Berufung

- offensichtlich **keine Aussicht auf Erfolg**
- die Rechtssache **keine grundsätzliche Bedeutung**
- oder ist eine Entscheidung durch das Berufungsgericht wegen der **Fortbildung des Rechts oder die Sicherung einer einheitlichen Rechtsprechung** nicht erforderlich,

so wird die Berufung durch Beschluss **zurückgewiesen** (§ 522 Abs. 2 ZPO).

7.2.1 Beschwer

Gegen Endurteile erster Instanz ist die Berufung dann zulässig, wenn

- der **Beschwerdewert 600 € übersteigt** oder
- das erstinstanzliche Gericht die Berufung **zugelassen** hat (§ 511 ZPO).

Das erstinstanzliche Gericht wird die Berufung dann **zulassen**, wenn

- die Rechtssache **grundsätzliche Bedeutung** hat,
- die **Fortbildung des Rechts** oder
- **die Sicherung einer einheitlichen Rechtsprechung** eine Entscheidung des Berufungsgerichts erfordert **und**
- die Beschwer nicht mehr als 600 € beträgt.

7.2.2 Berufungsfrist

Die Berufung muss gem. § 517 ZPO eingelegt werden

- binnen einer **Notfrist von einem Monat**, gerechnet ab Zustellung des in vollständiger Form abgefassten Urteils oder
- wenn eine Zustellung nicht erfolgt, binnen einer Frist von **fünf Monaten ab Verkündung des Urteils** zuzüglich der genannten Monatsfrist, d. h. also insgesamt binnen sechs Monaten.

Beispiel

Ein Urteil wird am 17.01. verkündet, wegen Vergleichsverhandlungen aber noch nicht zugestellt. Der letzte Tag, an dem noch Berufung eingelegt werden könnte, ist der 17.07. (am 17.06. beginnt die Monatsfrist für die Einlegung der Berufung)!

7.2.3 Berufungs- und Berufungsbegründungsschrift

1. Die Berufungsschrift

Sie wird beim nächsthöheren Gericht (Berufungsgericht) eingelegt (§ 519 ZPO).

Bestandteile: Die Berufungsschrift muss mindestens enthalten (§§ 130, 519 Abs. 2 ZPO):

- ▶ die Bezeichnung des angefochtenen Urteils einschließlich Zustellungsdatum
- ▶ die Bezeichnung der Parteien
- ▶ die Erklärung, dass Berufung eingelegt werde
- ▶ die Unterschrift.

2. Die Berufungsbegründungsschrift

Frist: Die Frist für die Begründung der Berufung beträgt **zwei Monate.** Sie beginnt **ab Zustellung des in vollständiger Form abgefassten Urteils,** spätestens aber **fünf Monate nach der Verkündung.** Diese Frist ist keine Notfrist. Die Frist kann das Gericht auf Antrag **verlängern,** wenn der Gegner einwilligt, oder ohne Einwilligung, wenn der Rechtsstreit durch die Verlängerung nicht verzögert wird oder wenn der Berufungskläger erhebliche Gründe darlegt (§ 520 Abs. 2 ZPO).

7.2.4 Anschlussberufung

Geht eine Partei in die Berufung, so kann sich die Gegenpartei der Berufung des Gegners durch Einreichung einer eigenen Berufungsschrift anschließen. Die Anschließung setzt keine Beschwer voraus. Dies ist auch dann möglich, wenn der Berufungsbeklagte auf die Berufung verzichtet hat oder die Berufungsfrist verstrichen ist (§ 524 ZPO).

Beispiele

1. Klage auf Zahlung von 10.000 €, Klageabweisung von 9.500 €. Da der Kläger in Höhe von 9.500 € beschwert ist, kann er in die Berufung gehen. Der Beklagte hat die Beschwerdesumme nicht erreicht, eine Berufung ist für ihn nicht möglich. Nur wenn der Kläger auch wirklich in die Berufung geht, ist für den Beklagten über die restlichen 500 € die Anschlussberufung zulässig.

2. Klage über 10.000 €, Klageabweisung von 1.000 €. Hier können sowohl Kläger (Beschwerdewert 1.000 €) als auch Beklagter (Beschwerdewert 9.000 €) eigenständig in die Berufung gehen. Der Kläger entscheidet sich, da er nur geringfügig verloren hat, nicht in die Berufung zu gehen. Wenn nun der Beklagte Berufung einlegt, soll dem Kläger auch nach Ablauf der Berufungsfrist die Möglichkeit eingeräumt werden, das Urteil wegen der ihm nicht zugesprochenen 1.000 € überprüfen zu lassen.

Die Anschließung ist binnen der dem Berufungsbeklagten gesetzten Frist zur Berufungserwiderung zu erklären.

Die Anschließung verliert jedoch ihre Wirkung, wenn die Hauptberufung zurückgenommen, verworfen oder durch Beschluss zurückgewiesen wird.

7.3 Die Revision

7.3.1 Zulässigkeit

Die Revision findet gegen die in der Berufungsinstanz erlassenen Endurteile statt (§ 542 ZPO). Revisionsinstanz ist der BGH. Es gilt der **Grundsatz der Zulassungsrevision** (§ 543 ZPO):

Die Revision findet nur statt, wenn sie

1. das Berufungsgericht in dem Urteil oder
2. das Revisionsgericht nach einer Nichtzulassungsbeschwerde (§ 544 ZPO) **zugelassen** hat.

Die Revision ist zuzulassen (§ 543 ZPO), wenn

1. die Rechtssache **grundsätzliche Bedeutung** hat oder
2. die **Fortbildung des Rechts** oder
3. die **Sicherung einer einheitlichen Rechtsprechung**

eine Entscheidung des Revisionsgerichts erfordert.

Mit der Revision werden nicht mehr die Tatsachen überprüft. Die Revision kann nur darauf gestützt werden, dass die Entscheidung auf der Verletzung eines Rechts beruht (§§ 545 f. ZPO). Im Übrigen kann eine Revision nur durch einen beim BGH zugelassenen Rechtsanwalt eingelegt werden.

Das angefochtene Urteil muss im Übrigen **revisibel** sein. Nicht revisibel sind Urteile im Arrest- und einstweiligen Verfügungsverfahren (§ 542 Abs. 2 ZPO).

7.3.2 Fristen

Für die **Einlegung der Revision** gilt eine Revisionsfrist von **einem Monat** ab Zustellung des in vollständiger Form abgefassten Berufungsurteils, spätestens aber mit dem Ablauf von **fünf Monaten** nach der Verkündung. Diese Frist ist eine **Notfrist**.

Wie bei der Berufungsbegründung gilt auch für die Begründung der Revision eine **Revisionsbegründungsfrist** von **zwei Monaten ab Zustellung** des in vollständiger Form abgefassten Urteils, spätestens aber von **fünf Monaten nach der Verkündung**. Eine Verlängerung dieser Frist ist möglich (§ 551 Abs. 2 ZPO).

7.3.3 Sprungrevision

Die Sprungrevision **(§ 566 ZPO)** ist gegen Urteile erster Instanz möglich, mit ihr wird die Berufungsinstanz umgangen.

Voraussetzungen der Sprungrevision (§ 566 ZPO):

1.   Das erstinstanzliche Urteil muss **revisibel** sein,

2.   der **Beschwerdewert** muss **600 €** überschreiten,

3.   der Gegner muss schriftlich sein **Einverständnis** erklärt haben (in der Revisionsschrift beifügen!) und

4.   der BGH muss die Revision **zugelassen** haben.

Der BGH wird die Revision nur zulassen, wenn die Rechtssache **grundsätzliche Bedeutung** hat oder **die Fortbildung des Rechts** oder **die Sicherung einer einheitlichen Rechtsprechung** eine Entscheidung des Revisionsgerichts erfordert, d. h. wenn die Zulassungsvoraussetzungen gegeben sind. Die Sprungrevision kann jedoch nicht auf einen Mangel des Verfahrens gestützt werden.

7.3.4 Anschlussrevision

Ähnlich wie bei der Anschlussberufung kann sich auch der Revisionsbeklagte der Revision anschließen, wenn in dieser Sache eine zulässige Revision eingelegt wurde. Die **Anschlussrevision** ist selbst dann statthaft, wenn der Revisionsbeklagte zuvor auf die Revision verzichtet hat, die Revisionsfrist für ihn bereits verstrichen ist oder die Revision für ihn weder vom Berufungsgericht noch vom Revisionsgericht im Verfahren über die Nichtzulassungsbeschwerde zugelassen worden ist (§ 554 Abs. 2 ZPO).

Die Anschließung ist bis zum Ablauf **eines Monats nach Zustellung der Revisionsbegründung** zu erklären. Allerdings verliert die Anschließung ihre Wirkung, wenn die (Haupt-)Revision zurückgenommen, verworfen oder durch Beschluss zurückgewiesen wurde. Die Anschlussrevision ist also prozessual abhängig vom Schicksal der Hauptrevision.

7.4 Die Beschwerde

Gibt es gegen Urteile die Rechtsmittel der Berufung und Revision, so richten sich Beschwerden gegen **Beschlüsse** oder **Verfügungen** des Gerichts.

Zwei Arten der Beschwerde sind zu unterscheiden:

- die **sofortige Beschwerde** gem. §§ 567 ff. ZPO
- die **Rechtsbeschwerde** gem. §§ 574 ff. ZPO.

7.4.1 Die sofortige Beschwerde

Die sofortige Beschwerde ist gegen erstinstanzliche Entscheidungen der Amtsgerichte und Landgerichte zulässig (§ 567 ZPO),

▸ wenn sie im Gesetz **ausdrücklich bestimmt** wurde

(**Beispiel:** sofortige Beschwerde gegen eine Kostenfestsetzung, § 104 Abs. 3 ZPO)

oder

▸ wenn ein das Verfahren betreffendes **Gesuch ohne mündliche Verhandlung zurückgewiesen worden** ist

(**Beispiel:** sofortige Beschwerde gegen die Beiordnung eines Notanwalts gem. § 78c Abs. 3, § 78b ZPO).

▸ Gegen Entscheidungen über die Kosten ist die sofortige Beschwerde nur zulässig, wenn der Beschwerdewert über 200 € beträgt.

Die sofortige Beschwerde ist binnen einer **Notfrist von zwei Wochen** beim **Prozessgericht** oder beim **Beschwerdegericht** einzureichen. Die Notfrist beginnt mit Zustellung der Entscheidung oder mit Ablauf von fünf Monaten nach der Verkündung des Beschlusses (§ 569 ZPO).

Das Ausgangsgericht (Prozessgericht) kann der sofortigen Beschwerde **abhelfen**, wenn es die Beschwerde für begründet hält, andernfalls ist sie unverzüglich dem Beschwerdegericht vorzulegen (§ 572 ZPO).

Einer sofortigen Beschwerde kann sich der Gegner anschließen (**Anschlussbeschwerde**, § 567 ZPO). Wird die Hauptbeschwerde zurückgenommen oder als unzulässig verworfen, so verliert auch die Anschlussbeschwerde ihre Wirkung.

7.4.2 Die Rechtsbeschwerde

Die Rechtsbeschwerde ist revisionsähnlich gestaltet und auf eine Rechtsprüfung beschränkt. Sie ersetzt die bisherige „weitere Beschwerde" und ermöglicht, dass auch in Beschwerdesachen grundsätzliche Fragen höchstrichterlich durch den BGH zur Vereinheitlichung der Rechtspflege geklärt werden können (§ 574 ZPO).

Eine Rechtsbeschwerde ist gegen einen Beschluss nur dann statthaft,

1. wenn dies im **Gesetz** ausdrücklich vorgesehen ist oder

2. das Beschwerdegericht, das Berufungsgericht oder das OLG im ersten Rechtszug sie in dem Beschluss **zugelassen** hat.

Eine Rechtsbeschwerde ist zuzulassen, wenn die Rechtssache **grundsätzliche Bedeutung** hat oder die **Fortbildung des Rechts** oder die **Sicherung einer einheitlichen Rechtsprechung** eine Entscheidung des Rechtsbeschwerdegerichts erfordert. Sie kennen diese Formulierung bereits von der Zulassung der Berufung, der Revision und der sofortigen Beschwerde.

Auch die Rechtsbeschwerde ist binnen einer **Notfrist von einem Monat** nach Zustellung des Beschlusses einzureichen. Zuständiges Gericht ist hier jedoch ausschließlich der BGH. Eine Abhilfemöglichkeit der Vorinstanz besteht hier nicht (§ 575 ZPO, § 133 GVG).

Die Rechtsbeschwerde kann nur darauf gestützt werden, dass die Entscheidung auf einer Verletzung des Bundesrechts oder einer (landesrechtlichen) Vorschrift beruht, deren Geltungsbereich sich über den Bezirk eines OLG hinaus erstreckt. Neue Tatsachen können nicht mehr vorgetragen werden (§ 576 ZPO).

Wie bei der sofortigen Beschwerde besteht auch bei der Rechtsbeschwerde die Möglichkeit, binnen einer Notfrist von einem Monat nach Zustellung der Begründung der Rechtsbeschwerde eine **Anschlussbeschwerde** einzureichen (§ 574 Abs. 4 ZPO).

Das Beschwerdegericht hebt eine begründete Rechtsbeschwerde auf und verweist die Sache zur erneuten Entscheidung zurück. Es entscheidet jedoch in der Sache selbst, wenn die Entscheidung nur wegen einer Rechtsverletzung erfolgt und die Sache zur Endentscheidung reif ist (§ 577 Abs. 4 und 5 ZPO).

7.4.3 Die Sprungrechtsbeschwerde

In Familien- und Arbeitsgerichtssachen findet innerhalb einer Notfrist von einem Monat ab Zustellung die Sprungrechtsbeschwerde unter Übergehung der Beschwerdeinstanz statt (§ 75 FamG, § 96a ArbGG), und zwar

1. wenn in Familiensachen eine Beschwerde ohne Zulassung möglich wäre,

2. wenn die Beteiligten in Familien- und Arbeitssachen in die Übergehung der Beschwerdeinstanz einwilligen und

3. das Rechtsbeschwerdegericht bzw. das Arbeitsgericht die Sprungrechtsbeschwerde zulässt.

7.4.4 Die Erinnerung

Die Erinnerung ist ein Rechtsbehelf gegen Entscheidungen des beauftragten oder ersuchten Richters oder des Urkundsbeamten der Geschäftsstelle. Sie ist binnen einer **Notfrist von zwei Wochen ab Zustellung** schriftlich oder zu Protokoll der Geschäftsstelle einzulegen (§ 573 ZPO). Die Frist beginnt mit der Zustellung, spätestens aber fünf Monate nach Verkündung der Entscheidung. Die Erinnerung führt zur Überprüfung einer Entscheidung in demselben Rechtszug durch dasselbe Gericht. Beim beauftragten oder ersuchten Richter ist das beauftragende oder ersuchende Gericht zuständig und bei einer Entscheidung des Urkundsbeamten der Geschäftsstelle das Gericht, dem er angehört.

Der beauftragte oder ersuchte Richter bzw. der Urkundsbeamte der Geschäftsstelle können der Erinnerung **abhelfen**, andernfalls ist sie unverzüglich dem nächsthöheren Gericht vorzulegen, das durch Beschluss entscheidet (§§ 573 Abs. 1 Satz 3, 572 ZPO).

Gegen Erinnerungsentscheidungen erster Instanz ist die **sofortige Beschwerde** zulässig (§ 573 Abs. 2 ZPO), gegen eine zweitinstanzliche Entscheidung ist, wenn die weiteren Voraussetzungen vorliegen (s. o.), die **Rechtsbeschwerde** (§ 574 ZPO) denkbar. Zur Erinnerung im Kostenfestsetzungsverfahren siehe Kapitel 12.

7.5 Die Anhörungsrüge

Die **Anhörungsrüge** richtet sich gegen die Verletzung des Anspruchs auf Gewährung des rechtlichen Gehörs (§ 321a ZPO).

Die Rüge ist innerhalb **von zwei Wochen nach Kenntnis** von der Verletzung des rechtlichen Gehörs zu erheben und der Zeitpunkt der Kenntniserlangung glaubhaft zu machen. Nach Ablauf **eines Jahres** seit Bekanntmachung der angegriffenen Entscheidung kann die Rüge nicht mehr erhoben werden. **Formlos** mitgeteilte Entscheidungen gelten mit dem **dritten Tage nach Aufgabe zur Post** als bekannt gemacht.

Verfahren im Zusammenhang mit der Anhörungsrüge gelten als **Tätigkeiten, die mit dem Verfahren zusammenhängen**, und lösen also keine zusätzliche Vergütung aus, es sei denn, der Rechtsanwalt wurde ausschließlich mit der Anhörungsrüge beauftragt. In diesem Fall entsteht für ihn eine 0,5 Verfahrensgebühr nach Nr. 3330 VV RVG (§ 19 Abs. 1 Nr. 5 RVG).

7.6 Prüfungsfragen

1. **Worin unterscheiden sich Rechtsmittel von Rechtsbehelfen?**

   Rechtsbehelfe werden in derselben Instanz, Rechtsmittel in der höheren Instanz eingelegt und nachgeprüft.

2. **Welche Rechtsmittel kennen Sie?**

   Die Berufung, die Revision und die Beschwerde.

3. **Welche Arten der Beschwerde gibt es?**

   Die sofortige Beschwerde und die Rechtsbeschwerde.

4. **Welche Rechtsbehelfe kennen Sie?**

   Den Widerspruch, den Einspruch, die Erinnerung und die Anhörungsrüge.

5. **Was wird bei Rechtsmitteln überprüft ...**

   a) **in der ersten Instanz?**

   b) **in der Berufungsinstanz?**

   c) **in der Revisionsinstanz?**

   a) die Sach- und Rechtslage

   b) grundsätzlich nur die Rechtslage, ausnahmsweise auch die Sachlage

   c) nur die Rechtslage

6. Innerhalb welcher Frist muss eine Berufung eingelegt werden?

Binnen einer Notfrist von einem Monat.

7. Wann beginnt diese Frist zu laufen?

▸ Ab Zustellung des in vollständiger Form abgefassten Urteils oder

▸ fünf Monate nach Verkündung.

8. Wo wird die Berufung eingelegt?

Beim nächsthöheren Gericht.

9. Binnen welcher Frist muss die Berufung begründet werden?

Binnen zwei Monaten ab Zustellung des in vollständiger Form abgefassten Urteils, spätestens fünf Monate ab Verkündung.

10. Ist die Berufungsbegründungsfrist eine Notfrist?

Nein, sie kann auch auf Antrag verlängert werden.

11. In einem Rechtsstreit ergeht ein Urteil, durch das beide Parteien beschwert werden. Wer kann in die Berufung gehen, wenn

a) bei beiden Parteien der Beschwerdewert überschritten wird?

b) bei nur einer Partei der Beschwerdewert überschritten wird?

a) Beide Parteien können (selbstständig, voneinander unabhängig) in die Berufung gehen und müssen ihre Rechtsmittel frist- und formgerecht einlegen.

b) Die Partei mit der zu geringen Beschwer kann in die Anschlussberufung gehen, wenn die andere Partei Berufung eingelegt hat.

12. Innerhalb welcher Frist muss die Anschließung erfolgen?

Binnen der dem Berufungsbeklagten gesetzten Frist zur Berufungserwiderung.

13. Was geschieht mit der Anschlussberufung, wenn die Hauptberufung zurückgenommen, verworfen oder durch Beschluss zurückgewiesen wird?

Die Anschließung verliert ihre Wirkung.

14. Welche weiteren Anschlussrechtsmittel kennen Sie?

Die Anschlussrevision und die Anschlussbeschwerde.

15. Wann ist die Einlegung der Berufung zulässig?

▸ Bei einem Beschwerdewert von über 600 € oder

▸ wenn sie zugelassen wurde.

16. Wann wird das erstinstanzliche Gericht die Berufung zulassen?

▸ Wenn die Rechtssache grundsätzliche Bedeutung hat,

▸ zur Fortbildung des Rechts oder

▸ zur Sicherung einer einheitlichen Rechtsprechung,

▸ wenn die Beschwer nicht mehr als 600 € beträgt.

17. Wann wird das Gericht die Berufung als unzulässig verwerfen?

Wenn die Berufung nicht statthaft wäre oder nicht form- oder fristgerecht eingelegt oder begründet worden ist.

18. Wann wird das Gericht die Berufung zurückweisen?

- ► Wenn die Berufung offensichtlich keine Aussicht auf Erfolg hat,
- ► die Rechtssache keine grundsätzliche Bedeutung hat oder
- ► eine Entscheidung wegen der Fortbildung des Rechts oder die Sicherung einer einheitlichen Rechtsprechung nicht erforderlich ist.

19. Wann findet eine Revision gegen Urteile nur statt?

- ► Wenn sie das Berufungsgericht in dem Urteil oder
- ► das Revisionsgericht nach einer Nichtzulassungsbeschwerde zugelassen hat.

20. Wann ist die Revision zuzulassen?

- ► Wenn die Rechtssache grundsätzliche Bedeutung hat,
- ► zur Fortbildung des Rechts oder
- ► zur Sicherung einer einheitlichen Rechtsprechung.

21. Welche Urteile sind nicht revisibel?

Urteile im Arrest- und einstweiligen Verfügungsverfahren.

22. Wie lange beträgt die Revisionsfrist, und wann beginnt sie?

Die Revision ist einen Monat ab Zustellung des in vollständiger Form abgefassten Berufungsurteils einzulegen. Ohne Zustellung beginnt diese Monatsfrist fünf Monate nach Verkündung.

23. Wie lange ist die Revisionsbegründungsfrist, und wann beginnt sie?

Die Revisionsbegründungsfrist beträgt zwei Monate und beginnt ab Zustellung des in vollständiger Form abgefassten Urteils oder fünf Monate ab Verkündung.

24. Kann die Revisionsfrist verlängert werden?

Nein, sie ist eine Notfrist.

25. Kann die Revisionsbegründungsfrist verlängert werden?

Ja, sie ist keine Notfrist.

26. Durch wen kann eine Revision nur eingelegt werden?

Durch einen beim BGH zugelassenen Rechtsanwalt.

27. Gegen welche Urteile und unter welchen Voraussetzungen ist die Sprungrevision zulässig?

Die Sprungrevision ist zulässig gegen Urteile erster Instanz. Voraussetzungen:

- ► Das Urteil muss revisibel sein.
- ► Der Beschwerdewert muss 600 € überschreiten.

- ▸ Der Gegner muss schriftlich sein Einverständnis erklärt haben, das der Revisionsschrift beigefügt werden muss.
- ▸ Der BGH muss die Revision zugelassen haben.

28. Wann ist eine sofortige Beschwerde statthaft?

- ▸ Wenn sie im Gesetz ausdrücklich zugelassen wurde
- ▸ wenn ein das Verfahren betreffendes Gesuch ohne mündliche Verhandlung zurückgewiesen worden ist
- ▸ gegen Entscheidungen über Kosten.

29. Wie hoch muss die Beschwer sein bei einer sofortigen Beschwerde über die Kosten?

Über 200 €.

30. Wann ist eine Rechtsbeschwerde statthaft?

- ▸ Wenn dies im Gesetz ausdrücklich vorgesehen ist oder
- ▸ wenn sie das Beschwerdegericht, das Berufungsgericht oder das OLG im ersten Rechtszug in dem Beschluss zugelassen hat.

31. Wann ist eine Rechtsbeschwerde zuzulassen?

- ▸ Wenn die Rechtssache grundsätzliche Bedeutung hat,
- ▸ zur Fortbildung des Rechts oder
- ▸ zur Sicherung einer einheitlichen Rechtsprechung.

32. Innerhalb welcher Frist muss die sofortige Beschwerde eingereicht werden?

Binnen einer Notfrist von zwei Wochen ab Zustellung oder mit Ablauf von fünf Monaten nach Verkündung des Beschlusses.

33. Innerhalb welcher Frist muss die Rechtsbeschwerde eingereicht werden?

Binnen einer Notfrist von einem Monat ab Zustellung des Beschlusses.

34. Unter welchen Voraussetzungen und innerhalb welcher Frist ist die Sprungrechtsbeschwerde zulässig?

Sie ist innerhalb einer Notfrist von einem Monat ab Zustellung zulässig,

- ▸ in Familiensachen, wenn eine Beschwerde ohne Zulassung möglich wäre,
- ▸ wenn die Beteiligten in Familien- oder Arbeitssachen in die Übergehung der Beschwerdeinstanz einwilligen und
- ▸ das Rechtsbeschwerdegericht bzw. das Arbeitsgericht die Sprungrechtsbeschwerde zulässt.

35. Bei welcher Art von Beschwerde kann das Gericht seinen Beschluss selbst abändern?

Eine Abhilfe ist nur bei der sofortigen Beschwerde möglich.

36. Wo muss eingelegt werden:

a) die sofortige Beschwerde?

b) die Rechtsbeschwerde?

a) beim Prozessgericht oder beim Beschwerdegericht

b) beim BGH

37. Bei welcher Beschwerde kann man sich der Beschwerde des Gegners anschließen?

Die Anschlussbeschwerde ist bei beiden Beschwerdearten möglich.

38. Was ist eine Erinnerung?

Die Erinnerung ist ein Rechtsbehelf gegen Entscheidungen des beauftragten oder ersuchten Richters oder des Urkundsbeamten der Geschäftsstelle.

39. Binnen welcher Frist ist die Erinnerung einzulegen?

Binnen einer Notfrist von zwei Wochen ab Zustellung, spätestens aber fünf Monate nach Verkündung der Entscheidung.

40. In welcher Form ist die Erinnerung einzulegen?

Sie ist schriftlich einzureichen oder zu Protokoll der Geschäftsstelle zu erklären.

41. Bei wem ist die Erinnerung einzulegen?

Bei dem Gericht, dessen Entscheidung angefochten wird.

42. Können die Richter der Erinnerung abhelfen?

Ja, es besteht eine Abhilfemöglichkeit.

43. Wogegen richtet sich die Anhörungsrüge?

Gegen die Verletzung des Anspruchs auf Gewährung rechtlichen Gehörs.

44. Welche Fristen kennen Sie bei der Anhörungsrüge?

Die Rüge ist innerhalb von zwei Wochen nach Kenntnis von der Verletzung des rechtlichen Gehörs zu erheben. Nach Ablauf eines Jahres ist sie nicht mehr zulässig.

8. Fristen im Zivilprozess

8.1 Arten

Fristen sind Zeiträume, **Termine** sind Zeitpunkte zur Vornahme von Prozesshandlungen. **Richterliche Fristen** bestimmt das Gericht (z. B. die Frist zur Klageerwiderung und zur Stellungnahme auf die Klageerwiderung), **gesetzliche Fristen** werden vom Gesetz bestimmt (z. B. Rechtsmittelfristen). Wichtig ist vor allem aber der Begriff der Notfristen.

Notfristen sind gesetzliche Fristen, die im Gesetz als solche bezeichnet sind und weder verlängert noch verkürzt werden können (§ 224 Abs. 1 ZPO).

Hier sind die wichtigsten Beispiele für Notfristen:

▸ die Frist zur **Verteidigungsanzeige**, § 276 Abs. 1 ZPO (Notfrist von zwei Wochen ab Klagezustellung)

▸ für den **Einspruch** gegen ein **Versäumnisurteil** (§ 339 ZPO) und einen **Vollstreckungsbescheid** (§ 700 ZPO)

▸ für die **sofortige Beschwerde** (§ 569 ZPO: zwei Wochen ab Zustellung der Entscheidung bzw. fünf Monate nach Verkündung)

▸ für die **Erinnerung** (Notfrist von zwei Wochen ab Zustellung, § 573 Abs. 1 ZPO)

▸ und insbesondere die Monatsfristen für die Einlegung der **Berufung** (§ 517 ZPO), der **Revision** (§ 548 ZPO) und der **Rechtsbeschwerde** (§ 575 ZPO) – jeweils Notfristen von einem Monat ab Zustellung des Urteils bzw. fünf Monate nach Verkündung.

Folgende weitere gesetzliche Fristen, die keine Notfristen sind, sollten Sie unbedingt kennen:

▸ die Mindestfrist von zwei Wochen für die **Klageerwiderung** (§ 276 Abs. 1 ZPO)

▸ die **Berufungs-** (§ 520 Abs. 2 ZPO) und **Revisionsbegründungsfrist** (§ 551 Abs. 2 ZPO) – je zwei Monate ab Zustellung des in vollständiger Form abgefassten Urteils bzw. fünf Monate nach Verkündung

▸ die **Einlassungsfrist** zwischen der Zustellung der Klageschrift und dem Termin zur mündlichen Verhandlung (Mindestfrist von zwei Wochen, § 274 Abs. 3 ZPO)

▸ die **Ladungsfristen** (Mindestfrist von einer Woche in Anwaltsprozessen, in AG-Prozessen ohne Anwaltszwang drei Tage, § 217 ZPO)

▸ die Zweiwochenfrist bzw. Monatsfrist für die **Wiedereinsetzung in den vorigen Stand** (ab Behebung des Hindernisses, d. h. vor allem ab Kenntnis von der Fristversäumnis, § 234 Abs. 1 ZPO)

▸ die **Jahresfrist** im Zusammenhang mit der Wiedereinsetzung (nach einem Jahr ist ein Wiedereinsetzungsantrag nicht mehr zulässig, § 234 Abs. 3 ZPO).

8.2 Die Berechnung

Grundlagen sind die §§ 186 ff. BGB und §§ 221 ff. ZPO. Für die Berechnung ist wichtig, ob der Lauf der Frist von einem **Ereignis** abhängt (§ 187 Abs. 1 BGB; z. B. für die Einlegung der Berufung die Zustellung des Urteils), oder ob es sich um eine Frist handelt, für die der Beginn eines Tages der für den Anfang der Frist maßgebliche Zeitpunkt ist (§ 187 Abs. 2 BGB = **Kalenderfrist**). Bei einer Ereignisfrist wird der erste Tag einer Frist nicht mitgerechnet, bei einer Kalenderfrist zählt der erste Kalendertag mit. Im Zivilprozess kommen in der Regel Ereignisfristen in Betracht, deren Lauf etwa von der Zustellung eines Urteils oder Beschlusses, der Einlegung eines Rechtsmittels usw. abhängt. Aus diesem Grunde wird hier auf die Ereignisfristen eingegangen. Bei der Berechnung einer Ereignisfrist wird der Tag der Zustellung nicht mitgerechnet.

1. Eine nach **Tagen** berechnete Frist endet mit Ablauf des letzten Tages der Frist.

   Beispiel: Frist: 3 Tage, Zustellung am 11.04., Fristende: mit Ablauf des 14.04. um 24:00 Uhr

2. **Wochenfristen** enden mit Ablauf des entsprechenden Wochentages.

   Beispiel: Frist: 2 Wochen, Zustellung am Dienstag, Fristende: mit Ablauf des Dienstags in 2 Wochen um 24:00 Uhr

3. **Monats- und längere Fristen** enden mit Ablauf des entsprechenden Monatsdatums. Fehlt der maßgebliche Tag im Monat, so endet die Frist mit Ablauf des letzten Monatstages.

   Beispiele: Zustellung des Urteils am 12.06., Berufungsfrist endet am 12.07. (24:00 Uhr); aber: Zustellung des Urteils am 31.01., Berufungsfrist endet am 28.02. (24:00 Uhr)

4. Fällt der Fristablauf auf einen Samstag, Sonntag oder gesetzlichen Feiertag, so endet die Frist am nächsten Werktag um 24:00 Uhr.

8.3 Der Anspruch auf Terminsverlegung

Nach Abschaffung der Gerichtsferien gelten für die Fristenberechnung in diesem Zeitraum keine Besonderheiten mehr. Stattdessen wurde für den Zeitraum vom **01.07 bis 31.08.** eines jeden Jahres ein Anspruch auf **Terminsverlegung** eingeführt, außer für Verkündungstermine. Dem Antrag muss entsprochen werden, und er bedarf keiner Begründung. Dem Verlegungsantrag ist nur dann nicht zu entsprechen, soweit das Verfahren einer besonderen Beschleunigung bedarf. Ein Antrag auf Terminsverlegung muss innerhalb einer Woche nach Zugang der Ladung oder Terminsbestimmung gestellt werden (§ 227 Abs. 3 ZPO).

Bei diesem Antrag auf Terminsverlegung handelt es sich nicht um einen Vertagungsantrag, weil der Antrag auf Vertagung im Termin zur mündlichen Verhandlung zu entscheiden wäre, während über den Antrag auf Terminsverlegung der Vorsitzende ohne mündliche Verhandlung zu entscheiden hat (§ 227 Abs. 4 ZPO).

Kein Anspruch auf Terminsverlegung besteht u. a. nach § 227 Abs. 3 ZPO in folgenden Fällen:

- in Arrest- und Einstweiligen Verfügungsverfahren
- bei Mietstreitigkeiten
- in Wechsel- und Scheckprozessen
- in Zwangsvollstreckungsverfahren.

8.4 Die Wiedereinsetzung in den vorigen Stand

8.4.1 Allgemeines

Die Folgen einer Fristversäumnis, etwa die einer Rechtsmittelfrist, können sehr schwerwiegend sein. Regressansprüche drohen!

Gegen die Versäumung einer Notfrist oder einer Rechtsmittelbegründungsfrist gibt es die Wiedereinsetzung in den vorigen Stand gem. § 233 ZPO.

Beispiele

Versäumung der Berufungsfrist, Berufungsbegründungsfrist, Revisionsfrist, Revisionsbegründungsfrist, der sofortigen Beschwerde und der Rechtsbeschwerde, des Einspruchs und der Erinnerung gegen den Kostenfestsetzungsbeschluss

Voraussetzung ist, dass ein **Wiedereinsetzungsgrund** gegeben ist.

8.4.2 Wiedereinsetzungsgrund

Eine Wiedereinsetzung ist nur zulässig, wenn eine Partei **ohne ihr Verschulden** (auch ohne jede Fahrlässigkeit) an der Einhaltung der Frist verhindert war (§ 233 ZPO).

Beispiele: Unfall, plötzliche schwere Erkrankung, Briefverlust durch die Post.

Grundsätzlich entsprechen **Faxe** dem prozessualen Begriff der Schriftform. Wird jedoch eine Klage zur Fristwahrung, etwa um eine Unterbrechung der Verjährung zu erreichen, rechtzeitig an das Gericht gefaxt und kommt es dabei zur Verzögerung des Empfangs, weil das Gerät des Gerichts defekt ist, so darf dies dem Bürger nicht angelastet werden. Ein Wiedereinsetzungsgrund ist gegeben.

Anders liegt der Fall, wenn das Fax wenige Minuten vor Fristablauf verschickt wird und deshalb verspätet bei Gericht ankommt, weil das Empfangsgerät wegen einer anderen eingehenden Faxsendung belegt war. Hier wird ein Verschulden bei der Verspätung angenommen, weil der Absender mit einer besetzten Leitung immer rechnen muss. Ein Wiedereinsetzungsgrund liegt dann also nicht vor.

8.4.3 Frist, Form

Die Wiedereinsetzung in den vorigen Stand muss binnen einer Frist von **zwei Wochen bzw. einem Monat bei Begründungsfristen** ab Behebung des Hindernisses (= Kenntnis von der Fristversäumung) beantragt werden. Die Frist ist keine Notfrist. Nach **einem Jahr** kann die Wiedereinsetzung nicht mehr beantragt werden (§ 234 ZPO).

Mit dem Wiedereinsetzungsantrag muss die versäumte Rechtshandlung nachgeholt werden nach den Vorschriften, die für die versäumte Prozesshandlung gelten (z. B. die Berufungsschrift).

8.4.4 Inhalt

Die Gründe der Fristversäumung müssen genau geschildert und glaubhaft gemacht werden, etwa durch eidesstattliche Versicherung, Bezugnahme auf Gerichtsakten, Vorlage von Urkunden.

8.4.5 Zuständiges Gericht

Zuständig für den Antrag ist das Gericht, bei dem die versäumte Prozesshandlung hätte erfolgen müssen.

8.5 Prüfungsfragen

1. **Wann enden Fristen, wenn sie nach**
   a) **Tagen**
   b) **Wochen**
   c) **Monaten berechnet sind?**
   a) Mit Ablauf des letzten Tages der Frist.
   b) Mit Ablauf des entsprechenden Wochentages.
   c) Mit Ablauf des entsprechenden Monatsdatums.

2. **Welcher Tag wird bei der Fristberechnung nicht mitgezählt?**
   Der Tag der Zustellung.

3. **Wann endet eine Frist, die an einem Samstag, Sonntag oder an einem gesetzlichen Feiertag enden würde?**
   Am nächsten Werktag, 24:00 Uhr.

4. **Statt der früher vorhandenen Gerichtsferien hat der Gesetzgeber einen Anspruch auf Terminsverlegung eingeführt. In welcher Zeit besteht ein solcher Anspruch?**

   In der Zeit vom 01.07. bis 31.08.

5. **Innerhalb welcher Frist muss dieser Antrag gestellt werden?**

   Innerhalb einer Woche nach Zugang der Ladung oder Terminsbestimmung.

6. **Bedarf dieser Antrag einer Begründung?**

   Nein, eine fristgemäße Antragstellung reicht aus.

7. **Wann wird einem solchen Antrag aber nicht stattgegeben?**

   Wenn das Verfahren einer besonderen Beschleunigung bedarf.

8. **Ein Urteil wird am 31.03. zugestellt. Wann läuft die Berufungsfrist ab?**

   Am 30.04.

9. **Wogegen ist die Wiedereinsetzung in den vorigen Stand zulässig?**

   Gegen die Versäumung von Notfristen und Rechtsmittelbegründungsfristen.

10. **Nennen Sie Beispiele für Fristen, bei deren Versäumung die Wiedereinsetzung in den vorigen Stand möglich ware.**

    ► Berufungsfrist, Berufungsbegründungsfrist

    ► Revisionsfrist, Revisionsbegründungsfrist

    ► sofortige Beschwerde

    ► Einspruch und Erinnerung gegen den Kostenfestsetzungsbeschluss.

11. **Innerhalb welcher Frist muss der Antrag auf Wiedereinsetzung in den vorigen Stand gestellt werden?**

    Binnen einer Frist von zwei Wochen/einem Monat seit Behebung des Hindernisses, d. h. ab Kenntnis von der Versäumung der Prozesshandlung.

12. **Welche Frist gilt, wenn die Partei verhindert ist, die Frist zur Begründung von Rechtsmitteln einzuhalten?**

    Es gilt die Frist von einem Monat.

13. **Wann ist ein solcher Antrag gleichwohl nicht mehr zulässig?**

    Ein Jahr nach Ablauf der ursprünglichen Frist.

14. **Bei welchem Gericht muss der Antrag gestellt werden?**

    Bei dem Gericht, bei dem die versäumte Prozesshandlung hätte erfolgen müssen.

15. **Was muss mit dem Wiedereinsetzungsantrag nachgeholt werden?**

    Die versäumte Prozesshandlung.

16. Wie wird der Wiedereinsetzungsgrund glaubhaft gemacht?

Durch

- eidesstattliche Versicherung
- Bezugnahme auf die Gerichtsakten und durch
- Vorlage von Urkunden.

17. Fall: Eine sofortige Beschwerde geht per Fax verspätet ein, weil das Empfangsgerät bei Gericht defekt ist. Liegt ein Wiedereinsetzungsgrund vor?

Ja, eine Störung des Empfangsgeräts bei Gericht darf dem Bürger nicht zum Nachteil gereichen.

18. Fall: Eine wenige Minuten vor Fristablauf gefaxte sofortige Beschwerde geht deshalb verspätet bei Gericht ein, weil das Empfangsgerät durch andere eingehende Telefaxsendungen blockiert ist. Liegt ein Wiedereinsetzungsgrund vor?

Nein, mit einer besetzten Leitung muss immer gerechnet werden.

19. Was sind Notfristen?

Notfristen sind Fristen, die im Gesetz als solche bezeichnet sind und weder verlängert noch verkürzt werden können.

20. Nennen Sie Beispiele für Notfristen.

- Zweiwochenfrist für die Verteidigungsanzeige
- Zweiwochenfrist für den Einspruch gegen ein Versäumnisurteil und einen Vollstreckungsbescheid
- Zweiwochenfrist für die Erinnerung und sofortige Beschwerde
- Monatsfristen für die Berufung und die Revision.

21. Nennen Sie Beispiele für wichtige gesetzliche Fristen, die keine Notfristen sind.

- Mindestfrist von zwei Wochen für die Klageerwiderung
- zweimonatige Berufungs- und Revisionsbegründungsfrist
- Einlassungsfrist (Mindestfrist von zwei Wochen)
- Ladungsfristen (Mindestfrist von einer Woche in Anwaltsprozessen, in AG-Prozessen ohne Anwaltszwang drei Tage)
- Zweiwochenfrist für die Wiedereinsetzung in den vorigen Stand
- Jahresfrist im Zusammenhang mit der Wiedereinsetzung.

9. Das Urkundenverfahren

Der Urkundenprozess ist ein Verfahren, in dem auf schnellem Wege ein Titel erwirkt werden kann. Besondere Formen des Urkundenprozesses sind der Wechsel- und Scheckprozess, der in den §§ 592 - 605a ZPO geregelt ist.

9.1 Zuständigkeit

9.1.1 Örtliche Zuständigkeit

Es gilt der **allgemeine Gerichtsstand des Beklagten**, in Wechsel- und Scheckprozessen auch **das Gericht des Zahlungsortes**. Wechsel und Scheck können auch bei einem Dritten oder an einem anderen Ort zahlbar gestellt werden, bei einem Scheck nur, sofern der Dritte Bankier ist (Art. 1 Nr. 5, 2 Abs. 3 WG, Art. 1 Nr. 4, 8 ScheckG).

9.1.2 Sachliche Zuständigkeit

Maßgeblich ist die Höhe des Gegenstandswertes. Ist das Landgericht zuständig, so wird der Prozess

a) bei Wechsel- und Scheckklagen vor der Kammer für Handelssachen geführt (§ 95 GVG).

b) im gewöhnlichen Urkundenprozess (d. h. wenn andere Urkundenansprüche, z. B. aus einem Schuldanerkenntnis, eingeklagt werden sollen) vor der Zivilkammer geführt. In diesem Fall ist nur dann die Kammer für Handelssachen zuständig, wenn beide Parteien Kaufleute sind.

9.2 Besonderheiten

► Der Kläger muss in der Klage erklären, dass er im Urkundenprozess klagt („Wechselklage", „Scheckklage", „Klage im Urkundenprozess") (§ 593 ZPO).

► Der Anspruch muss sich auf eine bestimmte Geldsumme oder die Leistung vertretbarer Sachen oder Wertpapiere beziehen (§ 592 ZPO).

► Der **Kläger** muss seinen Anspruch durch **Urkunden** beweisen können und diese als Kopie der Klage oder einem Schriftsatz beifügen (§§ 592, 593 Abs. 2 ZPO).

► Bei allen anderen Tatsachen (Einreden des Klägers, Erwiderungen auf Einreden des Beklagten, die Echtheit oder Unechtheit einer Urkunde) sind nur **Urkunden** und **eidliche Parteivernehmung** als Beweismittel zulässig (§§ 595, 598 ZPO).

► Eine **Widerklage** ist im Urkundenprozess **nicht statthaft** (§ 595 Abs. 1 ZPO).

► Im Wechsel- und Scheckprozess gelten **kürzere Ladungsfristen** (§ 604 Abs. 2 ZPO).

Die Beweismittel sind eingeschränkt, da es sich um ein beschleunigtes Verfahren handelt.

Übrigens ist auch ein **Einigungsversuch vor einer Gütestelle** im Urkundenverfahren **nicht** erforderlich (§ 15a Abs. 2 Satz 1 Nr. 4 EGZPO).

9.3 Vorbehaltsurteil

Wenn der Kläger im Prozess gewonnen hat, der Beklagte aber dem Anspruch widersprochen hat, ergeht ein **Vorbehaltsurteil**. In ihm wird der Beklagte zur Zahlung verurteilt, doch ist ihm die Ausführung seiner Rechte im Nachverfahren vorbehalten. Das Vorbehaltsurteil ist ohne Sicherheitsleistung vollstreckbar (bei der Formulierung der Klage beachten!) (§§ 599, 708 Nr. 4 ZPO).

9.4 Nachverfahren

Das Nachverfahren bedeutet die Fortsetzung des Prozesses im ordentlichen Verfahren. Das Nachverfahren bleibt in derselben Instanz (§ 600 Abs. 1 ZPO).

Der Kläger kann auch, ohne dass es der Einwilligung des Beklagten bedarf, bis zum Schluss der mündlichen Verhandlung von dem Urkundenprozess **abstehen**. Der Rechtsstreit bleibt in diesem Fall wie beim Nachverfahren im ordentlichen Verfahren anhängig (§ 596 ZPO).

Der Kläger beantragt, das Vorbehaltsurteil für vorbehaltlos zu erklären und dem Beklagten die weiteren Kosten des Verfahrens aufzuerlegen. Der Beklagte beantragt, das Vorbehaltsurteil aufzuheben und die Klage abzuweisen.

9.5 Prüfungsfragen

1. **Wozu dient das Urkundenverfahren?**

   Es dient der Erlangung eines Titels auf schnellem Wege.

2. **Nennen Sie die besonderen Formen des Urkundenprozesses.**

   Der Wechsel- und Scheckprozess.

3. **Welches Gericht ist im Urkundenverfahren örtlich zuständig?**

   Der allgemeine Gerichtsstand des Beklagten, in Wechsel- und Scheckprozessen auch das Gericht des Zahlungsortes.

4. **Welche besonderen Voraussetzungen gelten in Bezug auf den Urkundenprozess?**

   ▸ Der Kläger muss erklären, dass er im Urkundenprozess klagt.

   ▸ Der Anspruch muss sich auf eine bestimmte Geldsumme oder die Leistung vertretbarer Sachen oder Wertpapiere beziehen.

   ▸ Der Kläger muss seinen Anspruch durch Urkunden beweisen können und diese als Kopie der Klage oder einem Schriftsatz beifügen.

5. Welche Beweismittel stehen den Parteien zur Verfügung?

Für die anspruchsbegründenden Tatsachen sind nur Urkunden, bei allen anderen Tatsachen nur Urkunden und die eidliche Parteivernehmung des Gegners als Beweismittel zulässig.

6. Welche weiteren Regelungen gelten im Wechsel- und Scheckprozess, um eine Beschleunigung des Verfahrens zu ermöglichen?

- ► Es gelten kürzere Ladungs- und Einlassungsfristen.
- ► Eine Widerklage ist ausgeschlossen.
- ► Auch ein Einigungsversuch vor einer Gütestelle ist nicht erforderlich.

7. Welches Urteil ergeht im Urkundenverfahren?

Ein Vorbehaltsurteil, wenn der Beklagte dem Anspruch widersprochen hat.

8. Wie kann der Beklagte seine Rechte geltend machen?

Durch Überleitung in das Nachverfahren mit fristlosem Antrag.

9. Welchen Antrag stellt der Kläger im Nachverfahren?

Das Vorbehaltsurteil für vorbehaltlos zu erklären und dem Beklagten die weiteren Kosten des Verfahrens aufzuerlegen.

10. Findet das Nachverfahren in der höheren Instanz statt?

Nein, der Urkundenprozess wird lediglich fortgesetzt, das Verfahren bleibt in derselben Instanz.

10. Das selbstständige Beweisverfahren

Von der Klageerhebung bis zum Beweisaufnahmetermin können aufgrund der Belastung der Gerichte Monate vergehen. Ist beispielsweise ein wichtiger Zeuge lebensbedrohlich verletzt oder erkrankt, muss seine Aussage vorab gesichert werden. Aus diesem Grund finden sich in den §§ 485 ff. ZPO die Regelungen über das selbstständige Beweisverfahren.

Dieses Verfahren ist nicht mehr auf die eigentliche Beweissicherung beschränkt, sondern kann auch mit dem Ziel durchgeführt werden, einen Rechtsstreit zu vermeiden. So kann das Gericht die Parteien zur mündlichen Erörterung laden, wenn eine Einigung zu erwarten ist, und einen Vergleich protokollieren.

10.1 Zulässigkeit

Das selbstständige Beweisverfahren während oder außerhalb eines Streitverfahrens ist zulässig, wenn

1. der Gegner **zustimmt** oder
2. zu befürchten ist, dass das **Beweismittel verloren geht** oder
3. dessen **Benutzung erschwert wird** (§ 485 Abs. 1 ZPO).

Das Gericht kann in diesen Fällen die Augenscheinseinnahme, die Vernehmung von Zeugen oder die Begutachtung durch einen Sachverständigen anordnen.

Ist ein Rechtsstreit noch nicht anhängig, kann eine Partei ein Sachverständigengutachten beantragen, wenn sie ein **rechtliches Interesse** daran hat, dass

1. der **Zustand einer Person** oder der Zustand oder **Wert einer Sache**,
2. die **Ursache** eines Personenschadens, Sachschadens oder Sachmangels oder
3. der **Aufwand** für die Beseitigung eines Personenschadens, Sachschadens oder Sachmangels

festgestellt wird (§ 485 Abs. 2 ZPO). Ein **rechtliches Interesse** ist anzunehmen, wenn mit der Beweiserhebung ein Rechtsstreit vermieden werden kann. Im Gegensatz zum früheren Recht muss der Verlust des Beweismittels also nicht drohen!

10.2 Zuständigkeit

Zuständig für den Antrag auf ein Beweisverfahren ist

1. das **Prozessgericht**, wenn der Rechtsstreit bereits **anhängig** ist (§ 486 Abs. 1 ZPO).

   Beispiel

   Mahler klagt gegen Berger vor dem LG in Düsseldorf. Nach Einreichung der Klage überlegt er, welches Gericht für ein selbstständiges Beweisverfahren zuständig ist. Dies ist das LG in Düsseldorf.

2. Falls noch **kein Rechtsstreit anhängig** ist:

   das Gericht, das **nach dem Vortrag des Antragstellers** zur Entscheidung in der Hauptsache **zuständig** ist. In dem nachfolgenden Streitverfahren kann sich dann jedoch der Antragsteller nicht mehr auf die Unzuständigkeit des Gerichts berufen, wohl aber der Antragsgegner (§ 486 Abs. 2 ZPO).

3. **In Fällen dringender Gefahr** kann der Antrag auch bei dem Amtsgericht gestellt werden, in dessen Bezirk sich die zu vernehmende oder zu begutachtende Person aufhält oder sich die beweiserhebliche Sache befindet (§ 486 Abs. 3 ZPO).

   Beispiel

   Der Verkäufer hat an den Käufer verderbliche Waren (Fisch) geliefert. Der Käufer macht vertragliche Mängelhaftungsansprüche vor dem LG in Düsseldorf geltend. Außerdem will er das selbstständige Beweisverfahren einleiten, damit noch rechtzeitig die Mangelhaftigkeit des gelieferten Fisches festgestellt werden kann. Der Fisch lagert in Berlin. Der Antrag kann beim AG in Berlin gestellt werden.

10.3 Form und Inhalt des Antrags

Der Antrag kann vor der Geschäftsstelle zu Protokoll erklärt werden (§ 486 ZPO), er unterliegt also keinem Anwaltszwang.

Der Antrag muss enthalten:

1. die **Bezeichnung des Gegners**
2. die **Tatsachen**, über die Beweis erhoben werden soll
3. die Angabe der **Beweismittel**
4. die Glaubhaftmachung der Tatsachen, nach denen das **selbstständige Beweisverfahren zulässig** und das angerufene **Gericht zuständig** sein sollen (§ 487 ZPO).

Entgegen dem früheren Recht müssen die Sachverständigen nicht mehr vom Antragsteller benannt werden, sie werden nach §§ 492, 404 ZPO vom Gericht ausgewählt und ernannt. Zweck: Die indirekte Einflussnahme auf das Ergebnis der Begutachtung durch die Auswahl des Sachverständigen soll vermieden werden. Gleichzeitig sollen die Ablehnungsanträge der gegnerischen Partei wegen Besorgnisses der Befangenheit reduziert werden.

10.4 Verfahren

Über den Antrag entscheidet das angerufene Gericht durch unanfechtbaren Beschluss. Das Gericht kann auch zur mündlichen Erörterung laden und einen Vergleich protokollieren, der einen Vollstreckungstitel i. S. v. § 794 Abs. 1 Nr. 1 ZPO darstellt (§§ 490, 492 Abs. 3 ZPO).

Der stattgebende Beschluss hat den Inhalt eines **Beweisbeschlusses**, der die Tatsachen, über die Beweis erhoben werden soll, und die Beweismittel einschließlich Zeugen und Sachverständigen enthält. Er ist unanfechtbar (§ 490 Abs. 3 ZPO). Wird der Antrag zurückgewiesen, kann der Antragsteller sofortige Beschwerde einlegen.

Der stattgebende Beweisbeschluss enthält **keine Kostenentscheidung**. Wer die Kosten des Beweissicherungsverfahrens zu tragen hat, richtet sich nach der Kostenentscheidung des Hauptsacheverfahrens. Entschließt sich der Antragsteller nach Durchführung der Beweisaufnahme, das Hauptsacheverfahren überhaupt nicht durchzuführen, da die Beweisaufnahme ungünstig für ihn verlaufen ist und er befürchten muss, einen Rechtsstreit zu verlieren, so hätte der Antragsgegner keinerlei Möglichkeit, die bei ihm im Rahmen des Beweissicherungsverfahrens entstandenen Kosten erstattet zu erhalten. Nach § 494a ZPO hat das Gericht nach der Beweisaufnahme auf Antrag anzuordnen, dass der Antragsteller binnen einer **bestimmten Frist Klage** zu erheben hat. Kommt der Antragsteller dieser Anordnung nicht nach, werden ihm die Kosten des Gegners durch Beschluss auferlegt (§ 494a ZPO).

Die Beweiserhebung im Rahmen des selbstständigen Beweisverfahrens steht einer **Beweisaufnahme** im Prozessgericht gleich, d. h. das Beweisergebnis wird i. d. R. vom Prozessgericht verwertet werden (§ 493 ZPO).

10.5 Prüfungsfragen

1. **Wann ist das selbstständige Beweisverfahren zulässig?**

   ► Wenn der Gegner zustimmt,

   ► wenn zu befürchten ist, dass das Beweismittel verloren geht oder

   ► wenn seine Benutzung erschwert wird.

   Bei einem nicht anhängigen Rechtsstreit kann ein Sachverständigengutachten auch bei einem rechtlichen Interesse beantragt werden.

2. Wann liegt ein solches rechtliches Interesse insbesondere vor?

Wenn auf diese Weise ein Rechtsstreit vermieden werden kann.

3. Welches Gericht ist für den Antrag zuständig?

- Das Prozessgericht, wenn der Rechtsstreit bereits anhängig ist.
- Falls noch kein Rechtsstreit anhängig ist, das Gericht, das nach dem Vortrag des Antragstellers zur Entscheidung in der Hauptsache berufen ware.
- In Fällen dringender Gefahr auch das Amtsgericht, in dessen Bezirk sich die zu vernehmende Person aufhält oder sich die beweiserhebliche Sache befindet.

4. Was muss der Antrag auf Einleitung des selbstständigen Beweisverfahrens enthalten?

Der Antrag muss

- die Bezeichnung des Gegners,
- die Angabe der Tatsachen, über die Beweis erhoben werden soll,
- der Beweismittel sowie
- die Glaubhaftmachung der Tatsachen, nach denen das selbstständige Beweisverfahren und das angerufene Gericht zulässig sein sollen

enthalten.

5. Wie wird im selbstständigen Beweisverfahren entschieden?

Durch Beschluss.

6. Welchen Inhalt hat ein stattgebender Beschluss?

Den Inhalt eines Beweisbeschlusses.

7. Ist der stattgebende Beschluss anfechtbar?

Nein, er ist nicht anfechtbar.

8. Ist ein den Antrag zurückweisender Beschluss anfechtbar?

Ja, durch Beschwerde.

9. Wer trägt die Kosten des Beweissicherungsverfahrens?

Das richtet sich nach der Kostenentscheidung des Hauptsacheverfahrens.

10. Wie erhält der Antragsgegner seine Kosten erstattet, wenn der Antragsteller kein Hauptsacheverfahren einleitet?

Er kann einen Antrag auf Fristsetzung zur Klageerhebung stellen. Nach fruchtlosem Ablauf der Frist werden dem Antragsteller die Kosten durch Beschluss auferlegt.

11. Das Arbeitsgerichtsverfahren

So wie der Zivilprozess in der ZPO geregelt ist, so ist der Arbeitsgerichtsprozess im Arbeitsgerichtsgesetz (ArbGG) geregelt. Dieses Verfahren enthält besondere Bestimmungen, die vor allem auf einen schnelleren Verlauf und auf eine geänderte, kompetente und dem sozialpolitischen Willen entsprechende Besetzung der Gerichte hinauslaufen.

11.1 Die Arbeitsgerichtsbarkeit

Die Gerichte der aus drei Instanzen bestehenden Arbeitsgerichtsbarkeit sind wie folgt besetzt:

1. **Das Arbeitsgericht** entscheidet durch **Kammern**. Sie bestehen aus einem Berufsrichter als Vorsitzendem und zwei ehrenamtlichen Richtern, und zwar je einem Vertreter der Arbeitnehmer und der Arbeitgeber.

2. **Die Landesarbeitsgerichte**, die ebenfalls durch Kammern entscheiden, sind wie die Arbeitsgerichte zusammengesetzt.

3. **Das Bundesarbeitsgericht** mit dem Sitz in Erfurt entscheidet durch **Senate**. Sie sind besetzt mit drei Berufsrichtern (Bundesrichter) und je einem ehrenamtlichen Richter aus Kreisen der Arbeitnehmer und der Arbeitgeber.

In der ersten Instanz können die Parteien den Prozess selbst führen (ausgenommen abgetretene Ansprüche, vgl. § 11 ArbGG) oder sich vertreten lassen. Anwaltsgebühren werden in der ersten Instanz nicht erstattet (vorherige Belehrung des Mandanten erforderlich!) (§ 12a ArbGG).

Grundsätzlich müssen sich die Parteien vor den Landesarbeitsgerichten und dem Bundesarbeitsgericht vertreten lassen. Vertreter der Arbeitgeber- oder der Arbeitnehmerverbände können die Prozessvertretung in der ersten und zweiten Instanz übernehmen, beim BAG durch einen Rechtsanwalt oder einen Verbandsvertreter, der die Befähigung zum Richteramt besitzt.

Zusammenfassung: Die Postulationsfähigkeit im Arbeitsgerichtsverfahren

Gericht	Postulationsfähigkeit
AG	1. ohne Prozessvertretung möglich 2. Vertretung durch Bevollmächtigte wie Arbeitgeber- und Arbeitnehmerverbände, Beschäftigte der Partei, volljährige Familienangehörige usw. (vgl. § 11 ArbGG) 3. durch RA (keine Erstattung der Kosten! Hinweispflicht!)
LAG	1. Vertretung durch Arbeitgeber- und Arbeitnehmerverbände 2. durch RA (Kostenerstattung möglich!)
BAG	1. durch RA 2. durch einen Verbandsvertreter, der die Befähigung zum Richteramt besitzt.

11.2 Verfahren

Folgende Verfahren sind in arbeitsrechtlichen Angelegenheiten zu unterscheiden:

- das **Urteilsverfahren** (§ 2 ArbGG); es wird durch eine Klage oder einen Mahnbescheid eingeleitet. Hierauf werden wir uns beschränken.

- Daneben gibt es aber noch das **Beschlussverfahren**. Es wird durch einen Antrag eingeleitet und mit einem gerichtlichen Beschluss beendet. Es findet Anwendung z. B. bei Ansprüchen nach dem Betriebsverfassungsgesetz, dem Sprecherausschussgesetz usw. (§ 2a ArbGG).

- Besteht zwischen den Tarifvertragsparteien ein Schiedsvertrag, in dem ein Schiedsgericht vereinbart wurde, kann über das Bestehen oder Nichtbestehen von Tarifverträgen ein **Schiedsverfahren** in Gang gesetzt werden (§§ 101 ff. ArbGG).

- Zur Beilegung von Streitigkeiten zwischen Ausbildenden und Auszubildenden können die zuständigen Kammern **Ausschüsse** i. S. d. BBiG einrichten, in denen die Parteien mündlich zu hören sind. Erst nach dem Spruch des Ausschusses darf dann das Arbeitsgericht angerufen werden (§ 111 Abs. 2 ArbGG).

Die Arbeitsgerichte sind ausschließlich zuständig für Rechtsstreitigkeiten zwischen Arbeitnehmern und Arbeitgebern, und zwar

1. bei bürgerlichen Rechtsstreitigkeiten aus dem **Arbeitsverhältnis** einschließlich des Bestehens oder Nichtbestehens eines Arbeitsverhältnisses,

2. bei bürgerlichen Rechtsstreitigkeiten aus **unerlaubten Handlungen**, soweit sie **im Zusammenhang mit einem Arbeitsverhältnis** stehen, und

3. bei Rechtsstreitigkeiten zwischen **Tarifvertragsparteien**.

Vgl. im Einzelnen die sehr detaillierten Regelungen des § 2 ArbGG.

11.3 Besonderheiten

Zwar gelten im Arbeitsgerichtsprozess dieselben Verfahrensgrundsätze wie im Zivilprozess, doch bestehen einige Besonderheiten, die auf dem in der Arbeitsgerichtsbarkeit bestehenden Beschleunigungsgrundsatz beruhen (§ 46 Abs. 2 ArbGG).

11.3.1 Beschleunigungsgrundsatz

Das Dienst- oder Arbeitsverhältnis bildet die wirtschaftliche Basis des Arbeitnehmers und seiner Familie. Hier muss schnell entschieden werden, denn es geht für den Arbeitnehmer oft um die berufliche Perspektive, die wirtschaftliche und soziale Existenz. Aus diesem Grund hat der Gesetzgeber zahlreiche Regelungen geschaffen, die auf eine Beschleunigung des Arbeitsgerichtsverfahrens hinzielen.

Auswirkungen des Beschleunigungsgrundsatzes:

1. Die **Einlassungsfrist** ist auf eine Woche abgekürzt (§ 47 ArbGG).

2. Der Rechtsstreit soll möglichst **in einem Termin erledigt** werden.

3. Es gibt nach § 46 Abs. 2 ArbGG **kein** (das Verfahren hinausschiebendes) **schriftliches Vorverfahren** wie bei der ordentlichen Gerichtsbarkeit.

4. Auch findet in der Zeit vom 01.07. bis 31.08. **keine Verlegung des Termins** statt.

Weitere Beschleunigungsregelungen ergeben sich aus den nachfolgenden Ausführungen.

11.3.2 Gütetermin

Vor der streitigen Verhandlung soll in einem Gütetermin vor dem Vorsitzenden der Kammer versucht werden, den Rechtsstreit einvernehmlich beizulegen. Erscheint eine Partei nicht, so kann die andere ein Versäumnisurteil beantragen. Das erscheint eigentlich systemwidrig, da der Gütetermin an sich kein Verhandlungstermin ist. Durch die Möglichkeit des VU wird aber prozessualer Druck auf die Parteien ausgeübt, zu diesem Termin auch wirklich zu erscheinen – wie sollte sonst eine gütliche Regelung herbeigeführt werden?

11.3.3 Urteil

Grundsätzlich ist das Urteil **sofort** im Termin zu verkünden, spätestens aber **drei Wochen** nach diesem Termin, dies aber nur, wenn die Verkündung aus besonderen Gründen nicht möglich ist. Ein über diese Dreiwochenfrist hinausgehender Termin ist nur zulässig, wenn wichtige Gründe (z. B. Umfang und Schwierigkeit der Sache) dies erfordern. Die Zustellung erfolgt von Amts wegen. Das Urteil enthält eine Rechtsmittelbelehrung (§ 60 ArbGG).

11.3.4 Rechtsmittel

Die Berufung an das Landesarbeitsgericht ist zulässig (§ 64 ArbGG):

1. wenn das Arbeitsgericht die Berufung **zugelassen** hat,

2. bei einem Beschwerdewert von über **600 €**,

3. in Rechtsstreitigkeiten über das Bestehen, das Nichtbestehen oder die **Kündigung** eines Arbeitsverhältnisses oder

4. gegen ein **Versäumnisurteil**, wenn die Berufung darauf gestützt wird, dass der Fall schuldhafter Versäumung nicht vorgelegen habe.

Die **Berufungsfrist** beträgt **einen Monat**, die **Berufungsbegründungsfrist zwei Monate**. Beide Fristen beginnen mit der **Zustellung des in vollständiger Form abgefassten Ur-**

teils, spätestens aber mit Ablauf von **fünf Monaten nach der Verkündung** (§ 66 Abs. 1 ArbGG).

Eine **Revision** ist nur möglich, wenn sie zugelassen wurde. Dies ist insbesondere dann der Fall, wenn die Rechtssache grundsätzliche Bedeutung hat. Für die Revisions- und Revisionsbegründungsfrist gilt ebenfalls wie für die Berufung die Monats- bzw. Zweimonatsfrist (§ 72 ArbGG).

11.3.5 Versäumnisurteil

Gegen ein Versäumnisurteil im Arbeitsgerichtsverfahren ist der **Einspruch** zulässig, der binnen einer **Notfrist von einer Woche**, gerechnet ab Zustellung, eingelegt sein muss (§ 59 ArbGG).

11.3.6 Mahnbescheid

Prüfungsfalle: Zuständig für den Erlass eines Mahnbescheids im Arbeitsgerichtsverfahren ist nicht das Gericht des Antragstellers, sondern das Arbeitsgericht, bei dem eine **Klage** örtlich erhoben werden müsste.

Die **Widerspruchsfrist** (§ 46a Abs. 3 ArbGG) und **Einspruchsfrist** (analog § 59 ArbGG) betragen lediglich **eine Woche**.

11.4 Prüfungsfragen

1. **Nennen Sie die Gerichte der Arbeitsgerichtsbarkeit.**

   Arbeitsgericht, Landesarbeitsgericht, Bundesarbeitsgericht

2. **Wo hat das Bundesarbeitsgericht seinen Sitz?**

   In Erfurt.

3. **Für welche Rechtsstreitigkeiten sind die Arbeitsgerichte ausschließlich zuständig?**

   ▶ Vor allem für bürgerliche Rechtsstreitigkeiten zwischen Arbeitnehmern und Arbeitgebern aus dem Arbeitsverhältnis, einschließlich über das Bestehen oder Nichtbestehen des Arbeitsverhältnisses

   ▶ für bürgerliche Rechtsstreitigkeiten aus unerlaubten Handlungen, die im Zusammenhang mit einem Arbeitsverhältnis stehen

   ▶ für Rechtsstreitigkeiten zwischen Tarifvertragsparteien usw., vgl. § 2 ArbGG.

4. **In welchen Instanzen können sich die Parteien durch Vertreter der Arbeitnehmer- und Arbeitgeberorganisationen im Prozess vertreten lassen?**

   In der ersten und zweiten Instanz, vor dem Bundesarbeitsgericht ebenfalls, allerdings nur durch einen Verbandsvertreter, der die Befähigung zum Richteramt besitzt.

5. Welche Besonderheit gilt hinsichtlich der Rechtsanwaltsgebühren in der ersten Instanz?

Sie werden nicht erstattet. Eine vorherige Belehrung ist erforderlich.

6. Welcher Grundsatz gilt im Arbeitsgerichtsverfahren besonders?

Der Beschleunigungsgrundsatz.

7. Wie wirkt sich der Beschleunigungsgrundsatz auf das Arbeitsgerichtsverfahren beispielsweise aus?

- ► Die Einlassungsfrist beträgt lediglich eine Woche.
- ► Der Rechtsstreit soll in einem Termin zu Ende geführt werden.
- ► Es besteht kein schriftliches Vorverfahren.
- ► In der Zeit vom 01.07. bis 31.08. findet keine Verlegung des Termins statt.
- ► Grundsätzlich ist das Urteil sofort im Termin zu verkünden, spätestens aber drei Wochen danach.
- ► Die Fristen für den Einspruch gegen ein VU, für den Widerspruch und für den Einspruch im arbeitsgerichtlichen Mahnverfahren betragen eine Woche.

8. Welche weitere Besonderheit gilt bezüglich des Termins?

Der streitigen mündlichen Verhandlung ist ein Gütetermin vorgeschaltet.

9. Vor wem findet der Gütetermin statt?

Vor dem Vorsitzenden.

10. Wie sind besetzt

    a) die Arbeitsgerichte?

    b) die Landesarbeitsgerichte?

    c) das Bundesarbeitsgericht?

    a) mit einem Berufsrichter und zwei ehrenamtlichen Richtern

    b) mit einem Berufsrichter und zwei ehrenamtlichen Richtern

    c) mit drei Berufsrichtern (Bundesrichtern) und zwei ehrenamtlichen Richtern

11. Welche Besonderheiten gelten in Bezug auf ein Urteil im Arbeitsgerichtsprozess?

- ► Das Urteil muss grundsätzlich in dem Termin verkündet werden, aufgrund dessen es erlassen wird, spätestens drei Wochen danach.
- ► Das Urteil wird von Amts wegen durch die Geschäftsstelle zugestellt.
- ► Das Urteil enthält eine Rechtsmittelbelehrung.

12. Welcher Rechtsbehelf ist gegen ein Versäumnisurteil im Arbeitsgerichtsverfahren zulässig?

Der Einspruch.

13. Binnen welcher Frist kann dieses Rechtsmittel eingelegt werden?

Binnen einer Notfrist von einer Woche ab Zustellung.

14. Wann ist eine Berufung im Arbeitsgerichtsverfahren zulässig?

- ► Wenn die Berufung ausdrücklich zugelassen ist
- ► wenn der Beschwerdewert 600 € übersteigt
- ► in Rechtsstreitigkeiten über das Bestehen, das Nichtbestehen oder die Kündigung eines Arbeitsverhältnisses
- ► gegen ein Versäumnisurteil, wenn der Fall schuldhafter Versäumung nicht vorgelegen hat.

15. Welche Fristen gelten bezüglich der Berufung und Berufungsbegründung?

- ► Die Berufungsfrist beträgt einen Monat
- ► die Berufungsbegründungsfrist beträgt zwei Monate.

16. Welche Fristen gelten bezüglich der Revision und der Revisionsbegründung?

- ► Revisionsfrist einen Monat
- ► Revisionsbegründungsfrist zwei Monate.

17. Wann beginnen diese Fristen?

Beide Fristen beginnen mit der Zustellung des in vollständiger Form abgefassten Urteils, spätestens aber mit Ablauf von fünf Monaten nach der Verkündung.

18. Wann ist eine Revision im Arbeitsgerichtsverfahren zulässig?

Insbesondere bei Rechtssachen von grundsätzlicher Bedeutung (ausdrückliche Zulassung erforderlich).

19. Welches Gericht ist im arbeitsgerichtlichen Mahnverfahren sachlich und örtlich zuständig?

Sachlich: das Arbeitsgericht.

Örtlich: welches bei einer Klage zuständig sein würde.

20. Welcher Rechtsbehelf ist gegen einen Mahnbescheid vor den Gerichten für Arbeitssachen möglich?

Der Widerspruch.

21. Binnen welcher Frist kann dieser Rechtsbehelf eingelegt werden?

Binnen einer Woche.

22. Welcher Rechtsbehelf kann gegen einen arbeitsgerichtlichen Vollstreckungsbescheid eingelegt werden? Binnen welcher Frist?

Der Einspruch binnen einer Woche.

12. Kostenfestsetzungsverfahren

Die dem Rechtsanwalt entstandenen Kosten muss irgendeine Partei letztendlich zahlen – doch in welcher Höhe sind sie entstanden? Die Gerichte haben als unabhängige Instanzen die Möglichkeit, die Höhe der begehrten Kosten zu überprüfen – und sie auch in einem Beschluss zu titulieren, damit sie notfalls auch gegen den Willen des Schuldners durchgesetzt werden können.

12.1 Der Kostenfestsetzungsantrag

Die Festsetzung der Kosten im Urteil oder Beschluss ergeht stets nur **dem Grunde** nach („Der Beklagte hat die Kosten zu tragen"). Die **Höhe** der Kosten wird im Kostenfestsetzungsverfahren/Vergütungsfestsetzungsverfahren ermittelt, das durch den **Kostenfestsetzungsantrag** eingeleitet wird (§§ 103 ff. ZPO).

Voraussetzung ist eine **Kostenentscheidung** (§ 103 Abs. 1 ZPO), auch muss die Vergütung **fällig** sein (§ 11 Abs. 2 Satz 1 RVG). Zur Fälligkeit siehe § 8 RVG.

Zuständig für diesen Antrag ist das **Prozessgericht erster Instanz**, für das bei der ordentlichen Gerichtsbarkeit der **Rechtspfleger** die Vergütung des Rechtsanwalts durch **Kostenfestsetzungsbeschluss** festsetzt. In Verfahren der Verwaltungs-, Finanz- und Sozialgerichtsbarkeit nimmt diese Aufgaben der **Urkundsbeamte der Geschäftsstelle** (§ 11 Abs. 3 RVG) wahr. Erforderlich ist die Erstellung einer genauen Kostenberechnung. Dabei entstehen weder Gerichts- noch Anwaltsgebühren (§ 104 Abs. 1 ZPO, § 21 RPflG, § 11 RVG).

Auf Antrag ist auszusprechen, dass die festgesetzten Kosten **vom Eingang des Festsetzungsantrags** an mit **fünf Prozentpunkten über dem Basiszinssatz nach § 247 BGB** zu verzinsen sind. Hat die Partei vor der **Verkündung** des Urteils bereits ihre Kostenrechnung eingereicht, sind die Kosten von diesem Zeitpunkt an zu verzinsen (§ 104 Abs. 1, § 105 Abs. 1 ZPO, § 247 BGB).

Die Zustellung des KFB erfolgt gem. § 104 Abs. 1 Satz 3 ZPO

- ▶ an den **Kostenschuldner von Amts wegen** unter Beifügung einer Abschrift der Kostenrechnung,
- ▶ an den **Antragsteller formlos**, wenn dem Antrag voll entsprochen wurde oder
- ▶ von **Amts wegen**, wenn der Antrag ganz oder teilweise zurückgewiesen wurde.

Die Zwangsvollstreckung aus einem KFB darf frühestens **zwei Wochen nach Zustellung** des KFB beginnen **(Wartefrist)** (§ 798 ZPO).

Sind die Kosten nach **Quoten** verteilt, erfolgt eine **Kostenausgleichung**. Bei einem Kostenfestsetzungsantrag der einen Partei wird die andere vom Gericht aufgefordert, ihre Kostenrechnung **binnen einer Woche** einzureichen (§ 106 Abs. 1 ZPO).

12.2 Rechtsmittel/Rechtsbehelf

Zulässiges Rechtsmittel gegen den KFB ist bei einem **Beschwerdewert bis 200 €** die **Erinnerung**, die binnen einer **Notfrist von zwei Wochen** ab Zustellung des KFB bei dem Prozessgericht eingelegt werden kann (§ 11 Abs. 2 Satz 1 RPflG, § 567 ZPO).

Der Rechtspfleger kann der Erinnerung **abhelfen** (§ 11 Abs. 2 Satz 2 RPflG), d. h. er kann seinen Festsetzungsbeschluss entsprechend dem Antrag des Erinnerungsführers selbst ändern.

Beträgt der Gegenstandswert **mehr als 200 €**, so kann der Gegner **sofortige Beschwerde** binnen einer **Notfrist von zwei Wochen** einlegen (§ 104 Abs. 3, § 567 Abs. 2 ZPO).

Die sofortige Beschwerde wird beim Prozessgericht erster Instanz oder auch beim Beschwerdegericht eingelegt.

12.3 Die vereinfachte Kostenfestsetzung

Bei der vereinfachten Kostenfestsetzung werden die Kosten auf dem Titel und den Ausfertigungen festgesetzt. Anträge auf vereinfachte Kostenfestsetzung werden häufig bei Versäumnisurteilen oder Anerkenntnisurteilen gestellt.

Voraussetzung ist, dass bei Eingang des Antrags eine Ausfertigung des Urteils noch nicht erteilt ist und eine Verzögerung der Ausfertigung nicht eintritt. Hat die Partei vor der Verkündung des Urteils die Berechnung ihrer Kosten eingereicht, bedarf es eines Festsetzungsantrages nicht. Die Abschrift der Kostenberechnung ist in diesem Fall von Amts wegen anzufertigen und dem Gegner mitzuteilen (§ 105 ZPO).

12.4 Die Kostenfestsetzung gegen die eigene Partei

Einem Rechtsanwalt stehen zwei Möglichkeiten zur Verfügung, die ihm zustehenden Ansprüche zwangsweise durchzusetzen, nämlich

▸ die **Kostenfestsetzung** gegen die eigene Partei nach **§ 11 RVG** oder

▸ die **Gebührenklage** bzw. der **Gebührenmahnbescheid**.

Beide Möglichkeiten schließen einander aus, d. h. eine Gebührenklage ist nicht zulässig, wenn die Kostenfestsetzung nach **§ 11 RVG** möglich ist.

Eine Kostenfestsetzung gegen die eigene Partei gem. § 11 RVG ist zulässig

▸ wenn es sich um Gebühren im Rahmen eines **gerichtlichen Verfahrens** handelt

  Beispiel: Der Rechtsanwalt war als Prozessbevollmächtigter oder Terminsanwalt tätig.

▸ wenn eine **gesetzliche Vergütung** geltend gemacht wird einschließlich der verauslagten Gerichtskosten (Gegensatz: Honorarvereinbarung).

Die Festsetzung ist auch bei Rahmengebühren zulässig, wenn lediglich die Mindestgebühren geltend gemacht werden oder der Auftraggeber der Höhe der Gebühren ausdrücklich zugestimmt hat.

Zuständig ist das **Prozessgericht erster Instanz**. Liegen die Voraussetzungen für eine Kostenfestsetzung gem. **§ 11 RVG** vor, so ist eine Klage unzulässig, da es am Rechtsschutzinteresse fehlt. Die Kostenfestsetzung gem. **§ 11 RVG** ist der einfachere und schnellere Weg.

12.5 Die Gebührenklage

Ist eine Kostenfestsetzung nach § 11 RVG nicht zulässig, muss (Gebühren-)Klage erhoben oder ein gerichtliches Mahnverfahren eingeleitet werden. Für solche Gebührenklagen ist das **Prozessgericht erster Instanz des Hauptprozesses** örtlich und sachlich zuständig (§ 34 ZPO).

12.6 Prüfungsfragen

1. **Welches sind die Voraussetzungen für das Kostenfestsetzungsverfahren?**

   Eine Kostenentscheidung und die Fälligkeit der Vergütung.

2. **Wo wird der Antrag auf Kostenfestsetzung gestellt?**

   Beim Prozessgericht erster Instanz.

3. **Wer bearbeitet den Antrag?**

   Bei den ordentlichen Gerichten der Rechtspfleger, in den anderen Gerichtszweigen der Urkundsbeamte der Geschäftsstelle.

4. **Wie erfolgt die Zustellung des Kostenfestsetzungsbeschlusses an den Kostenschuldner?**

   Von Amts wegen.

5. **Wie erhält der Antragsteller (Kostengläubiger) die vollstreckbare Ausfertigung, wenn dem Antrag voll entsprochen wurde?**

   Formlos.

6. **Wann wird sie ihm aber auch zugestellt?**

   Wenn dem Antrag nicht voll entsprochen wurde.

7. **Wann kann frühestens die Vollstreckung des Kostenfestsetzungsbeschlusses betrieben werden?**

   Nach Ablauf von zwei Wochen seit Zustellung des Beschlusses.

8. **Welchen Rechtsbehelf gibt es gegen den Kostenfestsetzungsbeschluss?**

   Die Erinnerung oder die sofortige Beschwerde.

9. Welche Beschwer gilt?

- ▸ Bei einem Gegenstandswert bis 200 € die Erinnerung
- ▸ bei einem Gegenstandswert darüber die sofortige Beschwerde.

10. Innerhalb welcher Frist muss der Rechtsbehelf eingelegt werden?

Für beide Rechtsbehelfe gilt die Notfrist von zwei Wochen ab Zustellung.

11. Nehmen Sie an, nach eingelegter Erinnerung erkennt der Rechtspfleger, dass er sich in seinem Beschluss geirrt hat. Wie wird er sich verhalten?

Er wird der Erinnerung abhelfen, d. h. er wird seinen Beschluss ändern.

12. Wie geht das Verfahren weiter, wenn der Rechtspfleger der Erinnerung nicht abhelfen will?

Er wird die Sache dem Richter zur Entscheidung vorlegen. Dieser entscheidet dann endgültig.

13. Bei welchem Gericht wird die Erinnerung eingereicht?

Beim (erstinstanzlichen) Prozessgericht.

14. Wo wird die sofortige Beschwerde eingereicht?

Beim (erstinstanzlichen) Prozessgericht oder auch beim (nächsthöheren) Beschwerdegericht.

15. Was ist eine „vereinfachte Kostenfestsetzung"?

Wenn die Kosten auf dem Titel und den Ausfertigungen festgesetzt werden.

16. Wann ist die Kostenfestsetzung gem. § 11 RVG zulässig?

z. B.

- ▸ Wenn es sich um Gebühren im Rahmen eines gerichtlichen Verfahrens handelt
- ▸ wenn die gesetzlichen Gebühren geltend gemacht werden (keine Honorarvereinbarungen)
- ▸ wenn bei Rahmengebühren nur die Mindestgebühr abgerechnet wird oder der Auftraggeber der Höhe der Gebühren ausdrücklich zugestimmt hat.

17. Welches Gericht ist für die Kostenfestsetzung gegen die eigene Partei gem. § 11 RVG zuständig?

Das Prozessgericht erster Instanz des Hauptprozesses.

18. Könnte stattdessen auch Klage eingereicht werden?

Nein, eine Klage ist neben der Möglichkeit des § 11 RVG nicht zulässig.

19. Warum?

Es fehlt am Rechtsschutzinteresse, weil die Kostenfestsetzung gem. § 11 RVG der einfachere und schnellere Weg ist.

20. Wann ist eine Gebührenklage zulässig?

Wenn eine Festsetzung nach § 11 RVG unzulässig ist.

21. Nennen Sie Beispiele, wann eine Gebührenklage erhoben werden kann.

- ▸ Wenn sich die Tätigkeit des Rechtsanwalts auf die Prozessvorbereitung oder auf Einzeltätigkeiten beschränkt
- ▸ wenn Gebühren aus Honorarvereinbarungen berechnet werden
- ▸ wenn mehr als die Mindestgebühr einer Rahmengebühr abgerechnet wird und eine Zustimmung der Auftraggeber nicht vorliegt.

22. Steht dem Rechtsanwalt außer der Gebührenklage noch eine weitere Möglichkeit zu, die ihm zustehenden Gebühren einzutreiben?

Der Antrag auf Erlass eines Mahnbescheids.

23. Ein Rechtsanwalt vertritt seinen Mandanten im Klageverfahren. Es werden die üblichen Regelgebühren abgerechnet. Der Prozess geht verloren. Wie kann der RA zwangsweise seine Kosten gegenüber dem Mandanten durchsetzen?

Durch Kostenfestsetzung gem. § 11 RVG.

13. Das Strafverfahren

Das **Strafverfahrensrecht** ist in der **Strafprozessordnung** (StPO) und dem **Gerichtsverfassungsgesetz** (GVG) geregelt. Wird das Strafverfahren bis zum Ende durchgeführt, durchläuft es vier Abschnitte: das Ermittlungsverfahren, das Zwischenverfahren, das Hauptverfahren und das Strafvollstreckungsverfahren.

13.1 Das Ermittlungsverfahren

Das Ermittlungsverfahren wird von der **Staatsanwaltschaft** durchgeführt, die sich der Hilfe der **Polizei** sowie des **Richters** beim Amtsgericht bedient. Im Ermittlungsverfahren soll festgestellt werden, ob ein genügender Anhaltspunkt (hinreichender Tatverdacht) dafür besteht, dass der Beschuldigte eine bestimmte strafbare Handlung begangen hat und seine Überführung möglich ist.

Offizialdelikte sind Delikte, die von Amts wegen verfolgt werden, während **Antragsdelikte** nur auf einen **Strafantrag** des Verletzten oder sonstiger Personen, wie z. B. des Ehegatten, von Verwandten, Kindern etc. verfolgt werden. Ergeben die Ermittlungen genügende Anhaltspunkte dafür, dass der Beschuldigte die ihm zur Last gelegte strafbare Handlung begangen hat, und scheint seine Überführung möglich, so erhebt die StA **Anklage beim zuständigen Gericht** durch Einreichung der Anklageschrift oder sie beantragt einen **Strafbefehl** bei leichteren und klar liegenden Delikten. Andernfalls verfügt sie die **Einstellung des Verfahrens** (§ 170 Abs. 1, § 170 Abs. 2, § 407 StPO).

13.2 Das Zwischenverfahren

Das Zwischenverfahren wird durch die Einreichung der Anklageschrift eingeleitet. Das Gericht überprüft, ob und mit welchen Änderungen der Anklageschrift das Hauptverfahren zu eröffnen ist. Ist das Gericht der Überzeugung, dass der Angeschuldigte der Tat hinreichend verdächtig ist, beschließt es die **Eröffnung des Hauptverfahrens** durch Beschluss. Andernfalls lehnt es – ebenfalls durch Beschluss – die Eröffnung ab (§ 203 StPO).

13.3 Das Hauptverfahren

Das Hauptverfahren beginnt mit Erlass des Eröffnungsbeschlusses, und es wird die **Hauptverhandlung vorbereitet**, d. h. der Termin wird anberaumt, die Prozessbeteiligten werden geladen und eventuell weitere Beweismittel besorgt. Grundsätzlich ist die **Hauptverhandlung öffentlich** und nur **in Anwesenheit des Angeklagten** durchzuführen. **Richter**, **Schöffen**, **Staatsanwalt** und **Verteidiger** (sofern ein Fall der notwendigen Verteidigung vorliegt) müssen **ununterbrochen** anwesend sein. Erscheint der Angeklagte nicht zur Hauptverhandlung, so wird der Richter die Vorführung anordnen oder einen Haftbefehl erlassen (§§ 226, 231 StPO).

Die Hauptverhandlung verläuft wie folgt:

- ► Eröffnung der Hauptverhandlung und Feststellung der Anwesenheit der zur Urteilsfindung berufenen Personen, der Staatsanwaltschaft und eines Urkundsbeamten der Geschäftsstelle
- ► Belehrung der Zeugen, die anschließend den Sitzungssaal verlassen
- ► Vernehmung des Angeklagten zur Person und Feststellung der Verhandlungsfähigkeit
- ► Verlesung des Anklagesatzes durch den Staatsanwalt
- ► Vernehmung des Angeklagten zur Sache, der darauf hingewiesen werden muss, dass es ihm freisteht, sich zur Sache zu äußern
- ► Beweisaufnahme
- ► Schlussvorträge; der Angeklagte hat das letzte Wort
- ► Beratung und Verkündung des Urteils sowie eine Rechtsmittelbelehrung
- ► Eventuell wird ein Bewährungsbeschluss verkündet, oder es erfolgt eine Belehrung über die Strafaussetzung zur Bewährung oder auch ein Fahrverbot; in Haftsachen folgt die Entscheidung über die Fortdauer der Untersuchungshaft und ggf. erfolgt eine Entscheidung über eine Strafentschädigung.

Die **Öffentlichkeit** kann für die Hauptverhandlung oder einen Teil davon, z. B. zum Schutz der Privatsphäre eines Prozessbeteiligten, Zeugen etc. oder wegen Gefährdung, **ausgeschlossen** werden. Die Urteilsverkündung ist aber immer öffentlich. Das Urteil ergeht im Namen des Volkes und enthält das Rubrum, den Tenor, die Paragrafenliste und die Urteilsgründe. Innerhalb und außerhalb der Hauptverhandlung kann das Gericht das **Verfahren** mit Zustimmung bzw. auf Antrag der Staatsanwaltschaft z. B. wegen Geringfügigkeit oder nach Erfüllung von Auflagen **einstellen** (§§ 170 ff. GVG, §§ 153, 153a StPO).

Gegen das Urteil können der Angeklagte (sofern er beschwert ist) und die Staatsanwaltschaft entweder **Berufung** oder **Revision** einlegen, und zwar innerhalb **einer Woche** ab Verkündung bzw. Zustellung des Urteils. Nach Urteilsverkündung erfolgt die Rechtsmittelbelehrung. Bei der Berufung, die nur gegen Urteile des Amtsgerichts möglich ist, wird die Angelegenheit in tatsächlicher und in rechtlicher Hinsicht erneut überprüft. Bei der Revision findet eine Überprüfung nur in rechtlicher Hinsicht statt (§§ 314, 341 StPO).

13.4 Das Strafvollstreckungsverfahren

Die Durchsetzung der rechtskräftigen Verurteilung erfolgt durch die **Staatsanwaltschaft als Vollstreckungsbehörde**. Voraussetzung für die Strafvollstreckung ist die Rechtskraft des Strafurteils. Sind Geldstrafen einzutreiben, geschieht dies nach der Justizbeitreibungsordnung. Ist eine Freiheitsstrafe zu vollstrecken, erfolgt die Vollstreckung nach dem Strafvollzugsgesetz.

13.5 Besondere Verfahrensarten

13.5.1 Das Strafbefehlsverfahren

Das Strafbefehlsverfahren ist ein schriftliches Verfahren vor dem Amtsgericht zur schnelleren Bewältigung kleinerer Kriminalität und ermöglicht eine einseitige Straffestsetzung ohne Hauptverhandlung und Urteil. Es handelt sich um eine **vorläufige Entscheidung**. Der Angeklagte kann sie durch Nichtanfechtung rechtskräftig werden lassen, aber stets durch rechtzeitige Einspruchseinlegung innerhalb von **zwei Wochen** nach Zustellung die Durchführung der Hauptverhandlung erzwingen (§ 410 Abs. 1 und 3 StPO).

Voraussetzung ist, dass nur bestimmte Rechtsfolgen wie z. B. Geldstrafe, Fahrverbot, Entziehung der Fahrerlaubnis von nicht mehr als zwei Jahren oder eine Bewährungsstrafe bis zu einem Jahr (nur dann, wenn der Angeschuldigte einen Verteidiger hat) in Betracht kommen (§ 407 Abs. 2 StPO).

Die **Staatsanwaltschaft** stellt beim Amtsgericht einen **schriftlichen Antrag auf Erlass eines Strafbefehls**. Der Richter wird den Strafbefehl erlassen, wenn dem Erlass des Strafbefehls keine Bedenken entgegenstehen. Er wird einen **Haupttermin anberaumen**, wenn er **Bedenken hat, ohne Hauptverhandlung zu entscheiden oder er eine andere als die beantragte Strafe festsetzen will**. Der Richter wird aber zunächst versuchen, eine Einigung mit der StA herbeizuführen. Hält sie seine Änderungsvorschläge für berechtigt, so stellt sie einen neuen, abgeänderten Strafbefehlsantrag. Der Richter wird den **Strafbefehlantrag zurückweisen**, wenn er den Angeschuldigten für nicht hinreichend verdächtig erachtet (§ 408 Abs. 2 StPO).

Nach **rechtzeitigem Einspruch** kann das Gericht bei einem auf die Höhe der Tagessätze einer festgesetzten Geldstrafe beschränkten Einspruch **ohne Hauptverhandlung durch Beschluss entscheiden** (§ 411 Abs. 1 StPO).

Für die **Hauptverhandlung** gelten die allgemeinen Vorschriften der §§ 213 ff. StPO. Der Strafbefehlsantrag ersetzt die Anklage, der Strafbefehl übernimmt die Funktion des Eröffnungsbeschlusses. In der Hauptverhandlung gilt das **vereinfachte Beweisaufnahmeverfahren**, d. h. dass mit Einverständnis des Angeklagten, des Verteidigers und des Staatsanwaltes die Vernehmung eines Zeugen, Sachverständigen oder Mitbeschuldigten durch Verlesung von Niederschriften über eine frühere Vernehmung oder durch eine schriftliche Äußerung der Beweisperson ersetzt werden dürfen (§ 420 StPO). Der Angeklagte kann sich in der Hauptverhandlung durch einen mit schriftlicher Vollmacht versehenen Verteidiger vertreten lassen (§ 411 Abs. 2 StPO). Bei **unentschuldigtem Ausbleiben des Angeklagten und seines Verteidigers** in der auf seinen Einspruch hin anberaumten Hauptverhandlung wird der Einspruch durch **Urteil verworfen** (§§ 412, 329 StPO).

Das Verbot der Schlechterstellung, wie im Berufungs- oder Revisionsverfahren, **gilt nicht**. Das Gericht kann nicht nur den Schuldspruch ändern, sondern auch ohne vorherigen Hinweis an den Angeklagten die Freiheitsstrafe oder die Geldstrafe erhöhen und Nebenfolgen festsetzen, die in dem Strafbefehl nicht enthalten waren. Auch der Wegfall der im Strafbefehl angeordneten Strafaussetzung zur Bewährung ist zulässig (§§ 331, 358 Abs. 2, § 411 Abs. 4 StPO).

13.5.2 Die Privatklage

Die Privatklage ist ein Verfahren, in dem an Stelle des Staatsanwalts eine Privatperson als Ankläger auftritt. Es handelt sich hierbei um Delikte, für deren Verfolgung grundsätzlich **kein öffentliches** Interesse besteht, z. B. bei Hausfriedensbruch, Beleidigung, übler Nachrede, Körperverletzung etc. Diese Delikte betreffen nur das **Verhältnis zwischen Täter und Opfer**, jedoch nicht die Allgemeinheit. Die Strafverfolgung wird dem Verletzten überlassen (§ 374 StPO). Bei bestimmten Delikten, wie z. B. bei Hausfriedensbruch oder Beleidigung, muss zunächst ein **Sühneversuch vor dem Schiedsmann** unternommen worden sein (§ 380 StPO).

Die Privatklage wird durch **Einreichung einer Anklageschrift** oder die Erklärung der Klage zu Protokoll der Geschäftsstelle erhoben. Das Gericht lässt sodann die Klage dem Beschuldigten unter Bestimmung einer Frist zur Erklärung zustellen. Nach Ablauf der Frist oder Eingang der Erklärung entscheidet das Gericht darüber, ob das **Hauptverfahren eröffnet** und ein Termin bestimmt oder die **Klage zurückgewiesen** wird. Stellt das Gericht fest, dass die Schuld des Täters gering ist, wird es das Verfahren **einstellen** (§ 383 StPO).

Der Beschuldigte kann **Widerklage** erheben, wenn dieser von dem Verletzten ebenfalls verletzt wurde, dies im Wege der Privatklage verfolgt werden kann und mit der den Gegenstand der Klage bildenden Straftat in Zusammenhang steht (§ 388 StPO). Der Privatkläger kann gegen das verkündete Urteil **Berufung oder Revision** innerhalb einer Woche ab Verkündung einlegen. Die Revisionsschrift muss durch einen Rechtsanwalt eingereicht werden (§ 390 StPO).

13.5.3 Die Nebenklage

Der Nebenkläger schließt sich der von der Staatsanwaltschaft erhobenen öffentlichen Klage an. Eine Nebenklage ist nur bei bestimmten Straftaten möglich, z. B. bei Mord, Totschlag, Sexualdelikten, Beleidigung oder Körperverletzung (vgl. § 395 StPO). Das **Gericht entscheidet über die Berechtigung** zum Anschluss als Nebenkläger nach Anhörung der Staatsanwaltschaft. Nach erfolgtem Anschluss ist der Nebenkläger zur **Anwesenheit in der Hauptverhandlung** berechtigt, ihm steht u. a. ein **Fragerecht, ein Beweisantragsrecht** sowie das Recht zur **Abgabe von Erklärungen** zu (§§ 395 ff. StPO).

13.5.4 Das Bußgeldverfahren nach dem OWiG

Für eine Ordnungswidrigkeit ist i. d. R. eine **Verwaltungsbehörde** zuständig und nicht die Staatsanwaltschaft. Ordnungswidrigkeiten haben einen geringeren Unrechtsgehalt als Straftaten und werden mit **Geldbußen** geahndet. Das Verfahren ist jedoch in weiten Teilen dem Strafprozess angeglichen. Die Rahmenvorschriften für die Ordnungswidrigkeiten nach Bundes- und Landesrecht sind im **Gesetz über Ordnungswidrigkeiten** zusammengefasst (§ 46 OWiG).

Der Betroffene kann bei der Verwaltungsbehörde, die den **Bußgeldbescheid** erlassen hat, schriftlich oder zur Niederschrift innerhalb von **zwei Wochen nach Zustellung Einspruch** einlegen. Der Einspruch kann auf bestimmte Beschwerdepunkte beschränkt werden. Dem form- und fristgerecht eingelegten Einspruch hilft die Verwaltungsbehörde entweder ab oder sie leitet die Sache an das **Amtsgericht zur Entscheidung** weiter. Hält der Richter eine Ahndung nicht für geboten, so kann er das Verfahren **einstellen**. Die **Zustimmung der Staatsanwaltschaft** ist nur dann notwendig, wenn diese zuvor erklärt hatte, an der **Hauptverhandlung teilzunehmen** oder eine Geldbuße von **mehr als 100 €** verhängt worden war. Sofern das Gericht eine Hauptverhandlung für nicht erforderlich hält, kann es durch **Beschluss** entscheiden, wenn Staatsanwaltschaft oder der Betroffene nicht widersprechen. Ansonsten bestimmt es einen **Hauptverhandlungstermin**. Der Betroffene ist grundsätzlich zum Erscheinen in der Hauptverhandlung verpflichtet, er kann aber auch von dieser Verpflichtung entbunden werden. Gegen den Beschluss oder das Urteil ist **Rechtsbeschwerde** möglich, jedoch nur, wenn z. B. eine Geldbuße von mehr als 250 € festgesetzt wurde oder die Rechtsbeschwerde zugelassen wird (§§ 67 OWiG, 47 OWiG, 72 OWiG, 79 f. OWiG).

13.6 Prüfungsfragen

1. **Welches Ziel hat das Ermittlungsverfahren?**

   Es soll festgestellt werden, ob ein genügender Anhaltspunkt dafür besteht, dass der Beschuldigte eine bestimmte strafbare Handlung begangen hat und seine Überführung möglich ist.

2. **Was versteht man unter einem „Offizialdelikt"?**

   Ein Delikt, das von Amts wegen verfolgt wird.

3. **Was ist ein „Antragsdelikt"?**

   Ein Delikt, das nur aufgrund eines Strafantrages verfolgt wird.

4. **Wie kann das Ermittlungsverfahren enden?**

   ▸ Durch Anklage beim zuständigen Gericht

   ▸ durch einen Strafbefehl

   ▸ durch Einstellung des Verfahrens.

5. **Wie wird das Zwischenverfahren eingeleitet?**

   Durch Einreichung der Anklageschrift beim zuständigen Gericht.

6. **Was überprüft das Gericht im Zwischenverfahren?**

   Es überprüft, ob und mit welchen Änderungen der Anklageschrift ein Hauptverfahren zu eröffnen ist.

7. **Womit beginnt das Hauptverfahren?**

   Mit Erlass des Eröffnungsbeschlusses.

8. Welche Personen müssen während der Hauptverhandlung ununterbrochen anwesend sein?

Der Angeklagte, Richter, Schöffen und Staatsanwalt sowie ein Verteidiger, sofern ein Fall der notwendigen Verteidigung vorliegt.

9. Aus welchen Gründen kann die Öffentlichkeit für die Hauptverhandlung ausgeschlossen werden?

Zum Beispiel zum Schutz der Privatsphäre oder aus Gefährdungsgründen.

10. Nennen Sie Gründe, aus denen eine Einstellung des Verfahrens in Betracht kommt.

Geringfügigkeit oder nach Erfüllung von Auflagen.

11. Wessen Antrag bzw. wessen Zustimmung ist bei der Einstellung erforderlich?

Der Antrag bzw. die Zustimmung des Staatsanwalts.

12. Welche Rechtsmittel sind gegen ein Urteil möglich?

Berufung (nur gegen amtsgerichtliche Urteile) und Revision.

13. Wie unterscheiden sich diese Rechtsmittel?

Bei der Berufung wird die Sache in tatsächlicher und rechtlicher Hinsicht überprüft, bei der Revision nur in rechtlicher.

14. Innerhalb welcher Frist muss das Rechtsmittel eingelegt werden?

Innerhalb einer Woche ab Verkündung bzw. Zustellung.

15. Durch wen erfolgt die Strafvollstreckung?

Durch die Staatsanwaltschaft als Strafvollstreckungsbehörde.

16. Was ist der Vorteil des Strafbefehlverfahrens?

Es kann schnell ohne Hauptverhandlung und Urteil entschieden werden.

17. Bei welchen Delikten kommt das Strafbefehlverfahren z. B. in Betracht?

Geldstrafe, Fahrverbot, Entziehung der Fahrerlaubnis bis zu zwei Jahren oder Bewährungsstrafe bis zu einem Jahr.

18. Wer stellt den Antrag auf Erlass eines Strafbefehls?

Die Staatsanwaltschaft.

19. Wann wird der Richter den Strafbefehl nicht erlassen oder zurückweisen?

Er wird den Strafbefehl nicht erlassen oder zurückweisen, wenn er Bedenken hat, ohne Hauptverhandlung zu entscheiden, oder er eine andere als die beantragte Strafe festsetzen will. Er wird den Antrag zurückweisen, wenn er den Angeklagten für nicht hinreichend verdächtig hält.

20. Wie kann der Beschuldigte sich gegen den Strafbefehl wehren?

Er kann innerhalb von zwei Wochen nach Zustellung bei dem Gericht, das den Strafbefehl erlassen hat, Einspruch einlegen.

21. Was geschieht, wenn der Angeklagte und sein Verteidiger unentschuldigt der Hauptverhandlung fern bleiben?

Der Richter wird den Einspruch durch Urteil verwerfen.

22. Was ist eine Privatklage?

Ein Verfahren, an dem an Stelle des Staatsanwalts eine Privatperson als Ankläger auftritt.

23. Bei welchen Delikten kommt die Privatklage beispielsweise in Betracht?

Zum Beispiel bei Hausfriedensbruch, Beleidigung, übler Nachrede, Körperverletzung.

24. Was muss bei bestimmten Delikten vor Einreichung der Privatklage durchgeführt worden sein?

Ein Sühneversuch vor dem Schiedsmann.

25. Welche Entscheidungen kann das Gericht nach Eingang der Erklärung des Beschuldigten treffen?

- ► Das Hauptverfahren kann eröffnet,
- ► die Klage zurückgewiesen oder
- ► das Verfahren wegen geringer Schuld des Täters eingestellt werden.

26. Welche Rechtsmittel kann der Privatkläger gegen das Urteil einlegen?

Berufung oder Revision

27. Innerhalb welcher Frist?

Innerhalb einer Woche ab Verkündung des Urteils.

28. Bei welchen Delikten ist eine Nebenklage zulässig?

Zum Beispiel bei Mord, Totschlag, Sexualdelikten, Beleidigung oder Körperverletzung.

29. Was ist der Zweck der Nebenklage?

Der Nebenkläger ist zur Anwesenheit in der Hauptverhandlung berechtigt. Ihm steht u. a. ein Fragerecht, ein Beweisantragsrecht sowie das Recht zur Abgabe von Erklärungen zu, und er kann damit auf das Strafverfahren Einfluss nehmen.

30. Wie werden Ordnungswidrigkeiten geahndet?

Durch Geldbußen in Form eines Bußgeldbescheids.

31. Wie kann der Betroffene sich gegen den Bußgeldbescheid wehren?

Durch Einspruch innerhalb von zwei Wochen nach Zustellung bei der zuständigen Verwaltungsbehörde.

32. Wer entscheidet über den Einspruch?

Der zuständige Richter des Amtsgerichts.

33. Welche Entscheidungen sind möglich?

▸ Eine Einstellung des Verfahrens, wenn der Richter die Ahndung für nicht geboten hält,

▸ ohne Hauptverhandlung eine Entscheidung durch Beschluss, wenn die StA oder der Betroffene nicht widersprechen oder

▸ nach Hauptverhandlung durch Urteil.

34. Welches Rechtsmittel ist gegen den Beschluss oder das Urteil möglich?

Die Rechtsbeschwerde, jedoch nur, wenn z. B. eine Geldbuße von mehr als 250 € festgesetzt wurde oder die Rechtsbeschwerde zugelassen wird.

Teil II: Das Kostenrecht

1. Grundlagen des Kostenrechts

Das Kostenrecht ist für viele das schwierigste Gebiet. Hier müssen Sie die Vorschriften des Vergütungsverzeichnisses zum Rechtsanwaltsvergütungsgesetz (VV RVG) nennen können.

1.1 Allgemeines

Kosten sind die Aufwendungen, die einer Partei für die Inanspruchnahme des Gerichts, eines Rechtsanwalts oder eines Notars entstehen. Sie unterteilen sich in gerichtliche und außergerichtliche Kosten.

Gerichtliche Kosten werden vom Staat für die Inanspruchnahme der Gerichte gefordert. Die **außergerichtlichen Kosten,** zu denen insbesondere die Kosten des Rechtsanwalts oder Notars zählen, lassen sich in **Gebühren** und **Auslagen** einteilen, die Gebühren wiederum in **Pauschalgebühren, Wertgebühren, Rahmengebühren (Satzrahmengebühren und Betragsrahmengebühren)** sowie in **Festgebühren**.

1.1.1 Wertgebühren

Die **Wertgebühren des RA** werden nach dem Wert berechnet, den der Gegenstand der anwaltlichen Tätigkeit hat **(Gegenstandswert)**. Die Höhe des Gebührensatzes für den RA (z. B. 1,3 bei der Verfahrensgebühr nach Nr. 3100 VV RVG) ergibt sich aus dem **Vergütungsverzeichnis**, das als Anlage 1 dem RVG beigefügt wurde (§§ 2, 13 RVG).

Der **Mindestbetrag** einer Gebühr, auch einer Bruchteilsgebühr, beträgt **15 €** (§ 13 Abs. 2 RVG).

Die Höhe der Gebühr kann entsprechend dem Gegenstandswert aus der Tabelle entnommen werden, die gem. § 13 dem RVG als Anlage 2 beigefügt wurde (bzw. im Falle der Prozess- oder Verfahrenskostenhilfe bei Werten von über 4.000 € i. V. m. der Tabelle nach § 49 RVG).

Beispiel

RA Fichte klagt für Mandant Mahler 10.000 € nebst 12 % Zinsen für einen bestimmten Zeitraum ein. Der Gegenstandswert beträgt 10.000 € (Nebenforderungen werden nicht berücksichtigt). Die maßgebliche Gebühr lässt sich aus der Gebührentabelle entnehmen: Eine 1,3 Verfahrensgebühr beträgt 725,40 €.

Gebühren werden auf den nächstliegenden Cent auf- oder abgerundet; 0,5 Cent werden aufgerundet (§ 2 Abs. 2 Satz 2 RVG).

Für **Gerichtsgebühren** verweist § 34 GKG auf die gerichtliche Gebührentabelle, die in dem Gesetz als Anlage 2 enthalten ist. Auch hier beträgt der **Mindestbetrag** einer Gebühr 15 €.

1.1.2 Pauschalgebühren

Pauschalgebühren (auch Pauschgebühren) vergüten nicht jede einzelne Tätigkeit des Rechtsanwalts, sondern **Tätigkeitsgruppen**, die sich auf bestimmte Verfahrensabschnitte oder Handlungen beziehen. Dabei ist der jeweilige Arbeitsaufwand unerheblich. Pauschalgebühren entgelten die gesamte Tätigkeit des Rechtsanwalts vom Auftrag bis zur Erledigung der Angelegenheit (§ 15 Abs. 1 RVG).

Beispiel

Die **Verfahrensgebühr** entsteht nach der Vorbemerkung 3 Abs. 2 VV RVG für das Betreiben des Geschäfts einschließlich der Information und gilt nicht nur die Anfertigung der Klageschrift ab, sondern zugleich sämtliche Schriftsätze, Besprechungen mit Parteien, Einsicht in Akten usw. Sie ist übrigens zugleich eine Wertgebühr, weil die Höhe der Tabelle zu entnehmen ist, die als Anlage 2 gem. § 13 Abs. 1 dem RVG beigefügt wurde.

1.1.3 Rahmengebühren

Rahmengebühren werden in ihrer Höhe durch eine **Höchst-** und eine **Mindestgebühr** begrenzt. Innerhalb dieses Rahmens bestimmt der Rechtsanwalt die Gebühr nach **billigem Ermessen**.

Gemäß § 14 RVG sind nach billigem Ermessen alle Umstände zu berücksichtigen, und zwar insbesondere

1. der **Umfang** der Angelegenheit,
2. die **Schwierigkeit** der anwaltlichen Tätigkeit,
3. die **Bedeutung** der Angelegenheit,
4. die **Einkommens- und Vermögensverhältnisse** des Auftraggebers und
5. ein **besonderes Haftungsrisiko** des RA.

Den Regelfall bilden Angelegenheiten durchschnittlicher Bedeutung, die mit einer sogenannten **Mittelgebühr** abgegolten werden. Die Mittelgebühr errechnet sich wie folgt:

$$\frac{\text{Mindestgebühr} + \text{Höchstgebühr}}{2}$$

Ist die Höhe der Gebühr streitig, hat in einem Rechtsstreit das Gericht ein Gutachten des Vorstands der RAK einzuholen (§ 14 Abs. 2 RVG). Rahmengebühren gibt es als **Betragsrahmengebühren** (etwa in den Gerichten vor der Sozialgerichtsbarkeit, siehe § 3 RVG) und als **Satzrahmengebühren**. Bei Betragsrahmengebühren werden die Mindest- und Höchstgebühren begrenzt durch Beträge in Euro, bei Satzrahmengebühren durch den Gebührensatz.

Beispiele

Satzrahmengebühren finden sich etwa für die außergerichtliche Vertretung in Nr. 2300 VV zum RVG (0,5 bis 2,5, Mittelgebühr also 1,5), eine **Betragsrahmengebühr** enthält beispielsweise Nr. 2102 VV zum RVG (30 bis 320 €, Mittelgebühr also 175 €).

Allerdings sind hier zum Teil noch besondere Einschränkungen des Gesetzgebers zu berücksichtigen, z. B. in der Anmerkung der Satzrahmengebühr Nr. 2102 VV: Die Gebühr ist auf eine Gebühr für das Rechtsmittelverfahren anzurechnen oder bei der Satzrahmengebühr für die Geschäftsgebühr in Nr. 2300: Trotz des Rahmens zwischen 0,5 bis 2,5 kann eine Gebühr von mehr als 1,3 nur gefordert werden, wenn die Tätigkeit umfangreich oder schwierig war.

1.1.4 Festgebühren

Festgebühren gelten eine bestimmte Tätigkeit des Gerichts oder Rechtsanwalts mit einem bestimmten, festen Geldbetrag ab.

Beispiele

Festgebühren finden sich z. B. in Teil 2, Abschnitt 5 des VV RVG: Für eine Tätigkeit im Rahmen der Beratungshilfe erhält der Rechtsanwalt eine Beratungshilfegebühr in Höhe von **15 €** (Nr. 2500 VV RVG) sowie eine Beratungsgebühr nach 2501 VV RVH in Höhe von **35 €** bzw. in Höhe von **70 €**, wenn die Beratung mit dem Ziel einer außergerichtlichen Einigung mit den Gläubigern über die Schuldenbereinigung auf der Grundlage eines Plans erfolgt (Nr. 2502 VV RVG).

1.2 Kostentragungspflicht und Kostenschuldner

Über die Verpflichtung, die Kosten zu tragen, entscheidet das Gericht auch ohne Antrag durch **Kostengrundentscheidung** (§ 308 Abs. 2 ZPO):

1. Grundsätzlich hat die **unterlegene Partei** die **gesamten Kosten** des Rechtsstreits zu tragen, jedoch nur die Kosten, die zur „zweckentsprechenden Rechtsverfolgung oder Rechtsverteidigung **notwendig** waren". Die Beauftragung eines Rechtsanwalts gilt stets als notwendig. Der Partei fallen die Kosten zur Last, wenn sie erfolglos ein Rechtsmittel eingelegt hat (§ 91 Abs. 1, § 97 Abs. 1 ZPO).

2. Bei **teilweisem Obsiegen** werden die Kosten gem. § 92 Abs. 1 ZPO

   ▸ **gegeneinander aufgehoben**. In diesem Fall trägt jede Partei die Gerichtskosten zur Hälfte und die eigenen außergerichtlichen Kosten (Rechtsanwaltskosten) ganz.

   ▸ **nach Quoten geteilt**. In diesem Fall trägt jede Partei von den Gesamtkosten, d. h. von den gerichtlichen und außergerichtlichen Kosten zusammengenommen, die jeweilige Quote.

Beispiel

Der Kläger erhebt Klage über 10.000 €. In einem Urteil werden ihm 8.000 € zugesprochen, im Übrigen wird die Klage abgewiesen. Nach der Kostenentscheidung werden der Kläger 1/5 und der Beklagte 4/5 der Kosten zu tragen haben.

3. Bei einer **Klagerücknahme** oder **Berufungsrücknahme** trägt der Kläger (Berufungskläger) die Kosten (§ 269 Abs. 3, § 516 Abs. 3 ZPO).

4. Grundsätzlich trägt die beklagte Partei auch bei einem **Anerkenntnisurteil** die Kosten (§ 91 ZPO).

   Hat der Beklagte nicht durch sein Verhalten zur Erhebung der Klage Veranlassung gegeben, so fallen dem **Kläger (!)** die Kosten zur Last, wenn der Beklagte den Anspruch sofort anerkennt **(§ 93 ZPO)**. Diese Kostenfolge kann man dadurch vermeiden, dass man den Gegner vor Klageerhebung in Verzug setzt.

Beispiel

Der Verkäufer liefert dem Käufer Waren im Wert von 5.000 € am 01.10. Laut Rechnung wird der Kaufpreis fällig „14 Tage nach Lieferung". Dieses Zahlungsziel ist aber vertraglich nicht vereinbart worden, sondern wurde nur einseitig bestimmt. Am 20.10. reicht Rechtsanwalt Fichte für den Verkäufer Klage ein. Der Kläger erkennt die Kaufpreisforderung sofort an, verwahrt sich jedoch gegen die Kosten.

In diesem Fall wird das Gericht dem Kläger die Kosten gem. § 93 ZPO auferlegen. Der Käufer befand sich nämlich nicht im Verzug, da der Verzugseintritt nach 14 Tagen hätte vereinbart werden müssen.

5. **Kostenschuldner für die Kosten des Rechtsanwalts** ist der Auftraggeber. War ein Rechtsanwalt für mehrere Auftraggeber tätig, so haften sie als Gesamtschuldner, jedoch nur insoweit, als der Auftraggeber schulden würde, wenn der Rechtsanwalt nur in seinem Auftrag tätig geworden wäre (§ 7 Abs. 2 RVG).

6. **Kostenschuldner für die Gerichtskosten** sind:

die Erstschuldner (§ 29 Nr. 1 und 2 GKG):

- ▸ wem durch gerichtliche oder staatsanwaltliche Entscheidung die **Kosten auferlegt** wurden (Entscheidungsschuldner) oder

- ▸ wer die Kosten im **Vergleich übernommen** hat;

hilfsweise als Zweitschuldner (§ 22 GKG, § 29 Nr. 4 GKG):

- ▸ **die Antragsteller** (nach Instanzen getrennt); sind mehrere Antragsteller vorhanden, so besteht gesamtschuldnerische Haftung.

- ▸ Der **Vollstreckungsschuldner** haftet für die notwendigen Kosten der Zwangsvollstreckung.

Der Kostenbeamte soll allerdings den **Erstschuldner** in Anspruch nehmen. Erst nach erfolgter Zwangsvollstreckung sollen die Kosten von den **Zweitschuldnern** eingefordert werden (§ 31 GKG).

1.3 Grundlagen zur Gebührenberechnung des Rechtsanwalts

1.3.1 Rechtsgrundlage

Gesetzliche Grundlage für die Berechnung der Vergütung (Gebühren und Auslagen) der Rechtsanwälte für ihre Tätigkeit ist das **Rechtsanwaltsvergütungsgesetz (RVG)** in Verbindung mit dem **Vergütungsverzeichnis (VV)**. Es regelt die Höhe der Gebühren, sofern nichts Abweichendes vereinbart ist. Das RVG gilt auch für eine Tätigkeit als Prozesspfleger nach den §§ 57 und 58 ZPO und für andere Mitglieder der RAK, z. B. für Partnerschafts- und sonstige Gesellschaften (§ 1 RVG).

Vertragliche Grundlage bietet der **Dienstvertrag**, der gem. **§ 627 BGB jederzeit fristlos kündbar** ist.

1.3.2 Entstehung und Fälligkeit

Beide Begriffe sind voneinander zu unterscheiden. Der Vergütungsanspruch des Rechtsanwalts **entsteht**, wenn der RA auftragsgemäß tätig wird, z. B. ein anwaltliches Aufforderungsschreiben formuliert und dem Gegner zusendet.

Der RA kann die Vergütung jedoch erst dann verlangen, wenn der Anspruch fällig ist. Nachfolgende Umstände führen zur **Fälligkeit des Vergütungsanspruchs** (§ 8 Abs. 1 RVG):

► Der Auftrag ist erledigt.

 Beispiele: Kündigung des Mandats, Tod des Rechtsanwalts, Verweisung an ein Gericht, bei dem der Rechtsanwalt nicht zugelassen ist

► Die Angelegenheit ist **beendet**. Der RA hat also den Auftrag gerichtlich oder außergerichtlich zu Ende geführt.

► Eine **Kostenentscheidung** ist ergangen.

► Ein **Rechtszug ist beendet**.

► Ein Verfahren **ruht länger als drei Monate**. Dabei ist ein formelles Ruhen des Verfahrens nicht erforderlich, es reicht aus, wenn in dem Verfahren länger als drei Monate lang nichts veranlasst wird (tatsächliches Ruhen).

 Beispiele: Ruhen, Aussetzung, Unterbrechung des Verfahrens.

 Nicht hierunter fallen die Aktenversendung an ein ersuchtes Gericht, die Anberaumung eines Termins über drei Monate hinaus.

Vergütung für den Vertreter des Rechtsanwalts (§ 5 RVG):

Lässt sich der Rechtsanwalt durch einen anderen Rechtsanwalt, den allgemeinen Vertreter, einen Assessor bei einem Rechtsanwalt oder einen zur Ausbildung zugewiesenen Referendar vertreten, so kann er die Vergütung nach dem RVG dann verlangen, wenn in dem zugrunde liegenden Anwaltsvertrag nichts Abweichendes vereinbart wurde.

1.3.3 Hemmung der Verjährung

Die Verjährung der Vergütung für die Tätigkeit des Rechtsanwalts in einem gerichtlichen Verfahren wird **gehemmt**, solange das Verfahren anhängig ist. Die Hemmung endet mit der rechtskräftigen Entscheidung oder anderweitigen Beendigung des Verfahrens. Ruht das Verfahren, endet die Hemmung drei Monate nach Eintritt der Fälligkeit. Die Hemmung beginnt erneut, wenn das Verfahren weiter betrieben wird (§ 8 Abs. 2 RVG).

1.3.4 Vorschuss

Der Rechtsanwalt kann von seinem Auftraggeber für die bereits entstandenen und die voraussichtlich noch entstehenden Gebühren und Auslagen einen angemessenen **Vorschuss** fordern. Er überbrückt den Zeitraum zwischen Entstehung und Fälligkeit des Vergütungsanspruchs. Der Vorschuss steht nicht nur dem Prozessbevollmächtigten, sondern jedem Rechtsanwalt zu, der für seinen Auftraggeber tätig wird, also auch dem Terminsanwalt, Korrespondenzanwalt und Beweisanwalt (§ 9 RVG).

1.3.5 Vergütungsvereinbarung

Eine Vereinbarung über die Vergütung muss von anderen Vereinbarungen **deutlich abgesetzt**, in **Textform** gestaltet und als **Vergütungsvereinbarung** (vergleichbare Begriffe sind ebenfalls möglich) bezeichnet sein (§ 3a Abs. 1 RVG). Sie darf **nicht in einer Vollmacht** enthalten sein. Sie muss weiterhin den Zusatz enthalten, dass im Falle der **Kostenerstattung** regelmäßig **nicht mehr als die gesetzliche Vergütung** zu erstatten ist.

In **außergerichtlichen** Angelegenheiten kann eine niedrigere als die gesetzliche Vergütung vereinbart werden, allerdings muss sie in einem angemessenen Verhältnis zu Leistung, Verantwortung und Haftungsrisiko des Rechtsanwalts stehen. Ist eine vereinbarte oder von dem Vorstand der RAK festgesetzte Vergütung unangemessen hoch, kann sie im Rechtsstreit auf den angemessenen Betrag bis zur Höhe der gesetzlichen Vergütung herabgesetzt werden. Vor der Herabsetzung hat das Gericht ein kostenloses Gutachten des Vorstands der Rechtsanwaltskammer einzuholen, wenn dieser nicht selbst schon die Vergütung festgesetzt hat (§§ 3a Abs. 2, 4 Abs. 1 RVG).

Eine Vereinbarung, nach der ein im Wege der **Prozesskostenhilfe** beigeordneter Rechtsanwalt eine höhere als die gesetzliche Vergütung erhalten soll, ist **nichtig** (§ 3a Abs. 3 RVG).

Ein Erfolgshonorar darf nur für den **Einzelfall** und nur dann vereinbart werden, wenn der Auftraggeber aufgrund seiner wirtschaftlichen Verhältnisse bei verständiger Betrachtung ohne die Vereinbarung eines Erfolgshonorars von der **Rechtsverfolgung abgehalten** würde. Wird in **gerichtlichen Verfahren** für den Erfolgsfall ein angemessener **Zuschlag** auf die gesetzliche Vergütung vereinbart, so darf für den Fall des Misserfolgs vereinbart werden, dass **keine oder eine geringere als die gesetzliche Vergütung** zu zahlen ist. Bei der Formulierung der Vereinbarung sind die Vorschriften des § 4a Abs. 2 und Abs. 3 RVG zu berücksichtigen. Mustertexte zu Vergütungsvereinbarungen finden sich z. B. auf der Homepage des DAV (§ 4a RVG).

1.3.6 Aufbau des RVG

Ist der **Dienstvertrag** gem. § 627 BGB **Vertragsgrundlage** für die Tätigkeit des RA, so ergibt sich die **Höhe der Vergütung** für den RA aus dem **RVG**, sofern nicht eine Honorarvereinbarung getroffen wurde. Das RVG trifft grundsätzliche Regelungen über allgemeine Grundlagen, die Gebührenarten, klärt den Begriff der Angelegenheiten usw. In § 2 Abs. 2 RVG verweist der Gesetzgeber auf das **Vergütungsverzeichnis** (VV RVG), das dem RVG als Anlage beigefügt ist. § 13 Abs. 1 RVG wiederum verweist auf die ebenfalls als Anlage beigefügte **Gebührentabelle**, aus der sich bei Wertgebühren je nach zugrunde liegendem Gegenstandswert die Gebühr ergibt.

Die jeweiligen Gebühren sind in **Nummern** im VV RVG geregelt. Aus ihnen kann man u. a. die Bezeichnung der Gebühr, den Gebührensatz (z. B. 1,3) oder den Gebührensatzrahmen (z. B. 0,5 bis 2,5) bzw. den Festbetrag einer Gebühr (z. B. 150 €) entnehmen. Das VV RVG enthält über 250 einzelne Gebühren- und Auslagentatbestände in sieben Teilen, die ihrerseits in Abschnitte und zum Teil noch in Unterabschnitte gegliedert sind.

Den Gebührentatbeständen ist in der Regel eine vom Gesetzgeber kursiv gedruckte **Anmerkung** hinzugefügt, vgl. z. B. die umfangreiche Anmerkung zu Nr. 1000 VV RVG (Einigungsgebühr).

Die vierstelligen Nummern werden nach den Teilen und dann nach den Abschnitten bezeichnet. Die Einigungsgebühr hat die Nr. 1000, weil sie im ersten Teil des VV steht und dieser Teil keinen Abschnitt hat. Die Verfahrensgebühr mit der Nr. 3100 schließlich steht im dritten Teil und dort im ersten Abschnitt.

1.4 Grundsätze des § 15 RVG

Weitere Regelungen grundsätzlicher Bedeutung enthält der § 15 RVG, der die „Grundvorschrift über den Abgeltungsbereich der Gebühren" darstellt.

1. **§ 15 Abs. 1 RVG**

   Nach **§ 15 Abs. 1 RVG** gelten die Gebühren, soweit gesetzlich nichts anderes bestimmt ist, die gesamte Tätigkeit des Rechtsanwalts vom Auftrag bis zur Erledigung der Angelegenheiten ab.

 MERKE

Ob ein RA ohne Weiteres Klage einreichen kann oder ob er nach einem Klageauftrag zunächst zahlreiche Gespräche mit dem Mandanten führt, Akten beizieht und erst dann Klage einreicht, weitere Gespräche mit dem Mandanten führt, Schriftsätze wechselt usw. ist kostenrechtlich bedeutungslos. In beiden Fällen erhält der Anwalt eine 1,3 Verfahrensgebühr nach Nr. 3100 VV RVG.

2. **§ 15 Abs. 2 RVG**

   Nach diesem wichtigen Grundsatz kann der Rechtsanwalt die Gebühren in derselben Angelegenheit nur **einmal** fordern **(Einmaligkeit der Regelgebühren)**.

   Unabhängig davon, ob ein Rechtsanwalt in derselben Streitsache an einem oder an drei Verhandlungsterminen derselben Instanz teilnimmt, er erhält hierfür jeweils nur eine Terminsgebühr. Für jede Instanz entstehen jedoch die (Regel-)Gebühren neu.

   Ausnahmen sind dann denkbar, wenn eine Sache an ein untergeordnetes Gericht **zurückverwiesen** wird (§ 21 RVG) oder wenn es sich um **verschiedene Angelegenheiten** handelt (§ 17 RVG).

3. **§ 15 Abs. 3 RVG**

   Sind für **Teile des Gegenstands verschiedene Gebührensätze** anzuwenden, entstehen für die Teile gesondert berechnete Gebühren, jedoch nicht mehr als die aus dem Gesamtbetrag der Wertteile nach dem höchsten Gebührensatz berechnete Gebühr.

Die Vorschrift hat insbesondere Bedeutung bei einer Einigung über rechtshängige und nicht rechtshängige Ansprüche in einem gerichtlichen Vergleich oder z. B. bei einem Aufeinandertreffen von einer 1,2 Terminsgebühr mit einer 0,5 Terminsgebühr.

4. § 15 Abs. 4 RVG

Nach § 15 Abs. 4 RVG ist es, soweit das RVG an anderer Stelle nichts anderes bestimmt, auf bereits entstandene Gebühren ohne Einfluss, wenn sich die Angelegenheit vorzeitig erledigt oder der Auftrag endet, bevor die Angelegenheit erledigt ist.

Beispiele

Rechtsanwalt Fichte erhebt für Mandant Mahler Klage gegen Berger. Da Berger nach Zustellung der Klageschrift sofort zahlt, erübrigt sich weiteres Prozessieren. Die für Rechtsanwalt Fichte mit Einreichung der Klageschrift entstandene Verfahrensgebühr fällt nicht wieder weg.

Weitere Beispiele: Kündigung des Mandantenvertrages, Tod des Rechtsanwalts

5. § 15 Abs. 5 RVG

Wird der Rechtsanwalt in derselben Angelegenheit, in der er bereits tätig geworden war, erneut beauftragt, so erhält er nicht mehr Gebühren, als er erhalten würde, wenn er von vornherein mit dem weiteren Tätigwerden beauftragt worden wäre. Ist der frühere Auftrag seit mehr als zwei Kalenderjahren erledigt, so entstehen die Gebühren neu und die Anrechnungsvorschriften müssen nicht mehr beachtet werden.

Beispiel

Rechtsanwalt Fichte vertritt seinen Mandanten Mahler im selbstständigen Beweissicherungsverfahren gegen Berger. Nachdem dieses Verfahren mehr als zwei Kalenderjahre erledigt war, schließt sich das Hauptsacheverfahren an. Die Anrechnungsvorschrift nach Vorb. 3 Abs. 5 VV RVG muss nicht mehr beachtet werden.

6. § 15 Abs. 6 RVG

Der mit Einzelhandlungen, die alle zum Rechtsstreit gehören, beauftragte Rechtsanwalt erhält nicht mehr an Gebühren als der von vornherein mit der gesamten Angelegenheit beauftragte Rechtsanwalt.

Der Mandant soll durch die Erteilung von Einzelaufträgen nicht stärker mit Gebühren belastet werden, als dies bei Beauftragung mit der Bearbeitung der gesamten Angelegenheit der Fall gewesen wäre.

1.5 Anrechnung einer Gebühr, § 15a RVG

1. § 15a Abs. 1 RVG

Schreibt das RVG die Anrechnung einer Gebühr auf eine andere vor, so entstehen zunächst einmal beide Gebühren in vollem Umfang. Der Rechtsanwalt kann aber insgesamt nicht mehr fordern als den um den Anrechnungsbetrag verminderten Gesamtbetrag beider Gebühren.

Diese Vorschrift regelt die Anrechnung der Gebühren im Innenverhältnis **zwischen dem Rechtsanwalt und seinem Auftraggeber**. Der Rechtsanwalt kann wählen, welche der beiden Gebühren er in voller Höhe fordert und bei welcher Gebühr er die vorgeschriebene Anrechnung berücksichtigt, z. B. bei den Anrechnungsvorschriften im Beweissicherungsverfahren (Vorbem. 3 Abs. 5 VV RVG), bei der Zurückverweisung (Vorbem. 3 Abs. 5 VV RVG), im Urkunden- oder Wechselprozess (Abs. 1 der Anmerkung zu Nr. 3100 VV RVG) oder im Mahnverfahren (Anmerkungen zu Nr. 3305 und 3307 VV RVG) usw.

Beispiel

Rechtsanwalt Fichte war für seinen Mandanten Mahler wegen einer Forderung zunächst außergerichtlich und später auch im Klageverfahren tätig. Er kann entweder die **volle Geschäftsgebühr** und die um den anrechenbaren Teil der Geschäftsgebühr verminderte Verfahrensgebühr oder die **volle Verfahrensgebühr** und die um den anrechenbaren Teil der Geschäftsgebühr verminderte Geschäftsgebühr verlangen.

Vgl. die Anrechnungsbeispiele in Kapitel 4 „Geschäftsgebühr Nr. 2300 VV RVG".

Der Übersicht halber wird in den anderen Kapiteln jeweils nur eine Anrechnungsmöglichkeit vorgestellt.

2. § 15a Abs. 2 RVG

Ein Dritter kann sich auf die Anrechnung nur berufen, soweit er den Anspruch auf eine der beiden Gebühren erfüllt hat, wenn wegen eines dieser Ansprüche gegen ihn ein Vollstreckungstitel besteht oder beide Gebühren in dem selben Verfahren gegen ihn geltend gemacht werden.

Abs. 2 regelt die Anrechnung im Verhältnis zu einem Dritten und ist insbesondere im Kostenfestsetzungsverfahren von Bedeutung.

Beispiel

Rechtsanwalt Fichte vertritt Mahler in einem Rechtsstreit gegen Berger. Dieser hatte als Nebenforderung eine 1,3 Geschäftsgebühr nebst Auslagen und Umsatzsteuer mit eingeklagt und den Rechtsstreit in voller Höhe gewonnen. Im Kostenfestsetzungsverfahren meldet er eine 1,3 Verfahrensgebühr nach Nr. 3100 VV RVG in voller Höhe an. Mahler kann sich auf die Anrechnungsvorschrift gem. Vorbem. 3 Abs. 4 VV RVG berufen. Festgesetzt werden kann nur noch eine um die anrechenbaren Teile der Geschäftsgebühr gekürzte Verfahrensgebühr.

1.6 Angelegenheiten

Nach § 15 Abs. 2 Satz 1 RVG kann der Rechtsanwalt die Gebühren in derselben Angelegenheit nur einmal fordern. Die §§ 16 bis 18 RVG regeln den **Begriff der Angelegenheit** und unterscheiden hierbei

- **dieselbe Angelegenheit** (§ 16 RVG),
- **verschiedene Angelegenheiten** (§ 17 RVG) und
- **besondere Angelegenheiten** (§ 18 RVG).

Von der Definition hängt vor allem ab, inwieweit Gebühren auf bereits entstandene Gebühren angerechnet werden müssen und ob ggf. eine neue Kostenrechnung für die anwaltliche Tätigkeit formuliert werden kann. Auch werden in derselben Angelegenheit die Werte mehrerer Gegenstände zusammengerechnet.

Dieselbe Angelegenheit: In § 16 RVG werden bestimmte Tätigkeiten einer Angelegenheit zugeordnet, bei denen es sonst zweifelhaft wäre, ob sie eine gemeinsame Angelegenheit bilden. Die Tätigkeiten des RA werden also hier in **einer** Kostenrechnung zusammengefasst und ggf. aufeinander angerechnet.

Verschiedene Angelegenheiten: In § 17 RVG wiederum werden die Fälle abschließend aufgeführt, bei denen es sonst zweifelhaft wäre, ob sie verschiedene Angelegenheiten darstellen. Die hier aufgezählten Tätigkeiten können also in unterschiedlichen vollständigen Kostenrechnungen liquidiert werden.

Besondere Angelegenheiten: In § 18 RVG sollen solche Tätigkeiten abschließend aufgezählt werden, die grundsätzlich selbstständige Angelegenheiten bilden sollen, gleichgültig mit welchen anderen Tätigkeiten des Anwalts sie im Zusammenhang stehen. Dies hat zur Folge, dass auch hier eine Abrechnung in mehreren Kostenrechnungen möglich ist.

Die §§ 16 bis 18 RVG enthalten Auflistungen der jeweiligen Angelegenheiten. Eine weitere Klärung des Begriffes „Angelegenheit" könnte hier nur theoretischer Natur sein und wird jeweils da behandelt, wo es auf den Begriff ankommt.

1.7 Die Kostenrechnung

Die äußere Gestaltung einer Kostenrechnung des Rechtsanwalts muss bestimmten Anforderungen genügen. Welche das sind, steht insbesondere in **§ 10 RVG**. Danach muss die Berechnung folgenden Erfordernissen entsprechen:

1. Die Berechnung muss dem Auftraggeber **schriftlich** (vom RA unterschrieben) mitgeteilt werden.
2. Sie muss bei Wertgebühren den **Gegenstandswert** enthalten. Weiterhin müssen
3. die **Höhe des Gebührensatzes** (z. B. „1,0" oder „1,3");
4. die kurze **Bezeichnung des Gebührentatbestandes** (z. B. „Verfahrensgebühr", „Terminsgebühr") und der **Auslagen** in pauschaler Höhe;

5. die **angewandten Nummern des Vergütungsverzeichnisses** (z. B. „Nr. 3100 VV RVG"),

6. der **Betrag in Euro** in der Kostenrechnung enthalten sein;

7. einschließlich **gezahlter Gerichtskosten** und

8. abzüglich bereits erhaltener Beträge (**Vorschüsse**) sowie

9. die **eigenhändige Unterschrift** des RA (Form gem. § 126 BGB).

Nach § 14 Abs. 4 UStG muss die Berechnung noch folgende zusätzliche **Pflichtinhalte** angeben, soweit sie nicht bereits ohnehin im § 10 RVG enthalten sind:

10. **Namen** und **Anschrift** des **RA** und

11. des **Leistungsempfängers** (Mandanten),

12. die **Steuernummer** oder die **Umsatzsteuer-Identifikationsnummer**,

13. eine fortlaufende (einmalige) **Rechnungsnummer**,

14. das **Ausstellungsdatum** der Rechnung,

15. **Umfang, Art und Zeitpunkt** der sonstigen Leistung,

16. den anzuwendenden **Steuersatz**,

17. den **Nettobetrag als Zwischensumme** sowie

18. die Summe **brutto.**

Beispiel

RA Fichte erhebt für Mahler Klage gegen Berger auf Zahlung von 2.000 €. Nach einem erfolglosen Gütetermin, zwei streitigen mündlichen Verhandlungen und einer Beweisaufnahme mit Weiterverhandlung ergeht ein Urteil. Die Berechnung für RA Fichte, die in diesem kurzen Ausschnitt nur dem § 10 RVG entspricht, sollte also wie folgt lauten:

Gegenstandswert: 2.000 €	
1,3 Verfahrensgebühr, Nr. 3100 VV RVG	195,00 €
1,2 Terminsgebühr, Nr. 3104 VV RVG	180,00 €
Postentgelte, Nr. 7002 VV RVG	20,00 €
Zwischensumme netto	395,00 €
19 % USt, Nr. 7008 VV RVG	75,05 €
Summe brutto:	470,05 €
Gerichtskostenvorschuss:	267,00 €
Summe:	737,05 €
Abzüglich gezahltem Vorschuss:	200,00 €
Noch zu zahlen:	**537,05 €**

Die Sonderregelungen bei Kleinbetragsrechnungen unter 150 € im RA-Büro können an dieser Stelle vernachlässigt werden.

INFO

In den Musterlösungen dieses Buches werden jedoch die Gebühren lediglich bis zur Summe der RA-Kosten dargestellt, weil es auf die Höhe der eingezahlten Gerichtskosten durch den RA und auf den geleisteten Vorschuss für die Lösung unserer Fälle nicht ankommt.

1.8 Prüfungsfragen

1. Welche Arten von Gebühren kennen Sie?

Wertgebühren, Pauschalgebühren (auch Pauschgebühren), Rahmengebühren und Festgebühren.

2. Welche Art von Gebühr ist die Verfahrensgebühr? Begründen Sie Ihre Antwort.

Die Verfahrensgebühr ist eine Pauschalgebühr (auch Pauschgebühr), weil sie für das Betreiben des Geschäfts einschließlich der Information entsteht und durch sie die gesamte Prozess vorbereitende Tätigkeit als auch die Prozessführung als solche abgegolten wird. Sie ist zugleich eine Wertgebühr, weil sich ihre Höhe nach dem jeweiligen Gegenstandswert richtet.

3. Wie lautet die Gebühr, die man bei der Rahmengebühr i. d. R. berechnet?

Die Mittelgebühr.

4. Unterscheiden Sie die beiden Arten der Rahmengebühr voneinander.

Es gibt die Betragsrahmengebühr, die durch Mindest- und Höchstgebühren begrenzt wird, und die Satzrahmengebühren, die durch den höchsten und niedrigsten Gebührensatz ihren Rahmen erhalten.

5. Wie hoch ist die Mittelgebühr in folgenden Fällen:

a) **bei einem Satzrahmen von 0,5 bis 2,5?**

1,5.

b) **bei einem Gebührenrahmen von 50 € bis 510 €?**

280 €.

6. Wonach bestimmt sich, welche Gebühr innerhalb des Gebührenrahmens berechnet wird?

Der RA bestimmt die Gebühr im Einzelfall unter Berücksichtigung aller Umstände nach billigem Ermessen.

7. Welche Kriterien gelten hierfür und in welcher Vorschrift stehen sie?

§ 14 Abs. 1 RVG nennt als Kriterien

- den Umfang und die Schwierigkeit der anwaltlichen Tätigkeit,
- die Bedeutung der Angelegenheit,
- die Einkommens- und Vermögensverhältnisse des Auftraggebers und
- ein besonderes Haftungsrisiko des Rechtsanwalts.

8. Was sind Festgebühren?

Festgebühren gelten eine bestimmte Tätigkeit des Gerichts oder Rechtsanwalts mit einem bestimmten, festen Geldbetrag ab.

9. Nennen Sie Beispiele für Festgebühren.

Die Gebühren im Rahmen der Beratungshilfe nach Nr. 2500 VV RVG in Höhe von 15 €, 2501 VV RVG in Höhe von 35 € und 2502 VV RVG in Höhe von 70 €.

10. Eine Kostenentscheidung lautet: „Die Kosten werden gegeneinander aufgehoben." Eine andere lautet: „Die Kosten des Rechtsstreits tragen der Kläger und der Beklagte je zur Hälfte." Worin besteht der Unterschied?

- ► Werden die Kosten gegeneinander aufgehoben, so werden die Gerichtskosten zur Hälfte geteilt und die außergerichtlichen Kosten trägt jede Partei selbst.

- ► Tragen die Parteien die Kosten je zur Hälfte, so trägt jede Partei die Hälfte der Gerichtskosten und die Hälfte der zusammengerechneten Anwaltskosten (also auch die Hälfte der Kosten des gegnerischen Anwalts).

11. Wer trägt die Kosten bei einer Klage- oder Berufungsrücknahme?

Der Kläger (Berufungskläger).

12. Wer trägt die Kosten bei einem Anerkenntnisurteil? Welche Fälle sind hierbei zu unterscheiden?

1. Grundsätzlich hat bei einem Anerkenntnisurteil der Beklagte die Kosten zu tragen.

2. Hat der Beklagte nicht durch sein Verhalten zur Klageerhebung Veranlassung gegeben, so hat bei sofortigem Anerkenntnis der Kläger die Kosten zu tragen.

   Beispiel: Der Beklagte befindet sich nicht im Verzug.

13. Wer sind die Erstschuldner für die Gerichtskosten?

Derjenige, der die Kosten im Vergleich übernommen hat oder wem sie durch gerichtliche Entscheidung auferlegt wurden.

14. Wie viel Vorschuss kann ein Rechtsanwalt verlangen?

Er kann einen Vorschuss in angemessener Höhe verlangen.

15. Wie muss eine Gebührenvereinbarung geschlossen werden?

Sie muss nach § 3a Abs. 1 RVG in Textform abgegeben sein und darf nicht in einer Vollmacht enthalten sein. Die von dem RA formulierte Vereinbarung muss als Vergütungsvereinbarung (vergleichbare Begriffe sind ebenfalls möglich) bezeichnet und von anderen Vereinbarungen deutlich abgesetzt sein und den Zusatz enthalten, dass im Falle der Kostenerstattung nicht mehr als die gesetzliche Vergütung erstatten muss.

16. Darf ein Rechtsanwalt ein Erfolgshonorar vereinbaren?

Ja, für den Einzelfall, wenn der Auftraggeber aufgrund seiner wirtschaftlichen Verhältnisse bei verständiger Betrachtung ohne die Vereinbarung eines Erfolgshonorars von der Rechtsverfolgung abgehalten würde.

17. Darf der Rechtsanwalt eine niedrigere als die gesetzliche Vergütung vereinbaren?

Ja, in außergerichtlichen Angelegenheiten; in gerichtlichen Angelegenheiten nur für den Fall des Misserfolgs, wenn als Erfolgshonorar ein Zuschlag vereinbart worden war.

18. Wann wäre die Vereinbarung einer höheren Vergütung jedenfalls nichtig?

Im Bereich der Prozesskostenhilfe.

19. Wo findet sich der Grundsatz, dass Gebühren die gesamte Tätigkeit des Rechtsanwalts vom Auftrag bis zur Erledigung der Angelegenheit pauschal abgelten?

In § 15 Abs. 1 RVG.

20. In einem Rechtsstreit erster Instanz finden drei streitige mündliche Verhandlungen statt.

a) Wie oft entsteht die Terminsgebühr?

Nur einmal.

b) Wo findet sich dieser Grundsatz, und wie lautet er?

Nach § 15 Abs. 2 RVG kann der Rechtsanwalt die Gebühren in derselben Angelegenheit nur einmal pro Instanz fordern.

21. Der Rechtsanwalt hat wegen desselben Gegenstands eine Geschäfts- und eine Verfahrensgebühr verdient. Bei welcher Gebühr muss er eine Anrechnung vornehmen? Welche Vorschrift ziehen Sie heran?

Er kann gem. § 15a Abs. 1 RVG wählen, ob er die Anrechnung bei der Geschäfts- oder der Verfahrensgebühr vornimmt.

22. Wann kann sich ein Dritter auf die Anrechnung berufen?

▸ Wenn er den Anspruch auf eine der beiden Gebühren bereits erfüllt hat oder

▸ wenn wegen eines dieser Ansprüche gegen ihn bereits ein Vollsteckungstitel besteht oder

▸ wenn beide Gebühren in demselben Verfahren gegen ihn geltend gemacht werden.

23. Nennen Sie zwei Ausnahmen, in denen die Regelgebühren mehrmals entstehen.

▸ Wenn eine Sache an ein untergeordnetes Gericht zurückverwiesen wird (§ 21 RVG)

▸ wenn es sich um verschiedene Angelegenheiten handelt.

24. Nach Zustellung einer Klage über 10.000 € zahlt der Gegner einen Teilbetrag von 2.000 €, sodass nach erfolgter Erledigungserklärung der Rechtsstreit nur noch über den Rest weitergeführt wird. Ermäßigt sich die Verfahrensgebühr? Welche Vorschrift ziehen Sie heran?

Die Verfahrensgebühr wird von 10.000 € berechnet, da diese Gebühr bereits entstanden ist. Erledigungen/Ermäßigungen sind nach § 15 Abs. 4 RVG ohne Einfluss, wenn die Gebühr bereits entstanden ist.

25. Wie hoch ist der Mindestbetrag einer Gebühr? Welche Vorschrift ziehen Sie heran?

Die Mindestgebühr beträgt 15 € gem. § 13 Abs. 2 RVG.

26. Welche Begriffe der Angelegenheit kennt das Gesetz?

Das Gesetz unterscheidet „dieselbe Angelegenheit", „verschiedene Angelegenheiten" und „besondere Angelegenheiten".

27. Warum sind diese Begriffe überhaupt von Bedeutung?

Die Unterscheidung ist wichtig für die Frage, wie viele Kostenrechnungen in einer Angelegenheit geschrieben werden können (in „derselben Angelegenheit" nur eine!). Auch werden in derselben Angelegenheit die Streitwerte zusammengerechnet.

28. In insbesondere welcher Vorschrift sind die Anforderungen geregelt, die an eine Kostenrechnung des Rechtsanwalts zu stellen sind?

In § 10 RVG.

2. Die Berechnung des Gegenstandswertes

Die Kostenrechnungen für den Rechtsanwalt und das Gericht setzen einen Gegenstandswert voraus, nach dem sich dann die Höhe der Gebühr richtet. Das ist bei einer einfachen Zahlungsklage kein Problem – aber da gibt es dann noch die kleinen Sonderfälle. Diese sind allerdings so zahlreich, dass in diesem Kapitel nur die Grundlagen besprochen werden können.

2.1 Allgemeines

Ist im RVG nichts anderes geregelt, werden die Gebühren gem. § 2 Abs. 1 RVG nach dem Wert berechnet, den der Gegenstand der anwaltlichen Tätigkeit hat (Gegenstandswert). Werden in derselben Angelegenheit mehrere Forderungen geltend gemacht, so werden sie zusammengerechnet **(Grundsatz der Zusammenrechnung)** (§ 22 Abs. 1 RVG).

Beispiel

Rechtsanwalt Fichte vertritt Mandant Mahler in einer Verkehrsunfallsache, in der er 4.000 € Sachschaden, 1.000 € Schmerzensgeld und 3.000 € Verdienstausfall geltend macht. Der Gegenstandswert beträgt 8.000 €.

Ausnahmen von diesem Grundsatz der Zusammenrechnung finden sich etwa in Abs. 3 der Anm. zu Nr. 1009 VV RVG **(Hebegebühr)** und Vorbemerkung 3.3.5 Abs. 2 VV zum RVG **(Insolvenzverfahren)**.

Der Gegenstandswert beträgt höchstens **30 Mio. €**, soweit nichts anderes bestimmt ist (§ 22 Abs. 2 RVG).

Nach § 23 RVG **gelten die Wertvorschriften, nach denen das Gericht seine Gebühren berechnet, auch sinngemäß für die anwaltliche Tätigkeit.** Wird der für die Gerichtsgebühren maßgebende Wert **gerichtlich festgesetzt**, so ist die Festsetzung auch für die Gebühren des Rechtsanwalts maßgebend (§ 32 Abs. 1 RVG).

2.2 Einzelfälle

2.2.1 Geldforderungen

Bei Geldforderungen ist der Streitgegenstand die im Klageantrag genannte **Hauptforderung** zum **Zeitpunkt** der ersten **Antragstellung** in dem jeweiligen Rechtszug (§ 40 GKG).

Nebenforderungen, das können Zinsen, Früchte, Nutzungen oder Kosten sein, bleiben unberücksichtigt (§ 43 GKG).

Beispiel

Klage über 10.000 € nebst 11 % Zinsen für die vergangenen 10 Jahre. Zwar ist die Nebenforderung höher als die Hauptforderung, doch entspricht der Gegenstandswert der Hauptforderung in Höhe von 10.000 €.

Eine Ausnahme gilt bei der Zwangsvollstreckung. Hier setzt sich der Gegenstandswert zusammen aus der zu vollstreckenden Hauptforderung und den Nebenforderungen, also den Zinsen und den bisher aufgelaufenen Kosten (§ 25 Abs. 1 Nr. 1 RVG).

2.2.2 Zahlungsvereinbarungen

Sofern der Anwalt (dies ist häufig in der Zwangsvollstreckung der Fall, wo sich – wie oben schon erwähnt – der Wert der Hauptsumme plus Zinsen und Kosten beläuft) bei einer **Zahlungsvereinbarung** mitwirkt, und damit die Einigungsgebühr nach Nr. 1000 ff. VV RVG verdient, beträgt der **Gegenstandswert** für diese Einigung **jedoch nur 20 % des Anspruchs** (§ 31b RVG).

Auf weitere spezielle Vorschriften in der Zwangsvollstreckung soll hier nicht weiter eingegangen werden.

2.2.3 Herausgabeansprüche

Bei Ansprüchen, die sich auf die Herausgabe von beweglichen Sachen oder Grundstücken beziehen, ist Gegenstandswert der Verkehrswert der jeweiligen Sache. Ist ein Grundstück durch ein Grundpfandrecht (z. B. hypothekarisch) belastet, so ist diese Belastung nicht abzuziehen (§ 6 ZPO).

2.2.4 Miet- oder Pachtverträge

Werden **rückständige** Miet- oder Pachtforderungen geltend gemacht, so ist Streitgegenstand der Gesamtbetrag.

Bei **Kündigungen** von Mietverhältnissen, bei **Räumungsklagen** oder wenn das **Bestehen oder die Dauer** eines Miet-, Pacht- oder ähnlichen Nutzungsverhältnisses streitig ist, gilt für die Wertberechnung der **einjährige Betrag** (ohne Nebenkosten). Bezieht sich der Streit auf einen kürzeren Zeitraum, ist der hierauf entfallende Betrag maßgeblich (§ 41 Abs. 1 und 2 GKG).

Bei Ansprüchen auf **Mieterhöhung** von Wohnraum ist höchstens der Jahresbetrag der zusätzlich geforderten Miete maßgebend (§ 41 Abs. 5 GKG).

2.2.5 Weitere regelmäßig wiederkehrende Leistungen

Bei **gesetzlichen Unterhaltsansprüchen** für die Zukunft ist der Gegenstandswert der **Jahresbetrag**, gerechnet **ab Klageeinreichung**, höchstens jedoch der Gesamtbetrag der geforderten Leistung. **Vor Klageeinreichung** aufgelaufene Forderungen werden hinzugezählt (§ 51 Abs. 1, Abs. 2 FamGKG).

Beispiel

Klageerhebung am 15.03. auf Zahlung von gesetzlichem Unterhalt in Höhe von 350 € monatlich ab Oktober letzten Jahres. Der Gegenstandswert berechnet sich wie folgt:

Unterhalt für die Zukunft: 12 · 350 €	4.200,00 €
Rückstand (Oktober bis März): 6 · 350 €	+2.100,00 €
	6.300,00 €

2.2.6 Nichtvermögensrechtliche Streitigkeiten

In **nichtvermögensrechtlichen Streitigkeiten** ist der Gegenstandswert nach **billigem Ermessen** zu bestimmen; in Ermangelung genügender tatsächlicher Anhaltspunkte für eine Schätzung und bei nichtvermögensrechtlichen Gegenständen ist der Gegenstandswert mit **5.000 €**, nach Lage des Falles niedriger oder höher, jedoch **nicht über 500.000 €** anzunehmen (§ 23 Abs. 3 RVG).

Beispiele: Abwehr von Beleidigungen, Herausgabe persönlicher Gegenstände (Tagebuch, Fotos).

2.2.7 Klage und Widerklage

Zwei Fälle sind zu unterscheiden: Betreffen Klage und Widerklage **denselben Streitgegenstand**, gilt der einfache Wert (§ 45 Abs. 1 Satz 3 GKG).

Beispiel: Mietzinsklage und Widerklage auf Feststellung der Nichtigkeit des Mietvertrages.

Betreffen Klage und Widerklage **verschiedene Gegenstände**, so gilt der zusammengerechnete Wert als Gegenstandswert (§ 45 Abs. 1 Satz 1 GKG).

Beispiel: Kaufpreisklage über 15.000 €, Widerklage auf Abweisung und Zahlung von 5.000 € Schadensersatz. Der Gegenstandswert beträgt 20.000 €.

2.3 Prüfungsfragen

1. Welcher Grundsatz gilt bezüglich des Verhältnisses von Gerichts- und Anwaltsgebühren in einem gerichtlichen Verfahren?

Im gerichtlichen Verfahren gelten die Wertvorschriften, nach denen das Gericht seine Gebühren berechnet, auch sinngemäß für die anwaltliche Tätigkeit.

2. Was gilt, wenn ein Anwalt verschiedene Ansprüche geltend macht?

Die Ansprüche werden zusammengezählt.

3. Nennen Sie eine Ausnahme vom Grundsatz der Zusammenrechnung.

Die Hebegebühr.

4. Was gilt für den Gegenstandswert von Geldforderungen?

Maßgeblich ist die Hauptforderung ohne Nebenforderungen.

5. Welche Beispiele für Nebenforderungen kennen Sie?

Zinsen, Früchte, Nutzungen und Kosten.

6. Rechtsanwalt Fichte macht für Mahler drei Monate Mietzins geltend. Die Miete beträgt 500 € pro Monat. Wie hoch ist der Gegenstandswert?

3 · 500 € = 1.500 €

7. Rechtsanwalt Fichte vertritt Mahler in einer Räumungsklage. Die monatliche Miete beträgt 500 € zuzüglich 150 € Nebenkostenvorauszahlung. Wie hoch ist der Gegenstandswert?

Der Gegenstandswert ist der Jahresmietzins ohne Nebenkostenvorauszahlung, also 6.000 €.

8. Wie Frage 7, aber: Rechtsanwalt Fichte macht gleichzeitig die noch ausstehende Miete für vier Monate geltend. Wie hoch ist der Gegenstandswert?

6.000 € + 2.000 € = 8.000 €.

9. Die Parteien streiten sich darüber, zu welchem Zeitpunkt eine ausgesprochene Kündigung wirksam geworden ist. Mahler vertritt die Ansicht, er könne noch 1 ½ Jahre länger in der Wohnung bleiben. Wie hoch ist der Gegenstandwert bei einer monatlichen Miete von 500 € zuzüglich 100 € Nebenkostenvorauszahlung?

12 · 500 € = 6.000 €.

10. Wie Frage 9, aber: Die Parteien streiten sich nur um ein halbes Jahr. Wie hoch ist der Gegenstandswert?

6 · 500 € = 3.000 €.

11. Es geht in einem Rechtsstreit um eine Mieterhöhung von 550 € auf 600 €. Wie hoch ist der Gegenstandswert?

Der Jahresbetrag der zusätzlich geforderten Miete, also 600 €.

12. Welcher Gegenstandswert gilt bei Unterhaltsansprüchen?

Der zusammengerechnete Jahresbetrag.

13. Was gilt, wenn bis zur Klageerhebung Rückstände aufgelaufen sind?

Sie werden hinzugezählt.

14. RA Fichte klagt für Mahler dessen Unterhaltsansprüche und die des ehelichen Kindes für einen Zeitraum von vier Monaten ein. Wie hoch ist der Gegenstandswert?

Für jeden vier Monatsbeträge.

15. Wie bemisst sich der Gegenstandswert bei Klage und Widerklage?

- ▶ Beziehen sich Klage und Widerklage auf denselben Streitgegenstand, so ist der Gegenstandswert der einfache (höchste) Wert.
- ▶ Betreffen Klage und Widerklage verschiedene Gegenstände, so ist der Gegenstandswert die Summe der Gegenstände.

3. Die Regelgebühren in gerichtlichen Verfahren

Bereits an dieser Stelle sei auf die Regelgebühren in gerichtlichen Verfahren eingegangen. Zwar finden sich die Vorschriften erst im 3. Teil des RVG („Zivilsachen ..."), doch besitzen sie, wie sich schon aus der Überschrift ergibt, im Gebührenrecht eine zentrale Bedeutung.

3.1 Anwendungsbereich

Die in diesem Kapitel beschriebenen Gebühren gelten für

▸ **Zivilsachen** der **öffentlich-rechtlichen Gerichtsbarkeiten**

▸ für Verfahren nach dem **Strafvollzugsgesetz, auch in Verbindung mit § 92 des Jugendgerichtsgesetzes,** und **ähnliche** Verfahren

sowohl für den RA als **Prozessbevollmächtigten** als auch für seine Tätigkeit als **Beistand für einen Zeugen oder Sachverständigen.**

Damit gelten die nachfolgenden Gebühren **in allen Verfahren**, außer in den in Vorbemerkung 3.2.1 VV RVG genannten Verfahren. Die dort genannten Verfahren sollen mit der Tätigkeit eines Berufungsanwalts vergleichbar vergütet werden.

Zu den in diesem Kapitel **nicht** besprochenen Verfahren gehören die Verfahren vor den Finanzgerichten, Verfahren über Beschwerden gegen die den Rechtszug beendenden Entscheidungen in Verfahren über Anträge auf Vollstreckbarerklärung ausländischer Titel oder auf Erteilung der Vollstreckungsklausel zu ausländischen Titeln sowie Anträge auf Aufhebung oder Abänderung der Vollstreckbarerklärung oder Vollstreckungsklausel, Beschwerden gegen Endentscheidungen in Familiensachen und Angelegenheiten der freiwilligen Gerichtsbarkeit sowie gegen die den Rechtszug beendenden Entscheidungen im Beschlussverfahren vor den Gerichten der Arbeitssachen usw (siehe Vorbemerkung 3.2.1 VV RVG).

Die Regelgebühren in den gerichtlichen Verfahren sind die **Verfahrensgebühr** und die **Terminsgebühr.**

3.2 Die Verfahrensgebühr

Die Verfahrensgebühr entsteht für das Betreiben des Geschäfts einschließlich der Information.

Diese weit gefasste Formulierung wird in der nachfolgenden Tabelle präzisiert:

Instanz	Gebührentatbestand: Die Verfahrensgebühr erhält der RA	Gebührensatz/ Rechtsgrundlage
1. Instanz	▸ für die Vorbereitung und **Erhebung der Klage** sowie die **Fortführung des Prozesses** ▸ für **prozessbezogene Besprechungen** mit dem Mandanten, dem Gegner, mit Dritten und dem Gericht ▸ für den **Schriftverkehr** mit den Parteien, Dritten und dem Gericht ▸ für die **Einarbeitung** in den Prozessstoff ▸ vgl. im Übrigen § 19 RVG	**1,3** Nr. 3100 VV RVG (0,8 Nr. 3101 VV RVG bei vorzeitiger Beendigung)
Berufung und erstinstanzliches Verfahren vor dem FinG usw.	▸ für die **Einlegung der Berufung** und **Fortführung des Prozesses** ▸ zuzüglich der erstinstanzlich aufgeführten Tätigkeiten unter Vorbem. 3.2.1 VV RVG	**1,6** Nr. 3200 VV RVG (1,1 Nr. 3201 VV RVG bei vorzeitiger Beendigung)
Revision	▸ für die **Einlegung der Revision** und **Fortführung des Prozesses** ▸ zuzüglich der erstinstanzlich aufgeführten Tätigkeiten unter Vorbem. 3.2.2 VV RVG	a) **1,6** Nr. 3206 VV RVG (1,1 Nr. 3207 VV RVG bei vorzeitiger Beendigung)
	▸ wenn sich die Parteien nur durch einen beim Bundesgerichtshof zugelassenen Rechtsanwalt vertreten lassen können	b) **2,3** Nr. 3208 VV RVG (1,8 Nr. 3209 VV RVG bei vorzeitiger Beendigung)

3.3 Die Terminsgebühr

Die Terminsgebühr ist in der Vorbemerkung III des Vergütungsverzeichnisses wie folgt geregelt:

Die Terminsgebühr entsteht sowohl für die Wahrnehmung von **gerichtlichen Terminen** als auch für die Wahrnehmung von **außergerichtlichen Terminen und Besprechungen**, wenn nichts anderes bestimmt ist. Sie entsteht jedoch **nicht** für die Wahrnehmung eines gerichtlichen **Termins zur Verkündung einer Entscheidung**.

Die Gebühr für **außergerichtliche Termine** (also Termine ohne Beteiligung des Gerichts) entsteht für:

1. Die Wahrnehmung eines von einem **gerichtlich bestellten Sachverständigen** anberaumten Termins

2. die Mitwirkung an Besprechungen, die auf die **Vermeidung oder Erledigung des Verfahrens** gerichtet sind; dies gilt **nicht für die Besprechungen mit dem Auftraggeber.**

Es kommt nicht darauf an, ob im Termin Anträge gestellt werden oder erörtert wird, sondern darauf, ob der RA den Termin **wahrnimmt**. Aber auch darin erschöpft sich der Geltungsbereich der Terminsgebühr nicht.

Den jeweiligen Gebührensatz können Sie der nachfolgenden Tabelle entnehmen:

Instanz	Gebührentatbestand: Die Terminsgebühr erhält der RA	Gebührensatz/ Rechtsgrundlage
1. Instanz	▸ für die oben geschilderte Wahrnehmung der Termine ▸ für die Mitwirkung an einer Besprechung, die auf die Vermeidung oder Erledigung des Verfahrens gerichtet ist, ohne Beteiligung des Gerichts	**1,2** Vorbem. 3 Abs. 3, Nr. 3104 VV RVG
	▸ für die Wahrnehmung nur eines Termins bei Säumnis (siehe Kapitel „Sonderregelungen der Nr. 3105")	**0,5** **Nr. 3105 VV RVG**
Berufung und erstinstanzliches Verfahren vor dem Finanzgericht usw.	▸ für die **zweitinstanzliche** bzw. erstinstanzliche lt. Vorbem. 3.2.1 VV RVG Terminswahrnehmung	**1,2** Nr. 3202 VV RVG
	▸ für die Wahrnehmung nur eines Termins bei Säumnis des Berufungsklägers etc. (siehe Kapitel „Sonderregelungen der Nr. 3105")	**0,5** Nr. 3202 VV RVH
Revision	▸ für die **drittinstanzliche** Terminswahrnehmung bzw. Besprechungsmitwirkung	**1,5** Nr. 3210 VV RVG
	▸ für die Wahrnehmung nur eines Termins bei Säumnis des Revisionsklägers etc. (siehe Kapitel „Sonderregelungen der Nr. 3105")	**0,8** Nr. 3211 VV RVG

Die volle Terminsgebühr beträgt also sowohl in der ersten als auch in der zweiten Instanz 1,2.

Übrigens: Was bedeutet eigentlich **verhandeln**? Gebührenrechtlich liegt eine „Verhandlung" nicht vor, wenn die Parteien den Prozessgegenstand besprechen (dann „erörtern" sie den Streitstoff), sondern wenn sie im Haupttermin **Anträge zur Hauptsache** stellen (in der Regel Klageantrag und Klageabweisungsantrag)! (§ 137 Abs. 1 ZPO)

Verhandeln kann jeder, der postulationsfähig ist. Die **Postulationsfähigkeit (Verhandlungsfähigkeit)** besitzt grundsätzlich jede prozessfähige, d. h. prozessual geschäftsfähige Person, jedoch nicht im **Anwaltsprozess**. Vor den **Land-** und den **Oberlandesgerichten** müssen sich die Parteien durch einen Rechtsanwalt vertreten lassen. Vor dem Bundesgerichtshof müssen sich die Parteien durch einen bei dem **Bundesgerichtshof** zugelassenen Rechtsanwalt vertreten lassen (§ 78 ZPO).

3.4 Die Regelgebühren in Beispielen

Beispiele

Beispiel 1 – Klage und Rücknahme:
RA Fichte reicht für Mahler auftragsgemäß Klage gegen Berger ein. Auf den Schriftsatz des Gegners hin nimmt RA Fichte auftragsgemäß die Klage wieder zurück.

Kostenrechnung für RA Fichte:
1,3 Verfahrensgebühr, Nr. 3100 VV RVG
zuzüglich Postentgelte, Nr. 7002 VV RVG und USt, Nr. 7008 VV RVG

Beispiel 2 – Das ganze Verfahren:
RA Fichte reicht für Mahler auftragsgemäß Klage gegen Berger über 10.000 € ein. Nach einer erfolglosen Erörterung im Gütetermin, zwei streitigen mündlichen Verhandlungen und einer Beweisaufnahme mit Weiterverhandlung ergeht ein Urteil.

Kostenrechnung für RA Fichte:

Gegenstandswert: 10.000 €	
1,3 Verfahrensgebühr, Nr. 3100 VV RVG	725,40 €
1,2 Terminsgebühr, Nr. 3104 VV RVG	669,60 €
Postentgelte, Nr. 7002 VV RVG	20,00 €
Zwischensumme netto	1.415,00 €
19 % USt, Nr. 7008 VV RVG	268,85 €
Summe brutto	**1.683,85 €**

Da nach § 15 Abs. 2 Satz 1 RVG der Rechtsanwalt die Gebühren in derselben Angelegenheit nur einmal fordern kann, entsteht nur eine Terminsgebühr, unabhängig davon, wie oft verhandelt oder erörtert worden ist.

Beispiel 3 – Anwaltswechsel:
RA Fichte reicht für Mahler auftragsgemäß Klage gegen Berger über 2.000 € ein. Nach einer erfolglosen Erörterung im Gütetermin und zwei streitigen mündlichen Verhandlungen beendet Mahler das Mandat und wechselt zu RA Kiefer. Dieser meldet sich als neuer Prozessbevollmächtigter für Mahler bei Gericht und nimmt schriftsätzlich zur Sach- und Rechtslage Stellung. Nach einer Beweisaufnahme ergeht ein Urteil. Kostenrechnungen für beide Rechtsanwälte?

Kostenrechnungen für Rechtsanwälte Fichte und Kiefer:

Gegenstandswert: 2.000 €	
1,3 Verfahrensgebühr, Nr. 3100 VV RVG	195,00 €
1,2 Terminsgebühr, Nr. 3104 VV RVG	180,00 €
Postentgelte, Nr. 7002 VV RVG	20,00 €
Zwischensumme netto	395,00 €
19 % USt, Nr. 7008 VV RVG	75,05 €
Summe brutto	**470,05 €**

Für beide Rechtsanwälte sind dieselben Gebühren angefallen: Für RA Fichte die Verfahrensgebühr wegen der Klageeinreichung und für RA Kiefer wegen der Fortführung des Prozesses. Die Wahrnehmung des Erörterungstermins und der Verhandlungstermine wird für RA Fichte mit der Terminsgebühr abgegolten. Für RA Kiefer entsteht die Terminsgebühr deshalb, weil er den Beweistermin wahrgenommen hat.

Beispiel 4 – Anerkenntnis:
Klage durch RA Fichte über 3.000 € gegen Berger. Im ersten Termin erkennt Berger den Anspruch gänzlich an.

Gegenstandswert: 3.000 €	
1,3 Verfahrensgebühr, Nr. 3100 VV RVG	261,30 €
1,2 Terminsgebühr, Nr. 3104 VV RVG	241,20 €
Postentgelte, Nr. 7002 VV RVG	20,00 €
Zwischensumme netto	522,50 €
19 % USt, Nr. 7008 VV RVG	99,28 €
Summe brutto	**621,78 €**

Wird in einem Termin antragsgemäß ein **Anerkenntnisurteil** verkündet, entsteht für beide beteiligten Rechtsanwälte **erst-** und **zweitinstanzlich** eine reguläre **1,2 Terminsgebühr** gem. Nr. 3104 bzw. Nr. 3202 VV RVG. In der **Revision** beträgt der Gebührensatz **1,5** (Nr. 3210 VV RVG).

Beispiel 5 – Teilanerkenntnis:
RA Fichte erhebt für Mahler Klage gegen Berger, der durch RA Kirschbaum vertreten wird, über 5.000 €. Im Termin erkennt der Beklagte einen Teilbetrag von 1.000 € an und insoweit ergeht ein Teilanerkenntnisurteil. Im Übrigen verhandeln die Parteien streitig zur Sache. Nach einer Beweisaufnahme mit Weiterverhandlung ergeht ein Urteil. Kostenrechnungen für beide Rechtsanwälte?

Kostenrechnungen für beide Rechtsanwälte:

Gegenstandswert: 5.000 €	
1,3 Verfahrensgebühr, Nr. 3100 VV RVG	393,90 €
1,2 Terminsgebühr, Nr. 3104 VV RVG	363,60 €
Postentgelte, Nr. 7002 VV RVG	20,00 €
Zwischensumme netto	777,50 €
19 % USt, Nr. 7008 VV RVG	147,73 €
Summe brutto	**925,23 €**

Beispiel 6 – Außergerichtliche Besprechung:
RA Fichte verklagt im Auftrag von Mahler den sich hartnäckig sträubenden Berger, einen Schaden von 500 € zu begleichen. Nach Zustellung der Klage telefoniert RA Fichte mit Berger und erörtert mit ihm die Sach- und Rechtslage. Er kann Berger von der Aussichtslosigkeit des Klageabweisungsantrags überzeugen, sodass Berger noch vor dem Termin die Klageforderung begleicht. Die Parteien erklären den Rechtsstreit schriftsätzlich übereinstimmend für erledigt.

Eine gerichtliche Wahrnehmung des Termins lag nicht vor, wohl aber eine Besprechung mit dem Ziel einer Erledigung des Verfahrens. Also entsteht für RA Fichte insoweit auch eine Terminsgebühr nach Vorbemerkung 3 Abs. 3 Nr. 2 VV RVG (s. auch oben die Tabelle zur Terminsgebühr).

Kostenrechnung für RA Fichte:

Gegenstandswert: 500 €	
1,3 Verfahrensgebühr, Nr. 3100 VV RVG	58,50 €
1,2 Terminsgebühr, Nr. 3104 VV RVG	54,00 €
Postentgelte, Nr. 7002 VV RVG	20,00 €
Zwischensumme netto	132,50 €
19 % USt, Nr. 7008 VV RVG	25,18 €
Summe brutto	**157,68 €**

Beispiel 7 – Berufung:
RA Fichte geht für Mahler über 20.000 € in die Berufung. Nach einer streitigen mündlichen Verhandlung ergeht ein Urteil.

Kostenrechnung für Rechtsanwalt Fichte:

1,6 Verfahrensgebühr, Nr. 3200 VV RVG	1.187,20 €
1,2 Terminsgebühr, Nr. 3202 VV RVG	890,40 €
Postentgelte, Nr. 7002 VV RVG	20,00 €
Zwischensumme netto	2.097,60 €
19 % USt, Nr. 7008 VV RVG	398,54 €
Summe brutto	**2.496,14 €**

Kein Problem mit dieser Kostenrechnung: Die Terminsgebühr hat die Höhe der ersten Instanz, jedoch mit anderer Nummer aus dem VV RVG, die Verfahrensgebühr erhöht sich auf 1,6 gemäß Nr. 3200 VV RVG.

Beispiel 8 – Revision:
Der beim BGH zugelassene RA Erle geht für Mahler gegen ein Urteil des OLG in die Revision wegen einer Forderungssumme von 100.000 €. Nach einer Erörterung und einer streitigen mündlichen Verhandlung ergeht ein Urteil.

Auch mit dieser Kostenrechnung gibt es eigentlich kein Problem. Sie müssen nur berücksichtigen, dass dann, wenn sich die Parteien – wie im vorliegenden Fall – im Verfahren nur durch einen beim Bundesgerichtshof zugelassenen Rechtsanwalt vertreten lassen können, die Verfahrensgebühr 2,3 beträgt.

Kostenrechnung für Rechtsanwalt Erle:

2,3 Verfahrensgebühr, Nr. 3208 VV RVG	3.456,90 €
1,5 Terminsgebühr, Nr. 3210 VV RVG	2.254,50 €
Postentgelte, Nr. 7002 VV RVG	20,00 €
Zwischensumme netto	5.731,40 €
19 % USt, Nr. 7008 VV RVG	1.088,97 €
Summe brutto	**6.820,37 €**

3.5 Die vorzeitige Beendigung des Auftrags

Bei einer **vorzeitigen Beendigung** des Prozessauftrages oder einer eingeschränkten Tätigkeit des RA reduziert sich die Verfahrensgebühr gemäß nachfolgender Tabelle je nach Instanz nach unterschiedlichen Nummern des Vergütungsverzeichnisses:

Nr. VV RVG und Instanz	Tatbestand: vorzeitige Beendigung oder eingeschränkte Tätigkeit	Gebühren-satz
1. Instanz (beabsichtigtes Klageverfahren) Nr. 3101 VV RVG	1. Endigt der Auftrag, bevor der Rechtsanwalt die Klage, den ein Verfahren einleitenden Antrag oder einen Schriftsatz, der Sachanträge, Sachvortrag, die Zurücknahme der Klage oder die Zurücknahme des Antrags enthält, eingereicht oder bevor er für seine Partei einen Termin wahrgenommen hat	0,8
	2. soweit Verhandlungen vor Gericht zur Einigung der Parteien oder der Beteiligten oder mit Dritten über in diesem Verfahren nicht rechtshängige Ansprüche geführt werden; der Verhandlung über solche Ansprüche steht es gleich, wenn beantragt ist, eine Einigung zu Protokoll zu nehmen oder das Zustandekommen einer Einigung festzustellen (§ 278 Abs. 6 ZPO); oder	
	3. soweit in einer Familiensache, die nur die Erteilung einer Genehmigung oder die Zustimmung des Familiengerichts zum Gegenstand hat, oder in einem Verfahren der freiwilligen Gerichtsbarkeit lediglich ein Antrag gestellt und eine Entscheidung entgegengenommen wird, die Gebühr 3100 beträgt	
2. Instanz (Berufung) Nr. 3201 VV RVG	Die Gebühr 3200 beträgt .... Eine **vorzeitige Beendigung** liegt vor, 1. wenn der Auftrag endigt, bevor der Rechtsanwalt das Rechtsmittel eingelegt oder einen Schriftsatz, der Sachanträge, Sachvortrag, die Zurücknahme der Klage oder die Zurücknahme des Rechtsmittels enthält, eingereicht oder bevor er für seine Partei einen Termin wahrgenommen hat, oder	1,1

Nr. VV RVG und Instanz	Tatbestand: vorzeitige Beendigung oder eingeschränkte Tätigkeit	Gebühren-satz
	2. soweit Verhandlungen vor Gericht zur Einigung der Parteien oder der Beteiligten oder mit Dritten über in diesem Verfahren nicht rechtshängige Ansprüche geführt warden; der Verhandlung über solche Ansprüche steht es gleich, wenn beantragt ist, eine Einigung zu Protokoll zu nehmen oder das Zustandekommen einer Einigung festzustellen (§ 278 Abs. 6 ZPO)	
	Eine eingeschränkte Tätigkeit liegt vor, wenn der RA lediglich tätig wird:	
	1. in einer Familiensache, die nur die Erteilung einer Genehmigung oder die Zustellung des Familiengerichts zum Gegenstand hat, oder	
	2. in einer Angelegenheit der freiwilligen Gerichtsbarkeit im Hinblick auf die Einlegung und Begründung des Rechtsmittels und die Entgegennahme der Rechtsmittelentscheidung.	
3. Instanz (Revision) Nr. 3207 VV RVG	Vorzeitige Beendigung des Auftrags oder eingeschränkte Tätigkeit des RA: Die Gebühr 3206 beträgt	**1,1**

Eine vorzeitige Beendigung des Auftrages kann eintreten durch:

► **Erledigung** der Angelegenheit, z. B. durch Zahlung, Fristablauf usw.

► **Kündigung** des Auftrages durch den Auftraggeber oder den RA

► **Tod** des RA oder des Auftraggebers (aber § 672 BGB: im Zweifel nein!).

Beispiel

RA Fichte erhält von Mandant Mahler einen Klageauftrag über 5.000 € gegen Berger. Während Fichte die Klage formuliert, teilt ihm Mahler telefonisch mit, dass der Gegner zwischenzeitlich die Forderung beglichen habe.

Kostenrechnung für RA Fichte:

0,8 Verfahrensgebühr, Nr. 3101 VV RVG	242,40 €
Gegenstandswert: 5.000 €	
Postentgelte, Nr. 7002 VV RVG	20,00 €
Zwischensumme netto	262,40 €
19 % USt, Nr. 7008 VV RVG	49,86 €
Summe brutto	**312,26 €**

Hier wurde der Prozessauftrag vorzeitig, d. h. vor Klageeinreichung, beendet.

Vorzeitige Beendigung der Berufung:

Der gegnerische RA legt gegen die erstinstanzliche Verurteilung zur Zahlung von 9.000 € Berufung ein. RA Fichte bestellt sich im Berufungsverfahren. Der gegnerische RA nimmt die Berufung zurück.

Kostenrechnung für RA Fichte:

1,1 Verfahrensgebühr Nr. 3201 VV RVG	557,70 €
Gegenstandswert: 9.000 €	
Postentgelte, Nr. 7002 VV RVG	20,00 €
	577,70 €
19 % USt, Nr. 7008 VV RVG	109,77 €
Summe brutto	**687,46 €**

RA Fichte erhält von Mandant Mahler den Auftrag, wegen 6.000 € gegen das erstinstanzliche Urteil in die Berufung zu gehen. Nach Einreichung der Berufung bei Gericht teilt ihm Mahler telefonisch mit, dass er zwischenzeitlich mit dem Gegner eine anderweitige Einigung erzielt habe.

Kostenrechnung für RA Fichte:

1,6 Verfahrensgebühr, Nr. 3200 VV RVG	566,40 €
Gegenstandswert: 6.000 €	
Postentgelte, Nr. 7002 VV RVG	20,00 €
Zwischensumme netto	586,40 €
19 % USt, Nr. 7008 VV RVG	111,42 €
Summe brutto	**697,82 €**

Da die Berufung eingelegt wurde, liegt hier kein Fall der vorzeitigen Beendigung nach Nr. 3201 VV RVG vor.

3.6 Die Terminsgebühr im schriftlichen Verfahren

Unter besonderen Voraussetzungen kann der Richter auch ohne vorherige mündliche Verhandlung ein Urteil erlassen. Werden schriftsätzlich widerstreitende Anträge angekündigt und ergeht dann ein Urteil (z. B. mit Zustimmung der Parteien), so können die beteiligten Rechtsanwälte neben der 1,3 Verfahrensgebühr nach Nr. 3100 VV RVG noch eine **1,2 Terminsgebühr nach Nr. 3104 Abs. 1 Nr. 1 VV RVG** berechnen.

Beispiel

Rechtsanwalt Fichte erhebt für Mahler Klage gegen Berger auf Zahlung von 500 €. Der Beklagte, der von Rechtsanwalt Kirschbaum vertreten wird, kündigt einen Klageabweisungsantrag an. Beide Parteien sind mit einer Entscheidung im schriftlichen Verfahren einverstanden. Es ergeht ein klageabweisendes Urteil. Wie lauten die Kostenrechnungen für beide Prozessbevollmächtigten?

Die Kostenrechnungen lauten für beide Rechtsanwälte gleich

Gegenstandswert: 500 €	
1,3 Verfahrensgebühr, Nr. 3100 VV RVG	58,50 €
1,2 Terminsgebühr, Nr. 3104 Abs. 1 Nr. 1 VV RVG	54,00 €
Postentgelte, Nr. 7002 VV RVG	20,00 €
Zwischensumme netto	132,50 €
19 % USt, Nr. 7008 VV RVG	25,18 €
Summe brutto	**157,68 €**

3.7 Die Berechnung des Gegenstandswertes bei Erhöhung oder Ermäßigung

Häufig tauchen in der Praxis – aber auch in der schriftlichen und mündlichen Prüfung – Kostenrechtsfälle auf, in denen sich der Gegenstandswert im Verlauf des Zivilprozesses erhöht oder ermäßigt. Dann ist sorgfältig zu ermitteln, von welchem Gegenstandswert bei welcher Regelgebühr auszugehen ist.

3.7.1 Die Verfahrensgebühr

Der Gegenstandswert für die Verfahrensgebühr setzt sich aus allen Ansprüchen zusammen, die im Laufe des Prozesses verlangt werden. Werden mehrere Ansprüche gleichzeitig oder nacheinander im Prozess geltend gemacht, so werden diese Ansprüche zusammengezählt.

 ACHTUNG

Wird im Verlauf des Prozesses der geltend gemachte Anspruch **ermäßigt**, so zählt diese Ermäßigung nicht mit. Erhöhungen werden jedoch addiert (§ 15 Abs. 4 RVG).

Beispiel

Klage, Rücknahme, Erhöhung:
Klage über 10.000 €, im ersten Termin Rücknahme von 2.000 € mit anschließender streitiger mündlicher Verhandlung über den Rest, im zweiten Termin Erhöhung der Klage um 3.000 €.

Die zurückgenommenen 2.000 € zählen bei der Bemessung des Gegenstandswertes nicht mit. Hierüber ist die Verfahrensgebühr bereits mit Klageeinreichung entstanden, und sie fällt insoweit auch nicht mehr nachträglich weg. Die Höhe des Gegenstandswertes errechnet sich also für die Verfahrensgebühr wie folgt:
10.000 € + 3.000 € = 13.000 €.

3.7.2 Die Terminsgebühr

Maßgeblich für die Höhe des Gegenstandswertes bei der Terminsgebühr sind alle Ansprüche, die der RA im Termin vertreten bzw. wegen derer er eine Besprechung mit der Gegenseite zwecks Einigung geführt hat. **Mehrere Ansprüche** werden zusammengezählt, auch dann, wenn sie verschiedene Streitgegenstände betreffen und die Terminsgebühr in unterschiedlichen Terminen oder Besprechungen angefallen ist.

Beispiele

Beispiel 1 – Klage, Ermäßigung, Erörterung:
Klage über 10.000 €, nach Zustellung Ermäßigung der Klage um 2.000 €, nach erfolglosem Gütetermin streitige mündliche Verhandlung.

Die Verfahrensgebühr ist hier in Höhe von 10.000 €, die Terminsgebühr über 8.000 € angefallen.

Beispiel 2 – Klage, Verhandlung, Ermäßigung, Verhandlung:
Klage über 10.000 €. Ein Gütetermin bleibt erfolglos, streitige mündliche Verhandlung, Ermäßigung um 4.000 €, streitige mündliche Verhandlung über den Rest.

Es wurden Ansprüche in Höhe von insgesamt 10.000 € in den Terminen vertreten. Werden einzelne Ansprüche in unterschiedlichen Terminen mehrfach besprochen, spielt das keine Rolle. Die Termingebühr entsteht nur einmal. In Rechnung gestellt wird also eine 1,2 Terminsgebühr von einem Gegenstandswert über 10.000 €.

Beispiel 3 – Erhöhung:

Klage über 5.000 €, Gütetermin, streitige mündliche Verhandlung, Erhöhung der Klage um 2.000 €, streitige mündliche Verhandlung.

Der Gegenstandswert für die Terminsgebühr beträgt 7.000 €.

Beispiel 4 – Ermäßigung und Erhöhung:

Klage in Höhe von 2.000 € wegen rückständiger Miete, 1.000 € Kaufpreisforderung und 2.000 € wegen eines Schadensersatzanspruchs aus unerlaubter Handlung. Es folgt eine streitige mündliche Verhandlung über alle Forderungen. Nach Zahlung des Schadensersatzanspruchs, Erledigungserklärung hierüber und streitiger Verhandlung über die Restforderung macht der Kläger eine Schmerzensgeldforderung in Höhe von 4.000 € geltend. Die Parteien verhandeln streitig über alle rechtshängigen Ansprüche.

Hier belaufen sich die Gegenstandswerte sowohl für die Verfahrens- als auch für die Terminsgebühr auf insgesamt 9.000 €.

3.8 Prüfungsfragen

1. **Nennen Sie die Regelgebühren in gerichtlichen Verfahren.**

   Regelgebühren in gerichtlichen Verfahren sind die Verfahrensgebühr und die Terminsgebühr.

2. **Für welche Rechtsstreitigkeiten regelt der 3. Teil des VV RVG die Gebühren?**

   Der 3. Teil der VV RVG regelt die Gebühren für:

   - Zivilsachen

   - für Verfahren der öffentlich-rechtlichen Gerichtsbarkeiten

   - für Verfahren nach dem Strafvollzugsgesetz, auch in Verbindung mit § 92 des Jugendgerichtsgesetzes und ähnliche Verfahren

   - sowohl für den RA als Prozessbevollmächtigten als auch für seine Tätigkeit als Beistand für einen Zeugen oder Sachverständigen.

3. **Kann die Verfahrensgebühr in einer Instanz für denselben Rechtsanwalt mehrmals entstehen?**

   Der Rechtsanwalt kann die Gebühren in derselben Angelegenheit und demselben Rechtszug grundsätzlich nur einmal fordern.

4. **Wofür entsteht nach den VV RVG die Verfahrensgebühr?**

   Die Verfahrensgebühr entsteht für das Betreiben des Geschäfts einschließlich der Information.

5. In welcher Höhe entsteht die Verfahrensgebühr

a) in der ersten Instanz?

In der ersten Instanz entsteht eine 1,3 Verfahrensgebühr.

b) in der zweiten Instanz?

In der zweiten Instanz eine 1,6 Verfahrensgebühr.

c) in der dritten Instanz?

In der dritten Instanz eine 1,6 oder, wenn sich die Parteien nur durch einen beim BGH zugelassenen Rechtsanwalt vertreten lassen können, eine 2,3 Verfahrensgebühr.

6. Nennen Sie ein Beispiel für eine 0,8 Verfahrensgebühr.

Der Auftrag endigt, bevor der RA die Klage eingereicht hat.

7. Wofür entsteht nach den VV RVG die Terminsgebühr?

Die Terminsgebühr entsteht für die Wahrnehmung von gerichtlichen Terminen (keine Verkündungstermine), für die Wahrnehmung eines von einem gerichtlich bestellten Sachverständigen anberaumten außergerichtlichen Termins sowie für die Mitwirkung an auf die Vermeidung oder die Erledigung des Verfahrens gerichteten Besprechungen auch ohne Beteiligung des Gerichts. Dies gilt nicht für Besprechungen mit dem Auftraggeber.

8. Was bedeutet „verhandeln"?

Die Parteien verhandeln, wenn sie im Haupttermin Anträge zur Hauptsache stellen.

9. Was heißt „streitig" verhandeln? Nennen Sie ein Beispiel.

Wenn Parteien streitig verhandeln, stellen sie widersprechende Anträge, z. B. einen Klageantrag und einen Klagabweisungsantrag.

10. Wer besitzt die „Postulationsfähigkeit"?

Die Postulationsfähigkeit oder auch Verhandlungsfähigkeit besitzt grundsätzlich jede prozessfähige, d. h. prozessual geschäftsfähige Person.

11. Wann besitzt eine Partei die „Postulationsfähigkeit" nicht?

Eine Partei besitzt keine Postulationsfähigkeit im Anwaltsprozess, z. B. in Prozessen vor dem Landgericht.

12. Wie berechnet sich der Gegenstandswert für die Verfahrensgebühr, wenn der Kläger mehrere Ansprüche geltend macht?

Die Ansprüche werden zusammengezählt.

13. Wie berechnet sich der Gegenstandswert für die Terminsgebühr, wenn der Kläger mehrere Ansprüche geltend macht?

Die Ansprüche werden nur zusammengezählt, wenn der RA wegen der unterschiedlichen Ansprüche jeweils auch entsprechend tätig geworden ist, d. h. einen Gerichts- oder Sachverständigentermin wahrgenommen hat oder eine Besprechung mit dem Gegner zur Vermeidung oder Erledigung des Verfahrens geführt hat.

4. Die Geschäftsgebühr gem. Nr. 2300 VV RVG

4.1 Begriff und Anwendbarkeit

Nach Vorbemerkung 2.3 Abs. 3 VV RVG entsteht die **Geschäftsgebühr** für das **Betreiben des Geschäfts** einschließlich der Information und für die **Mitwirkung bei der Gestaltung eines Vertrags**.

Nach der Systematik des Gesetzgebers gehört die **Geschäftsgebühr, die alle in einer Angelegenheit anfallenden außergerichtlichen Tätigkeiten abdeckt**, vor die Gebühren in gerichtlichen Verfahren. Es gibt nach dem RVG keine Besprechungsgebühr. Durch **Besprechungen** oder **Beweisaufnahmetermine** kann lediglich der Gebührenrahmen erhöht werden (§ 14 RVG), wenn kein Prozessauftrag vorliegt.

4.2 Berechnung der Geschäftsgebühr

4.2.1 Grundlagen

In Nr. 2300 VV RVG ist eine **Rahmengebühr (Gebührensatzrahmengebühr)** geregelt, deren Rahmen **0,5 (Mindestgebühr)** bis **2,5 (Höchstgebühr)** beträgt. Bei der Bestimmung der konkreten Höhe des Gebührensatzes sind alle in **§ 14 RVG** genannten Umstände zu berücksichtigen, nämlich

1. der **Umfang** der Angelegenheit,
2. die **Schwierigkeit** der anwaltlichen Tätigkeit,
3. die **Bedeutung** der Angelegenheit,
4. die **Einkommens- und Vermögensverhältnisse** des Auftraggebers und
5. ein **besonderes Haftungsrisiko** des RA.

Eine Mittelgebühr würde hier also eigentlich 1,5 betragen. Nun hat jedoch der Gesetzgeber systemwidrig zwei weitere Kriterien eingeführt:

Nach der **Anmerkung zu Nr. 2300 VV RVG** kann eine Gebühr von mehr als 1,3 nur gefordert werden, wenn die Tätigkeit **umfangreich** oder **schwierig** war.

TIPP

Hier ist also folgendermaßen vorzugehen: Ausgehend von einer Mittelgebühr von 1,5 wird zunächst geprüft, ob diese Gebühr nach den in § 14 RVG genannten Kriterien erhöht oder verringert werden muss. Gelangt man zu einer Mittelgebühr von 1,5, so ist diese **auf 1,3 zu begrenzen**, wenn die Tätigkeit des RA nicht umfangreich oder nicht schwierig war. Diese **Kappungsgrenze** bzw. **Schwellengebühr** wurde vom Gesetzgeber deshalb eingeführt, weil er der Meinung war, dass eine durchschnittliche Angelegenheit nur dann zu einem Gebührensatz von über 1,3 führen dürfe, wenn die Tätigkeit des RA im Hinblick auf Umfang und Schwierigkeit über dem Durchschnitt liegt.

Beispiele

Durchschnittliche Tätigkeit:
Mandant Mahler bittet RA Fichte, ihn wegen einer Kaufpreisforderung gegen Berger in Höhe von 2.000 € zu vertreten. Er ist sich noch nicht schlüssig, ob er das Prozessrisiko eingehen will. Er bittet RA Fichte, zunächst mit Berger eine außergerichtliche Klärung herbeizuführen. Nach einem anwaltlichen Aufforderungsschreiben und zwei Telefonaten mit Berger zahlt dieser. Die Sache ist von mittlerem Umfang und ohne besondere Schwierigkeit.

Gegenstandswert: 2.000 €	
1,3 Geschäftsgebühr, Nr. 2300 VV RVG	195,00 €
Postentgelte, Nr. 7002 VV RVG	20,00 €
Zwischensumme netto	215,00 €
19 % USt, Nr. 7008 VV RVG	40,85 €
Summe brutto	**255,85 €**

In dieser durchschnittlichen Angelegenheit ist wegen der beschriebenen Kappungsgrenze nur ein Gebührensatz von 1,3 anzusetzen.

Umfangreiche Sache:
Mandant Mahler bittet RA Fichte, ihn wegen einer Verkehrsunfallsache gegen Berger in Höhe von 10.000 € zu vertreten. Er ist sich noch nicht schlüssig, ob er das Prozessrisiko eingehen will, da es sich um eine sehr umfangreiche, tatsächlich und rechtlich schwierige Sache handelt. Er bittet RA Fichte, zunächst mit Berger eine außergerichtliche Klärung herbeizuführen. Nach einem anwaltlichen Aufforderungsschreiben, mehreren Telefonaten und einer gemeinsamen Besprechung mit dem Mandanten zahlt dieser.

Gegenstandswert: 10.000 €	
2,5 Geschäftsgebühr, Nr. 2300 VV RVG	1.395,00 €
Postentgelte, Nr. 7002 VV RVG	20,00 €
Zwischensumme netto	1.415,00 €
19 % USt, Nr. 7008 VV RVG	268,85 €
Summe brutto	**1.683,85 €**

Da es sich um eine sehr umfangreiche, tatsächlich und rechtlich schwierige Sache gehandelt hat, war die Höchstgebühr von 2,5 ansetzen.

An dieser Stelle sei insbesondere auf die Gebührenrechnung zum anwaltlichen Aufforderungsschreiben eingegangen.

4.2.2 Das anwaltliche Aufforderungsschreiben

Gehen wir einmal von folgendem Beispiel aus:

Beispiel

Anwaltliches Aufforderungsschreiben
Mandant Mahler bittet RA Fichte, ihn wegen einer Kaufpreisforderung gegen Berger in Höhe von 5.000 € zu vertreten. Seine eigenen Bemühungen, die Forderung einzuziehen, sind fruchtlos verlaufen. RA Fichte fordert den Gegner auf, die Forderung unverzüglich auszugleichen und setzt eine letzte Zahlungsfrist.

Kostenrechnung für RA Fichte:

Gegenstandswert: 5.000 €	
1,3 Geschäftsgebühr, Nr. 2300 VV RVG	393,90 €
Postentgelte, Nr. 7002 VV RVG	20,00 €
Zwischensumme netto	413,90 €
19 % USt, Nr. 7008 VV RVG	78,64 €
Summe brutto	**492,54 €**

4.2.3 Die vorzeitige Beendigung des Auftrags

Beispiel

Die vorzeitige Beendigung des Auftrags

Mandant Mahler bittet RA Fichte, gegen Berger wegen einer Kaufpreisforderung in Höhe von 2.500 € Klage einzureichen. RA Fichte fertigt die Klage an. Währenddessen meldet sich Mandant Mahler telefonisch und erklärt, dass der Gegner gerade die gesamte Forderung ausgeglichen habe.

Kostenrechnung für RA Fichte:

Gegenstandswert: 2.500 €

0,8 Verfahrensgebühr, Nr. 3101 VV RVG	160,80 €
Postentgelte, Nr. 7002 VV RVG	20,00 €
Zwischensumme netto	180,80 €
19 % USt, Nr. 7008 VV RVG	34,35 €
Summe brutto	**215,15 €**

4.3 Anrechnung

Vorbemerkung 3 Abs. 4 VV RVG **bestimmt:**

Kommt es nach Entstehung der **Geschäftsgebühr** in derselben Sache zu einem gerichtlichen Verfahren, so wird die Geschäftsgebühr zur Hälfte, jedoch höchstens mit einem Gebührensatz von **0,75**, auf die **Verfahrensgebühr** des gerichtlichen Verfahrens **angerechnet.**

Beispiel

Anrechnung zur Hälfte:

RA Fichte wird für Mahler gegen Berger in einer durchschnittlichen Angelegenheit tätig, die nicht umfangreich oder besonders schwierig ist. Nach einem anwaltlichen Aufforderungsschreiben und einem Telefonat beharrt Berger weiterhin auf seinem Standpunkt. Daraufhin reicht RA Fichte Klage ein. Nach einem erfolglosen Gütetermin verhandeln die Parteien streitig zur Sache. Es folgen eine Beweisaufnahme und ein Urteil. Gegenstandswert für die gerichtliche und außergerichtliche Tätigkeit von RA Fichte: 8.000 €. Wie lautet die Kostenrechnung?

Kostenrechnung für RA Fichte: Die außergerichtliche Tätigkeit

Gegenstandswert: 8.000 €

1,3 Geschäftsgebühr, Nr. 2300 VV RVG	592,80 €
Postentgelte, Nr. 7002 VV RVG	20,00 €
Zwischensumme netto	612,80 €
19 % USt, Nr. 7008 VV RVG	116,43 €
Summe brutto	**729,23 €**

Die gerichtliche Tätigkeit

Gegenstandswert: 8.000 €		
1,3 Verfahrensgebühr, Nr. 3100 VV RVG	592,80 €	
Anrechnung gem. Vorbem. 3 Abs. 4 VV RVG:		
- 0,65 Geschäftsgebühr, Nr. 2300 VV RVG	296,40 €	
Restl. Verfahrensgebühr, Nr. 3100 VV RVG		296,40 €
1,2 Terminsgebühr, Nr. 3104 VV RVG		547,20 €
Postentgelte, Nr. 7002 VV RVG		20,00 €
Zwischensumme netto		863,60 €
19 % USt, Nr. 7008 VV RVG		164,08 €
Summe brutto		**1.027,68 €**

Die Anrechnungsvorschrift der Vorbemerkung 3 Abs. 4 VV RVG führt dazu, dass sich die Verfahrensgebühr von 1,3 um die Hälfte auf 0,65 reduziert. **Gemäß § 15a RVG wäre im obigen Beispielfall aber auch folgende Anrechnung möglich:**

Die außergerichtliche Tätigkeit

Gegenstandswert: 8.000 €		
1,3 Geschäftsgebühr, Nr. 2300 VV RVG	592,80 €	
Anrechnung gem. Vorbem. 3 Abs. 4 VV RVG:		
- 0,65 Geschäftsgebühr, Nr. 2300 VV RVG	296,40 €	
Restl. Geschäftssgebühr, Nr. 2300 VV RVG		296,40 €
Postentgelte, Nr. 7002 VV RVG		20,00 €
Zwischensumme netto		316,40 €
19 % USt, Nr. 7008 VV RVG		60,12 €
Summe brutto		**376,52 €**

Die gerichtliche Tätigkeit

Gegenstandswert: 8.000 €	
1,3 Verfahrensgebühr, Nr. 3100 VV RVG	592,80 €
1,2 Terminsgebühr, Nr. 3104 VV RVG	547,20 €
Postentgelte, Nr. 7002 VV RVG	20,00 €
Zwischensumme netto	1.160,00 €
19 % USt, Nr. 7008 VV RVG	220,40 €
Summe brutto	**1.380,40 €**

Nun führt die Anrechnungsvorschrift der Vorbem. 3 Abs. 4 VV RVG dazu, dass sich die Geschäftsgebühr auf 0,65 reduziert. Ganz gleich, wie RA Fichte anrechnet, er kann für seine Tätigkeit 1.756,92 € abrechnen. **Wie er anrechnet, bleibt ihm überlassen.** In den weiteren Berechnungsbeispielen dieses Buchs wird aus Übersichtsgründen – wie im Kapitel zu § 15a RVG bereits gesagt – nur eine Anrechnungsmöglichkeit aufgezeigt.

Beispiel

Kappung der Anrechnung:
In obigem Beispiel ist bei der Geschäftsgebühr von einem Gebührensatz von 2,5 auszugehen, weil die Sache sehr umfangreich war.

Kostenrechnung für RA Fichte: Die außergerichtliche Tätigkeit

Gegenstandswert: 8.000 €	
2,5 Geschäftsgebühr, Nr. 2300 VV RVG	1.140,00 €
Postentgelte, Nr. 7002 VV RVG	20,00 €
Zwischensumme netto	1.160,00 €
19 % USt, Nr. 7008 VV RVG	220,40 €
Summe brutto	**1.380,40 €**

Die gerichtliche Tätigkeit

Gegenstandswert: 8.000 €		
1,3 Verfahrensgebühr, Nr. 3100 VV RVG	592,80 €	
Anrechnung gem. Vorbem. 3 Abs. 4 VV RVG:		
- 0,75 Geschäftsgebühr, Nr. 2300 VV RVG	342,00 €	
Restl. Verfahrensgebühr, Nr. 3100 VV RVG		250,80 €
1,2 Terminsgebühr, Nr. 3104 VV RVG		547,20 €
Postentgelte, Nr. 7002 VV RVG		20,00 €
Zwischensumme netto		818,00 €
19 % USt, Nr. 7008 VV RVG		155,42 €
Summe brutto		**973,42 €**

Nach Vorbemerkung 3 Abs. 4 muss die Geschäftsgebühr **höchstens zu 0,75 angerechnet** werden.

Höherer außergerichtlicher Gegenstandswert:
RA Fichte wird für Mahler gegen Berger in einer durchschnittlichen, nicht schwierigen und nicht umfangreichen Sache in Höhe von 15.000 € außergerichtlich tätig. Die Intervention von RA Fichte bleibt erfolglos und so reicht RA Fichte gegen Berger Klage ein auf Zahlung von 10.000 €. Nach einem erfolglosen Gütetermin, einer streitigen Verhandlung und einer Beweisaufnahme mit Weiterverhandlung ergeht ein Urteil.

Kostenrechnung für RA Fichte: Die außergerichtliche Tätigkeit

Gegenstandswert: 15.000 €	
1,3 Geschäftsgebühr, Nr. 2300 VV RVG	845,00 €
Postentgelte, Nr. 7002 VV RVG	20,00 €
Zwischensumme netto	865,00 €
19 % USt, Nr. 7008 VV RVG	164,35 €
Summe brutto	**1.029,35 €**

Die gerichtliche Tätigkeit

Gegenstandswert: 10.000 €

1,3 Verfahrensgebühr, Nr. 3100 VV RVG	725,40 €	
Anrechnung gem. Vorbem. 3 Abs. 4 VV RVG:		
- 0,65 Geschäftsgebühr, Nr. 2300 VV RVG	362,70 €	
Restl. Verfahrensgebühr, Nr. 3100 VV RVG		362,70 €
1,2 Terminsgebühr, Nr. 3104 VV RVG		669,60 €
Postentgelte, Nr. 7002 VV RVG		20,00 €
Zwischensumme netto		1.052,30 €
19 % USt, Nr. 7008 VV RVG		199,94 €
Summe brutto		**1.252,24 €**

Wird über einen **geringeren Gegenstandswert prozessiert** als außergerichtlich geltend gemacht, muss **nur über den niedrigeren Gegenstandswert eine Anrechnung vorgenommen werden** (im obigen Beispielfall also über 10.000 €), weil es in dem Verfahren ja nur hierum geht.

Beispiel

Niedrigerer außergerichtlicher Gegenstandswert:

RA Fichte wird für Mahler gegen Berger in einer Verkehrssache in Höhe von 10.000 € außergerichtlich tätig. Mehrere Aufforderungsschreiben von RA Fichte und die Besprechung der Sach- und Rechtslage mit dem Gegner bleiben erfolglos und so reicht RA Fichte gegen Berger Klage ein auf Zahlung von nunmehr 15.000 €. Nach einem erfolglosen Gütetermin, einer streitigen mündlichen Verhandlung und einer Beweisaufnahme mit Weiterverhandlung ergeht ein Urteil. Für die außergerichtliche Tätigkeit ist wegen des Umfangs und der Schwierigkeit ein Gebührensatz von 2,0 gerechtfertigt.

Kostenrechnung für RA Fichte: Die außergerichtliche Tätigkeit

Gegenstandswert: 10.000 €

2,0 Geschäftsgebühr, Nr. 2300 VV RVG	1.116,00 €
Postentgelte, Nr. 7002 VV RVG	20,00 €
Zwischensumme netto	1.136,00 €
19 % USt, Nr. 7008 VV RVG	215,84 €
Summe brutto	**1.351,84 €**

Die gerichtliche Tätigkeit

Gegenstandswert: 15.000 €		
1,3 Verfahrensgebühr, Nr. 3100 VV RVG	845,00 €	
Anrechnung gem. Vorbem. 3 Abs. 4 VV RVG:		
- 0,75 Geschäftsgebühr, Nr. 2300 VV RVG	418,50 €	
Restl. Verfahrensgebühr, Nr. 3100 VV RVG		426,50 €
1,2 Terminsgebühr, Nr. 3104 VV RVG		780,00 €
Postentgelte, Nr. 7002 VV RVG		20,00 €
Zwischensumme netto		1.226,50 €
19 % USt, Nr. 7008 VV RVG		233,04 €
Summe brutto		**1.459,54 €**

Die 2,0 Geschäftsgebühr muss lediglich zu einem Gebührensatz von **0,75** angerechnet werden.

Wird über einen **höheren Gegenstandswert prozessiert** als außergerichtlich geltend gemacht, muss nur nach dem **niedrigeren außergerichtlichen Gegenstandswert angerechnet** werden (im obigen Beispielfall also über 10.000 €), weil ja nur hierüber eine Geschäftsgebühr entstanden ist.

4.4 Schreiben einfacher Art

Beschränkt sich die Tätigkeit des Rechtsanwalts auf Mahnungen, Kündigungen oder Schreiben einfacher Art, die weder schwierige rechtliche Ausführungen noch größere sachliche Auseinandersetzungen enthalten, so erhält er nach **Nr. 2301 VV RVG nur eine 0,3 Geschäftsgebühr**. Nach der Anmerkung zur Nr. 2301 VV RVG handelt es sich dann um ein Schreiben einfacher Art, wenn dieses **weder schwierige rechtliche Ausführungen noch größere sachliche Auseinandersetzungen** enthält.

Im Gegensatz zur Geschäftsgebühr des 2300 VV RVG wird die Nr. 2301 VV RVG nur dann angewendet, wenn sich die Tätigkeit des Rechtsanwalts auf die Anfertigung der genannten einfachen Schreiben beschränkt. Ansonsten entsteht die Geschäftsgebühr nach Nr. 2300 VV RVG. Es kommt auf den **Inhalt des erteilten Auftrags** und nicht auf die tatsächlich ausgeführte Tätigkeit an, sodass die Regelung über Schreiben einfacher Art nicht gilt, wenn auftragsgemäß einem einfachen Schreiben anwaltliche Prüfungen oder Überlegungen vorausgegangen sind.

Bei einem gerichtlichen Verfahren in dieser Sache wird die Geschäftsgebühr zur Hälfte auf die Verfahrensgebühr des nachfolgenden gerichtlichen Verfahrens angerechnet.

4.5 Prüfungsfragen

1. Für welche Tätigkeit des RA entsteht die Geschäftsgebühr?

Die Geschäftsgebühr entsteht für das Betreiben des Geschäfts einschließlich der Information und für die Mitwirkung bei der Gestaltung eines Vertrags.

2. Was für eine Art von Gebühr ist die Geschäftsgebühr?

Die Geschäftsgebühr ist eine Rahmengebühr.

3. Nennen Sie den Gebührenrahmen für die Geschäftsgebühr.

0,5 bis 2,5.

4. Wie hoch ist in der Regel die Mittelgebühr bei der Geschäftsgebühr?

1,3.

5. Welche Umstände sind bei der Bemessung des Gebührensatzes für die Geschäftsgebühr zu berücksichtigen?

Zu berücksichtigen sind

- ► der Umfang der Angelegenheit,
- ► die Schwierigkeit der anwaltlichen Tätigkeit,
- ► die Bedeutung der Angelegenheit,
- ► die Einkommens- und Vermögensverhältnisse des Auftraggebers und
- ► ein besonderes Haftungsrisiko des RA.

6. Wann kann eine Gebühr von mehr als 1,3 nur gefordert werden?

Wenn die Tätigkeit umfangreich oder schwierig war.

7. Welche Besonderheit gilt für ein sich anschließendes gerichtliches Verfahren in Bezug auf die Geschäftsgebühr?

Die Geschäftsgebühr wird zur Hälfte auf die Verfahrensgebühr angerechnet, höchstens aber zu 0,75. Nach § 15a RVG kann der Rechtsanwalt allerdings wählen, welche Gebühr er in voller Höhe fordert.

8. Welche Arten des anwaltlichen Aufforderungsschreibens gibt es?

Das Aufforderungsschreiben mit und ohne Klageauftrag sowie das Aufforderungsschreiben mit Mahnbescheidsauftrag.

9. Wie lautet die Kostenrechnung bei einem anwaltlichen Aufforderungsschreiben?

1,3 Geschäftsgebühr, Nr. 2300 VV RVG Postentgelte, Umsatzsteuer.

10. Wie lautet die Kostenrechnung bei einem anwaltlichen Aufforderungsschreiben bei vorzeitiger Erledigung des Auftrags?

0,8 Verfahrensgebühr Nr. 3101 VV RVG, Postentgelte, Umsatzsteuer.

11. Welche Gebühr entsteht bei einem Schreiben einfacher Art?

Eine 0,3 Geschäftsgebühr nach Nr. 2301 VV RVG.

5. Allgemeine Gebühren

Dem VV RVG sind im Teil 1 „Allgemeine Gebühren" vorangestellt, die in gerichtlichen und außergerichtlichen Angelegenheiten entstehen können. Hierzu gehören die Einigungsgebühr, die Aussöhnungsgebühr, die Erledigungsgebühr und die Hebegebühr, aber auch die Erhöhung durch den Mehrvertretungszuschlag sowie die Zusatzgebühr für besonders umfangreiche Beweisaufnahmen.

5.1 Die Einigungsgebühr

Die Einigungsgebühr ist die Lieblingsgebühr des Gesetzgebers. Wer sich mit dem Gegner über Ansprüche einigt, hat einen wichtigen Beitrag zum Rechtsfrieden geleistet.

5.1.1 Grundlagen

Die außergerichtliche Einigungsgebühr ist in der **Nr. 1000 VV RVG** geregelt, weil die Nummern des Vergütungsverzeichnisses durchweg vierstellig sind und sie im ersten Teil (das ist die 1 der Nr.) ohne Abschnitt (also Abschnitt 0) steht. Sie ist die erste Gebühr des Vergütungsverzeichnisses. Da sie sich im ersten Teil „Allgemeine Gebühren" befindet, **kann diese Gebühr** wie die anderen Gebühren dieses Teils **neben den Gebühren der anderen Teile stehen** (Vorbem. 1 VV RVG). Mit diesem Standort wird zugleich die in der Gesetzesbegründung erwähnte gewandelte Auffassung über die Tätigkeit des heutigen RA hervorgehoben – weg vom Prozessjuristen hin zur vorsorgenden Rechtspflege.

Die **Einigungsgebühr** entsteht nach **Nr. 1000 Anmerkung 1 VV RVG** für die Mitwirkung beim Abschluss eines Vertrags, durch den

1. der **Streit** oder die **Ungewissheit** über ein Rechtsverhältnis **beseitigt** wird oder

2. die Erfüllung des Anspruchs bei gleichzeitigem vorläufigen Verzicht auf die gerichtliche Geltendmachung und, wenn bereits ein zur Zwangsvollstreckung geeigneter Titel vorliegt, bei gleichzeitigem vorläufigen Verzicht auf Vollstreckungsmaßnahmen geregelt wird **(Zahlungsvereinbarung)**.

Die Gebühr entsteht **nicht**, wenn sich der Vertrag ausschließlich auf ein **Anerkenntnis** oder einen **Verzicht** beschränkt.

Der Gebührensatz beträgt bei einer **außergerichtlichen Einigung 1,5**.

Für die Einigungsgebühr ist kein formeller Vergleich gem. § 779 BGB erforderlich. Der Begriff der Einigungsgebühr ist weiter gefasst. Es reicht der Abschluss eines **Vertrags** aus, der den Streit oder die Ungewissheit der Parteien über ein Rechtsverhältnis beseitigt. Deshalb löst etwa auch ein **Zwischenvergleich**, in dem sich die Parteien über den weiteren Verfahrensfortgang einigen (z. B. Einigung auf ein neutrales Sachverständigengutachten oder auf einen Gerichtsstand) die Einigungsgebühr aus. Natürlich führt auch ein formeller Vergleich zu einer Einigungsgebühr.

Die bloße Mitwirkung des Rechtsanwalts am Zustandekommen der Einigung reicht aus; es ist nicht erforderlich, dass der RA beim Abschluss des Einigungsvertrags auch selbst noch einmal anwesend ist. Allerdings muss seine Mitwirkung für den Einigungsvertrag **ursächlich** sein.

Prüfungsfalle beim **Gegenstandswert:** Maßgeblich für die Höhe der Einigungsgebühr ist nicht der Wert, auf den sich die Parteien in dem Vertrag geeinigt haben (das Ergebnis), sondern **das, was durch den Vergleich erledigt wird.** Handelt es sich um eine **Zahlungsvereinbarung,** so beträgt nach § 31b RVG der Gegenstandswert lediglich **20 % des Anspruchs.**

5.1.2 Die außergerichtliche Einigung

Wird eine Einigung außergerichtlich, also vor Einreichung eines Klageantrags geschlossen, so werden damit zugleich die Gerichte entlastet, weil sie vor einem möglicherweise aufwendigen und auf jeden Fall auch für den Staat teuren Prozess bewahrt werden.

Beispiel

RA Fichte wird für Mahler in einer durchschnittlichen, nicht umfangreichen oder schwierigen Sache außergerichtlich tätig. Nach Besprechungen mit beiden Parteien unterbreitet er ihnen einen schriftlichen Vergleichsvorschlag, der binnen eines Monats angenommen werden soll. Schon eine Woche später ruft Mahler den RA Fichte an und teilt ihm freudig mit, er habe bereits jetzt mit dem Gegner eine Einigung erzielt, der Vertrag sei gestern von beiden unterschrieben worden. Gegenstandswert: 3.000 €.

Kostenrechnung für RA Fichte:
Gegenstandswert: 3.000 €

1,3 Geschäftsgebühr, Nr. 2300 VV RVG	261,30 €
1,5 Einigungsgebühr, Nr. 1000 VV RVG	301,50 €
Postentgelte, Nr. 7002 VV RVG	20,00 €
Zwischensumme netto	82,80 €
19 % USt, Nr. 7008 VV RVG	110,73 €
Summe brutto	**693,53 €**

RA Fichte hat den Vergleichsvorschlag selbst entworfen und demgemäß bei der Einigung ursächlich mitgewirkt, selbst dann, wenn er beim Abschluss des Vergleichs nicht anwesend war.

Variante: Die außergerichtliche Einigung bei Prozessauftrag:
RA Fichte hat Prozessauftrag gegen Berger über 3.000 €. Er erzielt in einem Gespräch mit Berger eine Einigung, nach der dieser bereit ist, auf die Forderung 2.500 € zu zahlen und die Kosten zu übernehmen.

Die Terminsgebühr kann auch für die Mitwirkung an auf die Vermeidung oder Erledigung des Verfahrens gerichteten Besprechung ohne Beteiligung des Gerichts entstehen. In Beispiel 2 wird die Terminsgebühr sogar durch eine außergerichtliche Besprechung über Ansprüche ausgelöst, die noch gar nicht rechtshängig sind! Der RA will ja in dem Termin ein Verfahren vermeiden, und das soll nach dem Willen des Gesetzgebers dann auch mit einer Terminsgebühr belohnt werden. Ein Prozessauftrag muss allerdings vorliegen.

Kostenrechnung für RA Fichte:
Gegenstandswert: 3.000 €

0,8 Verfahrensgebühr, Nr. 3101 VV RVG	160,80 €
1,2 Terminsgebühr, Nr. 3104 VV RVG	241,20 €
1,5 Einigungsgebühr, Nr. 1000 VV RVG	301,50 €
Postentgelte, Nr. 7002 VV RVG	20,00 €
Zwischensumme netto	723,50 €
19 % USt, Nr. 7008 VV RVG	137,47 €
Summe brutto	**860,97 €**

Sind in einem gerichtlichen oder außergerichtlichen Vergleich keine anders lautenden Regelungen getroffen worden, so gelten die Kosten als **gegeneinander aufgehoben** (§ 98 ZPO).

5.1.3 Die Einigung in einem gerichtlichen Verfahren

Die Einigungsgebühr kann – wie beschrieben – **außergerichtlich**, aber auch in einem **gerichtlichen Verfahren** entstehen.

Wird die Einigung in einem gerichtlichen Verfahren (außer einem selbstständigen Beweisverfahren) über die **anhängigen Ansprüche** in der **ersten Instanz** geschlossen, beträgt der Gebührensatz **1,0 (Nr. 1003 VV RVG)** und in der zweiten und dritten Instanz 1,3 (Nr. 1004 VV RVG).

Beispiel

RA Fichte erhebt für Mahler Klage gegen Berger in Höhe von 3.000 €. Im Termin wird nach Erörterung ein Vergleich dahingehend geschlossen, dass Berger an Mahler zum Ausgleich der Klageforderung 2.000 € zahlt.

Kostenrechnung für RA Fichte:

Gegenstandswert: 3.000 €	
1,3 Verfahrensgebühr, Nr. 3100 VV RVG	261,30 €
1,2 Terminsgebühr, Nr. 3104 VV RVG	241,20 €
1,0 Einigungsgebühr, Nr. 1003 VV RVG	201,00 €
Postentgelte, Nr. 7002 VV RVG	20,00 €
Zwischensumme netto	723,50 €
19 % USt, Nr. 7008 VV RVG	137,47 €
Summe brutto	**860,97 €**

Die Ermäßigung des Gebührensatzes auf 1,0 gilt nach Nr. 1003 VV RVG auch, wenn ein Musterverfahren nach dem KapMuG, ein Verfahren vor dem Gerichtsvollzieher oder ein Verfahren über die **Prozesskostenhilfe** anhängig ist, soweit nicht lediglich Prozesskostenhilfe für ein selbstständiges Beweisverfahren oder die gerichtliche Protokollierung des Vergleichs beantragt wird oder sich die Beiordnung auf den Abschluss eines Vertrags im Sinne der Nummer 1000 erstreckt.

Beispiel

Der Vergleich in der Berufung:
Berufung durch RA Fichte über 20.000 €. Nach einem erfolglosen Gütetermin und einer streitigen mündlichen Verhandlung schließen die Parteien einen Vergleich, in dem sich der Berufungsbeklagte verpflichtet, zum Ausgleich der Forderung an den Berufungskläger 15.000 € zu zahlen. Wie lautet die Kostenrechnung für Rechtsanwalt Fichte?

Gegenstandswert: 20.000 €	
1,6 Verfahrensgebühr, Nr. 3200 VV RVG	1.187,20 €
1,2 Terminsgebühr, Nr. 3202 VV RVG	890,40 €
1,3 Einigungsgebühr, Nr. 1004 VV RVG	964,60 €
Postentgelte, Nr. 7002 VV RVG	20,00 €
Zwischensumme netto	3.062,20 €
19 % USt, Nr. 7008 VV RVG	581,82 €
Summe brutto	**3.644,02 €**

Wie Sie ohne Weiteres erkennen werden, entsteht die Vergleichsgebühr niemals für sich allein, sondern sie wird stets nur neben anderen Betriebsgebühren anfallen (z. B. Verfahrensgebühr, Geschäftsgebühr).

Der **außergerichtliche Vergleich** kann allerdings nicht unmittelbar vollstreckt werden, sondern muss ggf. noch einmal eingeklagt werden. Ist ein Vergleich beabsichtigt, der als Titel unmittelbar vollstreckt werden kann, so kommt ein **Anwaltsvergleich** in Betracht, in dem sich der Schuldner der sofortigen Zwangsvollstreckung unterworfen hat und der bei einem Amtsgericht oder einem Notar niedergelegt und für vollstreckbar erklärt wurde (§§ 796a, 796c ZPO).

5.1.4 Teilvergleich und Widerrufsvergleich

Wird ein Vergleich nur über einen **Teil** der geltend gemachten Forderung geschlossen, so entsteht die Vergleichsgebühr auch nur über diesen Teil der Forderung.

Beispiele

Beispiel 1 – Teilvergleich:
In einer Verkehrsunfallsache macht RA Fichte für Mahler Sachschäden in Höhe von 6.000 €, einen Verdienstausfall in Höhe von 8.000 €, aber auch einen Schmerzensgeldanspruch von 4.000 € gerichtlich geltend. Mit dem Gegner wird im Laufe des Prozesses über das Schmerzensgeld eine Einigung dahingehend erzielt, dass hierfür zur Abgeltung dieses Anspruchs 3.000 € gezahlt werden sollen. Über die restlichen Ansprüche wird weiter prozessiert. Hinsichtlich des Vergleichs entsteht eine **1,0 Einigungsgebühr** gemäß **Nr. 1003 VV RVG** über einen Gegenstandswert von 4.000 €.

Beispiel 2 – Widerrufsvergleich:
In einem unter den Parteien sehr kontrovers und aggressiv geführten Rechtsstreit um 10.000 € versucht RA Fichte für Mahler nach erfolglosem Gütetermin und streitiger mündlicher Verhandlung in einem späteren Termin, zu dem die Parteien nicht persönlich erschienen sind, die Sache durch einen Vergleich zu befrieden, nach dem der Gegner für die Klageforderung 6.000 € zahlen soll. Der Vergleich kann jedoch binnen zwei Wochen widerrufen werden. Mahler ist mit dem Vergleich nicht einverstanden und veranlasst RA Fichte, den Vergleich fristgerecht zu widerrufen. Nach einer Beweisaufnahme mit Weiterverhandlung ergeht ein Urteil.

Vgl. zu diesem Beispiel:
Anm. Abs. 3 zu Nr. 1000 VV RVG: Für die Mitwirkung bei einem unter einer **aufschiebenden Bedingung** oder unter dem Vorbehalt des **Widerrufs** geschlossenen Vertrag entsteht die Gebühr, wenn die Bedingung eingetreten ist oder der Vertrag nicht mehr widerrufen werden kann.

Im Beispiel zum Widerrufsvergleich entsteht also neben der Verfahrensgebühr und der Terminsgebühr **keine Einigungsgebühr,** weil der Vergleich widerrufen worden ist.

5.1.5 Die Verfahrensdifferenzgebühr

Bei der Kostenrechnung ist weiterhin zu bedenken, dass bei einer Einigung nicht immer nur **rechtshängige** Ansprüche erledigt werden (insofern entsteht nach Nr. 1003 VV RVG erstinstanzlich eine 1,0 Einigungsgebühr), sondern bisweilen auch Ansprüche, die noch **nicht rechtshängig** sind **(Mehrvergleich)**. Für die Einigung über diese außergerichtlichen Ansprüche entsteht dann noch zur Differenzverfahrensgebühr eine 1,5 Einigungsgebühr nach Nr. 1000 VV RVG.

Die zusätzliche, ermäßigte Verfahrensgebühr **(Verfahrensdifferenzgebühr** oder **Differenzverfahrensgebühr)** nach **Nr. 3101 Nr. 2 VV RVG** entsteht, wenn der RA beantragt,

▸ eine Einigung über in diesem Verfahren nicht rechtshängige Ansprüche zu Protokoll zu nehmen,

▸ eine solche Einigung gem. § 278 Abs. 6 ZPO festzustellen oder

▸ wenn der RA Einigungsgespräche über solche Ansprüche führt.

Die Verfahrensdifferenzgebühr beträgt

▸ **erstinstanzlich 0,8 (Nr. 3101 VV RVG)**

▸ in **zweiter Instanz 1,1 (Nr. 3201 VV RVG)** und

▸ in **dritter Instanz** bei einem beim BGH zugelassenen RA **1,8 (Nr. 3209 VV RVG)**, im Übrigen **1,1 (Nr. 3207 VV RVG)**

nach dem Wert des nicht rechtshängigen Anspruchs.

Beispiel

Der Mehrvergleich:
Klage über 15.000 € Schadensersatz durch RA Fichte. Im außergerichtlichen Vergleichsgespräch werden weitere 5.000 € Schmerzensgeld erwähnt. Im Gütetermin wird nach Erörterung der rechtshängigen und zur Vermeidung eines gerichtlichen Verfahrens auch der nicht rechtshängigen Ansprüche ein Vergleich dahingehend geschlossen, dass der Beklagte an den Kläger 17.000 € zahlt und damit alle Ansprüche abgegolten sein sollen.

Hier ist bei der Kostenrechnung zu berücksichtigen, dass zwar nur 15.000 € eingeklagt wurden, aber die rechtshängigen und nicht rechtshängigen Ansprüche gerichtlich erörtert und verglichen wurden.

Kostenrechnung für RA Fichte:

1,3 Verfahrensgebühr, Nr. 3100 VV RVG	845,00 €	
Gegenstandswert: 15.000 €		
0,8 Verfahrensdifferenzgebühr, Nr. 3101 VV RVG	242,40 €	
Gegenstandswert: 5.000 €	1.087,40 €	
gekürzt nach § 15 Abs. 3 RVG		964,60 €
1,2 Terminsgebühr, Nr. 3104 VV RVG		890,40 €
Gegenstandswert: 20.000 €		
1,0 Einigungsgebühr, Nr. 1003 VV RVG	650,00 €	
Gegenstandswert: 15.000 €		
1,5 Einigungsgebühr, Nr. 1000 VV RVG	454,50 €	
Gegenstandswert: 5.000 €	1.104,50 €	
gekürzt nach § 15 Abs. 3 RVG		1.104,50 €
Postentgelte, Nr. 7002 VV RVG		20,00 €
Zwischensumme netto		2.979,50 €
19 % USt, Nr. 7008 VV RVG		566,11 €
Summe brutto		**3.545,61 €**

ACHTUNG

Die **Verfahrensgebühr** und die **Verfahrensdifferenzgebühr** dürfen zusammen nicht höher sein als eine Gebühr (der höhere Gebührensatz, also 1,3, ist maßgebend!) nach den zusammengerechneten Streitwerten **(§ 15 Abs. 3 RVG)**. Sollte dies der Fall sein, werden die Gebühren entsprechend gekürzt.

Ähnliches gilt für die **beiden Einigungsgebühren**: Beide Gebühren dürfen zusammen nicht mehr ergeben als eine 1,5 Gebühr nach dem addierten Gegenstandswert der beiden Einigungsgebühren.

Auf unser Beispiel angewendet, bedeutet das

1. **bezüglich der Verfahrensgebühren:** Die 1,3 Verfahrensgebühr über 15.000 € plus die 0,8 Verfahrensdifferenzgebühr über 5.000 € dürfen nach § 15 Abs. 3 RVG zusammen nicht mehr betragen als eine 1,3 Gebühr über den addierten Gesamtstreitwert von 20.000 €. Es wird also gekürzt auf 964,60 €.

2. **bezüglich der Einigungsgebühren:** Die 1,0 Einigungsgebühr über 15.000 € plus die 1,5 Einigungsgebühr über 5.000 € dürfen nach § 15 Abs. 3 RVG zusammen nicht mehr betragen als eine 1,5 Gebühr über den addierten Gesamtstreitwert von 20.000 €. Es wird nicht geküzt, da der errechnete Betrag unter der Höchstgrenze (1.113 €) liegt.

Die **Terminsgebühr** wird über 20.000 € berechnet, weil auch der nicht rechtshängige Schmerzensgeldanspruch von 5.000 € vor Gericht erörtert wurde. Die Terminsgebühr wäre über die 5.000 € übrigens auch dann entstanden, wenn die Parteien hierüber nur außergerichtliche Gespräche mit dem Ziel einer gütlichen Einigung geführt und diesen Anspruch dann im Termin gleich mitprotokolliert hätten, siehe Vorbem. 3 Abs. 3 VV RVG.

Beispiel

Variante: Mehrvergleich in der Berufung:
Berufung über 30.000 €. Im Termin wird die rechtshängige und eine nicht rechtshängige Forderung von 6.000 € erörtert und über beide Forderungen ein Vergleich geschlossen, nach dem sich der Beklagte verpflichtet, zur Abgeltung dieser Forderungen an den Berufungskläger 33.000 € zu zahlen.

Kostenrechnung:

1,6 Verfahrensgebühr, Nr. 3200 VV RVG	1.380,80 €	
Gegenstandswert: 30.000 €		
1,1 Verfahrensdifferenzgebühr, Nr. 3201 VV RVG	389,40 €	
Gegenstandswert: 6.000 €	1.770,20 €	
gekürzt nach § 15 Abs. 3 RVG		1.620,80 €
1,2 Terminsgebühr, Nr. 3202 VV RVG		1.215,60 €
Gegenstandswert: 36.000 €		
1,3 Einigungsgebühr, Nr. 1004 VV RVG	1.121,90 €	
Gegenstandswert: 30.000 €		
1,5 Einigungsgebühr, Nr. 1000 VV RVG	531,00 €	
Gegenstandswert: 6.000 €	1.652,90 €	
gekürzt nach § 15 Abs. 3 RVG		1.519,50 €
Postentgelte, Nr. 7002 VV RVG		20,00 €
Zwischensumme netto		4.375,90 €
19 % USt, Nr. 7008 VV RVG		831,42 €
Summe brutto		**5.207,32 €**

Zur Erläuterung:
Die beiden **Verfahrensgebühren** dürfen zusammen nicht mehr als eine 1,6 Gebühr von 36.000 € ergeben, die beiden **Einigungsgebühren** nicht mehr als eine 1,5 von 36.000 € (§ 15 Abs. 3 ZPO).

Die **Terminsgebühr** wird ebenfalls vom Gesamtbetrag berechnet, weil hierüber vor Gericht erörtert wurde.

Der Widerruf des Mehrvergleichs:
RA Fichte reicht für Mahler Klage gegen Berger in Höhe von 5.000 € ein. Im Termin wird diese Forderung und eine weitere nicht rechtshängige Forderung von 3.000 € besprochen und vorbehaltlich einer Widerrufsfrist von einem Monat in der Weise verglichen, dass Berger zur Abgeltung beider Forderungen an Mahler 6.000 € zahlt. Der Vergleich

wird fristgemäß widerrufen. Nach einer streitigen mündlichen Verhandlung und einer Beweisaufnahme ergeht ein Urteil.

Eine Einigungsgebühr wird nicht berechnet, da der Vergleich letztendlich nicht zustande gekommen ist. Wie steht es aber mit der Verfahrensdifferenzgebühr? Diese Gebühr ist eine reine Antragsgebühr, die – soweit sie entstanden ist – nicht nachträglich wieder wegfällt. Da wir zwei Verfahrensgebühren haben, ist also wieder die Vorschrift nach § 15 Abs. 3 RVG zu beachten.

Kostenrechnung für RA Fichte

1,3 Verfahrensgebühr, Nr. 3100 VV RVG	393,90 €	
Gegenstandswert: 5.000 €		
0,8 Differenzverfahrensgebühr, Nr. 3101 VV RVG	160,80 €	
Gegenstandswert: 3.000 €	554,70 €	
geprüft nach § 15 Abs. 3 RVG		554,70 €
1,2 Terminsgebühr, Nr. 3104 VV RVG		547,20 €
Gegenstandswert: 8.000 €		
Postentgelte, Nr. 7002 VV RVG		20,00 €
Zwischensumme netto		1.121,90 €
19 % USt, Nr. 7008 VV RVG		213,16 €
Summe brutto		**1.335,06 €**

Wie an diesem Beispiel zu sehen ist, muss nach § 15 Abs. 3 RVG nicht immer gekürzt werden; die Summe beider Verfahrensgebühren beträgt 554,70 €. Die Kappungsgrenze (1,3 nach 8.000,00 €) in Höhe von 592,80 € wird nicht überschritten, sodass es bei den 554,70 € verbleibt.

5.2 Die Aussöhnungsgebühr

Die **Aussöhnungsgebühr** entsteht für die **Mitwirkung bei der Aussöhnung**, wenn der ernstliche Wille eines Ehegatten, eine Scheidungssache oder ein Verfahren auf Aufhebung der Ehe anhängig zu machen, hervorgetreten ist, und die Ehegatten die eheliche Lebensgemeinschaft fortsetzen oder die eheliche Lebensgemeinschaft wieder aufnehmen. Dies gilt entsprechend bei Lebenspartnerschaften.

Ist die Aussöhnungsgebühr **außergerichtlich** entstanden, beträgt sie **1,5 (Nr. 1001 VV RVG)**, bei einem **anhängigen gerichtlichen Verfahren** (außer selbstständigem Beweisverfahren) beträgt sie **1,0 (Nr. 1003 VV RVG)**.

Beispiel

Die außergerichtliche Aussöhnung:
RA Fichte soll für Mahler, der von seiner Frau getrennt lebt, das Scheidungsverfahren durchführen. Zur Herbeiführung einer einverständlichen Regelung kommt es zu einer Besprechung mit Mahler und dessen Frau im Büro von RA Fichte. Im Verlaufe des Gesprächs lenkt Mahler ein und wird versöhnungsbereit. Er möchte nun doch die eheliche Lebensgemeinschaft wieder aufnehmen und zieht wieder in die gemeinsame Wohnung.

RA Fichte erhält aus dem Wert der Scheidung eine 1,3 Geschäftsgebühr nach Nr. 2300 VV RVG, eine 1,5 Aussöhnungsgebühr nach Nr. 1001 VV RVG zuzüglich Postentgelte und Umsatzsteuer.

Die Aussöhnung bei rechtshängigem Verfahren:
Wie Beispiel oben, allerdings fand die Aussöhnung statt, nachdem bereits der Scheidungsantrag eingereicht war. Mahler zieht den Scheidungsantrag zurück und zieht wieder in die gemeinsame Wohnung ein.

Rechtsanwalt Fichte erhält aus dem Wert der Scheidung eine 1,3 Verfahrensgebühr nach Nr. 3100 VV RVG, eine 1,0 Aussöhnungsgebühr nach Nr. 1001, 1003 VV RVG zuzüglich Postentgelte und Umsatzsteuer.

5.3 Die Erledigungsgebühr

Die **Erledigungsgebühr** entsteht, wenn sich

- eine Rechtssache ganz oder teilweise **nach Aufhebung oder Änderung** des mit einem Rechtsbehelf **angefochtenen Verwaltungsakts** durch die anwaltliche Mitwirkung erledigt oder

- wenn sie sich ganz oder teilweise durch **Erlass** eines bisher abgelehnten Verwaltungsakts erledigt und

- der RA an der Erledigung **mitgewirkt** hat.

Ist sie **außergerichtlich** entstanden, beträgt der Gebührensatz **1,5 (Nr. 1002 VV RVG)**, bei einem **anhängigen gerichtlichen Verfahren** (außer selbstständigem Beweisverfahren) beträgt sie **1,0 (Nr. 1003 VV RVG)**.

Die Regelung über die Erledigung bezieht sich auf die Verfahren vor den **Verwaltungsbehörden** und auf **gerichtliche Verfahren**, soweit in ihnen ein Verwaltungsakt mit einem Rechtsbehelf angefochten wird.

Beispiel

Der angefochtene Steuerbescheid:
Mahler lässt durch RA Fichte einen Steuerbescheid anfechten. Aufgrund des überzeugenden Schriftsatzes von RA Fichte ändert das Finanzamt den Steuerbescheid im Sinne von Mahler ab.

RA Fichte erhält eine 1,3 Geschäftsgebühr nach Nr. 2300 VV RVG, eine 1,5 Erledigungsgebühr nach Nr. 1002 VV RVG zuzüglich Postentgelte und Umsatzsteuer.

5.4 Der Mehrvertretungszuschlag

Wenn der RA in derselben Angelegenheit für **mehrere Auftraggeber** tätig wird, erhält er von allen Auftraggebern zusammen die Vergütung nur einmal (Gesamtvergütung) gem. § 7 Abs. 1 RVG.

Beispiel

Beispiel für mehrere Auftraggeber:
Eheleute als Gesamt(hands)gläubiger oder als Gesamtschuldner, **nicht jedoch** die Eltern als gesetzliche Vertreter ihres minderjährigen Kindes, da das Kind der Auftraggeber ist.

Ist der Anwalt in derselben Angelegenheit wegen desselben Gegenstandes für mehrere Personen tätig, so erhöhen sich jedoch für jeden weiteren Auftraggeber (also vom zweiten an) gem. Nr. 1008 z. B.

- ▶ die **Verfahrensgebühren** gem. Nr. 3100, 3200, 3206, 3208 VV RVG und
- ▶ für die **vorzeitige Beendigung** des Auftrags gem. Nr. 3101, 3201, 3207, 3209 VV RVG,
- ▶ die **Verfahrensdifferenzgebühren** gem. Nr. 3101, 3201, 3207, 3209 und 3306 VV RVG,
- ▶ die Verfahrensgebühren für den **Antrag auf Erlass eines Mahnbescheides** gem. Nr. 3305 VV RVG,
- ▶ für die Einlegung des **Widerspruchs** gem. Nr. 3307 VV RVG und
- ▶ für den Antrag auf Erlass eines **Vollstreckungsbescheids**, Nr. 3308 VV RVG (jedoch nur, wenn nicht die Gebühr für den Antrag auf Erlass eines Mahnbescheids nach Nr. 3305 VV RVG erhöht wurde),
- ▶ außerdem die **Korrespondenzgebühr** gem. Nr. 3400 VV RVG,
- ▶ die Verfahrensgebühr der **Zwangsvollstreckung** gem. Nr. 3309 VV RVG,
- ▶ die **Geschäftsgebühr** gem. Nr. 2300 VV RVG,

► die Gebühr für **Schreiben einfacher Art** gem. Nr. 2302 VV RVG und ähnliche Betriebsgebühren

um **0,3** oder 30 % bei Festgebühren oder Betragsrahmengebühren. Die Erhöhung darf aber **2,0** bzw. das Doppelte der Gebühren nicht überschreiten.

Bei **Festgebühren** dürfen die Erhöhungen das Doppelte der Festgebühr und bei **Betragsrahmengebühren** das Doppelte des Mindest- und Höchstbetrags nicht übersteigen (Nr. 1008 Anm. Abs. 3 VV RVG). Die **Mindestgebühr** von 15 € kann unterschritten werden, da es sich bei dem Mehrvertretungszuschlag nicht um eine eigenständige Gebühr handelt, sondern um die Erhöhung einer der genannten Betriebsgebühren.

Beispiel

Mehrere Auftraggeber (1. Instanz):
RA Fichte vertritt in erster Instanz vier Mieter in derselben Angelegenheit. Gegenstandswert: 4.000 €. Es kommt nach einem Gütetermin und einer streitigen mündlichen Verhandlung zu einem Urteil.

1. Instanz

Gegenstandswert: 4.000 €	
1,3 Verfahrensgebühr, Nr. 3100 VV RVG	327,60 €
0,9 Erhöhung, Nr. 1008 VV RVG	226,80 €
1,2 Terminsgebühr, Nr. 3104 VV RVG	302,40 €
Postentgelte, Nr. 7002 VV RVG	20,00 €
Zwischensumme netto	876,80 €
19 % USt, Nr. 7008 VV RVG	166,59 €
Summe brutto	**1.043,39 €**

Acht oder mehr Auftraggeber:
Wie obiges Beispiel, nur zweite Instanz und Tätigkeit für acht Personen in derselben Angelegenheit. Die Kosten werden wie folgt berechnet:

2. Instanz

Gegenstandswert: 4.000 €	
1,6 Verfahrensgebühr, Nr. 3200 VV RVG	403,20 €
2,0 Erhöhung, Nr. 1008 VV RVG	504,00 €
1,2 Terminsgebühr, Nr. 3202 VV RVG	302,40 €
Postentgelte, Nr. 7002 VV RVG	20,00 €
Zwischensumme netto	1.229,60 €
19 % USt, Nr. 7008 VV RVG	233,62 €
Summe brutto	**1.463,22 €**

Erhöht werden darf nur der Wert, der bei den verschiedenen Auftraggebern in **derselben Angelegenheit** auch **gemeinsam** ist. Bei Festgebühren, z. B. in der Beratungshilfe, gilt diese Vorschrift nicht.

Beispiel

Gemeinsamer Anspruch? (Prüfungsfall):
RA Fichte erhebt für zwei Personen, nämlich die Eheleute Susanne und Siegfried Mahler, Klage auf Zahlung einer gemeinsamen Forderung von 10.000 €, wegen einer Schmerzensgeldforderung der Ehefrau von 5.000 € und wegen einer Schmerzensgeldforderung des Ehemannes von 4.000 €. Nach einem erfolglosen Gütetermin, einer streitigen mündlichen Verhandlung und einer Beweisaufnahme mit Weiterverhandlung ergeht ein Urteil.

Hier ist klar, dass die Schmerzensgeldforderungen keine gemeinsamen Ansprüche sind, denn jeder hat seine Schmerzen für sich allein.

1,6 Verfahrensgebühr Nr. 3100, 1008 VV RVG	892,80 €	
Gegenstandswert: 10.000 €		
1,3 Verfahrensgebühr Nr. 3100 VV RVG	659,10 €	
Gegenstandswert: 9.000 €	1.551,90 €	
gekürzt nach § 15 Abs. 3 RVG		1.113,60 €
1,2 Terminsgebühr Nr. 3104 VV RVG		835,20 €
Gegenstandswert: 9.000 €		
Postentgelte Nr. 7002 VV RVG		20,00 €
		1.968,80 €
19 % USt Nr. 7008 VV RVG		374,07 €
		2.342,87 €

Gemeinsam ist nur die Forderung über 10.000 €, nur hierüber fällt eine Erhöhung an.

5.5 Die Hebegebühr

Werden an den Rechtsanwalt bare oder unbare Zahlungen geleistet, die er auftragsgemäß auszahlt oder zurückzahlt, so entsteht hierfür gemäß **Nr. 1009 VV RVG eine Hebe- oder Inkassogebühr**. Der Rechtsanwalt hat die Befugnis, vor Überweisung des Betrags an den Auftraggeber **seine Gebühr von dem abzuliefernden Betrag abzuziehen** (Nr. 1009 Abs. 2 Satz 2 VV RVG).

Die Höhe der Gebühr beträgt:

von Beträgen bis	2.500 €	1 %
von dem Mehrbetrag bis	10.000 €	0,5 %
von dem Mehrbetrag über	10.000 €	0,25 %

Beispiel

Grundfall:
Ein Rechtsanwalt hat vom Gegner 28.000 € erhalten. Er leitet das Geld auftragsgemäß an den Mandanten weiter. Der Rechtsanwalt erhält:

1 %	aus	2.500 €	=	25,00 €
0,5 %	aus	7.500 €	=	37,50 €
0,25 %	aus	18.000 €	=	45,00 €
				107,50 €

Ist das Geld in **mehreren Beträgen** gesondert ausgezahlt, so wird die Gebühr von jedem Betrag gesondert erhoben **(Nr. 1009 Anm. Abs. 3 VV RVG)**.

Wie auch sonst ist die Hebegebühr auf den nächstliegenden Cent auf- oder abzurunden. 0,5 Cent werden aufgerundet.

Der RA erhält die Hebegebühr auch für die Ablieferung und Rücklieferung von **Wertpapieren und Kostbarkeiten**. In diesem Beispiel errechnet sich die Gebühr nach den oben genannten Grundsätzen, die sich an dem Wert orientieren **(Nr. 1009 Anm. Abs. 4 VV RVG)**.

Eine Hebegebühr kann jedoch nur berechnet werden, falls der Rechtsanwalt zur Empfangnahme, Auszahlung oder Rückzahlung besonders **beauftragt** wurde. Eine Prozessvollmacht nach § 81 ZPO reicht hierzu nicht aus, da sie nur zur Empfangnahme der vom Gegner zu erstattenden Kosten, nicht aber der Streitsumme selbst ermächtigt. Anders liegt der Fall, wenn die Vollmachtsurkunde so abgefasst wurde, dass sie auch zur Entgegennahme der Streitsumme ermächtigt. Der Inkassoauftrag kann auch stillschweigend erteilt werden.

In folgenden Fällen erhält ein RA gemäß Anm. Abs. 5 zu Nr. 1009 VV RVG die Hebegebühr nicht:

1. Soweit der RA Kosten an **ein Gericht oder eine Behörde weiterleitet**

   Beispiel: Mandant Mahler zahlt an RA Fichte einen Vorschuss in Höhe von 1.500 €. 500 € sollen hiervon an das Gericht weitergeleitet werden. Eine Hebegebühr entsteht nicht.

2. soweit der RA eingezogene **Kosten** an den Auftraggeber **abführt**

   Beispiel: Die Gerichtskasse zahlt nicht verbrauchte Gerichtskosten an den RA zurück, die dieser an den Auftraggeber weiterleitet. Eine Hebegebühr entsteht nicht.

3. soweit der RA eingezogene Beträge auf seine Vergütung **verrechnet**

    Beispiel: Der Gegner überweist 5.000 € an den Inkasso-Bevollmächtigten RA. Der Anwalt verrechnet hiervon 500 € auf seine Kosten und überweist den Rest an den Mandanten. Die Hebegebühr wird aus den überwiesenen 4.500 € berechnet.

Zur Hebegebühr können noch **Postentgelte** (Nr. 7001, 7002 VV RVG) und Umsatzsteuer (Nr. 7008 VV RVG) hinzugerechnet werden.

5.6 Die Zusatzgebühr für besonders umfangreiche Beweisaufnahmen

Insbesondere im Bau-, Medizin- und auch im Produkthaftungsrecht sind sehr umfangreiche Verfahren denkbar, bei denen Sachverständige mehrere Ortstermine anberaumen oder auch umfangreiche Beweisaufnahmen durchgeführt werden müssen, bei denen es möglich ist, alle Zeugen in einem Termin oder zwei Terminen zu hören.

Um einen Ausgleich für diesen erheblichen Mehraufwand zu schaffen, erhält der Anwalt in den Angelegenheiten, die sich nach Teil 3 des Vergütungsverzeichnisses richten und **mindestens drei gerichtliche Termine stattfinden, in denen Sachverständige oder Zeugen vernommen werden**, eine **Zusatzgebühr in Höhe von 0,3 nach Nr. 1010 VV RVG** (bei Beitragsrahmengebühren erhöhen sich der Mindest- und Höchstbetrag der Terminsgebühr um 30 %).

Beispiel

RA Fichte erhebt in einer Bausache Klage auf Zahlung von 130.000 €. Nach einem Gütetermin und einer streitigen mündlichen Verhandlung finden insgesamt vier Beweisaufnahmetermine statt, in denen Sachverständige und Zeugen vernommen werden. Nach einer erneuten streitigen Verhandlung kommt es zu einem Urteil.

Gegenstandswert: 130.000 €	
1,3 Verfahrensgebühr, Nr. 3100 VV RVG	2.174,90 €
1,2 Terminsgebühr, Nr. 3104 VV RVG	2.007,60 €
0,3 Zusatzgebühr, Nr. 1010 VV RVG	501,90 €
Postentgelte, Nr. 7002 VV RVG	20,00 €
Zwischensumme netto	4.704,40 €
19 % USt, Nr. 7008 VV RVG	893,84 €
Summe brutto	**5.598,24 €**

5.7 Prüfungsfragen

1. Welche allgemeine Gebühren des VV RVG kennen Sie?

Die Einigungsgebühr, die Aussöhnungsgebühr, die Erledigungsgebühr, die Hebegebühr, die Erhöhung (Mehrvertretungszuschlag) und die zusätzliche Beweisgebühr.

2. Wann entsteht die außergerichtliche Einigungsgebühr und nach welcher Vorschrift?

Die Einigungsgebühr entsteht nach Nr. 1000 Abs. 1 VV RVG für die Mitwirkung beim Abschluss eines Vertrags, durch den der Streit oder die Ungewissheit der Parteien über ein Rechtsverhältnis beseitigt wird sowie für die Mitwirkung bei einer Zahlungsvereinbarung.

3. Wann entsteht die Einigungsgebühr aber nicht?

Die Einigungsgebühr entsteht nicht, wenn sich der Vertrag ausschließlich auf ein Anerkenntnis oder einen Verzicht beschränkt, der Vergleich widerrufen wird oder die aufschiebende Bedingung nicht eintritt.

4. In welcher Höhe entsteht eine Einigungsgebühr

a) außergerichtlich?

Bei einer außergerichtlichen Einigung beträgt der Gebührensatz 1,5.

b) in erster bis dritter Instanz?

In der ersten Instanz 1,0 und in der zweiten und dritten Instanz 1,3.

5. In außergerichtlichen Vergleichsgesprächen erreicht RA Fichte die Einigung der Parteien auf einen bestimmten Betrag. Im Termin ist er bei der Protokollierung des Vergleichs jedoch nicht zugegen. Kann er eine Einigungsgebühr in Rechnung stellen?

Ja, da er bei der Entstehung des Vergleichs ursächlich mitgewirkt hat.

6. Welcher Gegenstandswert ist für die Vergleichsgebühr maßgebend?

Der erledigte Gegenstandswert, nicht das Ergebnis des Vergleichs; wenn es sich um eine Zahlungsvereinbarung handelt, 20 % des Anspruchs.

7. Erstellen Sie die Kostenrechnung zu folgendem Fall:

RA Fichte erhebt für Mahler Klage gegen Berger in Höhe von 120.000 €. Im ersten Termin schließen sie nach Erörterung der Sach- und Rechtslage einen Vergleich dahingehend, dass Berger an Mahler zur Abgeltung der Klageforderung 100.000 € zahlt.

Kostenrechnung für RA Fichte:

Gegenstandswert: 120.000 €	
1,3 Verfahrensgebühr, Nr. 3100 VV RVG	2.064,40 €
1,2 Terminsgebühr, Nr. 3104 VV RVG	1.905,60 €
1,0 Einigungsgebühr, Nr. 1003 VV RVG	1.588,00 €
Postentgelte, Nr. 7002 VV RVG	20,00 €
Zwischensumme netto	5.578,00 €
19 % USt, Nr. 7008 VV RVG	1.059,82 €
Summe brutto	**6.637,82 €**

8. Erstellen Sie die Kostenrechnung zu folgendem Fall:

Mandant Mahler beauftragt RA Fichte, Klage in Höhe vom 34.000 € zu erheben. Fichte bereitet die Klage vor, führt jedoch noch vor Klageerhebung einen Vergleich herbei.

Kostenrechnung für RA Fichte:

Gegenstandswert: 34.000 €

0,8 Verfahrensgebühr, Nr. 3101 VV RVG	750,40 €
1,2 Terminsgebühr, Nr. 3104 VV RVG	1.125,60 €
1,5 Einigungsgebühr, Nr. 1000 VV RVG	1.407,00 €
Postentgelte, Nr. 7002 VV RVG	20,00 €
Zwischensumme netto	3.303,00 €
19 % USt, Nr. 7008 VV RVG	627,57 €
Summe brutto	**3.930,57 €**

9. Wann entsteht die „Verfahrensdifferenzgebühr"?

Die „Verfahrensdifferenzgebühr", „Diffrenzverfahrensgebühr", „erhöhte Verfahrensgebühr" oder „Protokollierungsgebühr" entstehen,

- ► wenn der RA beantragt, eine Einigung über in diesem Verfahren nicht rechtshängige Ansprüche zu Protokoll zu nehmen oder

- ► eine solche Einigung gem. § 278 Abs. 6 ZPO festzustellen sowie

- ► für die Führung von Einigungsgesprächen über solche Ansprüche.

10. In welcher Höhe entsteht die „Verfahrensdifferenzgebühr" und nach welcher Vorschrift?

Sie beträgt erstinstanzlich 0,8 (Nr. 3101 VV RVG), in zweiter Instanz 1,1 (Nr. 3201 VV RVG) und in dritter Instanz 1,1 (Nr. 3207 VV RVG) und 1,8 bei einem beim BGH zugelassenen RA (Nr. 3209 VV RVG), im Mahnverfahren 0,5 (Nr. 3306 VV RVG).

11. Von welchem Gegenstandswert wird die Verfahrensdifferenzgebühr berechnet?

Nach dem Wert des nicht rechtshängigen Anspruchs.

12. Welche Vorschrift ist noch zu beachten, wenn die Verfahrensdifferenzgebühr in Rechnung gestellt werden soll?

§ 15 Abs. 3 RVG.

13. Wie wirkt sich diese Vorschrift auf die Berechnung der Verfahrensdifferenzgebühr aus?

Die Verfahrensgebühr und die Verfahrensdifferenzgebühr dürfen zusammen nicht höher sein als eine Gebühr mit dem höheren Gebührensatz von dem zusammengerechneten Streitwert.

14. Erstellen Sie die Kostenrechnung zu folgendem Fall:

RA Fichte erhebt für Mahler Klage über 44.000 €. Es folgt eine streitige mündliche Verhandlung. Der Kläger macht außergerichtlich im Vergleichsgespräch weitere nicht rechtshängige 3.000 € geltend. In einem zweiten Termin wird nach Aufruf der Sache ein Vergleich dahingehend geschlossen, dass der Beklagte an den Kläger zum Ausgleich aller Ansprüche 45.000 € zahlt.

Kostenrechnung für RA Fichte:

1,3 Verfahrensgebühr, Nr. 3100 VV RVG	1.414,40 €	
Gegenstandswert: 44.000 €		
0,8 Verfahrensdifferenzgebühr, Nr. 3101 VV RVG	160,80 €	
Gegenstandswert: 3.000 €	1.575,20 €	
gekürzt nach § 15 Abs. 3 RVG		1.511,90 €
1,2 Terminsgebühr, Nr. 3104 VV RVG		1.395,60 €
Gegenstandswert: 47.000 €		
1,0 Einigungsgebühr, Nr. 1003 VV RVG	1.088,00 €	
Gegenstandswert: 44.000 €		
1,5 Einigungsgebühr, Nr. 1000 VV RVG	301,50 €	
Gegenstandswert: 3.000 €	1.389,50 €	
geprüft nach § 15 Abs. 3 RVG		1.389,50 €
Postentgelte, Nr. 7002 VV RVG		20,00 €
Zwischensumme netto		4.317,00 €
19 % USt, Nr. 7008 VV RVG		820,23 €
Summe brutto		**5.137,23 €**

15. Wie Aufgabe 13, aber: Erstellen Sie die Kostenrechnung für die 2. Instanz.

Kostenrechnung:

1,6 Verfahrensgebühr, Nr. 3200 VV RVG	1.740,80 €	
Gegenstandswert: 44.000 €		
1,1 Verfahrensdifferenzgebühr,		
Nr. 3201 VV RVG	221,10 €	
Gegenstandswert: 3.000 €	1.961,90 €	
gekürzt nach § 15 Abs. 3 RVG		1.860,80 €
1,2 Terminsgebühr, Nr. 3202 VV RVG		1.395,60 €
Gegenstandswert: 47.000 €		
1,3 Einigungsgebühr, Nr. 1004 VV RVG	1.414,40 €	
Gegenstandswert: 44.000 €		
1,5 Einigungsgebühr, Nr. 1000 VV RVG	301,50 €	
Gegenstandswert: 3.000 €	1.715,90 €	
geprüft nach § 15 Abs. 3 RVG		1.715,90 €
Postentgelte, Nr. 7002 VV RVG		20,00 €
Zwischensumme netto		4.992,30 €
19 % USt, Nr. 7008 VV RVG		948,54 €
Summe brutto		**5.940,84 €**

16. Kann ein Rechtsanwalt, der mehrere Auftraggeber in derselben Angelegenheit vertritt, allen Mandanten jeweils die Gebühren in Rechnung stellen, die er erhalten würde, wenn er nur einen Mandanten vertreten hätte?

Nein, er erhält von allen Auftraggebern zusammen die Vergütung nur einmal (Gesamtvergütung).

17. Welche Vorschrift regelt den Mehrvertretungszuschlag, also die Gebühren des Rechtsanwalts bei mehreren Auftraggebern?

Nr. 1008 VV RVG.

18. Welche Gebühren erhöhen sich bei einem Mehrvertretungszuschlag?

Es erhöhen z. B. sich alle Verfahrensgebühren und die Geschäftsgebühren.

19. Zählen Sie einige Gebühren auf, die bei einem Mehrvertretungszuschlag erhöht werden.

Erhöht werden die Verfahrensgebühren, die Gebühr für die vorzeitige Beendigung des Auftrags, die Differenzverfahrensgebühr, die Verfahrensgebühren für den Antrag auf Erlass eines Mahnbescheids, für die Einlegung des Widerspruchs und evtl. auch für den Antrag auf Erlass eines Vollstreckungsbescheids, Nr. 3308 VV RVG; außerdem die Korrespondenzgebühr, die Verfahrensgebühr der Zwangsvollstreckung, die Geschäftsgebühr und die Gebühr für Schreiben einfacher Art sowie ähnliche Betriebsgebühren.

20. Wie werden die Gebühren bei mehreren Auftraggebern bei einem Mehrvertretungszuschlag berechnet?

Die Verfahrensgebühr und ähnliche Gebühren erhöhen sich um 0,3 bzw. 30 %.

21. Welcher Wert darf nicht überschritten werden?

Die Erhöhung darf 2,0 bzw. das Doppelte der zu erhöhenden Gebühren nicht überschreiten.

22. Erläutern Sie am Beispiel einer Verfahrensgebühr für die vorzeitige Beendigung des Auftrags gemäß Nr. 3101 VV RVG, wie Sie eine 0,3 Erhöhung berechnen!

Man geht von einer 0,8 Gebühr aus und addiert die Erhöhung von 0,3 hinzu, sodass man insgesamt eine 1,1 Gebühr erhält.

23. Wie hoch ist der Mehrvertretungszuschlag einer Verfahrensgebühr, wenn ein Rechtsanwalt drei Mandanten vertritt?

Die Erhöhung beträgt 0,6.

24. Wie hoch ist der Mehrvertretungszuschlag einer Verfahrensgebühr, wenn ein Rechtsanwalt zehn Mandanten vertritt?

Die Erhöhung beträgt 2,0.

25. Welche Gebühr erhält der RA, wenn er auftragsgemäß Zahlungen in Empfang nimmt, die er auszahlt oder zurückzahlt (Vorschrift)?

Eine Hebegebühr nach Nr. 1009 VV RVG.

26. In welcher Höhe entsteht die Hebegebühr?

von Beträgen bis	2.500 €	1 %
von dem Mehrbetrag bis	10.000 €	0,5 %
von dem Mehrbetrag über	10.000 €	0,25 %

27. Wann entsteht eine Hebegebühr nicht?

► Soweit der RA Kosten an ein Gericht oder eine Behörde weiterleitet

► soweit er eingezogene Kosten an den Auftraggeber abführt oder

► soweit er eingezogene Beträge auf seine Vergütung verrechnet.

28. Was wird mit der Hebegebühr noch berechnet?

Eventuelle Postentgelte und die Umsatzsteuer.

29. Betrifft die Hebegebühr nur die Überweisung von Geld?

Nein, auch für die Ablieferung oder Rücklieferung von Wertpapieren und Kostbarkeiten kann die Hebegebühr berechnet werden.

30. Welche Gebühr erhält der RA zusätzlich für besonders umfangreiche Beweisaufnahme in Angelegenheiten nach Teil 3 VV RVG?

Der RA erhält eine Zusatzgebühr in Höhe von 0,3 (bei Betragsrahmengebühren erhöhen sich Mindest- und Höchstbetrag der Terminsgebühr um 30 %) nach Nr. 1010 VV RVG, wenn mindestens drei gerichtliche Termine stattfinden, in denen Zeugen oder Sachverständige vernommen werden.

6. Auslagenersatz

Nachdem die wichtigsten Gebühren behandelt worden sind, sollen nun die Auslagen näher besprochen werden, die der RA in seiner Kostenrechnung geltend machen kann. Die Gebühren, die der RA nach dem Vergütungsverzeichnis zum RVG berechnen darf, decken die allgemeinen Geschäftskosten wie Gehälter der Angestellten, Beschaffung von Maschinen, Miete, Strom und Heizung ab, Vorbemerkung 7 Abs. 1 VV RVG. Zu diesen allgemeinen Geschäftskosten zählen jedoch nicht Entgelte für Post- und Telekommunikationsdienstleistungen, die Dokumentenpauschale und die Reisekosten. Diese Auslagen und der Ersatz der entstandenen Aufwendungen (§ 675 i. V. m. § 670 BGB) können zusätzlich in Rechnung gestellt werden.

6.1 Die Umsatzsteuer

Der RA hat Anspruch auf Ersatz der auf seine Vergütung entfallenden **Umsatzsteuer**. Sie beträgt 19 % und wird aus der Summe der Rechtsanwaltsgebühren, den Postentgelten (Nr. 7001 f. VV RVG), der Dokumentenpauschale (Nr. 7000 VV RVG) und den Reisekosten (Nr. 7003 bis 7006 VV RVG) berechnet.

Nach der Rechtsprechung des BFH kann **eine vorsteuerabzugsberechtigte Partei** (darunter fallen Kaufleute und sonstige Gewerbetreibende) **die Umsatzsteuer** (USt) aus der Kostenrechnung des RA **von der unterliegenden Gegenseite nicht verlangen**, die eigene Partei muss also die USt an ihren RA selbst zahlen. In diesem Buch wird durchgehend die USt berechnet.

6.2 Entgelte für Post- und Telekommunikationsdienstleistungen

Nach **Nr. 7001 f. VV RVG** hat der RA Anspruch auf Ersatz der bei der Ausführung des Auftrags **entstandenen Entgelte für Post- und Telekommunikationsdienstleistungen**, in diesem Buch **Postentgelte** genannt. Er hat hier zwei Möglichkeiten:

Er kann nach seiner Wahl

1. einen **Pauschsatz** in Höhe von **20 %** der gesetzlichen Gebühren, **höchstens aber 20 €** berechnen. Der Pauschsatz kann in derselben Angelegenheit pro Instanz nur einmal in Rechnung gestellt werden. Die Pauschale kann auch unter 15 € betragen.

2. Einen **höheren Betrag** kann der RA geltend machen, wenn er die **tatsächlich** entstandenen Kosten berechnet. Diese Kosten muss er jedoch auf Verlangen des Mandanten im Einzelnen angeben und belegen. Im Kostenfestsetzungsverfahren genügt es jedoch zur Glaubhaftmachung der entstandenen Kosten, wenn ihre Richtigkeit anwaltlich versichert wird.

6.3 Dokumentenpauschale

Die üblichen Schreibarbeiten des Rechtsanwalts werden in der Regel durch die jeweilige Vergütung abgegolten. Der Rechtsanwalt hat aber Anspruch auf Ersatz von Schreibauslagen für **Kopien**, **Telefaxe** und **Ausdrucke** unter den Voraussetzungen der **Nr. 7000 Abs. 1 Satz 1 VV RVG**:

a) aus **Behörden- und Gerichtsakten**, soweit sie für die Rechtssache geboten waren

b) zur **Zustellung oder Mitteilung an Gegner** oder Beteiligte und Verfahrensbevollmächtigte aufgrund einer Rechtsvorschrift oder nach Aufforderung durch das Gericht, die Behörde oder die sonst das Verfahren führende Stelle, **soweit hierfür mehr als 100 Ablichtungen** zu fertigen waren

c) zur notwendigen **Unterrichtung des Auftraggebers**, soweit **hierfür mehr als 100 Seiten zu fertigen waren**

d) im Übrigen besteht ein Anspruch auf Ersatz einer Dokumentenpauschale nur, wenn die Kopien bzw. Ausdrucke **im Einvernehmen mit dem Auftraggeber** zusätzlich, auch zur Unterrichtung Dritter, angefertigt worden sind.

Die Höhe der Dokumentenpauschalen ist in derselben Angelegenheit und in gerichtlichen Verfahren in demselben Rechtszug **einheitlich** zu bewerten und beträgt für die **ersten 50** Seiten **0,50 €** (Farbkopie **1,00 €**) und für jede weitere Seite **0,15 €** (Farbkopie **0,30 €**).

Beispiel

RA Fichte wendet zur Unterrichtung des Gegners und von Beteiligten des Verfahrens 120 Kopien sowie zur notwendigen Unterrichtung seines Auftraggebers 150 Kopien auf. Abgerechnet werden können insgesamt nur 70 Kopien, davon die ersten 50 zu 0,50 € (= 25,00 €) und die weiteren 20 Kopien zu je 0,15 € (= 3,00 €), insgesamt also 28,00 €.

Nach **Nr. 7000 Abs. 1 Satz 2 VV RVG** erhält der Anwalt für die Überlassung von **elektronisch gespeicherten** Dateien oder deren Bereitstellung zum Abruf anstelle der unter d) genannten Kopien **1,50 € je Datei**. Für die in einem Arbeitsgang überlassenen bereitgestellten oder in **einem Arbeitsgang** auf denselben Datenträger übertragenen Dokumente enthält er insgesamt **höchstens 5,00 €**. Wurden die elektronisch gespeicherten Dateien **zuvor von der Papierform** in die elektronische Form übertragen, so erhält der Anwalt **nicht weniger, als unter Nr. 7000 Abs. 1 Satz 1 VV RVG geregelt** (Nr. 7000 Abs. 2 RVG).

Beispiele

1. Der Rechtsanwalt übersendet auftragsgemäß einen Vertrag per E-Mail an den Geschäftspartner und den Steuerberater des Mandanten. Dem RA stehen 3 € nach Nr. 7000 Abs. 1 Satz 2 VV RVG zu.

2. Der Rechtsanwalt übersendet auftragsgemäß einen Vertrag per E-Mail (in einem Arbeitsgang) an den Steuerberater und zwei Geschäftspartner des Mandanten. Dem RA stehen 5 € nach Nr. 7000 Abs. 1 Satz 2 VV RVG zu.

3. Der Mandant reicht einen Pachtvertrag ein und bittet, diesen per E-Mail an dessen Steuerberater und zwei Geschäftspartner per E-Mail zu versenden. Der Vertrag besteht aus 15 Seiten, die zuvor eingescannt werden müssen. Dem RA stehen 3 • 15 Seiten = 45 Seiten • 0,50 € = 22,50 € nach Nr. 7000 Abs. 1 und 2 VV RVG zu.

4. Wie unter Nr. 3: die Pachtverträge werden nicht eingescannt, sondern per Fax übermittelt. Auch hier kann der Anwalt 22,50 € abrechnen.

6.4 Geschäftsreisen

Für Geschäftsreisen kann der Rechtsanwalt berechnen:

1. die Fahrtkosten **(Nr. 7003 f. VV RVG)**

2. ein Tage- und Abwesenheitsgeld **(Nr. 7005 VV RVG)**

3. sonstige angemessene Auslagen einer Geschäftsreise **(Nr. 7006 VV RVG)**. Geschäftsreisen liegen vor, wenn das Reiseziel **außerhalb der Gemeinde** liegt, in der sich die **Kanzlei** oder **die Wohnung** des Rechtsanwalts befindet.

6.4.1 Fahrtkosten

Waren Fahrten des RA zur Erledigung des Auftrages notwendig, kann er sie gesondert in Rechnung stellen.

a) Benutzt der RA einen **eigenen Kraftwagen**, erhält er **0,30 € pro Kilometer**. Mit den Fahrtkosten sind die Anschaffungs-, Unterhaltungs- und Betriebskosten sowie die Abnutzung des Kraftfahrzeugs abgegolten.

b) Benutzt der RA **andere Verkehrsmittel**, kann er die **tatsächlichen Aufwendungen in voller Höhe** ab Kanzlei oder Wohnung bis zum Geschäftsort ersetzt verlangen. Es stehen ihm die **Kosten erster Klasse** zu einschließlich Kosten für **Zuschlagskarten** (D-Züge, Schlafwagen usw.). Bei der Kostenrechnung ist jedoch darauf zu achten, dass nicht zweimal Umsatzsteuer berechnet wird – einmal die Umsatzsteuer, die in den Auslagen bereits enthalten ist, und zum anderen noch einmal die Umsatzsteuer, die pauschal mit der Liquidation des Rechtsanwalts berechnet wird.

6.4.2 Tage- und Abwesenheitsgeld

Zusätzlich zu den Fahrtkosten erhält der RA ein Tage- und Abwesenheitsgeld, das wie folgt gestaffelt ist:

Abwesenheit bis **4 Stunden:**	**25 €**
Abwesenheit über **4 bis 8 Stunden:**	**40 €**
Abwesenheit über **8 Stunden:**	**70 €**

Auf diese Beträge kann ein **Zuschlag von 50 % bei Auslandsreisen** berechnet werden.

6.4.3 Sonstige Auslagen

Der RA kann weitere Auslagen geltend machen, soweit sie anlässlich einer Geschäftsreise entstanden und angemessen sind. Dazu zählen z. B. die tatsächlichen **Kosten für eine angemessene Übernachtung** oder auch **Parkgebühren**.

Dient eine Reise **mehreren Geschäften**, so sind die entstandenen Reisekosten und Abwesenheitsgelder nach dem Verhältnis der Kosten zu verteilen, die bei gesonderter Ausführung der einzelnen Geschäfte entstanden wären.

Hat ein RA seine Kanzlei nach einem anderen Ort verlegt, so kann er bei Fortführung eines ihm vorher erteilten Auftrags Reisekosten und Abwesenheitsgelder nur insoweit verlangen, wenn sie auch von seiner bisherigen Kanzlei aus entstanden wären.

6.5 Beispiele zum Auslagenersatz

Beispiel

Reisekosten Inland, Fotokopien:
RA Fichte erhebt für Mahler Klage gegen Berger über 25.000 € vor dem Landgericht in Düsseldorf. Nach streitiger mündlicher Verhandlung folgt eine Beweisaufnahme (Ortsbesichtigung in Würzburg, 340 km zurückgelegte Strecke). RA Fichte fuhr zur Wahrnehmung dieser Beweisaufnahme um 08:00 Uhr von seinem Büro ab und kehrte um 14:00 Uhr wieder zurück. Es waren 120 Fotokopien zur Unterrichtung des Auftraggebers und 160 Fotokopien zur Zustellung oder Mitteilung an Gegner oder Beteiligte erforderlich. Nach einer weiteren streitigen mündlichen Verhandlung ergeht ein Urteil.

Kostenrechnung:

Gegenstandswert: 25.000 €

1,3 Verfahrensgebühr, Nr. 3100 VV RVG	1.024,40 €
1,2 Terminsgebühr, Nr. 3104 VV RVG	945,60 €
Postentgelte, Nr. 7002 VV RVG	20,00 €
Dokumentenpauschale, Nr. 7000 VV RVG	29,50 €
Fahrtkosten, Nr. 7003 VV RVG	102,00 €
340 km à 0,30 €	
Abwesenheitsgeld, Nr. 7005 VV RVG	40,00 €
(Abwesenheit 6 Stunden)	
Zwischensumme netto	2.161,50 €
19 % USt, Nr. 7008 VV RVG	410,69 €
Summe brutto	**2.572,19 €**

Von den 280 Kopien müssen für die Berechnung 200 abgezogen werden, da es sich hier um Kopien nach Nr. 7000 Abs. 1 Nr. 1b und 1c VV RVG handelt.

Reisekosten Ausland:

RA Fichte macht für Mahler außergerichtlich gegen Berger Schadensersatzforderungen in Höhe von 250.000 € geltend. Es wird eine Besprechung mit der Gegenseite in Orléans, Frankreich, erforderlich. Die einfache Entfernung von der Kanzlei des Fichte bis nach Orléans beträgt 600 km. RA Fichte fährt am Mittwoch um 15:00 Uhr von seiner Kanzlei ab, übernachtet zweimal in Orléans (pro Tag 90 € Übernachtungskosten netto) und kehrt am Freitag um 18:00 Uhr zurück. Die Sache wird auf dem Vergleichswege beendet.

Kostenrechnung:

Gegenstandswert: 250.000 €

1,3 Geschäftsgebühr, Nr. 2300 VV RVG	2.928,90 €
1,5 Einigungsgebühr, Nr. 1000 VV RVG	3.379,50 €
Postentgelte, Nr. 7002 VV RVG	20,00 €
Fahrtkosten, Nr. 7003 VV RVG	360,00 €
1.200 km à 0,30 €	
Abwesenheitsgeld, Nr. 7005 VV RVG	210,00 €
(Abwesenheit 3 Tage über 8 Stunden)	
50 % Auslandszuschlag, Nr. 7005 VV RVG	105,00 €
sonstige Auslagen, Nr. 7006	180,00 €
(2 Übernachtungen à 90 €)	
Zwischensumme netto	7.183,40 €
19 % USt, Nr. 7008 VV RVG	1.364,85 €
Summe brutto	**8.548,25 €**

6.6 Prüfungsfragen

1. Wie hoch ist die Umsatzsteuer, die der RA in Rechnung stellen kann? Nennen Sie auch die Vorschrift.

19 %, nach Nr. 7008 VV RVG.

2. Zu den Entgelten für Post- und Telekommunikationsdienstleistungen:

a) Nach welcher Vorschrift kann der RA eine pauschale Erstattung der Post- und Telekommunikationsentgelte verlangen?

Nach Nr. 7002 VV RVG.

b) Welche Pauschale gilt hierfür?

Die Pauschale beträgt 20 % der zusammengerechneten Gebühren, höchstens aber 20 €.

3. Welche beiden Wahlmöglichkeiten stehen dem RA zur Verfügung, nach denen er Post- und Telekommunikationsentgelte in Rechnung stellen kann?

Der RA kann in Rechnung stellen

1. die tatsächlich entstandenen Aufwendungen (Nr. 7001 VV RVG) oder

2. den Pauschsatz (Nr. 7002 VV RVG).

4. Können die Postentgelte unter dem Betrag einer Mindestgebühr liegen?

Ja.

5. Nach welcher Vorschrift kann der RA die Dokumentenpauschale für die Herstellung und Überlassung von Dokumenten in Rechnung stellen, und wie hoch ist der Betrag?

Nach Nr. 7000 VV RVG kann er für die ersten 50 angefangenen DIN-A4-Seiten 0,50 € (Farbkopie 1,00 €) verlangen, für alle weiteren Seiten 0,15 € (Farbkopie 0,30 €) je Seite. Dienten die Dokumente zur Zustellung oder Mitteilung an Gegner, Beteiligte oder zur notwendigen Unterrichtung des Auftraggebers, sind nur die Kopien und Ausdrucke zu berechnen, die jeweils 100 Stück übersteigen.

6. Nach welcher Vorschrift und in welcher Höhe kann der RA für die Überlassung von elektronisch gespeicherten Dateien, oder deren Bereitstellung zum Abruf, Auslagen abrechnen?

Nach Nr. 7000 Abs. 1 und 2 VV RVG, und zwar je Datei 1,50 €. Höchstens jedoch 5,00 €, sofern mehrere Dateien in einem Arbeitsgang überlassen, bereitgestellt oder auf den selben Datenträger übertragen wurden.

7. In welcher Höhe können Kopien abgerechnet werden, wenn diese per Fax übermittelt werden?

In gleicher Höhe wie bei der Übersendung in Papierform.

8. Wie kann abgerechnet werden, wenn Dokumente in elektronischer Form überlassen werden, diese jedoch zuvor von der Papierform in die elektronische Form übertragen werden mussten?

Die Dokumentenpauschale beträgt nicht weniger als bei einer Übersendung in Papierform.

9. Welche Fahrtkosten kann der RA für eine Geschäftsreise verlangen und in welcher Höhe?

Nach Nr. 7003 VV RVG kann der RA Fahrtkosten für die Benutzung eines eigenen Kfz in Höhe von 0,30 € für jeden gefahrenen Kilometer verlangen.

Nach Nr. 7004 VV RVG kann der RA Fahrtkosten für die Benutzung eines anderen angemessenen Verkehrsmittels in voller Höhe verlangen.

10. Welches Tage- und Abwesenheitsgeld kann der RA im Inland berechnen? Rechtsgrundlage?

Der RA kann nach Nr. 7005 VV RVG bei einer Abwesenheit berechnen

bis 4 Stunden:	25 €
über 4 bis 8 Stunden:	40 €
über 8 Stunden:	70 €

11. Was gilt bei Auslandsreisen?

Zu diesen Beträgen kann ein Zuschlag von 50 % berechnet werden.

12. Kann der RA zusätzlich noch Übernachtungskosten verlangen?

Ja, soweit sie angemessen und tatsächlich entstanden sind.

13. Ein RA fährt am Mittwoch um 15:00 Uhr zu einer Geschäftsreise ab. Die erforderliche Besprechung dauert bis 21:00 Uhr. Er hat Nachtruhe von 23:00 Uhr bis 06:00 Uhr, fährt nach dem Frühstück um 08:00 Uhr zu seiner Kanzlei zurück, die er um 12:00 Uhr erreicht. Welches Tage- und Abwesenheitsgeld kann er berechnen?

Die tatsächlich entstandenen Übernachtungskosten, außerdem für den Mittwoch und Donnerstag je 70 € (Abwesenheit über 8 Stunden).

14. Erstellen Sie die Kostenrechnung zu folgendem Fall:

RA Fichte erhebt für Mahler Klage gegen Berger über 86.000 €. Nach einer streitigen mündlichen Verhandlung zahlt der Beklagte an den Kläger 6.000 €. Es wird eine Beweisaufnahme in Belgien erforderlich (einfache Entfernung 500 km). RA Fichte fährt um 8:00 Uhr von seinem Büro ab und kehrt am nächsten Tag um 18:00 Uhr zurück; Übernachtungskosten: 100 €, Fotokopien für die Unterrichtung des Auftraggebers: 285 Stück. In einem weiteren mündlichen Verhandlungstermin erhöht RA Fichte die Klage um 10.000 €. Über die Gesamtforderung wird streitig verhandelt. In einem letzten Termin schließen die Parteien einen Vergleich dahingehend, dass Berger an Mahler zum Ausgleich der Forderung 80.000 € zahlt.

Kostenrechnung für RA Fichte:

1,3 Verfahrensgebühr, Nr. 3100 VV RVG	1.953,90 €
Gegenstandswert: 96.000 €	
1,2 Terminsgebühr, Nr. 3104 VV RVG	1.803,60 €
Gegenstandswert: 96.000 €	
1,0 Einigungsgebühr, Nr. 1003 VV RVG	1.418,00 €
Gegenstandswert: 90.000 €	
Postentgelte, Nr. 7002 VV RVG	20,00 €
Dokumentenpauschale, Nr. 7000 VV RVG	45,25 €
185 Fotokopien	
Fahrtkosten, Nr. 7003 VV RVG	300,00 €
1.000 km à 0,30 €	
Abwesenheitsgeld, Nr. 7005 VV RVG	140,00 €
(Abwesenheit 2 Tage)	
50 % Auslandszuschlag, Nr. 7005 VV RVG	70,00 €
sonstige Auslagen, Nr. 7006	100,00 €
eine Übernachtung	
Zwischensumme netto	5.850,75 €
19 % USt, Nr. 7008 VV RVG	1.111,64 €
Summe brutto	**6.962,39 €**

7. Die Sonderregelungen der Nr. 3105, 3202 und 3211 VV RVG

Einen Sonderfall regelt das VV RVG in den Nr. 3105, 3202 und 3211: die Gebührenberechnung bei einem Antrag auf Erlass eines Versäumnisurteils und eines Antrags zur Prozess- oder Sachleitung.

7.1 Grundsatz

Der RA erhält nach **Nr. 3105 VV RVG** eine ermäßigte **0,5 Terminsgebühr** für die Wahrnehmung eines Termins, in dem

1. eine Partei **nicht erschienen** oder im Anwaltsprozess **nicht ordnungsgemäß vertreten** ist **und**

2. lediglich ein Antrag auf ein **VU** oder **zur Prozess- und Sachleitung** gestellt wird oder

3. das Gericht bei Säumnis **von Amts wegen** lediglich Entscheidungen zur Prozess- oder Sachleitung trifft oder

4. der Beklagte **im schriftlichen Vorverfahren keine Verteidigungsabsicht eingereicht** hat (§ 331 Abs. 3 ZPO) und ein VU ergangen ist.

In allen anderen Fällen bleibt es bei der Regelterminsgebühr der Nr. 3104 VV RVG von 1,2.

Beispiel

Klage, VU:
Klage über 4.000 €. Im Haupttermin erscheint der Beklagte nicht, es ergeht ein Versäumnisurteil.

Kostenrechnung für den erschienenen RA des Klägers:

Gegenstandswert: 4.000 €	
1,3 Verfahrensgebühr, Nr. 3100 VV RVG	327,60 €
0,5 Terminsgebühr, Nr. 3105 VV RVG	126,00 €
Postentgelte, Nr. 7002 VV RVG	20,00 €
Zwischensumme netto	473,60 €
19 % USt, Nr. 7008 VV RVG	89,98 €
Summe brutto	**563,58 €**

Der säumige RA des Beklagten erhält natürlich keine Terminsgebühr!

Klage, Erörterung, VU:
Klage über 4.000 €. Es erscheinen beide Parteien im Gütetermin und erörtern die Sach- und Rechtslage. Erst im Termin zur mündlichen Verhandlung ist der Gegner säumig und es ergeht antragsgemäß ein Versäumnisurteil.

Kostenrechnung für den RA des Klägers:

Gegenstandswert: 4.000 €

1,3 Verfahrensgebühr, Nr. 3100 VV RVG	327,60 €
1,2 Terminsgebühr, Nr. 3104 VV RVG	302,40 €
Postentgelte, Nr. 7002 VV RVG	20,00 €
Zwischensumme netto	650,00 €
19 % USt, Nr. 7008 VV RVG	123,50 €
Summe brutto	**773,50 €**

Nach Nr. 3105 VV RVG reduziert sich die Terminsgebühr auf 0,5 immer dann, wenn der RA nur **einen** Termin wahrnimmt, in dem die andere Partei nicht erschienen ist. Andernfalls bleibt es bei der 1,2 Terminsgebühr nach Nr. 3104 VV RVG. Ist also einem RA bereits eine ungekürzte Terminsgebühr entstanden, so ist kein Raum mehr für eine ermäßigte Terminsgebühr nach Nr. 3105 VV RVG. **Die Gebühr nach Nr. 3104 VV RVG verdrängt die Gebühr nach Nr. 3105 VV RVG.**

Die Terminsgebühr nach Nr. 3105 VV RVG wird weiterhin nur ermäßigt, wenn der Gegner im Termin **nicht erschienen** ist. Sind beide Parteien erschienen und verhandelt eine Partei nicht (§ 333 ZPO), gilt diese Partei zwar als säumig **("nachträgliche Säumnis")** und es kann antragsgemäß ein VU ergehen. Gleichwohl entsteht dadurch nicht eine reduzierte Terminsgebühr nach Nr. 3105 VV RVG, denn die Säumnis i. S. v. § 333 ZPO ist in Nr. 3105 Anmerkung 2 VV RVG ausdrücklich ausgenommen worden. Es kann also in einem solchen Fall eine 1,2 Terminsgebühr nach Nr. 3104 VV RVG entstehen, und zwar für beide Parteien, also auch für die nicht verhandelnde, denn beide Rechtsanwälte sind ja im Termin erschienen und haben sich je auf den Gegner einstellen müssen.

Beispiel

Die Flucht in die Säumnis:

RA Fichte erhebt für Mahler Klage gegen Berger auf Zahlung von 20.000 €. Im Termin zur mündlichen Verhandlung erscheinen RA Fichte und der gegnerische RA Kirschbaum. Dieser erhält einen Hinweis des Gerichts, dass sein letztes Vorbringen wegen Verspätung voraussichtlich ausgeschlossen wird, sofern er nicht Entschuldigungsgründe vorbringen kann (§ 296 Abs. 1 ZPO). Daraufhin erklärt RA Kirschbaum, er trete nicht auf. RA Fichte beantragt nun ein VU, das auch ergeht.

Kostenrechnung für RA Fichte:

Gegenstandswert: 20.000 €

1,3 Verfahrensgebühr, Nr. 3100 VV RVG	964,60 €
1,2 Terminsgebühr, Nr. 3104 VV RVG	890,40 €
Postentgelte, Nr. 7002 VV RVG	20,00 €
Zwischensumme netto	1.875,00 €
19 % USt, Nr. 7008 VV RVG	356,25 €
Summe brutto	**2.231,25 €**

Hier erhält RA Fichte also keine reduzierte Terminsgebühr nach Nr. 3105 VV RVG, da lediglich eine Säumnis nach § 333 ZPO gegeben war (beide Anwälte waren erschienen).

Wie ausgeführt, entsteht eine ermäßigte Terminsgebühr auch, wenn der Beklagte im **schriftlichen Vorverfahren keine Verteidigungsabsicht** eingereicht hat (§ 331 Abs. 3 ZPO) und ein VU ergangen ist.

Beispiele

Beispiel 1
Versäumnisurteil im schriftlichen Vorverfahren:
RA Fichte reicht für Mahler Klage gegen Berger über 1.000 € ein. Im schriftlichen Vorverfahren geht keine fristgemäße Verteidigungsanzeige des Berger bei Gericht ein. Für diesen Fall hat RA Fichte bereits ein VU beantragt, das auch ergeht.

Hier liegt ein Anwendungsfall der **Nr. 3105 Anm. Abs. 1 Nr. 2 VV RVG** i. V. m. § 331 Abs. 3 ZPO vor.

Kostenrechnung für Rechtsanwalt Fichte:

Gegenstandswert: 1.000 €	
1,3 Verfahrensgebühr, Nr. 3100 VV RVG	104,00 €
0,5 Terminsgebühr, Nr. 3105 VV RVG	40,00 €
Postentgelte, Nr. 7002 VV RVG	20,00 €
Zwischensumme netto	164,00 €
19 % USt, Nr. 7008 VV RVG	31,16 €
Summe brutto	**195,16 €**

Schließlich noch ein Fall, dessen Lösung nicht direkt im VV RVG geregelt ist, nämlich die **Gebühr bei einer Entscheidung nach Lage der Akten**:

Ein Urteil nach Lage der Akten ist erst zulässig, wenn zuvor einmal mündlich verhandelt wurde. Hat ein RA in derselben Sache zunächst einmal streitig mündlich verhandelt und ergeht aufgrund eines späteren Termins ein Urteil nach Lage der Akten, so entsteht die Terminsgebühr nach Nr. 3104 VV RVG; ein gebührenrechtliches Problem entsteht da nicht. Schauen Sie sich aber das nächste Beispiel an (§§ 331a, 251a Abs. 2 ZPO):

Beispiel 2
Entscheidung nach Lage der Akten:
RA Fichte erhebt für Mahler Klage über 10.000 € gegen den Beklagten, der durch RA Kirschbaum vertreten wird. Nach streitiger mündlicher Verhandlung wechselt Mahler zu RA Birke, weil der Rechtsstreit an ein anderes zuständiges Gericht verwiesen wurde. Nachdem auch RA Birke zum Prozessstoff Stellung genommen hat, ergeht im folgenden Termin auf Antrag des erschienenen RA Birke ein Urteil nach Lage der Akten. Kostenrechnung für alle beteiligten RAe?

Die Rechtsanwälte Fichte und Kirschbaum erhalten je eine Terminsgebühr nach Nr. 3104 VV RVG. Zweifel könnten lediglich bei RA Birke bestehen, der ja mit dem Gegner die Sach- und Rechtslage weder gerichtlich noch außergerichtlich besprochen hat. Trotzdem erhält er bei einem solchen Antrag auf Entscheidung nach Lage der Akten eine ungekürzte Gebühr nach 3104 VV RVG.

Kostenrechnung für alle beteiligten Rechtsanwälte:
Gegenstandswert: 10.000 €

1,3 Verfahrensgebühr, Nr. 3100 VV RVG	725,40 €
1,2 Terminsgebühr, Nr. 3104 VV RVG	669,60 €
Postentgelte, Nr. 7002 VV RVG	20,00 €
Zwischensumme netto	1.415,00 €
19 % USt, Nr. 7008 VV RVG	68,85 €
Summe brutto	**1.683,85 €**

Beispiel 3
1. **Der zugelassene Einspruch gegen ein VU:**
   RA Fichte erhebt für Mahler Klage gegen Berger über 5.000 €. Im ersten Termin erscheint für Berger niemand, daraufhin ergeht antragsgemäß ein Versäumnisurteil. Hiergegen legt Berger Einspruch ein. In einem zweiten Termin wird über den Einspruch und nach Zulassung über die Hauptsache streitig mündlich verhandelt.

2. **Der verworfene Einspruch gegen ein VU:**
   RA Fichte erhebt für Mahler Klage gegen Berger in Höhe von 5.000 €. Im ersten Termin bewirkt RA Fichte gegen Berger ein Versäumnisurteil, der hiergegen eingelegte Einspruch wird nach streitiger mündlicher Verhandlung über den Einspruch durch Urteil verworfen.

Beide Beispiele werden, da Sonderregelungen nicht bestehen, gleich gelöst:

Kostenrechnung für RA Fichte (Beispiele 6 und 7):
Gegenstandswert: 5.000 €

1,3 Verfahrensgebühr, Nr. 3100 VV RVG	393,90 €
1,2 Terminsgebühr, Nr. 3104 VV RVG	363,60 €
Postentgelte, Nr. 7002 VV RVG	20,00 €
Zwischensumme netto	777,50 €
19 % USt, Nr. 7008 VV RVG	147,73 €
Summe brutto	**925,23 €**

RA Fichte hat prozessiert und gerichtliche Termine wahrgenommen. Dafür erhält er die Verfahrens- und Terminsgebühr. Unerheblich ist die Anzahl der Termine. Für den Einspruch gibt es keine Gebühr.

7.2 Anträge zur Prozess- oder Sachleitung

Für Anträge, die der RA nur zur **Prozess- oder Sachleitung** gestellt hat, erhält er gemäß **Nr. 3105** eine auf **0,5 ermäßigte Terminsgebühr**, wenn die andere Partei säumig oder nicht ordnungsgemäß vertreten war.

Anträge zur Prozess- oder Sachleitung liegen vor bei Anträgen auf

1. **Vertagung (§ 227 ZPO):** Dies ist der in der Praxis am häufigsten vorkommende Fall **(Vertagungsgebühr)**

2. **Aussetzung des Verfahrens:** Eine Aussetzung des Verfahrens oder dessen Aufhebung ist in mehreren Fällen in der ZPO vorgesehen. So ist sie z. B. möglich bei Vorgreiflichkeit (§ 148 ZPO: wenn der Prozessausgang von einem anderweitig rechtshängigen Verfahren abhängt) und bei Verdacht einer Straftat (§ 149 ZPO: wenn z. B. der Verdacht besteht, dass ein Zeuge eine Falschaussage begangen hat, wird das Gericht das Verfahren bis zum Ausgang der Ermittlungen aussetzen).

3. **Ruhen des Verfahrens (§ 251 ZPO)** auf Antrag beider Parteien wegen schwebender Vergleichsverhandlungen oder aus sonstigen wichtigen Gründen

4. **abgesonderte Verhandlung** über prozesshindernde Einreden

5. **Verweisung**, z. B. von der Zivilkammer an die Kammer für Handelssachen oder umgekehrt (§§ 97 ff. GVG).

Der Antrag muss im Termin gestellt werden. Wird vorher oder nachher z. B. über den vertagten Gegenstandswert in der Sache verhandelt und ist dadurch eine 1,2 Terminsgebühr nach Nr. 3104 VV RVG entstanden, so fällt die ermäßigte Terminsgebühr nach Nr. 3105 VV RVG weg bzw. sie entsteht nicht mehr. Die Gebühr nach Nr. 3105 VV RVG steht also nicht neben einer Regelterminsgebühr, wenn über denselben Gegenstandswert sowohl vertagt als auch verhandelt wurde.

Beispiel

Die Vertagung mit Säumnis:
RA Fichte klagt für den Kläger 10.000 € ein. RA Fichte nimmt den Termin wahr, der Beklagte erscheint aber aus einem von ihm nicht zu vertretenen Grunde nicht. Das Gericht vertagt deshalb von Amts wegen den Termin. Vor dem neuen Termin nimmt RA Fichte wegen eines Beweisantritts des Beklagten die Klage schriftsätzlich zurück.

Kostenrechnung für RA Fichte:

Gegenstandswert: 10.000 €	
1,3 Verfahrensgebühr, Nr. 3100 VV RVG	725,40 €
0,5 Terminsgebühr, Nr. 3105 VV RVG	279,00 €
Postentgelte, Nr. 7002 VV RVG	20,00 €
Zwischensumme netto	1.024,40 €
19 % USt, Nr. 7008 VV RVG	194,64 €
Summe brutto	**1.219,04 €**

 ACHTUNG

Sind für die Vertagungs- und die Terminsgebühr unterschiedliche Gegenstandswerte maßgeblich, weil über einen Betrag vertagt und nur über einen Rest verhandelt wurde **(gemischte Verhandlung)**, so vermindert sich der Gegenstandswert, über den die Vertagungsgebühr (die 0,5 Terminsgebühr nach Nr. 3105 VV
RVG) angefallen ist, um den Gegenstandswert, über den die Terminsgebühr
entstanden ist.

Beispiel

Verhandlung nach Vertagung und Erledigung:
RA Fichte klagt für Mahler 5.000 € ein. Im ersten Termin erscheint der Beklagte ohne
Verschulden nicht. Das Gericht vertagt deshalb von Amts wegen den Termin. Anschließend zahlt der Beklagte einen Teilbetrag von 2.000 €. Insoweit wird der Rechtsstreit
übereinstimmend für erledigt erklärt. Nach einer streitigen mündlichen Verhandlung
und einer Beweisaufnahme mit Weiterverhandlung über die Restforderung ergeht ein
Urteil.

Kostenrechnung für RA Fichte:

1,3 Verfahrensgebühr, Nr. 3100 VV RVG		393,90 €
Gegenstandswert: 5.000 €		
1,2 Terminsgebühr, Nr. 3104 VV RVG	241,20 €	
Gegenstandswert: 3.000 €		
0,5 Terminsgebühr, Nr. 3105 VV RVG	75,00 €	
Gegenstandswert: 2.000 €	316,20 €	
Geprüft nach § 15 Abs. 3 RVG		316,20 €
Postentgelte, Nr. 7002 VV RVG		20,00 €
Zwischensumme netto		730,10 €
19 % USt, Nr. 7008 VV RVG		138,72 €
Summe brutto		**868,82 €**

 ACHTUNG

Unbedingt § 15 Abs. 3 RVG berücksichtigen:
Wird über einen **geringeren Betrag verhandelt als vertagt**, so verdrängt die Terminsgebühr in ihrer Höhe die Vertagungsgebühr (reduzierte Terminsgebühr). Nur über den Restbetrag wird die Vertagungsgebühr berechnet. Die Regelterminsgebühr und die Vertagungsgebühr dürfen aber zusammen nicht mehr betragen als eine 1,2 Gebühr (höchster Gebührensatz) nach den zusammengerechneten Gegenstandswerten (3.000 + 2.000 = 5.000 €).

Die Lösung setzt jedoch voraus, dass über die gezahlten 2.000 € vor oder nach der Vertagung weder gerichtlich noch außergerichtlich eine Besprechung stattfand, die auf die Erledigung des Verfahrens gerichtet war (Vorbem. 3 Abs. 4 VV RVG). Ist dies der Fall, wie es häufiger vorkommen wird, so fällt die Vertagungsgebühr weg und es entsteht nur eine 1,2 Terminsgebühr von 5.000 €.

7.3 Versäumnisurteil in Rechtsmittelverfahren

In **Berufungssachen** beträgt die reduzierte Terminsgebühr nach **Nr. 3203 VV RVG 0,5** und in **Revisionssachen** nach **Nr. 3211 VV RVG 0,8**, in beiden Fällen aber nur, **wenn der Rechtsmittelkläger** (Berufungs- oder Revisionskläger) **säumig ist.**

Beispiel

Säumnis des Berufungsklägers:
RA Fichte geht für Mahler wegen 2.000 € in die Berufung. Im ersten Termin erscheint nur RA Kirschbaum, der den Berufungsbeklagten vertritt. Dieser erwirkt antragsgemäß ein VU, in dem die Berufung zurückgewiesen wird (§ 539 Abs. 1 ZPO).

Kostenrechnung für RA Kirschbaum:

Gegenstandswert: 2.000 €	
1,6 Verfahrensgebühr, Nr. 3200 VV RVG	240,00 €
0,5 Terminsgebühr, Nr. 3203 VV RVG	75,00 €
Postentgelte, Nr. 7002 VV RVG	20,00 €
Zwischensumme netto	335,00 €
19 % USt, Nr. 7008 VV RVG	63,65 €
Summe brutto	**398,65 €**

Ist der **Rechtsmittelbeklagte säumig**, verbleibt es bei der **ungekürzten Terminsgebühr** in Höhe von **1,2** für den das VU beantragenden Berufungsklägers **(Nr. 3202 VV RVG)** und in Höhe von **1,5** für den Revisionskläger **(Nr. 3210 VV RVG)**. Nach der Gesetzesbegründung soll die verminderte Terminsgebühr auf die Fälle beschränkt werden, in denen der Berufungskläger säumig ist. Im Hinblick auf § 539 Abs. 2 ZPO stellt im umgekehrten Fall der Termin an den Rechtsanwalt des Berufungsklägers oder Revisionsklägers größere Anforderungen, sodass eine reduzierte Terminsgebühr nach Auffassung des Gesetzgebers nicht gerechtfertigt wäre.

Beispiel

Säumnis des Berufungsbeklagten:
RA Fichte geht für Mahler wegen 3.000 € in die Berufung. Im ersten Termin erscheint nur RA Fichte, der antragsgemäß ein VU erwirkt.

Kostenrechnung für den RA Fichte:

Gegenstandswert: 3.000 €	
1,6 Verfahrensgebühr, Nr. 3200 VV RVG	321,60 €
1,2 Terminsgebühr, Nr. 3202 VV RVG	241,20 €
Postentgelte, Nr. 7002 VV RVG	20,00 €
Zwischensumme netto	582,80 €
19 % USt, Nr. 7008 VV RVG	110,73 €
Summe brutto	**693,53 €**

Der Sonderfall der ermäßigten Terminsgebühr nach Nr. 3203 VV RVG liegt nicht vor. Diese Sonderregelung gilt nur für eine Säumnis des Rechtsmittelklägers.

7.4 Prüfungsfragen

1. **Wann und nach welcher Vorschrift erhält der Rechtsanwalt erstinstanzlich eine ermäßigte Terminsgebühr?**

   Der RA erhält nach Nr. 3105 VV RVG eine ermäßigte 0,5 Terminsgebühr für die Wahrnehmung eines Termins, wenn

   ► eine Partei nicht erschienen ist oder im Anwaltsprozess nicht ordnungsgemäß vertreten ist und lediglich ein Antrag auf ein VU oder zur Prozess- und Sachleitung gestellt wird oder

   ► das Gericht bei Säumnis von Amts wegen lediglich Entscheidungen zur Prozess- oder Sachleitung trifft oder

   ► der Beklagte im schriftlichen Vorverfahren keine Verteidigungsabsicht eingereicht hat und ein VU ergangen ist.

2. Wie verhalten sich die Gebühren nach Nr. 3104 und 3105 VV RVG zueinander?

Die Gebühr nach Nr. 3104 VV RVG verdrängt die Gebühr nach Nr. 3105 VV RVG.

3. Wie unterscheiden sich folgende Fälle gebührenrechtlich?

    a) Der Gegner ist im Termin nicht erschienen.

    b) Beide Parteien sind im Termin erschienen und eine Partei verhandelt nicht („nachträgliche Säumnis").

    a) Ist der Gegner im Termin nicht erschienen, kann für die erschienene Partei eine 0,5 Terminsgebühr nach Nr. 3105 VV RVG für den Antrag auf Erlass eines VU entstehen.

    b) Ist der Gegner im Termin erschienen, verhandelt er aber nicht, kann eine 1,2 Terminsgebühr nach Nr. 3104 VV RVG entstehen.

4. Welche Terminsgebühr kann bei einer Entscheidung nach Lage der Akten entstehen?

Die ungekürzte 1,2 Terminsgebühr nach Nr. 3104 VV RVG.

5. Wie sind die Kosten zu berechnen, wenn gegen ein VU Einspruch eingelegt wird?

Es gelten insoweit keine Besonderheiten: Für Termine entsteht eine Terminsgebühr, für den Einspruch entsteht keine Gebühr.

6. Lösen Sie den folgenden Fall: Klage, Versäumnisurteil, Einspruch. Zulassung des Einspruchs, streitige mündliche Verhandlung, Urteil.

1,3 Verfahrensgebühr, Nr. 3100 VV RVG
1,2 Terminsgebühr, Nr. 3104 VV RVG
Postentgelte, Nr. 7002 VV RVG, Umsatzsteuer, Nr. 7008 VV RVG

7. Lösen Sie den folgenden Fall: Klage, Versäumnisurteil, Einspruch, Zurückweisung des Einspruchs wegen Verfristung.

1,3 Verfahrensgebühr, Nr. 3100 VV RVG
1,2 Terminsgebühr, Nr. 3104 VV RVG
Postentgelte, Nr. 7002 VV RVG, Umsatzsteuer, Nr. 7008 VV RVG

8. Nach welcher Vorschrift und in welcher Höhe erhält der RA eine Terminsgebühr, wenn er bei Säumnis des Gegners nur Anträge zur Prozess- oder Sachleitung gestellt hat?

Er erhält gemäß Nr. 3105 eine auf 0,5 ermäßigte Terminsgebühr.

9. Nennen Sie Beispiele für die Entstehung dieser Gebühr.

Wenn der RA Anträge stellt auf Vertagung, Aussetzung oder Ruhen des Verfahrens, abgesonderte Verhandlung über prozesshindernde Einreden oder Verweisung von der Zivilkammer an die Kammer für Handelssachen.

10. Kann diese Gebühr über denselben Gegenstandswert auch neben einer ungekürzten Terminsgebühr entstehen?

Nein, bei einer Überschneidung entsteht lediglich die ungekürzte Terminsgebühr nach Nr. 3104 VV RVG.

11. Wann entsteht die Vertagungsgebühr aber auch neben einer Terminsgebühr?

Wenn nach Vertagung nur über geringere Ansprüche verhandelt wird.

12. Welche Vorschrift ist hierbei zu beachten, und was besagt sie?

Nach § 15 Abs. 3 VV RVG dürfen die 1,2 Terminsgebühr nach Nr. 3104 VV RVG und die 0,5 Terminsgebühr nach Nr. 3105 VV RVG zusammen nicht höher sein, als die 1,2 Gebühr vom zusammengerechneten Gegenstandswert.

13. Wie hoch und nach welcher Vorschrift entsteht eine reduzierte Terminsgebühr in der Berufungsinstanz?

In der Berufung beträgt die reduzierte Terminsgebühr nach Nr. 3203 VV RVG 0,5.

14. Wie hoch und nach welcher Vorschrift entsteht eine reduzierte Terminsgebühr in der Revisionsinstanz?

In der Revision beträgt die reduzierte Terminsgebühr nach Nr. 3211 VV RVG 0,8.

15. Welche Terminsgebühren können entstehen, wenn

a) der Berufungskläger säumig ist?

Es entsteht für den erschienenen Berufungsbeklagten eine 0,5 Terminsgebühr nach Nr. 3203 VV RVG.

b) der Berufungsbeklagte säumig ist?

Es entsteht für den erschienenen Berufungskläger eine 1,2 Terminsgebühr nach Nr. 3202 VV RVG.

16. Welche Terminsgebühren können entstehen, wenn

a) der Revisionskläger säumig ist?

Es entsteht für den erschienenen Revisionsbeklagten eine 0,8 Terminsgebühr nach Nr. 3211 VV RVG.

b) der Revisionsbeklagte säumig ist?

Es entsteht für den erschienenen Revisionskläger eine 1,5 Terminsgebühr nach Nr. 3210 VV RVG.

8. Die Gebühren im Mahnverfahren

8.1 Gebührenberechnung

Im automatisierten Mahnverfahren sind die Gebühren des Rechtsanwalts nicht anzugeben; sie werden vom Gericht berechnet. Die Gebühren im Mahnverfahren sind in den **Nr. 3305 bis 3308 RVG** geregelt.

Will der Rechtsanwalt von der in Nr. 7002 RVG geregelten Pauschale für **Postentgelte** abweichen und **tatsächlich entstandene Auslagen** gemäß Nr. 7001 RVG geltend machen, so muss er diese im Antrag angeben.

Die **Umsatzsteuer** nimmt das Gericht nur dann in den MB und VB auf, wenn der RA durch das Ankreuzfeld des MB-Antrags erklärt hat, dass der Antragsteller nicht zum Vorsteuerabzug berechtigt ist.

Für Verfahren über den Antrag auf Erlass eines MB erhebt das **Gericht** nach **Nr. 1100 KV GKG** eine **0,5 Verfahrensgebühr**, jedoch **mindestens 32 €**.

Der Rechtsanwalt erhält eine **1,0 Gebühr** für den **Antrag auf Erlass eines Mahnbescheids** nach **Nr. 3305 VV RVG**.

Beispiel

Der Antrag:
Der Antragsteller macht durch RA Fichte im gerichtlichen Mahnverfahren eine Forderung in Höhe von 1.000 € geltend. Nach Zustellung des MB zahlt der Gegner. Kostenrechnung für Rechtsanwalt Fichte?

Gegenstandswert: 1.000 €	
1,0 Verfahrensgebühr, Nr. 3305 VV RVG	80,00 €
Postentgelte, Nr. 7002 VV RVG	16,00 €
Zwischensumme netto	96,00 €
19 % USt, Nr. 7008 VV RVG	18,24 €
Summe brutto	**114,24 €**

Die MB-Gebühr entsteht bereits für die Einleitung des **Verfahrens** über den MB-Antrag, nicht nur für den Erlass des MB. Die MB-Gebühr entsteht also auch dann, wenn der MB deshalb nicht verfügt wird, weil der Antrag zurückgenommen wurde.

Wird das Verfahren **vor Antragstellung beendet**, so erhält der beauftragte RA eine **0,5 Verfahrensgebühr** gem. Nr. 3306 VV RVG.

Beispiel

Die vorzeitige Beendigung:

Mahler bittet RA Fichte, für ihn wegen einer Forderung von 10.000 € tätig zu werden. Der Antrag auf Erlass eines Mahnbescheides wird vorbereitet, jedoch noch nicht bei Gericht eingereicht. Mahler teilt RA Fichte telefonisch mit, dass die Forderung zwischenzeitlich beglichen worden sei.

Kostenrechnung für RA Fichte:

Gegenstandswert: 10.000 €	
0,5 Verfahrensgebühr, Nr. 3306 VV RVG	279,00 €
Postentgelte, Nr. 7002 VV RVG	20,00 €
Zwischensumme netto	299,00 €
19 % USt, Nr. 7008 VV RVG	56,81 €
Summe brutto	**355,81 €**

Hat der **RA des Antragsgegners** gegen einen Mahnbescheid **Widerspruch** erhoben, so entsteht hierfür eine **0,5 Verfahrensgebühr** gem. Nr. 3307 VV RVG.

Beispiel

Widerspruch und Rücknahme des MB:

Rechtsanwalt Fichte beantragt gegen Berger einen MB über 3.000 €. Hiergegen erhebt der Gegner Widerspruch. Rechtsanwalt Fichte nimmt den MB zurück, ohne dass eine weitere richterliche Verfügung getroffen wurde.

Gegenstandswert: 3.000 €

Kostenrechnung für den Antragsteller-Anwalt Fichte:

1,0 Verfahrensgebühr, Nr. 3305 VV RVG	201,00 €
Postentgelte, Nr. 7002 VV RVG	20,00 €
Zwischensumme netto	221,00 €
19 % USt, Nr. 7008 VV RVG	41,99 €
Summe brutto	**262,99 €**

Kostenrechnung für den Antragsgegner-Anwalt:

0,5 Verfahrensgebühr, Nr. 3307 VV RVG	100,50 € Pos-
tentgelte, Nr. 7002 VV RVG	20,00 €
Zwischensumme netto	120,50 €
19 % USt, Nr. 7008 VV RVG	22,90 €
Summe brutto	**143,40 €**

Das Mahnverfahren und das streitige Verfahren sind **verschiedene Angelegenheiten**, in denen jeweils eigene Postentgelte berechnet werden können (§ 17 Nr. 2 RVG).

Die Verfahrensgebühr für den Mahnbescheid ist auf die Verfahrensgebühr im nachfolgenden Rechtsstreit **anzurechnen**. Gemäß § 15a RVG kann der Rechtsanwalt allerdings wählen, welche Gebühr er in voller Höhe fordert.

Die Gebühr des Antragsgegners für den Widerspruch wird auf die im nachfolgendem Rechtsstreit entstandene Verfahrensgebühr **angerechnet**. Auch hier kann der Rechtsanwalt wählen, welche Gebühr er in voller Höhe fordert, § 15a RVG.

Beispiel

Antrag, Widerspruch und streitiges Verfahren:
Der Antragsteller Mahler macht durch RA Fichte im gerichtlichen Mahnverfahren eine Forderung in Höhe von 2.000 € geltend. Hiergegen erhebt der Antragsgegner Widerspruch. Nach einer Verweisung des Rechtsstreits an das zuständige Gericht kommt es zur mündlichen Verhandlung, zur Beweisaufnahme mit Weiterverhandlung und zu einem Urteil.

Kostenrechnung für RA Fichte:

Gegenstandswert: 2.000 €	
1,0 Verfahrensgebühr, Nr. 3305 VV RVG	150,00 €
Postentgelte, Nr. 7002 VV RVG	20,00 €
Zwischensumme netto	170,00 €
19 % USt, Nr. 7008 VV RVG	32,30 €
Summe brutto	**202,30 €**

Zivilprozess:

1,3 Verfahrensgebühr, Nr. 3100 VV RVG	195,00 €	
Anrechnung gem. Anm. zu Nr. 3305 VV RVG:		
1,0 Verfahrensgebühr, Nr. 3305 VV RVG	150,00 €	
restl. Verfahrensgebühr		45,00 €
1,2 Terminsgebühr, Nr. 3104 VV RVG		180,00 €
Postentgelte, Nr. 7002 VV RVG		20,00 €
Zwischensumme netto		245,00 €
19 % USt, Nr. 7008 VV RVG		46,55 €
Summe brutto		**291,55 €**

Kostenrechnung für den RA des Antragsgegners – Mahnverfahren:

0,5 Verfahrensgebühr, Nr. 3307 VV RVG	75,00 €
Postentgelte, Nr. 7002 VV RVG	15,00 €
Zwischensumme netto	90,00 €
19 % USt, Nr. 7008 VV RVG	17,10 €
Summe brutto	**107,10 €**

Zivilprozess:

1,3 Verfahrensgebühr, Nr. 3100 VV RVG	195,00 €	
Anrechnung gem. Anm. zu Nr. 3307 VV RVG:		
0,5 Verfahrensgebühr, Nr. 3307 VV RVG	75,00 €	
restl. Verfahrensgebühr		120,00 €
1,2 Terminsgebühr, Nr. 3104 VV RVG		180,00 €
Postentgelte, Nr. 7002 VV RVG		20,00 €
Zwischensumme netto		320,00 €
19 % USt, Nr. 7008 VV RVG		60,80 €
Summe brutto		**380,80 €**

Hat ein Rechtsanwalt einen **Vollstreckungsbescheid** beantragt, so erhält er hierfür eine **0,5 Verfahrensgebühr**. Diese Gebühr wird im nachfolgenden Rechtsstreit auf die Verfahrensgebühr **nicht** angerechnet!

Die Antragsverfahren über den Mahnbescheid und den Vollstreckungsbescheid gelten als **dieselbe Angelegenheit**, sodass hier nur insgesamt einmal 20 € pauschal als Postentgelte angesetzt werden dürfen.

Der **Einspruch gegen einen Vollstreckungsbescheid** stellt bereits einen das Streitverfahren einleitenden Antrag dar und löst damit für den Antragsgegner eine 1,3 Verfahrensgebühr nach Nr. 3100 VV RVG aus.

Beispiel

Einspruch gegen den Vollstreckungsbescheid:
RA Fichte beantragt für Mahler einen Mahnbescheid über 5.000 €, anschließend beantragt er einen Vollstreckungsbescheid. Hiergegen legt RA Kirschbaum für die andere Partei Einspruch ein. Vor dem zuständigen Gericht kommt es daraufhin zu einer streitigen mündlichen Verhandlung und zu einem abweisenden Urteil.

Gegenstandswert: 5.000 €
Kostenrechnungen für RA Fichte – Mahnverfahren:

1,0 Verfahrensgebühr, Nr. 3305 VV RVG	303,00 €
0,5 Verfahrensgebühr, Nr. 3308 VV RVG	151,50 €
Postentgelte, Nr. 7002 VV RVG	20,00 €
Zwischensumme netto	474,50 €
19 % USt, Nr. 7008 VV RVG	90,16 €
Summe brutto	**564,66 €**

Klageverfahren:

1,3 Verfahrensgebühr, Nr. 3100 VV RVG	393,90 €	
Anrechnung gem. Anm. zu Nr. 3305 VV RVG		
1,0 Verfahrensgebühr, Nr. 3305 VV RVG	303,00 €	
restl. Verfahrensgebühr		90,90 €
1,2 Terminsgebühr, Nr. 3104 VV RVG		363,60 €
Postentgelte, Nr. 7002 VV RVG		20,00 €
Zwischensumme netto		474,50 €
19 % USt, Nr. 7008 VV RVG		90,16 €
Summe brutto		**564,66 €**

Kostenrechnung für RA Kirschbaum (RA des Antragsgegners):
Der Einspruch mit nachfolgendem Zivilprozess:

1,3 Verfahrensgebühr, Nr. 3100 VV RVG	393,90 €
1,2 Terminsgebühr, Nr. 3104 VV RVG	363,60 €
Postentgelte, Nr. 7002 VV RVG	20,00 €
Zwischensumme netto	777,50 €
19 % USt, Nr. 7008 VV RVG	147,73 €
Summe brutto	**925,23 €**

Der RA des Antragsgegners bekommt keine gesonderte Kostenrechnung für das Mahnverfahren, da er mit seinem Einspruch die Sache bereits in das streitige Verfahren übergeleitet hat. Zu berücksichtigen ist natürlich, dass für den Antrag auf Erlass eines VB nur der Gegenstandswert angesetzt werden darf, über den der VB auch beantragt wurde:

Teilzahlung und Vollstreckungsbescheid:
RA Fichte beantragt für Mahler einen MB über 15.000 €. Nach Zustellung zahlt der Gegner einen Teilbetrag von 5.000 €. Über die Restforderung beantragt RA Fichte einen Vollstreckungsbescheid. Hiergegen legt RA Kirschbaum für den Antragsgegner Einspruch ein. Vor dem zuständigen Gericht kommt es daraufhin zu einer streitigen mündlichen Verhandlung und zu einem abweisenden Urteil.

Kostenrechnungen für RA Fichte:
Mahnverfahren

1,0 Verfahrensgebühr, Nr. 3305 VV RVG	650,00 €
Gegenstandswert: 15.000 €	
0,5 Verfahrensgebühr, Nr. 3308 VV RVG	279,00 €
Gegenstandswert: 10.000 €	
Postentgelte, Nr. 7002 VV RVG	20,00 €
Zwischensumme netto	949,00 €
19 % USt, Nr. 7008 VV RVG	180,31 €
Summe brutto	**1.129,31 €**

Klageverfahren

Gegenstandswert: 10.000 €		
1,3 Verfahrensgebühr, Nr. 3100 VV RVG	725,40 €	
Anrechnung gem. Anm. zu Nr. 3305 VV RVG:		
1,0 Verfahrensgebühr, Nr. 3305 VV RVG	<u>558,00 €</u>	
Gegenstandswert 10.000 €		
restl. Verfahrensgebühr		167,40 €
1,2 Terminsgebühr, Nr. 3104 VV RVG		669,60 €
Postentgelte, Nr. 7002 VV RVG		<u>20,00 €</u>
Zwischensumme netto		857,00 €
19 % USt, Nr. 7008 VV RVG		<u>162,83 €</u>
Summe brutto		**1.019,83 €**

Kostenrechnung für RA Kirschbaum:
Einspruch mit nachfolgendem Zivilprozess

Gegenstandswert: 10.000 €	
1,3 Verfahrensgebühr, Nr. 3100 VV RVG	725,40 €
1,2 Terminsgebühr, Nr. 3104 VV RVG	669,60 €
Postentgelte, Nr. 7002 VV RVG	<u>20,00 €</u>
Zwischensumme netto	1.415,00 €
19 % USt, Nr. 7008 VV RVG	<u>268,85 €</u>
Summe brutto	**1.683,85 €**

Auch im Mahnverfahren kann eine **Terminsgebühr** entstehen, wenn der RA an einer (außergerichtlichen) Besprechung mitgewirkt hat mit dem Ziel einer Vermeidung oder Erledigung des Mahnverfahrens.

 ACHTUNG

Die Terminsgebühr, die im Mahnverfahren entsteht, ist auf die in einem nachfolgenden Rechtsstreit anfallende Terminsgebühr anzurechnen (Anm. Abs. 4 zu 3104 VV RVG).

Beispiel

Die Terminsgebühr im Mahnverfahren:
Mahler beauftragt RA Fichte mit der Einreichung eines MB über 4.000 €. Außerdem bittet er RA Fichte, zuvor auf eine Erledigung hinzuwirken. Vor Einreichung des MB bei Gericht ruft RA Fichte also den Gegner an, weist ihn auf die Rechtslage hin und erklärt, dass er binnen einer Woche einen Mahnbescheid beantragen werde. Nach einigen Tagen wird die Forderung auf dem Konto des Mahler gutgeschrieben, sodass der MB entbehrlich ist.

Gegenstandswert: 4.000 €

0,5 Verfahrensgebühr, Nr. 3306 VV RVG	126,00 €
1,2 Terminsgebühr, Nr. 3104 i. V. m. Vorbem. 3.3.2 VV RVG	302,40 €
Postentgelte, Nr. 7002 VV RVG	20,00 €
Zwischensumme netto	448,40 €
19 % USt, Nr. 7008 VV RVG	85,20 €
Summe brutto	**533,60 €**

8.2 Prüfungsfragen

1. Welche Gerichtsgebühr entsteht für den Antrag auf Erlass eines Mahnbescheides?

Eine 0,5 Verfahrensgebühr nach Nr. 1100 KV GKG.

2. Welche Mindestgebühr besteht für diese Gerichtsgebühr?

32,00 €.

3. In welcher Höhe und nach welcher Vorschrift erhält der RA eine Gebühr für den Antrag auf Erlass eines Mahnbescheides?

Eine 1,0 Verfahrensgebühr gemäß Nr. 3305 VV RVG.

4. In welcher Höhe und nach welcher Vorschrift erhält der RA des Antragsgegners eine Gebühr für den Widerspruch gegen den MB?

Eine 0,5 Verfahrensgebühr gemäß Nr. 3307 VV RVG.

5. In welcher Höhe und nach welcher Vorschrift erhält der RA für den Antrag auf Erlass eines Vollstreckungsbescheides eine Gebühr?

Eine 0,5 Verfahrensgebühr gemäß Nr. 3308 VV RVG.

6. Wie verhalten sich die Gebühren für den MB-Antrag und den Widerspruch zu den Gebühren im Klageverfahren?

Diese Gebühren werden auf die im nachfolgendem Rechtsstreit entstandene Verfahrensgebühr angerechnet. Gemäß § 15a RVG kann der Rechtsanwalt allerdings wählen, welche Gebühr er in voller Höhe fordert.

7. Welche Gebühr wird im folgenden Rechtsstreit nicht angerechnet?

Die 0,5 Verfahrensgebühr Nr. 3308 VV RVG für den Antrag auf Erlass eines VB.

8. Welche Besonderheit ist bei den Postentgelten zu bedenken, wenn der Antragsteller einen VB beantragt und der Gegner hiergegen Einspruch einlegt, sodass es zum Zivilprozess kommt?

Das Mahnverfahren und das sich anschließende streitige Verfahren sind verschiedene Angelegenheiten mit der Folge, dass für beide Verfahrensarten je die pauschalen Postentgelte berechnet werden dürfen.

9. Welche Gebühr erhält der RA des Antragstellers und nach welcher Vorschrift, wenn das Verfahren vor Antragstellung beendet wird?

Der beauftragte RA erhält eine 0,5 Verfahrensgebühr nach Nr. 3306 VV RVG.

10. **Erstellen Sie die Kostenrechnung im nachfolgenden Fall für beide Prozessvertreter:**

    Der Antragsteller macht durch seinen Anwalt im gerichtlichen Mahnverfahren eine Forderung geltend. Der RA des Antragsgegners erhebt gegen den MB Widerspruch, der Sachanträge enthält. Nach Verweisung an das zuständige Gericht kommt es zur mündlichen Verhandlung, zur Beweisaufnahme und zu einem Urteil.

    Kostenrechnung für den RA des Antragstellers: Mahnverfahren
    1,0 Verfahrensgebühr, Nr. 3305 VV RVG
    Postentgelte, Nr. 7002 VV RVG, Umsatzsteuer, Nr. 7008 VV RVG

    Zivilprozess
    1,3 Verfahrensgebühr, Nr. 3100 VV RVG Anrechnung gem. Anm. zu Nr. 3305 VV RVG:
    - 1,0 Verfahrensgebühr, Nr. 3305 VV RVG
    restl. Verfahrensgebühr
    1,2 Terminsgebühr, Nr. 3104 VV RVG
    Postentgelte, Nr. 7002 VV RVG, Umsatzsteuer, Nr. 7008 VV RVG

    Kostenrechnung für den RA des Antragsgegners: Mahnverfahren
    0,5 Verfahrensgebühr, Nr. 3307 VV RVG Postentgelte, Umsatzsteuer

    Zivilprozess
    1,3 Verfahrensgebühr, Nr. 3100 VV RVG Anrechnung gem. Anm. zu Nr. 3307 VV RVG:
    - 0,5 Verfahrensgebühr, Nr. 3307 VV RVG
    restl. Verfahrensgebühr
    1,2 Terminsgebühr, Nr. 3104 VV RVG
    Postentgelte, Nr. 7002 VV RVG, Umsatzsteuer, Nr. 7008 VV RVG

11. **Wie müsste die Kostenrechnung des Prozessbevollmächtigten des Antragstellers lauten, wenn im vorigen Fall der Antragsgegner gegen den VB Einspruch einlegt und es daraufhin nach streitiger mündlicher Verhandlung zu einem Urteil kommt?**

    Kostenrechnungen für den Antragstelleranwalt: Mahnverfahren
    1,0 Verfahrensgebühr, Nr. 3305 VV RVG
    0,5 Verfahrensgebühr, Nr. 3308 VV RVG
    Postentgelte, Nr. 7002 VV RVG, Umsatzsteuer, Nr. 7008 VV RVG

    Klageverfahren: Gegenstandswert
    1,3 Verfahrensgebühr, Nr. 3100 VV RVG Anrechnung gem. Anm. zu Nr. 3305 VV RVG:
    - 1,0 Verfahrensgebühr, Nr. 3305 VV RVG
    restl. Verfahrensgebühr
    1,2 Terminsgebühr, Nr. 3104 VV RVG
    Postentgelte, Nr. 7002 VV RVG, Umsatzsteuer, Nr. 7008 VV RVG

12. **Wie lautet zum vorigen Fall die Kostenrechnung für den Antragsgegneranwalt?**

    Der Antragsgegneranwalt erhält lediglich eine Kostenrechnung für den Zivilprozess, weil er mit seinem Einspruch das Mahnverfahren in das streitige Verfahren übergeleitet hat:
    1,3 Verfahrensgebühr, Nr. 3100 VV RVG
    1,2 Terminsgebühr, Nr. 3104 VV RVG
    Postentgelte, Nr. 7002 VV RVG, Umsatzsteuer, Nr. 7008 VV RVG

9. Die Gebühren bei der Zurückverweisung (Abgabe) und Verweisung

Wird der Rechtsstreit von einer höheren Instanz an eine untere zurückverwiesen, sodass zum zweiten Mal in derselben Instanz prozessiert wird, oder wird vor dem falschen Gericht verhandelt, dann aber an das zuständige Gericht verwiesen, wo dann wieder verhandelt wird, so steht den doppelten Verfahrens- oder Terminsgebühren eigentlich § 15 Abs. 2 Satz 2 RVG entgegen: Nach dieser Vorschrift darf pro Instanz grundsätzlich nur eine Kostenrechnung erstellt werden, d. h. dieselbe Gebühr darf in derselben Instanz nur einmal berechnet werden. Hier greifen die §§ 20 und 21 RVG ein, die den § 15 Abs. 2 Satz 2 RVG modifizieren und unter bestimmten Voraussetzungen **die Berechnung mehrerer gleichartiger Gebühren in derselben Instanz** ermöglichen.

9.1 Die Verweisung oder Abgabe gem. § 20 Satz 1 RVG

Das Gesetz kennt in den §§ 20 f. RVG drei Arten der Verweisung: die **Horizontalverweisung**, die **Vertikalverweisung** und die **Diagonalverweisung**. § 20 RVG gilt für alle gerichtlichen Verfahren, nicht nur für den Zivilprozess, sondern auch für die FGG-Gerichtsbarkeit, Arbeitsgerichtssachen, Strafsachen, Patentsachen, Verwaltungsgerichtssachen, Finanzgerichtssachen usw.

In § 20 RVG sind zwei Verweisungen bzw. Abgaben an das zuständige Gericht geregelt: die Horizontalverweisung und die Diagonalverweisung.

9.1.1 Die Horizontalverweisung, § 20 Satz 2 RVG

Wird die Klage bei einem nicht zuständigen Gericht erhoben und demgemäß der Rechtsstreit auf Antrag des Klägers an das zuständige Gericht **derselben Instanz** verwiesen (§ 281 ZPO), so sind die Verfahren vor dem verweisenden oder abgebenden und vor dem übernehmenden Gericht gebührenrechtlich **ein** Rechtszug. Die Folge ergibt sich aus § 15 Abs. 2 Satz 1 RVG: Die Gebühren werden nur einmal berechnet, d. h. **Gebühren, die vor der Verweisung entstanden sind, entstehen beim übernehmenden Gericht nicht nochmals.**

§ 20 Satz 1 RVG findet insbesondere in folgenden Fällen Anwendung:

- ► Verweisung eines Amtsgerichts an ein anderes Amtsgericht in einer anderen Stadt wegen **örtlicher** Unzuständigkeit
- ► Verweisung vom Amtsgericht an das Landgericht wegen **sachlicher** Unzuständigkeit; beide Gerichte gehören hier zur ersten Instanz
- ► Verweisung von der Zivilkammer an eine Kammer für Handelssachen wegen **funktioneller** Unzuständigkeit
- ► Verweisung vom Amtsgericht an das Arbeitsgericht oder vom Sozialgericht an ein Verwaltungsgericht wegen Unzuständigkeit der **Gerichtsbarkeit**.

Beispiel

Verweisung vom Landgericht an das Arbeitsgericht:
Klage über 5.000,00 € beim Landgericht, streitige mündliche Verhandlung über die Zuständigkeit der Gerichtsbarkeit, Verweisung an das zuständige Arbeitsgericht. Dort ergeht nach streitiger mündlicher Verhandlung ein Urteil.

Gegenstandswert: 5.000 €	
1,3 Verfahrensgebühr, Nr. 3100 VV RVG	393,90 €
1,2 Terminsgebühr, Nr. 3104 VV RVG	363,60 €
Postentgelte, Nr. 7002 VV RVG	20,00 €
Zwischensumme netto	777,50 €
19 % USt, Nr. 7008 VV RVG	147,73 €
Summe brutto	**925,23 €**

Dem Kläger sind die durch die Anrufung des falschen Gerichts entstandenen **Mehrkosten**, die z. B. bei einem Anwaltswechsel des Beklagten entstanden sind, auch dann aufzuerlegen, wenn er in der Hauptsache obsiegt (§ 281 Abs. 3 Satz 2 ZPO).

Der Verweisungsantrag ist ein **Antrag zur Prozess- und Sachleitung** und wird durch andere Terminsgebühren verdrängt.

9.1.2 Die Diagonalverweisung, § 20 Satz 2 RVG

Nimmt ein vorinstanzliches Gericht seine Zuständigkeit an und wird diese jedoch von dem Rechtsmittelgericht verneint und der Rechtsstreit nach Verweisungsantrag an das zuständige Gericht des **niedrigeren Rechtszuges** verwiesen oder abgegeben, so ist das weitere Verfahren vor diesem Gericht gebührenrechtlich ein neuer Rechtszug. **Folge: Der in beiden Instanzen tätige Rechtsanwalt kann für jede Instanz eine gesonderte Kostenrechnung erstellen.**

Beispiele

Verweisung vom Landgericht Düsseldorf an das Amtsgericht Krefeld; Verweisung vom Landgericht Duisburg an das Amtsgericht Kleve.

Die Diagonalverweisung:
Klage vor dem Landgericht Wuppertal, das seine örtliche Zuständigkeit bejaht. Es ergeht ein Urteil. In der Berufungsinstanz verneint das Oberlandesgericht Düsseldorf jedoch die Zuständigkeit und verweist den Rechtsstreit entsprechend dem Verweisungsantrag an das Landgericht Mönchengladbach zur erneuten Entscheidung.

Die Prozessbevollmächtigten können hier ohne jede Einschränkung berechnen:

- die beim Landgericht Wuppertal,

- die beim Oberlandesgericht Düsseldorf und

- die beim Landgericht Mönchengladbach entstandenen Gebühren gem. § 20 Satz 2 RVG (einschließlich der jeweiligen Verfahrensgebühr).

9.2 Die Zurückverweisung gem. § 21 Abs. 1 RVG

Unter bestimmten Voraussetzungen darf das Rechtsmittelgericht das Urteil aufheben und das Verfahren und **an das untergeordnete Gericht zurückverweisen (Vertikalverweisung)** (§§ 538, 563 Abs. 1 ZPO).

Beispiele

Das Verfahren des untergeordneten Gerichts leidet an einem wesentlichen Mangel und eine umfangreiche oder aufwendige Beweisaufnahme ist notwendig (§ 538 Abs. 2 Nr. 1 ZPO). Auch ist es denkbar, dass im Zivilverfahren ein Urteil nur dem Anspruchs**grunde** nach, nicht aber der **Höhe** nach ergeht, etwa dann, wenn die Frage, ob der Beklagte grundsätzlich zur Zahlung verpflichtet ist, dem Grunde nach entscheidungsreif ist, die Höhe des Schadensersatzanspruches jedoch noch nicht feststellbar ist. In diesem Fall kann der Richter ein **Grundurteil** verkünden.

Soweit eine Sache **an ein untergeordnetes Gericht zurückverwiesen wird, ist das weitere Verfahren vor diesem Gericht ein neuer Rechtszug** mit der Folge, dass auch für das Verfahren an das untergeordnete Gericht eine eigene (zweite) Kostenrechnung erstellt werden darf (§ 21 Abs. 1 RVG).

Die **Verfahrensgebühr** erhält der RA jedoch nur, wenn die Sache an ein Gericht zurückverwiesen wird, **das mit der Sache noch nicht befasst war (Vorbem. 3 Abs. 6 VV RVG)**, andernfalls wird die vor diesem Gericht bereits entstandene Verfahrensgebühr auf die Verfahrensgebühr für das erneute Verfahren angerechnet. Gemäß § 15a RVG kann der Rechtsanwalt allerdings wählen, welche Gebühr er in voller Höhe fordert.

Beispiel

Das Grund- und Höheverfahren:
RA Fichte erhebt für Mahler Klage gegen Berger vor dem Landgericht auf Zahlung von 10.000 €. Nach streitiger mündlicher Verhandlung und einer Beweisaufnahme ergeht ein klageabweisendes Grundurteil.

Hiergegen geht RA Fichte für den Kläger beim Oberlandesgericht in die Berufung. Nach streitiger mündlicher Verhandlung wird die Sache an die erste Instanz zur Entscheidung über die Höhe des Anspruchs zurückverwiesen.

Dort wird der Rechtsstreit bezüglich der Anspruchshöhe fortgesetzt. Nach streitiger mündlicher Verhandlung und einer weiteren Beweisaufnahme ergeht ein Urteil.

Kostenrechnung für die Rechtsanwälte beider Parteien:
Gegenstandswert: 10.000 €
I. Grundverfahren – 1. Instanz

1,3 Verfahrensgebühr, Nr. 3100 VV RVG	725,40 €
1,2 Terminsgebühr, Nr. 3104 VV RVG	669,60 €
Postentgelte, Nr. 7002 VV RVG	20,00 €
Zwischensumme netto	1.415,00 €
19 % USt, Nr. 7008 VV RVG	268,85 €
Summe brutto	**1.683,85 €**

Grundverfahren – 2. Instanz

1,6 Verfahrensgebühr, Nr. 3200 VV RVG	892,80 €
1,2 Terminsgebühr, Nr. 3202 VV RVG	669,60 €
Postentgelte, Nr. 7002 VV RVG	20,00 €
Zwischensumme netto	1.582,40 €
19 % USt, Nr. 7008 VV RVG	300,66 €
Summe brutto	**1.883,06 €**

II. Höheverfahren – 1. Instanz, § 21 Abs. 1 RVG

1,3 Verfahrensgebühr, Nr. 3100 VV RVG	725,40 €	
Anrg. Vorbem. 3 Abs. 6 VV RVG	725,40 €	0,00 €
1,2 Terminsgebühr, Nr. 3104 VV RVG		669,60 €
Postentgelte, Nr. 7002 VV RVG		20,00 €
Zwischensumme		689,60 €
19 % USt, Nr. 7008 VV RVG		131,02 €
insgesamt		**820,62 €**

9.3 Prüfungsfragen

1. **Wie und nach welcher Vorschrift werden die Gebühren berechnet, wenn ein Rechtsstreit z. B. wegen örtlicher Unzuständigkeit von einem Gericht an das andere derselben Instanz verwiesen bzw. abgegeben wird?**

   Nach § 20 RVG sind die Verfahren vor dem verweisenden (abgebenden) und vor dem übernehmenden Gericht ein Rechtszug, d. h. die Gebühren entstehen nur einmal.

2. Wie heißt diese Verweisung?

Horizontalverweisung. Sie ist gegeben bei der Verweisung von einem Gericht an ein anderes derselben Instanz.

3. Nennen Sie Beispiele für eine solche Verweisung.

- ► die Verweisung vom Amtsgericht Langenfeld an das Amtsgericht Neuss wegen örtlicher Unzuständigkeit

- ► die Verweisung vom Amtsgericht an das Landgericht wegen sachlicher Unzuständigkeit, wenn beide Gerichte zur ersten Instanz gehören

- ► die Verweisung von der Zivilkammer an eine Kammer für Handelssachen wegen funktioneller Unzuständigkeit

- ► die Verweisung vom Amtsgericht an das Arbeitsgericht oder vom Sozialgericht an ein Verwaltungsgericht wegen Unzuständigkeit der Gerichtsbarkeit

4. Fall:

Klage vor dem Landgericht Krefeld, Berufung vor dem Oberlandesgericht Düsseldorf. Dieses Gericht nimmt die örtliche Unzuständigkeit der Klage an und verweist den Rechtsstreit an das zuständige Landgericht Kleve. Wie werden die Kosten der jeweiligen Instanzen berechnet? Welche Vorschrift ist einschlägig?

Wird eine Sache an das Gericht eines niedrigeren Rechtszugs verwiesen (abgegeben), so ist das Verfahren vor diesem Gericht ein neuer Rechtszug (§ 20 Satz 2 RVG). Für die Verfahren vor dem LG Krefeld, OLG Düsseldorf und dem LG Kleve werden je sämtliche Gebühren berechnet.

5. Wie nennt man diese Verweisung?

Diagonalverweisung. Sie liegt vor bei der Verweisung von einem Rechtsmittelgericht an ein Gericht des niedrigeren Rechtszuges wegen Unzuständigkeit der ersten Instanz.

6. Wie und nach welcher Vorschrift werden die Gebühren berechnet, wenn in erster Instanz ein Grundurteil ergeht, hiergegen Berufung eingelegt wird und daraufhin der Rechtsstreit an die erste Instanz bezüglich der Höhe des Anspruchs zurückverwiesen wird?

Nach § 21 Abs. 1 RVG werden für die erste und zweite Instanz des Grundverfahrens sämtliche Gebühren und für die erste Instanz des Höheverfahrens alle Gebühren berechnet. Es muss jedoch die Anrechnungsvorschrift nach Vorbem. 3 Abs. VI beachtet werden.

7. Wie nennt man diese Verweisung?

Vertikalverweisung.

8. In welchem Fall wird keine Anrechnung vorgenommen und in welcher Vorschrift ist das geregelt?

Wenn die Sache an ein Gericht zurückverwiesen ist, das mit der Sache noch nicht befasst war (Vorbem. 3 Abs. 4 VV RVG).

10. Die Gebühren im Urkundenverfahren

Das Urkundenverfahren endet in der Regel mit einem Vorbehaltsurteil. In dem anschließenden Nachverfahren befinden sich die Parteien in einem ganz normalen Zivilprozess,
in dem z. B. alle Beweismittel angeboten werden können. Diese beiden Verfahrensteile
wirken sich auch auf die Kostenrechnung aus.

10.1 Gebührenberechnung

Es sind zwei Teile zu unterscheiden, nämlich der **Urkundenprozess (Wechsel- oder
Scheckprozess)** im engeren Sinne, der mit einem Vorbehaltsurteil abschließt, und das
sich gegebenenfalls anschließende **Nachverfahren**, in dem nunmehr beide Parteien
ihre Einwendungen erheben können und in dem alle Beweismittel zulässig sind.

Beide Verfahrensabschnitte finden zwar in derselben Instanz statt, sie gelten nach **§ 17
Nr. 5 RVG** aber als **verschiedene Angelegenheiten**. Für jeden Verfahrensabschnitt ist
also eine getrennte Kostenrechnung **mit gesonderter Berechnung der Postentgelte** zu
erstellen. Im **Nachverfahren** wird jedoch die Verfahrensgebühr des Urkundenprozesses
auf die Verfahrensgebühr des ordentlichen Verfahrens **angerechnet** (Abs. 2 der Anm. zu
Nr. 3100 VV RVG). Nach § 15a RVG kann der Rechtsanwalt allerdings wählen, welche
Gebühr er in voller Höhe verlangt.

Beispiele

Scheckprozess mit Nachverfahren (Grundfall):
RA Fichte klagt für Mahler gegen Berger auf Zahlung von 10.000 € im Scheckprozess.
Berger beantragt Klageabweisung. Da er als Beweismittel nur Zeugen benennen kann,
beantragt er, ihm die Geltendmachung seiner Rechte im Nachverfahren vorzubehalten.
Es ergeht ein Vorbehaltsurteil im Sinne des Klägers. Im anschließenden Nachverfahren
kommt es zu einer streitigen mündlichen Verhandlung, zu einer Beweisaufnahme und
zu einem Urteil.

1. Urkundenverfahren (Scheckprozess):

Gegenstandswert: 10.000 €	
1,3 Verfahrensgebühr, Nr. 3100 VV RVG	725,40 €
1,2 Terminsgebühr, Nr. 3104 VV RVG	669,60 €
Postentgelte, Nr. 7002 VV RVG	20,00 €
Zwischensumme netto	1.415,00 €
19 % USt, Nr. 7008 VV RVG	268,85 €
Summe brutto	**1.683,85 €**

2. Nachverfahren:

1,3 Verfahrensgebühr, Nr. 3100 VV RVG	725,40 €
Gegenstandswert: 10.000 €	
Anrechnung gem. Anm. zu Nr. 3100 Abs. 2 VV RVG:	725,40 €
restl. Verfahrensgebühr	0,00 €
1,2 Terminsgebühr, Nr. 3104 VV RVG	669,60 €
Postentgelte, Nr. 7002 VV RVG	20,00 €
Zwischensumme netto	689,60 €
19 % USt, Nr. 7008 VV RVG	131,02 €
Summe brutto	**820,62 €**

Schwieriger ist da das nachfolgende Beispiel.

Prüfungsfall:
RA Fichte macht für seinen Mandanten Mahler gegen Berger im Scheckprozess einen Betrag von 15.000 € geltend. Der Beklagte beantragt Klageabweisung und kündigt an, dass er die Geltendmachung seiner Rechte im Nachverfahren beantragen werde. Im Termin verhandeln die Parteien streitig zur Sache, und es ergeht ein Vorbehaltsurteil, in dem Berger zur Zahlung verurteilt wird, ihm jedoch die Ausführung seiner Rechte im Nachverfahren vorbehalten bleibt.

Es wird nunmehr das Nachverfahren eingeleitet. Gleichzeitig erhebt Rechtsanwalt Kirschbaum für den Beklagten Widerklage in Höhe von 5.000 €. Nach streitiger mündlicher Verhandlung findet eine Beweisaufnahme statt über sämtliche von den Parteien geltend gemachten Ansprüche. Anschließend ergeht ein Urteil.

Erstellen Sie die Kostenrechnung für RA Fichte, und gehen Sie davon aus, dass Klage und Widerklage nicht identisch sind.

Da im Nachverfahren die Widerklage einen anderen Streitgegenstand betrifft, also mit der Klage nicht identisch ist, wird hier der Gegenstandswert der Widerklage zu dem Klageanspruch von 15.000 € hinzugezählt und demgemäß über insgesamt 20.000 € prozessiert. Dabei ist allerdings zu beachten, **dass die Verfahrensgebühr des Urkundenprozesses auf die Verfahrensgebühr im Nachverfahren anzurechnen ist (Abs. 2 der Anm. zu Nr. 3100 VV RVG).**

1. Urkundenverfahren (Scheckprozess):

1,3 Verfahrensgebühr, Nr. 3100 VV RVG	845,00 €
Gegenstandswert: 15.000 €	
1,2 Terminsgebühr, Nr. 3104 VV RVG	780,00 €
Gegenstandswert: 15.000 €	
Postentgelte, Nr. 7002 VV RVG	20,00 €
Zwischensumme netto	1.645,00 €
19 % USt, Nr. 7008 VV RVG	312,55 €
Summe brutto	**1.957,55 €**

2. Nachverfahren:

1,3 Verfahrensgebühr, Nr. 3100 VV RVG	964,60 €	
Gegenstandswert: 20.000 €		
Anrechnung gem. Anm. zu Nr. 3100 Abs. 2 VV RVG:		
1,3 Verfahrensgebühr, Nr. 3100 VV RVG	845,00 €	
Gegenstandswert: 15.000 €		
restl. Verfahrensgebühr		119,60 €
1,2 Terminsgebühr, Nr. 3104 VV RVG		890,40 €
Gegenstandswert: 20.000 €		
Postentgelte, Nr. 7002 VV RVG		20,00 €
Zwischensumme netto		1.030,00 €
19 % USt, Nr. 7008 VV RVG		195,70 €
Summe brutto		**1.225,70 €**

10.2 Prüfungsfragen

1. **Nach welcher Vorschrift entstehen die Verfahrensgebühr und die Terminsgebühr im Urkundenverfahren?**

   Die Verfahrensgebühr entsteht nach Nr. 3100 VV RVG und die Terminsgebühr nach Nr. 3104 VV RVG.

2. **Welche Verfahrensabschnitte sind gebührenrechtlich zu unterscheiden und wie wirken sie sich auf die Kostenrechnung aus? Geben Sie auch die Vorschriften an.**

   Im Urkundenverfahren, das mit einem Vorbehaltsurteil abschließt, entstehen die normalen Gebühren (siehe Frage 1). Im Nachverfahren entstehen ebenfalls diese Gebühren, jedoch wird die im Urkundenverfahren entstandene Verfahrensgebühr auf die Verfahrensgebühr im Nachverfahren angerechnet (Anm. zu Nr. 3100 VV RVG). Der Rechtsanwalt kann nach § 15a RVG wählen, welche Gebühr er in voller Höhe verlangt.

   Beide Verfahrensabschnitte gelten als besondere Angelegenheit, für die getrennte Kostenrechnungen einschließlich Postentgelte und Umsatzsteuer erstellt werden (§ 17 Nr. 5 RVG).

3. **Nehmen Sie an, RA Fichte erhebt für Mahler Klage gegen Berger im Wechselprozess. Im Urkunden- und im Nachverfahren findet je eine streitige mündliche Verhandlung und eine Beweisaufnahme statt. Kostenrechnung (ohne Gebühren in Euro)?**

   1. Urkundenverfahren (Wechselprozess):
   1,3 Verfahrensgebühr, Nr. 3100 VV RVG
   1,2 Terminsgebühr, Nr. 3104 VV RVG
   Postentgelte, Nr. 7002 VV RVG, Umsatzsteuer, Nr. 7008 VV RVG

   2. Nachverfahren:
   1,3 Verfahrensgebühr Nr. 3100 VV RVG
   abzgl. Anrechnung gem. Anm. zu Nr. 3100 Abs. 2 VV RVG
   1,2 Terminsgebühr, Nr. 3104 VV RVG
   Postentgelte, Nr. 7002 VV RVG, Umsatzsteuer, Nr. 7008 VV RVG

4. RA Fichte macht für seinen Mandanten Mahler gegen Berger im Urkundenverfahren einen Betrag von 30.000 € geltend. Der Beklagte beantragt durch RA Kirschbaum Klageabweisung und kündigt an, dass er die Geltendmachung seiner Rechte im Nachverfahren beantragen werde. Im Termin verhandeln die Parteien streitig zur Sache und es ergeht ein Vorbehaltsurteil, in dem Berger zur Zahlung verurteilt wird, ihm jedoch die Ausführung seiner Rechte im Nachverfahren vorbehalten bleibt.

Es wird nunmehr das Nachverfahren eingeleitet. Gleichzeitig erhebt RA Kirschbaum für den Beklagten Widerklage in Höhe von 10.000 €. Nach streitiger mündlicher Verhandlung findet eine Beweisaufnahme statt über sämtliche von den Parteien geltend gemachten Ansprüche. Anschließend ergeht ein Urteil.

Aufgabe: Erstellen Sie die Kostenrechnung für RA Fichte, und gehen Sie davon aus, dass Klage und Widerklage nicht identisch sind.

1. Urkundenverfahren (Scheckprozess):

1,3 Verfahrensgebühr, Nr. 3100 VV RVG	1.121,90 €
Gegenstandswert: 30.000 €	
1,2 Terminsgebühr, Nr. 3104 VV RVG	1.035,60 €
Gegenstandswert: 30.000 €	
Postentgelte, Nr. 7002 VV RVG	20,00 €
Zwischensumme netto	2.177,50 €
19 % USt, Nr. 7008 VV RVG	413,73 €
Summe brutto	**2.591,23 €**

2. Nachverfahren:

1,3 Verfahrensgebühr, Nr. 3100 VV RVG	1.316,90 €	
Gegenstandswert: 40.000 €		
Anrechnung gem. Anm. zu Nr. 3100 Abs. 2 VV RVG:		
1,3 Verfahrensgebühr, Nr. 3100 VV RVG	1.121,90 €	
Gegenstandswert: 30.000 €		
restl. Verfahrensgebühr		195,00 €
1,2 Terminsgebühr, Nr. 3104 VV RVG		1.215,60 €
Gegenstandswert: 40.000 €		
Postentgelte, Nr. 7002 VV RVG		20,00 €
Zwischensumme netto		1.430,60 €
19 % USt, Nr. 7008 VV RVG		271,81 €
Summe brutto		**1.702,41 €**

11. Einzeltätigkeiten des Rechtsanwalts

Es kann Rechtsfälle geben, in denen es aus verschiedenen Gründen ratsam sein kann, mehrere Rechtsanwälte in derselben Sache zu beauftragen, beispielsweise um Auslagen nach Nr. 7003 bis 7006 VV RVG für die lange Anreise des Verfahrensbevollmächtigten zum Termin zu sparen. Diese Sonderfälle sind im dritten Teil, Abschnitt 4 des VV RVG unter der Überschrift „Einzeltätigkeiten" geregelt und werden in diesem Kapitel besprochen.

11.1 Mehrere Verfahrensbevollmächtigte

Vorab: Einer Partei steht es frei, mit der Wahrnehmung ihrer Interessen in derselben Angelegenheit mehrere Rechtsanwälte zu beauftragen. Werden sie nebeneinander als Rechtsanwälte (Verfahrensbevollmächtigte) beauftragt oder wird ihnen die Sache zur gemeinschaftlichen Erledigung übertragen, **so erhält jeder RA für seine Tätigkeit die volle Vergütung** (§ 6 RVG).

Dies gilt nicht bei einer **Anwaltssozietät**. Hier werden selbstverständlich lediglich die Gebühren berechnet, die auch bei Beauftragung nur eines einzigen Rechtsanwalts entstanden wären. Auch ist zu bedenken, dass die unterlegene Partei lediglich die Kosten zu erstatten hat, so weit sie zur zweckentsprechenden Rechtsverfolgung oder Rechtsverteidigung **notwendig** waren. Der Mandant ist also vor Übernahme des Mandats auf diese Regelung hinzuweisen (§ 91 ZPO).

Im **Strafprozess** dürfen nur maximal **drei Rechtsanwälte** beauftragt werden (§ 137 Abs. 1 Satz 2 StPO).

11.2 Der Korrespondenzanwalt

Verkehrs- bzw. Korrespondenzanwalt ist der Rechtsanwalt, der lediglich den Schriftverkehr zwischen der Partei und dem eigentlichen Verfahrensbevollmächtigten vermittelt, etwa deshalb, weil er nicht bei dem Prozessgericht zugelassen ist. Er ist selbst weder Prozessbevollmächtigter noch Terminsvertreter.

Beispiel

RA Fichte, zugelassen beim Amts- und Landgericht, vermittelt für die Revisionsinstanz vor dem Bundesgerichtshof den Schriftverkehr zwischen dem Mandanten und dem beim Bundesgerichtshof zugelassenen Verfahrensbevollmächtigten RA Erle.

Also: Der RA am Wohnort des Mandanten ist der **Korrespondenzanwalt**, der RA am Gerichtsort ist der **Verfahrensbevollmächtigte**.

Der Korrespondenzanwalt erhält für die Vermittlung des Verkehrs der Partei mit dem Verfahrensbevollmächtigten **eine Verfahrensgebühr (Verkehrsgebühr, Korrespondenzgebühr) in Höhe der dem Verfahrensbevollmächtigten zustehenden Verfahrensgebühr, höchstens aber einen Gebührensatz von 1,0 gemäß Nr. 3400 VV RVG**, bei Betragsrahmengebühren höchstens 420 €.

Beispiel

Grundfall zum Korrespondenzanwalt:
Korrespondenzanwalt Kolkwitz in Kleve bittet im Auftrag des Mandanten den RA Fichte in Düsseldorf, als Verfahrensbevollmächtigter Berufung beim OLG in Düsseldorf über 20.000 € einzureichen. Im Termin verhandelt RA Fichte streitig und es ergeht ein Urteil.

Kostenrechnung für RA Fichte (Verfahrensbevollmächtigten):

Gegenstandswert: 20.000 €	
1,6 Verfahrensgebühr, Nr. 3200 VV RVG	1.187,20 €
1,2 Terminsgebühr, Nr. 3202 VV RVG	890,40 €
Postentgelte, Nr. 7002 VV RVG	20,00 €
Zwischensumme netto	2.097,60 €
19 % USt, Nr. 7008 VV RVG	398,54 €
Summe brutto	**2.496,14 €**

Kostenrechnung für Rechtsanwalt Kolkwitz (Korrespondenzanwalt):

1,0 Verfahrensgebühr, Nr. 3400, 3200 VV RVG	742,00 €
Postentgelte, Nr. 7002 VV RVG	20,00 €
Zwischensumme netto	762,00 €
19 % USt, Nr. 7008 VV RVG	144,78 €
Summe brutto	**906,78 €**

Die Verfahrensgebühr des Korrespondenzanwalts wird wegen der Beschränkung in Nr. 3400 VV RVG auch in der Berufung oder Revision auf den Gebührensatz von **1,0** begrenzt.

Im Falle der **vorzeitigen Erledigung**, wenn also der Auftrag endet, bevor der Verfahrensbevollmächtigte (Hauptbevollmächtigte) beauftragt oder der Verkehrsanwalt gegenüber dem Verfahrensbevollmächtigten tätig geworden ist, erhält der Verkehrsanwalt nach **Nr. 3405 VV RVG höchstens einen Gebührensatz von 0,5**, bei Betragsrahmengebühren höchstens 210 €.

Nun kann es sein, dass der Korrespondenzanwalt vom Hauptbevollmächtigten im Verlauf des Prozesses noch weitere Aufträge erhält. So könnte er z. B. bevollmächtigt werden, an einem am Kanzleiort des Korrespondenzanwalts anberaumten Beweistermin teilzunehmen.

Folgende Gebühren könnten für weitergehende Tätigkeiten des Verkehrsanwalts entstehen:

1. eine **Terminsgebühr gem. Nr. 3104 f.** und **3202 f.**, wenn er auftragsgemäß die Vertretung in einem Termin i. S. d. Vorbem. 3 Abs. 3 VV RVG wahrgenommen hat, also einen **Erörterungs-, Verhandlungs-** oder **Beweistermin** oder einen Termin, der von einem gerichtlich bestellten **Sachverständigen** anberaumt wurde, wahrgenommen hat oder bei einer **Besprechung mitgewirkt hat, die auf die Erledigung des Verfahrens** auch ohne Beteiligung eines Gerichts gerichtet war.

2. Der **Verkehrsanwalt** kann gemäß Nr. 1003 für die Mitwirkung an einer gerichtlichen Einigung eine **1,0 Einigungsgebühr** oder gar für die Einigung über einen außergerichtlichen Anspruch eine **1,5 Einigungsgebühr** nach Nr. 1000 VV RVG erhalten. Auch der **Prozessbevollmächtigte** erhält für die Mitwirkung bei einer Einigung eine entsprechende Einigungsgebühr.

Der Korrespondenzanwalt ist vom Verfahrens- und Terminsbevollmächtigten zu unterscheiden. Den Korrespondenzanwalt gibt es in der Regel nur in Prozessen vor Gerichten, für die er keine Postulationsfähigkeit besitzt (z. B. bei einer Revision vor dem BGH, wenn er in der Vorinstanz tätig war). Seit der Erweiterung der Postulationsfähigkeit hat der Verkehrsanwalt erheblich an Bedeutung verloren.

11.3 Der Terminsvertreter

Den **Terminsvertreter** findet man überwiegend in Rechtsstreitigkeiten vor den Gerichten, die von der Kanzlei des Verfahrensbevollmächtigten weit entfernt sind, sodass bei der Wahrnehmung eines Termins Geschäftsreisen erforderlich wären, die erhebliche Auslagen in Form von Fahrtkosten und Tage- und Abwesenheitsgeldern gemäß Nr. 7003 bis 7006 VV RVG nach sich ziehen würden. Beauftragt ein Prozessbevollmächtigter einen anderen Anwalt, die Vertretung in der mündlichen Verhandlung zu übernehmen, um so für den Mandanten die zusätzlichen Auslagen einzusparen, so ist der beauftragende RA **Hauptbevollmächtigter** (Prozessbevollmächtigter, Verfahrensbevollmächtigter) und der beauftragte RA **Terminsvertreter**.

Beschränkt sich die Tätigkeit des Rechtsanwalts auf die Vertretung in einem Termin i. S. d. Vorbem. 3 Abs. 3 VV RVG (s. o.), so erhält er als **Terminsvertreter**

1. eine **Verfahrensgebühr** in Höhe der **Hälfte** der dem Verfahrensbevollmächtigten zustehenden Verfahrensgebühr nach **Nr. 3401 VV RVG** sowie

2. eine **Terminsgebühr** nach **Nr. 3402 VV RVG** in Höhe der einem Verfahrensbevollmächtigten zustehenden Terminsgebühr

3. außerdem kann der Terminsvertreter natürlich gemäß Nr. 1003 für die Mitwirkung an einer Einigung eine **1,0 Einigungsgebühr** oder eine **1,5 Einigungsgebühr** nach Nr. 1000 VV RVG erhalten.

Die Gebühren des Hauptbevollmächtigten werden durch die dem Terminsanwalt entstandenen Gebühren nicht beeinflusst.

Beispiel

Mit Einigungsgebühr:

RA Fichte in Düsseldorf erhebt für Mahler Klage gegen Berger auf Zahlung von 4.000 € beim AG in Würzburg. RA Thunberg wird als Terminsvertreter mit der Wahrnehmung des Termins beauftragt. Im Termin verhandelt RA Thunberg streitig zur Sache und nimmt auch an einem Beweistermin teil. Im nachfolgenden Haupttermin in Würzburg gibt RA Thunberg einen Vergleich zu Protokoll, in dem sich Berger zur Zahlung von 3.000 € verpflichtet und die Prozesskosten übernimmt. RA Fichte hatte diesen Vergleich zuvor mit Mahler besprochen und in einem außergerichtlichen Gespräch mit Berger vorbereitet. Kostenrechnungen für den Haupt- und den Terminsanwalt?

Kostenrechnung für den Hauptbevollmächtigten (RA Fichte):

Gegenstandswert: 4.000 €

1,3 Verfahrensgebühr, Nr. 3100 VV RVG	327,60 €
1,2 Terminsgebühr, Nr. 3104 VV RVG	302,40 €
1,0 Einigungsgebühr, Nr. 1003 VV RVG	252,00 €
Postentgelte, Nr. 7002 VV RVG	20,00 €
Zwischensumme netto	902,00 €
19 % USt, Nr. 7008 VV RVG	171,38 €
Summe brutto	**1.073,38 €**

Kostenrechnung für den Terminsvertreter (RA Thunberg):

Gegenstandswert: 4.000 €

0,65 Verfahrensgebühr, Nr. 3100, 3401 VV RVG	163,80 €
1,2 Terminsgebühr, Nr. 3402, 3104 VV RVG	302,40 €
1,0 Einigungsgebühr, Nr. 1003 VV RVG	252,00 €
Postentgelte, Nr. 7002 VV RVG	20,00 €
Zwischensumme netto	738,20 €
19 % USt, Nr. 7008 VV RVG	140,26 €
Summe brutto	**878,46 €**

Anmerkung:

In beiden Kostenrechnungen entsteht je eine **Einigungsgebühr**, weil beide Rechtsanwälte an der Entstehung des Vergleichs mitgewirkt haben. Der **Hauptbevollmächtigte** erhält eine **Terminsgebühr** nur deshalb, weil er im Sinne von Vorbem. 3 Abs. 3 VV RVG ohne Beteiligung des Gerichts eine Besprechung mit dem Gegner hatte, die auf die Erledigung des Verfahrens (eben durch den Vergleich) gerichtet war.

Das Versäumnisurteil:

RA Fichte in Düsseldorf erhebt für Mahler Klage gegen Berger über 4.000 € beim Amtsgericht in Regensburg. Namens des Mandanten beauftragt er RA Thunberg in Würzburg mit der Wahrnehmung der Termine. Im Termin ist der Gegner nicht erschienen und RA Thunberg beantragt als Terminsanwalt ein Versäumnisurteil, das rechtskräftig wird. Kostenrechnungen für die Rechtsanwälte Fichte und Thunberg?

Gegenstandswert: 4.000 €

Kostenrechnung des Verfahrensbevollmächtigten (RA Fichte):

1,3 Verfahrensgebühr, Nr. 3100 VV RVG	327,60 €
Postentgelte, Nr. 7002 VV RVG	20,00 €
Zwischensumme netto	347,60 €
19 % USt, Nr. 7008 VV RVG	66,04 €
Summe brutto	**413,64 €**

Kostenrechnung des Terminsanwalts (RA Thunberg):

0,65 Verfahrensgebühr, Nr. 3105, 3401 VV RVG	163,80 €
0,5 Terminsgebühr, Nr. 3402, 3105 VV RVG	126,00 €
Postentgelte, Nr. 7002 VV RVG	20,00 €
Zwischensumme netto	309,80 €
19 % USt, Nr. 7008 VV RVG	58,86 €
Summe brutto	**368,66 €**

11.4 Prüfungsfragen

1. Kann ein Mandant in derselben Angelegenheit auch mehrere Rechtsanwälte mit der Wahrnehmung seiner Interessen beauftragen? Welche Vorschrift ist maßgeblich?

Ja, nach § 6 RVG.

2. Wie ist insoweit die Kostenfrage geregelt?

Jeder Rechtsanwalt erhält für seine Tätigkeit die volle Vergütung.

3. Was ist ein Korrespondenzanwalt/Verkehrsanwalt?

Der Korrespondenzanwalt ist nicht selbst Verfahrensbevollmächtigter, sondern vermittelt nur den Schriftverkehr zwischen dem Mandanten und dem Verfahrensbevollmächtigten.

4. Wie ist die Situation bei Beauftragung eines Korrespondenzanwalts/Verkehrsanwalts? Der RA am Wohnsitz des Mandanten ist ..., der RA am Gerichtsort ist ...

Der RA am Wohnsitz des Mandanten ist Korrespondenzanwalt – der RA am Gerichtsort ist Verfahrensbevollmächtigter.

5. Wie viele Rechtsanwälte darf der Mandant maximal im Strafprozess zur Verteidigung beauftragen?

Maximal drei Rechtsanwälte.

6. Nennen Sie ein Beispiel für die Beanspruchung eines Korrespondenz-/Verkehrsanwalts.

Ein beim Amts-, Land- und Oberlandesgericht zugelassener RA vermittelt für die Revisionsinstanz vor dem Bundesgerichtshof den Schriftverkehr zwischen dem

Mandanten und dem beim Bundesgerichtshof zugelassenen Verfahrensbevollmächtigten.

7. Welche Gebühr erhält der Korrespondenz-/Verkehrsanwalt für die Führung der Korrespondenz und nach welcher Vorschrift?

Der Verkehrsanwalt erhält eine Verfahrensgebühr in Höhe der dem Verfahrensbevollmächtigten zustehenden Verfahrensgebühr, höchstens aber einen Gebührensatz von 1,0 gemäß Nr. 3400 VV RVG.

8. Wie hoch wird der Gebührensatz sein, wenn der Korrespondenz-/Verkehrsanwalt in allen drei Instanzen tätig wird?

Wegen der Begrenzung wird in allen Instanzen eine 1,0 Verkehrsgebühr entstehen.

9. Welche Gebühren können für einen Korrespondenz-/Verkehrsanwalt für weitergehende Tätigkeiten noch entstehen?

Es können u. a. entstehen eine reguläre Terminsgebühr für die auftragsgemäße Vertretung in einem Termin, eine 1,0 Einigungsgebühr für die Mitwirkung an einer gerichtlichen Einigung und eine 1,5 Einigungsgebühr für die Einigung über einen außergerichtlichen Anspruch.

10. Wer ist Verfahrensbevollmächtigter, wer Terminsvertreter: Der RA am Wohnsitz des Mandanten ist ..., der RA am Gerichtsort ist ...

Der RA am Wohnsitz des Mandanten ist Verfahrensbevollmächtigter, der RA am Gerichtsort ist Terminsvertreter.

11. Welche Gebühren erhält der Terminsvertreter, wenn sich seine Tätigkeit auf die Vertretung in einem Termin beschränkt?

Der Terminsvertreter erhält eine Verfahrensgebühr in Höhe der Hälfte der dem Verfahrensbevollmächtigten zustehenden Verfahrensgebühr nach Nr. 3401 VV RVG und eine Terminsgebühr nach Nr. 3402 VV RVG in Höhe der einem Verfahrensbevollmächtigten zustehenden Terminsgebühr.

12. Welche Gebühr könnte für den Terminsvertreter bei einer Einigung noch entstehen?

➤ Gemäß Nr. 1000 für die Mitwirkung an einer außergerichtlichen Einigung eine 1,5 Einigungsgebühr und

➤ gemäß Nr. 1003 für die Mitwirkung an einer gerichtlichen Einigung eine 1,0 Einigungsgebühr bzw. 1,3 nach Nr. 1004 in der Berufungs-/Revisionsinstanz.

13. **Erstellen Sie die Kostenrechnung zu folgendem Fall: RA Fichte in Düsseldorf geht für Mahler in die Berufung gegen Baum wegen 10.000 € beim OLG in Regensburg. RA Thunberg wird als Terminsvertreter mit der Wahrnehmung des Termins beauftragt. Im Termin verhandelt RA Thunberg streitig zur Sache und es ergeht ein Urteil. Kostenrechnungen für beide Rechtsanwälte?**

Kostenrechnung für den Verfahrensbevollmächtigten (RA Fichte):

Gegenstandswert: 10.000 €

1,6 Verfahrensgebühr, Nr. 3200 VV RVG	892,80 €
Postentgelte, Nr. 7002 VV RVG	20,00 €
Zwischensumme netto	912,80 €
19 % USt, Nr. 7008 VV RVG	173,43 €
Summe brutto	**1.086,23 €**

Kostenrechnung für den Terminsvertreter (RA Thunberg):

Gegenstandswert: 10.000 €

0,8 Verfahrensgebühr, Nr. 3200, 3401 VV RVG	446,40 €
1,2 Terminsgebühr, Nr. 3402, 3202 VV RVG	669,60 €
Postentgelte, Nr. 7002 VV RVG	20,00 €
Zwischensumme netto	1.136,00 €
19 % USt, Nr. 7008 VV RVG	215,84 €
Summe brutto	**1.351,84 €**

12. Die Gebühren im selbstständigen Beweisverfahren

Das selbstständige Beweisverfahren kann bereits vor Einreichung der Klage in der Hauptsache oder während des Klageverfahrens betrieben werden. § 19 RVG zählt auf, welche Tätigkeiten des RA zu einem Rechtszug gehören bzw. mit dem Verfahren zusammenhängen. Darin ist das selbstständige Beweisverfahren nicht aufgeführt, es ist aber auch nicht in den §§ 16 bis 18 RVG (dieselben, verschiedene und besondere Angelegenheiten) enthalten.

12.1 Grundlagen

Nach der Begründung des Gesetzesentwurfs zu § 19 RVG soll das selbstständige Beweisverfahren „immer eine eigene Angelegenheit bilden". Das bedeutet:

Für die Gebühren im **selbstständigen Beweisverfahren** und für die **Klage im Hauptverfahren** kann je eine eigene Kostenrechnung (inkl. Auslagenpauschale) geschrieben werden.

Im Verfahren über Anträge auf Sicherung des Beweises erhält der Rechtsanwalt die im **Teil 3 VV RVG** bestimmten Gebühren, und zwar unabhängig davon, ob die Hauptsache anhängig ist oder nicht. In der Regel wird also erstinstanzlich bereits mit der Einleitung des selbstständigen Beweisverfahrens eine **1,3 Verfahrensgebühr nach Nr. 3100 VV RVG** und für die Wahrnehmung des Beweisaufnahmetermins oder eines von einem gerichtlich bestellten Sachverständigen anberaumten Termins (Vorbem. 3 Abs. 3 VV RVG) eine **1,2 Terminsgebühr nach Nr. 3104 VV RVG** entstehen.

Beispiel

Nur selbstständiges Beweisverfahren:
RA Fichte leitet für Mahler wegen eines Verkehrsunfallschadens von 8.000 € das selbstständige Beweisverfahren ein. RA Fichte nimmt an einem von dem gerichtlich bestellten Sachverständigen anberaumten Termin teil. Im Anschluss an den Termin zahlt der Gegner.

Gegenstandswert: 8.000 €	
1,3 Verfahrensgebühr, Nr. 3100 VV RVG	592,80 €
1,2 Terminsgebühr, Nr. 3104 VV RVG	457,20 €
Postentgelte, Nr. 7002 VV RVG	20,00 €
Zwischensumme netto	1.160,00 €
19 % USt, Nr. 7008 VV RVG	220,40 €
Summe brutto	**1.380,40 €**

Im **Berufungsverfahren** können eine 1,6 Verfahrensgebühr nach Nr. 3200 VV RVG, eine 1,2 Terminsgebühr nach Nr. 3202 VV RVG und bei einer Einigung eine 1,3 Einigungsgebühr nach Nr. 1004 VV RVG entstehen.

Erübrigt sich die Einleitung des selbstständigen Beweisverfahrens nach Vollmachtserteilung **vorzeitig**, so erhält der RA erstinstanzlich eine 0,8 Verfahrensgebühr nach **Nr. 3101 VV RVG** bzw. zweitinstanzlich eine 1,1 Verfahrensgebühr nach **Nr. 3201 VV RVG**.

Beispiel

Vorzeitige Beendigung:
Während RA Fichte auftragsgemäß einen Antrag auf Einleitung des selbstständigen Beweisverfahrens diktiert, ruft Mandant Mahler an und teilt ihm freudestrahlend mit, dass der Gegner zwischenzeitlich überwiesen habe und ein weiteres Prozessieren entbehrlich sei. Gegenstandswert: 2.000 €.

Gegenstandswert: 2.000 €	
0,8 Terminsgebühr, Nr. 3101 VV RVG	120,00 €
Postentgelte, Nr. 7002 VV RVG	20,00 €
Zwischensumme netto	140,00 €
19 % USt, Nr. 7008 VV RVG	26,60 €
Summe brutto	**166,60 €**

12.2 Der nachfolgende Hauptprozess

Schließt sich dem selbstständigen Beweisverfahren der Hauptprozess an oder finden beide Verfahren parallel statt, ist zu berücksichtigen, dass nach **Vorbemerkung 3 Abs. 5 VV RVG** die Verfahrensgebühr des selbstständigen Beweisverfahrens auf die Verfahrensgebühr des Rechtszuges **anzurechnen ist**.

Beispiel

Grundfall mit nachfolgendem Hauptprozess:
RA Fichte leitet für Mahler wegen eines Verkehrsunfallschadens von 6.000 € das selbstständige Beweisverfahren ein. Nach Vernehmung von Zeugen im Beweisaufnahmetermin reicht RA Fichte über diesen Betrag Klage ein. Im Hauptverfahren werden die Ansprüche erörtert, streitig verhandelt und die Zeugenaussagen des Beweisaufnahmetermins für den Prozess verwertet. Schließlich ergeht ein Urteil.

Gebühren im selbstständigen Beweisverfahren:

Gegenstandswert: 6.000 €	
1,3 Verfahrensgebühr, Nr. 3100 VV RVG	460,20 €
1,2 Terminsgebühr, Nr. 3104 VV RVG	424,80 €
Postentgelte, Nr. 7002 VV RVG	20,00 €
Zwischensumme netto	905,00 €
19 % USt, Nr. 7008 VV RVG	171,95 €
Summe brutto	**1.076,95 €**

In Literatur und Rechtsprechung wird die Frage nach dem Gegenstandswert des selbstständigen Beweissicherungsverfahrens sehr unterschiedlich beantwortet: Viele Gerichte stehen auf dem Standpunkt, dass der **Wert nur mit 50 % des Hauptsachewertes** zu bestimmen ist, da das selbstständige Beweissicherungsverfahren nicht zu einem Rechtstitel führt. Dann müssten die Kosten des selbstständigen Beweissicherungsverfahrens nach einem Gegenstandswert von 3.000 € berechnet werden.

Gebühren im Zivilprozess (Hauptsache):

Gegenstandswert: 6.000 €		
1,3 Verfahrensgebühr, Nr. 3100 VV RVG	460,20 €	
Anrg. gem. Vorbem. 3 Abs. 5 VV RVG	460,20 €	
restliche Verfahrensgebühr		0,00 €
1,2 Terminsgebühr, Nr. 3104 VV RVG		424,80 €
Postentgelte, Nr. 7002 VV RVG		20,00 €
Zwischensumme netto		444,80 €
19 % USt, Nr. 7008 VV RVG		84,51 €
Summe brutto		**529,31 €**

Nach Vorbem. 3 Abs. 5 VV RVG wird die Verfahrensgebühr des selbstständigen Beweisverfahrens auf die des Zivilprozesses angerechnet.

In Gerichtsbezirken, in denen der Wert des selbstständigen Beweissicherungsverfahrens nur mit 50 % des Hauptsacheverfahrens angenommen wird, wäre eine Anrechnung in Höhe von 261,30 € (1,3 nach 3.000 €) vorzunehmen.

Hauptverfahren über höheren Betrag:

RA Fichte leitet für Mahler wegen eines Verkehrsunfallschadens von 6.000 € das selbstständige Beweisverfahren ein. Nach Vernehmung von Zeugen im Beweisaufnahmetermin reicht RA Fichte nunmehr über 10.000 € Klage ein. Im Hauptverfahren werden die Ansprüche erörtert, streitig verhandelt und die Ergebnisse des selbstständigen Beweisverfahrens für den Prozess verwertet. Schließlich ergeht ein Urteil.

Gebühren im selbstständigen Beweisverfahren:

Gegenstandswert: 6.000 €	
1,3 Verfahrensgebühr, Nr. 3100 VV RVG	460,20 €
1,2 Terminsgebühr, Nr. 3104 VV RVG	424,80 €
Postentgelte, Nr. 7002 VV RVG	20,00 €
Zwischensumme netto	905,00 €
19 % USt, Nr. 7008 VV RVG	171,95 €
Summe brutto	**1.076,95 €**

Gebühren im Zivilprozess (Hauptsache):

1,3 Verfahrensgebühr, Nr. 3100 VV RVG	725,40 €	
Gegenstandswert: 10.000 €		
Anrg. Vorbem, 3 Abs. 5 VV RVG		
(1,3 Verfahrensgebühr, Nr. 3100 VV RVG nach 6.000,00 €)	460,20 €	
restliche Verfahrensgebühr		265,20 €
1,2 Terminsgebühr, Nr. 3104 VV RVG		669,60 €
Postentgelte, Nr. 7002 VV RVG		20,00 €
Zwischensumme netto		954,80 €
19 % USt, Nr. 7008 VV RVG		181,41 €
Summe brutto		**1.136,21 €**

Von der 1,3 Verfahrensgebühr des Zivilprozesses über 10.000 € wird die Verfahrensgebühr über 6.000 € des selbstständigen Beweisverfahrens abgezogen (Vorbem. 3 Abs. 5 VV RVG).

12.3 Die Einigungsgebühr

Da nach § 492 Abs. 3 ZPO das Gericht im selbstständigen Beweisverfahren die Parteien zur mündlichen Erörterung laden und auch eine Einigung protokollieren kann, entsteht in einem solchen Fall die bereits besprochene **1,5 Einigungsgebühr nach Nr. 1000 VV RVG**. Sind die Ansprüche über die Einigung **zugleich Gegenstand des Hauptverfahrens**, ermäßigt sich die **Einigungsgebühr nach Nr. 1003 VV RVG** auf den Gebührensatz von **1,0**.

Beispiel

Grundfall mit Einigungsgebühr:
RA Fichte leitet für Mahler gegen Berger wegen 10.000 € das selbstständige Beweisverfahren ein. Nach Vernehmung von Zeugen im Beweisaufnahmetermin schließen die Parteien unter dem Eindruck der Beweisaufnahme einen Vergleich, in dem sich Berger verpflichtet, zur Abgeltung der Ansprüche 8.000 € zu zahlen und die Kosten zu übernehmen.

Gegenstandswert: 10.000 €	
1,3 Verfahrensgebühr, Nr. 3100 VV RVG	725,40 €
1,2 Terminsgebühr, Nr. 3104 VV RVG	669,60 €
1,5 Einigungsgebühr, Nr. 1000 VV RVG	837,00 €
Postentgelte, Nr. 7002 VV RVG	20,00 €
Zwischensumme netto	2.252,00 €
19 % USt, Nr. 7008 VV RVG	427,88 €
Summe brutto	**2.679,88 €**

Denkbar ist natürlich, dass der Vergleich erst im Hauptverfahren abgeschlossen wird:

Der Vergleich im Hauptverfahren:
RA Fichte leitet für Mahler gegen Berger wegen 20.000 € das selbstständige Beweisverfahren ein. RA Fichte nimmt an einem von dem gerichtlich bestellten Sachverständigen anberaumten Termin teil. Anschließend reicht RA Fichte über 20.000 € Klage ein. Im Hauptverfahren wird das Ergebnis des selbstständigen Beweisverfahrens erörtert und die Parteien schließen einen Vergleich, in dem sich Berger verpflichtet, zur Abgeltung der Ansprüche 15.000 € zu zahlen und die Kosten zu übernehmen.

Gebühren im selbstständigen Beweisverfahren:
Gegenstandswert: 20.000 €

1,3 Verfahrensgebühr, Nr. 3100 VV RVG		964,60 €
1,2 Terminsgebühr, Nr. 3104 VV RVG		890,40 €
Postentgelte, Nr. 7002 VV RVG		20,00 €
Zwischensumme netto		1.875,00 €
19 % USt, Nr. 7008 VV RVG		356,25 €
Summe brutto		**2.231,25 €**

Gebühren im Zivilprozess (Hauptsache):
Gegenstandswert: 20.000 €

1,3 Verfahrensgebühr, Nr. 3100 VV RVG	964,60 €	
Anrg. gem. Vorbem. 3 Abs. 5 VV RVG	964,60 €	
restliche Verfahrensgebühr		0,00 €
1,2 Terminsgebühr, Nr. 3104 VV RVG		890,40 €
1,0 Einigungsgebühr, Nr. 1003 VV RVG		742,00 €
Postentgelte, Nr. 7002 VV RVG		20,00 €
Zwischensumme netto		1.652,40 €
19 % USt, Nr. 7008 VV RVG		313,96 €
Summe brutto		**1.966,36 €**

Auch ist ein **Mehrvergleich** über im Beweisverfahren rechtshängige und nicht rechtshängige Ansprüche vorstellbar. Hier entsteht erstinstanzlich neben der 1,3 Verfahrensgebühr nach Nr. 3100 VV RVG über die rechtshängigen Ansprüche noch die **0,8 Verfahrensdifferenzgebühr** nach Nr. 3101 VV RVG. In diesem Zusammenhang ist dann gem. **§ 15 Abs. 3 RVG** zu beachten, dass die 1,3 Verfahrensgebühr über die rechtshängigen Ansprüche und die 0,8 Verfahrensgebühr über die nichtrechtshängigen Ansprüche nicht mehr betragen dürfen als eine 1,3 Gebühr vom zusammengerechneten Gegenstandswert.

Beispiel

Der Mehrvergleich:
RA Fichte beantragt für Mahler im selbstständigen Beweisverfahren die Erstellung eines Sachverständigengutachtens. Der Gegenstandswert beträgt 30.000 €. Das Gutachten wird erstellt und die Sach- und Rechtslage besprochen. Schließlich erwähnt RA Fichte im Termin eine weitere, nicht anhängige Schmerzensgeldforderung von 5.000 €.

Daraufhin erklären die Parteien zu Protokoll des Gerichts einen Vergleich, in dem sich der Gegner verpflichtet, zum Ausgleich aller geltend gemachten Ansprüche einschließlich der nicht rechtshängigen Forderung 27.000 € zu zahlen.

Kostenrechnung für RA Fichte:

1,3 Verfahrensgebühr, Nr. 3100 VV RVG	1.121,90 €	
Gegenstandswert: 30.000 €		
0,8 Differenzverfahrensgebühr, Nr. 3101 VV RVG	242,40 €	
Gegenstandswert: 5.000 €	1.364,30 €	
gekürzt nach § 15 Abs. 3 RVG		1.219,40 €
1,2 Terminsgebühr, Nr. 3104 VV RVG		1.125,60 €
Gegenstandswert: 35.000 €		
1,5 Einigungsgebühr, Nr. 1000 VV RVG		1.407,00 €
Gegenstandswert: 35.000 €		
Postentgelte, Nr. 7002 VV RVG		20,00 €
Zwischensumme netto		3.772,00 €
19 % USt, Nr. 7008 VV RVG		716,68 €
Summe brutto		**4.488,68 €**

Bei den Verfahrensgebühren wird wegen der unterschiedlichen Gebührensätze zwischen den im Beweisverfahren anhängigen und nicht anhängigen unterschieden. Das ist bei der Einigungsgebühr nicht erforderlich, da über alle Ansprüche eine 1,5 Einigungsgebühr berechnet wird.

12.4 Prüfungsfragen

1. **Welcher Teil des VV RVG regelt die Gebühren im selbstständigen Beweisverfahren?**

   Teil 3 VV RVG

2. **Welche Gebühren können im selbstständigen Beweisverfahren erstinstanzlich i. d. R. entstehen?**

   Es kann i. d. R. für die Einleitung des selbstständigen Beweisverfahrens eine 1,3 Verfahrensgebühr nach Nr. 3100 VV RVG und für die Wahrnehmung des Termins eine 1,2 Terminsgebühr nach Nr. 3104 VV RVG entstehen.

3. **RA Fichte beantragt vor Anhängigkeit der Hauptsache die Sicherung des Beweises durch Erstellung eines Sachverständigengutachtens, was auch geschieht. Kostenrechnung?**

   1,3 Verfahrensgebühr, Nr. 3100 VV RVG
   Postentgelte, Nr. 7002 VV RVG, Umsatzsteuer, Nr. 7008 VV RVG

4. **Welche Gebühren entstehen erstinstanzlich bei einer vorzeitigen Beendigung des selbstständigen Beweisverfahrens?**

   Der RA erhält eine 0,8 Verfahrensgebühr nach Nr. 3101 VV RVG.

5. Was geschieht mit den Gebühren, wenn in derselben Sache ein Hauptprozess stattfindet? Rechtsgrundlage?

Nach Vorbemerkung 3 Abs. 5 VV RVG ist die Verfahrensgebühr des selbstständigen Beweisverfahrens auf die Verfahrensgebühr des Rechtszuges anzurechnen.

6. Fall: RA Fichte reicht für Mahler Klage ein. Nach einer streitigen mündlichen Verhandlung wird antragsgemäß das selbstständige Beweisverfahren über denselben Gegenstandswert angeordnet und ein Sachverständigengutachten erstellt, das im Hauptprozess verwertet wird. Schließlich ergeht ein Urteil. Kostenrechnung?

Gebühren im selbstständigen Beweisverfahren:
1,3 Verfahrensgebühr, Nr. 3100 VV RVG
Postentgelte, Nr. 7002 VV RVG, Umsatzsteuer, Nr. 7008 VV RVG

Gebühren im Zivilprozess (Hauptsache):
1,3 Verfahrengebühr, Nr. 3100 VV RVG
- Anrg. gem. Vorbem. 3 Abs. 5 VV RVG
1,2 Terminsgebühr, Nr. 3104 VV RVG
Postentgelte, Nr. 7002 VV RVG, Umsatzsteuer, Nr. 7008 VV RVG

7. Wie ändert sich die Kostenrechnung, wenn der RA im vorigen Fall für Mahler nicht Klage einreicht, sondern in die Berufung geht? Gebühren im selbstständigen Beweisverfahren:

1,6 Verfahrensgebühr, Nr. 3200 VV RVG
Postentgelte, Nr. 7002 VV RVG, Umsatzsteuer, Nr. 7008 VV RVG

Gebühren im Zivilprozess (Hauptsache):
1,6 Verfahrensgebühr, Nr. 3200 VV RVG
- Anrg. gem. Vorbem. 3 Abs. 5 VV RVG
1,2 Terminsgebühr, Nr. 3202 VV RVG
Postentgelte, Nr. 7002 VV RVG, Umsatzsteuer, Nr. 7008 VV RVG

8. Welche Gebühr entsteht, wenn die Parteien im selbstständigen Beweisverfahren eine Einigung erzielen?

Es entsteht eine 1,5 Einigungsgebühr nach Nr. 1000 VV RVG.

9. Welche Gebühr entsteht, wenn die Parteien erst im Hauptprozess eine Einigung erzielen?

Es entsteht eine 1,0 Einigungsgebühr nach Nr. 1003 VV RVG.

10. Was ist gebührenrechtlich bei einem Mehrvergleich in der ersten Instanz hinsichtlich der Verfahrensgebühr zu beachten?

Es entsteht neben der 1,3 Verfahrensgebühr nach Nr. 3100 VV RVG über die rechtshängigen Ansprüche noch die 0,8 Differenzverfahrensgebühr nach Nr. 3101 VV RVG.

11. Welche Vorschrift muss dabei berücksichtigt werden?

Gemäß § 15 Abs. 3 RVG ist zu beachten, dass die 1,3 Verfahrensgebühr über die rechtshängigen Ansprüche und die 0,8 Verfahrensgebühr über die nichtrechtshängigen Ansprüche nicht mehr betragen dürfen als eine 1,3 Gebühr vom addierten Gegenstandswert.

12. Welche Einigungsgebühr entsteht, wenn die Parteien im Beweisaufnahmetermin des selbstständigen Beweisverfahrens einen Vergleich über die im Verfahren anhängigen Forderungen und weitere nicht anhängige Forderungen erzielen?

Es entsteht eine 1,5 Einigungsgebühr nach Nr. 1000 VV RVG über den Gesamtbetrag der Forderungen.

13. Die Gebühren bei der Kostenfestsetzung und die Kostenausgleichung

13.1 Die Gebühren im Kostenfestsetzungsverfahren

Grundsätzlich ist das Kostenfestsetzungsverfahren nach § 11 Abs. 2 Satz 4 RVG **gebührenfrei**, d. h. es entsteht für den Kostenfestsetzungsantrag selbst keine gesonderte Gebühr.

Legt der RA gegen den Kostenfestsetzungsbeschluss die **Erinnerung** oder **sofortige Beschwerde** ein, so entsteht eine **0,5 Verfahrensgebühr** nach **Nr. 3500 VV RVG**.

Beispiel

RA Fichte beantragt die Festsetzung der Kosten, die sich nach seiner Berechnung auf insgesamt 3.500 € belaufen. Der Rechtspfleger setzt stattdessen Kosten in Höhe von 3.000 € fest. RA Fichte legt hiergegen sofortige Beschwerde ein, und der Richter hilft ab.

Kostenrechnung:

Gegenstandwert: 500 €	
0,5 Verfahrensgebühr, Nr. 3500 VV RVG	22,50 €
Postentgelte, Nr. 7002 VV RVG	4,50 €
Zwischensumme netto	27,00 €
19 % USt, Nr. 7008 VV RVG	5,13 €
Summe brutto	**32,13 €**

In Fällen grundsätzlicher Bedeutung usw. ist eine **Rechtsbeschwerde** denkbar. In einem solchen Verfahren erhält der RA eine **1,0 Verfahrensgebühr nach Nr. 3502 VV RVG**.

13.2 Die Kostenausgleichung

Die Kostenausgleichung findet statt, wenn die Prozesskosten nach Bruchteilen (Quoten) verteilt sind. Der Rechtspfleger bestimmt durch Beschluss, welchen Betrag eine Partei ihrem Gegner zu erstatten hat.

Hat die eine Partei einen Kostenfestsetzungsantrag gestellt, fordert der Rechtspfleger die andere Partei auf, ihren Antrag binnen einer Woche ebenfalls einzureichen.

Beispiele

Beispiel für eine Kostenausgleichung zugunsten des Klägers:

Das Urteil enthält folgende Kostenentscheidung:

Die Kosten des Rechtsstreits werden dem Kläger auferlegt zu	$^1/_3$
und dem Beklagten zu	$^2/_3$
Die außergerichtlichen Kosten werden vom Kläger mit	1.700,00 €
und vom Beklagten mit	1.500,00 €
zur gerichtlichen Ausgleichung angemeldet.	
Die gesamten entstandenen Gerichtskosten betragen	729,00 €
Auf diese Gerichtskosten hat der Kläger im Laufe	
des Verfahrens einen Vorschuss gezahlt in Höhe von	656,10 €

Zu wessen Gunsten ergeht ein Kostenfestsetzungsbeschluss und in welcher Höhe?

I. Die Gerichtskosten werden wie folgt ausgeglichen:

gesamt	729,00 €
Vorschuss des Klägers:	656,10 €
Vom Kläger zu tragen $^1/_3$:	243,00 €
Vom Kläger zu viel gezahlte Gerichtskosten:	**413,10 €**

Da der Kläger bereits einen Gerichtskostenvorschuss von 656,10 € bezahlt hat, demnach 413,10 € zu viel, wird der Beklagte nur mit 72,90 € belastet. Die 413,10 € sind vom Beklagten an den Kläger zusammen mit den außergerichtlichen Kosten zu erstatten.

II. Die Rechtsanwaltskosten werden folgendermaßen ausgeglichen:

Gesamtkosten:	3.200,00 €
Kosten des Klägers:	1.700,00 €
Kläger hat zu tragen $^1/_3$:	1.066,67 €
Vom Kläger zu viel getragene RA-Kosten:	633,33 €
Vom Kläger zu viel gezahlte Gerichtskosten:	413,10 €
	1.046,43 €

Es ergeht also Kostenfestsetzungsbeschluss in Höhe von **1.046,43 €** zugunsten des **Klägers**.

Beispiel für eine Kostenausgleichung zugunsten des Beklagten:

Ein Urteil enthält folgende Kostenentscheidung:
Die Kosten des Rechtsstreits werden dem Kläger zu $^7/_8$
und dem Beklagten zu $^1/_8$
auferlegt. Die außergerichtlichen Kosten werden vom Kläger mit 4.590,00 €
und vom Beklagten mit 5.130,00 €
zur gerichtlichen Ausgleichung angemeldet.
Die gesamten entstandenen Gerichtskosten betragen 2.562,00 €
Auf diese Gerichtskosten hat der Kläger im Laufe
des Verfahrens einen Vorschuss gezahlt in Höhe von 1.830,00 €

Zu wessen Gunsten ergeht ein KFB und in welcher Höhe?

I. Gerichtskosten:

gesamt	2.562,00 €
Vorschuss des Klägers:	1.830,00 €
Vom Kläger zu tragen $^7/_8$:	**2.241,75 €**

Der Kläger hat zu wenig Gerichtskosten gezahlt. Dieser zu wenig gezahlte Betrag taucht jedoch nicht in dem KFB auf, da es nicht Aufgabe einer Partei ist, mit diesem Beschluss die Zahlung der Gerichtskosten der anderen Partei zu vollstrecken. Das Gericht holt sich die Kosten von der zahlungspflichtigen Partei selbst.

II. Rechtsanwaltskosten:

gesamt	9.720,00 €
Kosten des Klägers:	4.590,00 €
Kläger hat zu tragen $^7/_8$:	8.505,00 €
Vom Kläger **zu wenig** getragene RA-Kosten:	**- 3.915,00 €**

Es ergeht also Kostenfestsetzungsbeschluss in Höhe von **3.915,00 €** zugunsten des **Beklagten**.

13.3 Prüfungsfragen

1. Kann der Rechtsanwalt für das Kostenfestsetzungsverfahren Gebühren berechnen?

Nein, das Kostenfestsetzungsverfahren ist grundsätzlich gebührenfrei.

2. Welche Gebühr (mit welchem Gebührensatz und nach welcher Vorschrift) entsteht für die Einlegung der Erinnerung?

Eine 0,5 Verfahrensgebühr nach Nr. 3500 VV RVG.

3. Welche Gebühr (mit welchem Gebührensatz und nach welcher Vorschrift) entsteht für die Einlegung der sofortigen Beschwerde?

Ebenfalls eine 0,5 Verfahrensgebühr nach Nr. 3500 VV RVG.

4. Welche Gebühr erhält der Rechtsanwalt für das Verfahren über die Rechtsbeschwerde?

Eine 1,0 Verfahrensgebühr nach Nr. 3502 VV RVG.

5. Welcher Betrag ist für die sofortige Beschwerde und die Erinnerung als Streitwert anzusetzen?

Maßgeblich ist nur der Betrag, den der Rechtsanwalt mehr bzw. weniger beantragt hat.

6. Ist ein Mindeststreitwert für die genannten Rechtsbehelfe zu beachten?

Bei der Erinnerung nicht; bei der sofortigen Beschwerde muss der Beschwerdewert mindestens 200 € übersteigen.

7. Wann findet eine Kostenausgleichung statt?

Wenn die Prozesskosten nach Quoten verteilt sind.

14. Die Gebühren in der Zwangsvollstreckung

14.1 Allgemeines

Die Vergütung in der Zwangsvollstreckung ist in Teil 3, Abschnitt 3, Unterabschnitt 3 VV RVG geregelt.

Nach § 18 Nr. 1 RVG ist jede Vollstreckungsmaßnahme zusammen mit den weiteren Vollstreckungshandlungen bis zur Befriedigung des Gläubigers eine **besondere gebührenrechtliche Angelegenheit**.

Der RA kann also für jede der nachfolgend aufgeführten Vollstreckungsmaßnahmen mit den sie vorbereitenden weiteren Vollstreckungshandlungen eine **gesonderte Kostenrechnung** erstellen.

Für folgende Vollstreckungshandlungen kann z. B. eine gesonderte Kostenrechnung erstellt werden:

- für jeden **Vollstreckungsauftrag**
- für Anträge auf **Austauschpfändung** und auf **anderweitige Verwertung**
- in **Vollstreckungsschutzverfahren**
- bei Eintragung einer **Zwangshypothek**
- beim Antrag auf Erlass eines **Pfändungs- und Überweisungsbeschlusses**
- in Verfahren zur Abnahme der Vermögensauskunft usw.

Ein bereits im Erkenntnisverfahren tätiger RA erhält jedoch keine Gebühren für die Tätigkeiten, die lediglich die Zwangsvollstreckung **vorbereiten** (z. B. Einholung eines **Notfrist- und Rechtskraftzeugnisses**, die **erstmalige Erteilung der Vollstreckungsklausel**, wenn deswegen keine Klage erhoben wird), vgl. insoweit § 19 Abs. 1 Nr. 9, § 12 RVG.

Die in **§ 19 RVG** aufgeführten Maßnahmen gelten als Tätigkeiten, die mit dem vorherigen Rechtszug zusammenhängen und mit der Kostenrechnung dieses Verfahrens abgegolten sind.

§ 19 Abs. 2 RVG bestimmt, dass u. a. Verfahren nach § 758a ZPO (**richterliche Durchsuchungserlaubnis, Vollstreckung zur Unzeit**) sowie **Erinnerungen nach § 766 ZPO** keine gesonderten Angelegenheiten sind und demgemäß auch **nicht gesondert abgerechnet werden dürfen**.

14.2 Gebühren

Der RA erhält für seine Tätigkeit im Zwangsvollstreckungsverfahren eine **0,3 Verfahrensgebühr** (Vollstreckungsgebühr) gemäß **Nr. 3309 VV RVG**. Eine **Terminsgebühr** nach **Nr. 3310 VV RVG** entsteht für die Teilnahme an einem gerichtlichen Termin oder einem Termin zur Abgabe der Vermögensauskunft oder Abnahme der eidesstattlichen Versicherung (Anm. zu Nr. 3310 VV RVG).

War die erste Vollstreckungsmaßnahme fruchtlos und wird sie zum wiederholten Male betrieben, so handelt es sich dabei in der Regel um eine **neue gebührenrechtliche Angelegenheit** mit neuer Kostenrechnung.

Beispiele

Der frühere Vollstreckungsauftrag liegt mehr als zwei Jahre zurück (§ 15 Abs. 5 Satz 2 RVG); neues pfändbares Vermögen wird erwartet; es muss an verschiedenen Orten beim Schuldner vollstreckt werden (Wohnung – Wochenendhaus – Geschäftslokal); der weitere Vollstreckungsauftrag ist auf die Pfändung eines bestimmten Gegenstandes gerichtet.

14.3 Gegenstandswert

Entgegen dem Grundsatz, dass Gegenstandswert im Erkenntnisverfahren lediglich die Hauptforderung ist, zählen gem. § 25 RVG in der Vollstreckung und bei der Vollziehung zum Gegenstandswert auch die Nebenkosten hinzu. Maßgeblich ist also der Wert der gesamten zu vollstreckenden Forderung.

Gegenstandswert bei der Zwangsvollstreckung:

1. die **Hauptforderung**

2. bisher aufgelaufene **Zinsen auf die Hauptforderung**

3. die festgesetzten **Kosten** des Erkenntnisverfahrens

4. Zinsen in Höhe von **5 Prozentpunkten** über dem Basiszinssatz **auf die Kosten** ab Vollstreckbarkeit des Vollstreckungsbescheides bzw. ab Eingang des Kostenfestsetzungsantrages; der Tag des Eingangs zählt mit

5. die **Kosten vorheriger Vollstreckungsmaßnahmen**, nicht jedoch die Kosten der laufenden Vollstreckung.

Beispiel

RA Fichte hat für seinen Mandanten (nicht vorsteuerabzugsberechtigt) gegen den Kaufmann Berger erwirkt:

1. das rechtskräftige Urteil des AG vom 07.10. des letzten Jahres über 3.500 € nebst 6 % Zinsen seit dem 12.09. des vorletzten Jahres und

2. die vollstreckbare Ausfertigung des Kostenfestsetzungsbeschlusses des AG vom 12.12. des letzten Jahres über 902,72 € nebst bisher seit dem 22.11. des letzten Jahres aufgelaufenen Zinsen von 15 €.

Aufgabe: Erteilen Sie aus den vorbezeichneten Titeln Vollstreckungsauftrag unter dem 10.02. diesen Jahres.

Damit ergibt sich für den Vollstreckungsauftrag folgende Kostenberechnung:

Der Vollstreckungsauftrag vom 10.02. d. J.

Hauptforderung	3.500,00 €
Zinsen 6 % vom 12.09. vorletzten Jahres bis 10.02. diesen Jahres (Zinstage: 508)	296,33 €
Kostenfestsetzungsbeschluss	902,72 €
Zinsen	15,00 €
Gesamtsumme (Gegenstandswert)	**4.714,05 €**

Kostenrechnung für RA Fichte:

0,3 Verfahrensgebühr, Nr. 3309 VV RVG	90,90 €
Postentgelte, Nr. 7002 VV RVG	18,18 €
Zwischensumme netto	109,08 €
19 % USt, Nr. 7008 VV RVG	20,73 €
Summe brutto	**129,81 €**

 ACHTUNG

In der Abschlussprüfung kommen immer wieder Fälle vor, in denen entweder ein **Antrag auf Abnahme der Vermögensauskunft** gestellt werden soll oder in dem in der Vergangenheit ein solcher Antrag gestellt worden ist, der nunmehr rückwirkend berechnet werden soll. Hier beträgt der **Gegenstandswert höchstens 2.000 € gem. § 25 Abs. 1 Nr. 4 RVG**!

14.4 Die Zwangsvollstreckung für oder gegen mehrere Personen

14.4.1 Mehrere Auftraggeber

Wird ein Rechtsanwalt für mehrere Auftraggeber tätig, so gilt **Nr. 1008 VV RVG** auch im Rahmen der Zwangsvollstreckung. Die Verfahrensgebühr beträgt also für einen Auftraggeber **0,3**, für jeden weiteren Auftraggeber kommt eine 0,3 Gebühr hinzu. Die Erhöhung darf jedoch nicht **2,0** übersteigen.

Beispiel

RA Fichte erteilt in derselben Sache für drei Mandanten Zwangsvollstreckungsauftrag wegen insgesamt 10.000 €.

Kostenrechnung für RA Fichte:

Gegenstandswert: 10.000 €	
0,3 Verfahrensgebühr, Nr. 3309 VV RVG	167,40 €
0,6 Mehrvertretungszuschlag, Nr. 1008 VV RVG	334,80 €
Postentgelte, Nr. 7002 VV RVG	20,00 €
Zwischensumme netto	522,20 €
19 % USt, Nr. 7008 VV RVG	99,22 €
Summe brutto	**621,42 €**

14.4.2 Mehrere Schuldner

Richtet sich die Zwangsvollstreckung gegen mehrere Schuldner in derselben Angelegenheit, so handelt es sich bei jedem Schuldner um eine besondere gebührenrechtliche Angelegenheit. Der Rechtsanwalt kann also für **jeden Schuldner eine 0,3 Verfahrensgebühr** nach Nr. 3309 VV RVG einschließlich Postentgelte und ggf. Umsatzsteuer berechnen. Dies ist auch dann möglich, wenn der Vollstreckungsauftrag auf **einem** Formular erteilt wird.

Beispiele

Die Zwangsvollstreckung gegen Ehegatten, eine Erbengemeinschaft, Mittäter (unerlaubte Handlung), Mitglieder einer OHG, gegen eine KG und den Komplementär, gegen eine Wohnungseigentümergemeinschaft, mehrere Kinder, auch wenn sie durch einen gesetzlichen Vertreter vertreten werden, oder gegen Gesellschafter einer Gesellschaft des bürgerlichen Rechts.

14.5 Zwangsvollstreckung in Grundstücke

Für den **Antrag auf Eintragung einer Sicherungshypothek** gelten keine Besonderheiten. Hier entsteht für den Antrag eine **0,3 Verfahrensgebühr nach Nr. 3309 VV RVG**. Der Gegenstandswert richtet sich nach § 25 RVG und umfasst die durch die Hypothek zu sichernden Forderungen einschließlich Nebenforderungen.

Der **Gegenstandswert** der Zwangsverwaltung ist in **§ 27 RVG** geregelt. Vertritt der RA den **Gläubiger**, ist Gegenstandswert der Betrag, dessentwegen die Zwangsverwaltung betrieben wird (Hauptforderungen und Nebenforderungen). Vertritt der RA den **Schuld-**

ner, richtet sich der Gegenstandswert nach der Summe der Forderungen (einschließlich Nebenforderungen), derentwegen die Zwangsverwaltung eingeleitet wird. Es entsteht für den RA eine **0,4 Verfahrensgebühr nach Nr. 3311 VV RVG.**

Im **Zwangsversteigerungsverfahren** können eine **0,4 Verfahrensgebühr nach Nr. 3311 VV RVG** und bei Wahrnehmung eines Versteigerungstermins eine **0,4 Terminsgebühr nach Nr. 3312 VV RVG** entstehen. Wegen weiterer Einzelheiten vgl. die genannten Vorschriften. Der **Gegenstandswert** richtet sich nach § 26 RVG. Vertritt der RA den **Gläubiger**, ist Gegenstandswert der Betrag, der sich aus den Hauptforderungen und den Nebenforderungen zusammensetzt. Vertritt der RA den **Schuldner**, richtet sich der Gegenstandswert nach dem Wert des zu versteigernden Grundstücks.

14.6 Prüfungsfragen

1. **Welche Gebühren entstehen im Zwangsvollstreckungsverfahren (Gebührensatz, Rechtsgrundlage)?**

   Eine 0,3 Verfahrensgebühr gemäß Nr. 3309 VV RVG und ggf. eine Terminsgebühr nach Nr. 3310 VV RVG.

2. **Welche Zwangsvollstreckungsgebühr wird in der Regel entstehen?**

   Eine 0,3 Verfahrensgebühr gemäß Nr. 3309 VV RVG.

3. **Kann diese Gebühr auch mehrmals entstehen?**

   Ja, für jeden Vollstreckungsakt neu.

4. **Nennen Sie Beispiele, bei denen jeweils eine gesonderte 0,3 Verfahrensgebühr entstehen kann.**

   Sie kann entstehen

   - für den Vollstreckungsauftrag
   - für Anträge auf Austauschpfändung und auf anderweitige Verwertung
   - in Vollstreckungsschutzverfahren
   - bei Eintragung einer Zwangshypothek
   - beim Antrag auf Erlass eines Pfändungs- und Überweisungsbeschlusses
   - in Verfahren auf Abnahme der Vermögensauskunft.

5. **Könnte bei der Zwangsvollstreckung auch eine 0,3 Terminsgebühr entstehen?**

   Ja, wenn der RA einen Termin auf Abnahme der Vermögensauskunft oder auf Abgabe einer eidesstattlichen Versicherung wahrnimmt.

6. Wie berechnet sich der Gegenstandswert für die Gebührenrechnung über eine Vollstreckungsmaßnahme?

Es sind zusammenzuzählen:

- die Hauptforderung mit den Zinsen auf die Hauptforderung
- die Verfahrenskosten gemäß Kostenfestsetzungsbeschluss
- Zinsen in Höhe von 5 Prozentpunkten über dem Basiszinssatz nach § 247 BGB auf die Kosten ab Vollstreckbarkeit des Vollstreckungsbescheides bzw. ab Eingang des Kostenfestsetzungsantrages
- sowie die Kosten vorheriger Vollstreckungsmaßnahmen.

7. Von wann an werden die Kosten des Erkenntnisverfahrens verzinst?

Ab Eingang des Kostenfestsetzungsantrages.

8. Gibt es eine Vollstreckungsmaßnahme, bei der eine Streitwertgrenze zu beachten ist?

Bei dem Verfahren auf Abnahme der Vermögensauskunft beträgt der Gegenstandswert höchstens 2.000 € gem. § 25 Abs. 1 Nr. 4 RVG.

9. Welche Gebühren entstehen, wenn der RA für mehrere Auftraggeber in einer Vollstreckungssache tätig wird?

Es gilt Nr. 1008 VV RVG: Die Verfahrensgebühr beträgt für einen Auftraggeber 0,3; für jeden weiteren Auftraggeber kommt eine 0,3 Gebühr hinzu. Die Erhöhung darf jedoch nicht 2,0 übersteigen.

10. Welche Gebühren entstehen, wenn der RA gegen mehrere Schuldner tätig wird?

Der Rechtsanwalt kann für jeden Schuldner eine 0,3 Verfahrensgebühr nach Nr. 3309 VV RVG zzgl. Postentgelt und ggf. USt berechnen.

11. Welche Gebühr erhält der RA für den Antrag auf Eintragung einer Sicherungshypothek?

Eine 0,3 Verfahrensgebühr nach Nr. 3309 VV RVG.

12. Welche Gebühr erhält der RA für das Zwangsversteigerungsverfahren?

Er erhält für das Zwangsversteigerungsverfahren eine 0,4 Verfahrensgebühr nach Nr. 3311 VV RVG und bei Wahrnehmung eines Versteigerungstermins eine 0,4 Terminsgebühr nach Nr. 3312 VV RVG.

13. Welche Gebühr erhält der RA für das Zwangsverwaltungsverfahren?

Eine 0,4 Verfahrensgebühr nach Nr. 3311 VV RVG.

14. Wie lautet die Formel für die kaufmännische Zinsberechnung?

Kapital · Zeit (Tage) · Zinssatz : 36.000

15. Die Gebühren in der Arbeitsgerichtsbarkeit

Mit den bisher besprochenen Gebühren sind bereits die wesentlichen Grundsätze für die Gebühren in Verfahren der Besonderen Gerichtsbarkeit besprochen. Das RVG mit dem Vergütungsverzeichnis gilt auch für die Besondere Gerichtsbarkeit und damit für die Arbeitsgerichte. Für die einzelnen Gerichtszweige gelten z. T. weitere spezielle Regelungen, vgl. für die Verwaltungs-, Finanz- und Sozialgerichtsbarkeit § 52 GKG. Das Vergütungsverzeichnis enthält vor allem in dem bereits besprochenen dritten Teil die wichtigsten Regelungen mit Sonderregelungen für bestimmte Bereiche. In diesem Kapitel soll nur noch auf die wichtigen Besonderheiten der Arbeitsgerichtsbarkeit eingegangen werden.

15.1 Außergerichtliche Vertretung

Ist der RA mit einer außergerichtlichen Vertretung beauftragt worden, kann eine **0,5 bis 2,5 Geschäftsgebühr nach Nr. 2300 VV RVG** entstehen. Sie ist zur Hälfte, höchstens mit 0,75, auf die Verfahrensgebühr im nachfolgenden gerichtlichen Verfahren anzurechnen (Vorbem. 3 Abs. 4 VV RVG).

15.2 Urteilsverfahren

Zum Geltungsbereich des GKG hinsichtlich der Gerichtskosten bei den Gerichtsbarkeiten siehe § 1 GKG. Nach § 1 Nr. 5 GKG gilt dieses Gesetz auch vor den Gerichten für Arbeitssachen nach dem ArbGG.

Hinsichtlich der Gebühren des Rechtsanwalts bleibt es bei den bisher besprochenen Grundsätzen, die hier auf das Arbeitsgerichtsverfahren mit einigen Besonderheiten kurz übertragen werden sollen.

Jedem streitigen Verfahren vor dem Arbeitsgericht erster Instanz hat eine **Güteverhandlung** vorauszugehen. Nimmt ein Rechtsanwalt im ersten Rechtszug an einer solchen Güteverhandlung teil, so entsteht hierfür neben der **1,3 Verfahrensgebühr nach Nr. 3100 VV RVG** eine **1,2 Terminsgebühr gemäß Nr. 3104 VV RVG**. Wird nach erfolglosem Termin streitig verhandelt, so bleibt es bei der einen, bereits entstandenen Terminsgebühr.

Beispiel

RA Fichte klagt für Mahler gegen Berger auf Zahlung von 1.000 € Arbeitslohn. Nach erfolgloser Güteverhandlung wird streitig verhandelt und Beweis erhoben. Der Beklagte wird entsprechend dem Klageantrag auf Zahlung verurteilt. Kostenrechnung?

Gegenstandswert: 1.000 €	
1,3 Verfahrensgebühr, Nr. 3100 VV RVG	104,00 €
1,2 Terminsgebühr, Nr. 3104 VV RVG	96,00 €
Postentgelte, Nr. 7002 VV RVG	20,00 €
Zwischensumme netto	220,00 €
19 % USt, Nr. 7008 VV RVG	41,80 €
Summe brutto	**261,80 €**

In Urteilsverfahren des ersten Rechtszuges hat auch die obsiegende Partei die Rechtsanwaltskosten selbst zu tragen. In den höheren Instanzen hat die unterlegene der obsiegenden Partei die Kosten zu erstatten (§ 12a ArbGG).

15.3 Gegenstandswert

Wird ein der Höhe nach bezifferter **Geldbetrag** eingeklagt, so ist dieser Betrag als Gegenstandswert zugrunde zu legen (siehe obiges Beispiel).

Der Gegenstandswert von **nichtvermögensrechtlichen Ansprüchen** ist vom Gericht nach **freiem Ermessen** festzusetzen (§§ 23 Abs. 1 Satz 1 RVG, 48 Abs. 1 GKG, 3 ZPO). Der Wert darf nicht über 1 Mio. € angenommen werden (§ 48 Abs. 2 GKG). Bei der Ausstellung von **Zeugnissen** geht man nach der Rechtsprechung der Arbeitsgerichte i. d. R. von **einem Monatseinkommen brutto** aus.

In den sogenannten **Kündigungsschutzklagen**, die das Bestehen oder Nichtbestehen eines Arbeitsverhältnisses zum Gegenstand haben, ist für den Streitwert höchstens das **Arbeitsentgelt von drei Monaten brutto** anzusetzen. Eine **Abfindung** wird nicht hinzugerechnet (§ 42 Abs. 2 GKG).

Beispiel

Prüfungsfall:
Mahler war bei Berger für monatlich 2.400 € angestellt. Da sich der Betrieb in wirtschaftlichen Schwierigkeiten befand, erhielt Mahler lange Zeit immer nur 1.200 € monatlich Gehalt. Schließlich wird dem Mahler fristlos gekündigt. RA Fichte klagt für Mahler gegen Berger zwischenzeitlich aufgelaufene 9.600 € ein. Außerdem klagt RA Fichte auf die Feststellung, dass die fristlose Kündigung ungerechtfertigt war und demgemäß das Arbeitsverhältnis noch besteht.

In der Güteverhandlung erörtern die Parteien die Sach- und Rechtslage und vergleichen sich dahingehend, dass Mahler mit sofortiger Wirkung aus dem Arbeitsverhältnis entlassen wird, Berger jedoch an Mahler einen einmaligen Betrag von 12.000 € zahlt und die Kosten des Verfahrens übernimmt. Der Gegenstandswert errechnet sich wie folgt:

Aufgelaufene Gehaltsforderung:		9.600,00 €
Kündigungsschutzverfahren:	3 • 2.400 € =	7.200,00 €
Gegenstandswert:		16.800,00 €

Kostenrechnung für RA Fichte:

Gegenstandswert: 16.800 €	
1,3 Verfahrensgebühr, Nr. 3100 VV RVG	904,80 €
1,2 Terminsgebühr, Nr. 3104 VV RVG	835,20 €
1,0 Einigungsgebühr, Nr. 1003 VV RVG	696,00 €
Postentgelte, Nr. 7002 VV RVG	20,00 €
Zwischensumme netto	2.456,00 €
19 % USt, Nr. 7008 VV RVG	466,64 €
Summe brutto	**2.922,64 €**

Bei Rechtsstreitigkeiten über **Eingruppierungen** ist der Wert des dreijährigen Unterschiedsbetrags zur begehrten Vergütung maßgebend, sofern nicht der Gesamtbetrag der geforderten Leistungen geringer ist. In diesen Angelegenheiten klagt der Kläger auf die Feststellung, dass er nach einer höheren Lohn- oder Gehaltsgruppe als bisher zu bezahlen sei (§ 42 Abs. 2 GKG).

Im Übrigen ist bei nichtvermögensrechtlichen Streitigkeiten der Wert vom Gericht nach **freiem Ermessen** festzusetzen. Hierzu gehört auch der oben erwähnte Fall des Erstreitens eines Arbeitszeugnisses.

Beispiel

So wird man nach der Rechtsprechung dann, wenn der Kläger nur die Feststellung begehrt, dass die außerordentliche (fristlose) Kündigung unwirksam ist und sich der Streit nur auf zwei Monate bezieht, als Gegenstandswert lediglich den streitigen Zeitraum zwischen der ordentlichen und der außerordentlichen Kündigung ansetzen, also zwei Monate, und nicht den beschriebenen Zeitraum von drei Monaten.

15.4 Prüfungsfragen

1. Welche Rechtsanwaltsgebühren können in außergerichtlichen arbeitsrechtlichen Verfahren entstehen?

Eine 0,5 bis 2,5 Geschäftsgebühr nach Nr. 2300 VV RVG.

2. Welche Rechtsanwaltsgebühren entstehen in Urteilsverfahren vor den Arbeitsgerichten?

Dieselben wie in Verfahren vor den ordentlichen Gerichten.

3. Wie verhält sich die Geschäftsgebühr zur Verfahrensgebühr im nachfolgenden Urteilsverfahren?

Die Geschäftsgebühr ist zur Hälfte, höchstens mit 0,75, auf die Verfahrensgebühr im nachfolgenden gerichtlichen Verfahren anzurechnen.

4. Welche Gebühr entsteht für die Teilnahme an einer Güteverhandlung und nach welcher Vorschrift?

Eine 1,2 Terminsgebühr nach Nr. 3104 VV RVG.

5. Welche Besonderheit gilt bezüglich der Kostenerstattung im Arbeitsgerichtsverfahren?

In der ersten Instanz werden die Kosten der obsiegenden Partei nicht erstattet.

6. RA Fichte erhebt für Mahler Klage im Arbeitsgerichtsprozess. Nach erfolgloser Güteverhandlung findet eine streitige mündliche Verhandlung und eine Beweisaufnahme statt. Im Anschluss an die Beweiserhebung kommt es zu einem Vergleich. Kostenrechnung?

1,3 Verfahrensgebühr, Nr. 3100 VV RVG
1,2 Terminsgebühr, Nr. 3104 VV RVG
1,0 Einigungsgebühr, Nr. 1003 VV RVG
Postentgelte, Nr. 7002 VV RVG, Umsatzsteuer, Nr. 7008 VV RVG

7. Wie ist der Gegenstandswert von nichtvermögensrechtlichen Ansprüchen festzusetzen?

Er ist vom Gericht nach freiem Ermessen festzusetzen.

8. Welcher Streitwert gilt, wenn der RA einen der Höhe nach bezifferten Lohnanspruch geltend macht?

Der geltend gemachte Betrag.

9. Wie hoch ist der Gegenstandswert, wenn es um die Ausstellung von Zeugnissen geht?

In der Regel ein Monatseinkommen brutto.

10. Wie hoch ist der Gegenstandswert bei Rechtsstreitigkeiten über Eingruppierungen?

Der Wert des dreijährigen Unterschiedsbetrags zur begehrten Vergütung.

11. Welcher Gegenstandswert gilt in Kündigungsschutzklagen?

Höchstens das Arbeitsentgelt von drei Monaten zuzüglich evtl. hinzugekommener Lohnrückstände.

16. Die Beratungs- und Prozess-/Verfahrenskostenhilfe

Finanziell schwache Bürger verzichten unter Umständen auf die Durchsetzung der ihnen zustehenden Rechte, weil sie befürchten, die möglicherweise entstehenden Kosten nicht tragen zu können. Für diesen Personenkreis hat man die **Beratungshilfe** und die **Prozesskostenhilfe** geschaffen.

16.1 Allgemeines

Für die Unterscheidung der Beratungshilfe von der Prozesskostenhilfe gilt folgende Faustformel: **Beratungshilfe** gibt es für die **außergerichtliche, Prozess-/Verfahrenskostenhilfe** für die **gerichtliche** Durchsetzung von Ansprüchen.

Beratungshilfe wird in **allen rechtlichen Angelegenheiten** gewährt (§ 2 Abs. 2 BerHG).

16.2 Zuständigkeit, Voraussetzungen und Durchführung der Beratungshilfe

Die Beratungshilfe wird nur auf mündlichen oder schriftlichen **Antrag** gewährt, der bei dem **Amtsgericht** einzureichen ist, in dessen Bezirk der Rechtsuchende seinen allgemeinen Gerichtsstand hat, bei dem der Rechtsstreit durchzuführen wäre oder das Bedürfnis für eine Beratungshilfe besteht (§ 4 Abs. 1 BerHG). Der Rechtspfleger prüft beim Amtsgericht, ob die Voraussetzungen vorliegen. Er hilft dem Antragsteller durch Rat, Auskunft, Hinweis auf weitere Beratungsstellen oder bei der Stellung eines Antrags.

Erscheint eine weitergehende Beratung oder gar eine außergerichtliche anwaltliche Vertretung erforderlich, stellt der Rechtspfleger beim Vorliegen der Voraussetzungen einen **Berechtigungsschein** aus, mit dem der Rechtsuchende einen Anwalt seiner Wahl aussuchen kann. Wendet sich der Rechtsuchende zuerst an einen RA, kann dieser für ihn auch nachträglich den Antrag auf Beratungshilfe stellen, wobei der Antrag **spätestens vier Wochen** nach Beginn der Beratungshilfetätigkeit bei Gericht eingegangen sein muss. Der RA kann bei vorhandenem Berechtigungsschein oder direkt mit dem Antrag auf Beratungshilfe den Erstattungsantrag grundsätzlich bei dem Amtsgericht stellen, das den Berechtigungsschein ausgestellt hat oder für den Antrag auf Beratungshilfe zuständig ist.

Voraussetzungen: Beratungshilfe wird bewilligt, wenn

1. der Rechtsuchende die erforderlichen Mittel nach seinen **persönlichen und wirtschaftlichen Verhältnissen** nicht aufbringen kann,

2. keine **anderen Möglichkeiten für eine Hilfe** zur Verfügung stehen, deren Inanspruchnahme dem Rechtsuchenden **zuzumuten** ist und

3. die Wahrnehmung der Rechte **nicht mutwillig** ist.

Der Rechtsuchende muss also zunächst einmal seine **persönlichen und wirtschaftlichen Verhältnisse glaubhaft** machen (z. B. durch Vorlage von Gehaltsabrechnungen neueren Datums, Angabe über verwandtschaftliche Verhältnisse wegen möglicher Unterhaltsansprüche).

Die Voraussetzungen für die Gewährung von Beratungshilfe sind gegeben, wenn nach Abzug von Unterhalts- und sonstigen Zahlungsverpflichtungen ein Nettoeinkommen verbleibt, nach dem ratenfreie **Prozess-/Verfahrenskostenhilfe** bewilligt werden kann (§ 1 Abs. 2 BerHG). Die Einkommensgrenzen sind in § 115 ZPO geregelt und hängen von der Zahl unterhaltspflichtiger Personen ab. Bei der Berechnung des Nettoeinkommens sind allerdings besondere Belastungen angemessen abzuziehen. Die Beratungshilfe kann ratenfrei oder gegen Ratenzahlung bewilligt werden. Hat der Rechtsuchende eine **Rechtsschutzversicherung** abgeschlossen, so wird ihm zugemutet, diese in Anspruch zu nehmen (§ 1 Abs. 1 Ziff. 2 BerHG).

Weiter hat der Ratsuchende bei Antragstellung den Sachverhalt anzugeben, dessentwegen er Beratungshilfe beantragt. Er muss eidesstattlich versichern, dass ihm in derselben Angelegenheit bisher keine Beratungshilfe gewährt oder versagt worden ist und dass in derselben Angelegenheit kein gerichtliches Verfahren anhängig war oder ist. Der Rechtspfleger wird die Beratungshilfe ablehnen, wenn die Rechtsverfolgung **mutwillig** erscheint. Sie ist mutwillig, wenn die Rechtsverfolgung von vornherein aussichtslos ist oder aber, wenn Beratungshilfe in Anspruch genommen wird, obwohl ein Rechtsuchender, der keine Beratungshilfe beansprucht, bei verständiger Würdigung aller Umstände der Rechtsangelegenheit davon absehen würde, sich auf eigene Kosten rechtlich beraten oder vertreten zu lassen. Bei der Beurteilung der Mutwilligkeit sind die Kenntnisse und Fähigkeiten des Antragstellers sowie seine besondere wirtschaftliche Lage zu berücksichtigen (§ 1 Abs. 1 Nr. 3 BerHG).

Eine **Vertretung** ist erforderlich, wenn der Rechtssuchende nach der Beratung im Hinblick auf den **Umfang**, die **Schwierigkeit** oder die **Bedeutung** der Sache seine Rechte nicht selbst wahrnehmen kann.

Gegen den Beschluss, der Beratungshilfe ablehnt, ist die **Erinnerung** statthaft (§ 6 Abs. 2 BerHG).

Sofern der nachträgliche Antrag auf Bewilligung der Beratungshilfe abgelehnt wird, so kann der Anwalt – wenn er bei Mandatsübernahme darauf hingewiesen hat – die Vergütung nach den allgemeinen Vorschriften verlangen.

Innerhalb eines Jahres könnte das Gericht die Bewilligung der Beratungshilfe von **Amts wegen aufheben**, wenn die Voraussetzungen für die Beratungshilfe zum Zeitpunkt der Bewilligung nicht vorgelegen haben (§ 6a BerHG). Die Aufhebung von Amts wegen bei einer nachträglichen Verbesserung der Einkommens- und Vermögensverhältnisse ist nicht zulässig.

Der Vergütungsanspruch des Anwalts gegen die Staatskasse wird von der Aufhebung nicht berührt (§ 8 Abs. 1 BergHG), es sei denn, der Anwalt hatte Kenntnis oder grob fahrlässige Unkenntnis von dem Nichtvorliegen der Bewilligungsvoraussetzungen. Er muss die abgerechnete Beratungshilfevergütung gegenüber der Staatskasse nicht an diese erstatten. Die Staatskasse könnte aber die Erstattung vonseiten des Mandanten verlangen. Hatte der Anwalt noch nicht abgerechnet, könnte er die **Wahlanwaltsgebühren** verlangen, wenn er bei Übernahme des Mandats auf die Möglichkeit der Aufhebung und die Folgen für die Vergütung hingewiesen hatte.

Hat sich die wirtschaftliche Situation durch die Beratung und Vertretung in der Beratungshilfesache für den Mandanten verbessert, könnte der **Anwalt** einen Antrag auf Aufhebung der Bewilligung stellen, damit er seine Wahlanwaltsgebühren abrechnen könnte. Voraussetzung hierfür ist jedoch, dass

1. noch **keine Auszahlung der Vergütung** aus der Staatskasse beantragt wurde und

2. der Mandant **auf die Möglichkeit dieser Antragstellung** und die vergütungsrechtlichen Folgen im Falle der Aufhebung **in Textform** hingewiesen wurde.

Der Anwalt hätte auch die Möglichkeit, anstelle der gesetzlichen Vergütung eine höhere Gebühr aufgrund einer Vergütungsvereinbarung zu verlangen. Auch könnte er ein Erfolgshonorar vereinbaren.

16.3 Die Gebühren des Rechtsanwalts

16.3.1 Die Höhe der Vergütung

1. Die Schutzgebühr nach Nr. 2500 VV RVG

Der Rechtsanwalt kann für seine Tätigkeit **von dem Rechtsuchenden** als Schutzgebühr eine **Beratungshilfegebühr** nach **Nr. 2500 VV RVG**, ohne Postentgelte und Umsatzsteuer, pauschal verlangen: .... Die Gebühr wird nicht auf die nachfolgend genannten Gebühren angerechnet. Der RA kann diese Gebühr entsprechend den wirtschaftlichen Verhältnissen des Rechtsuchenden ermäßigen oder ganz erlassen. Andere Honorarvereinbarungen sind nichtig.	**15 €**

2. Die Gebühren nach Nr. 2501 bis 2508 VV RVG.
    Zusätzlich erhält der RA aus der **Staatskasse des Landes** folgende Gebühren:

1. Für eine Beratung, wenn die Beratung nicht mit einer anderen gebührenpflichtigen Tätigkeit zusammenhängt, gem. Nr. 2501 eine **Beratungsgebühr** von .... Die Gebühr ist auf eine Gebühr für eine sonstige Tätigkeit anzurechnen, die mit der Beratung zusammenhängt (Anm. Abs. 2 zu Nr. 2501 VV RVG).	**35 €**
2. Für eine Beratungstätigkeit mit dem Ziel einer außergerichtlichen Einigung mit den Gläubigern über die Schuldenbereinigung auf der Grundlage eines Plans (§ 305 Abs. Nr. 1 InsO) eine **Beratungsgebühr nach Nr. 2502 VV RVG** von	**70 €**

3.	Für die außergerichtliche Vertretung des Rechtsuchenden eine **Geschäftsgebühr nach Nr. 2503 VV RVG von** .... Auf die Gebühren für ein anschließendes gerichtliches oder behördliches Verfahren ist diese Gebühr **zur Hälfte anzurechnen** (Abs. 2 der Anm. zu Nr. 2503 VV RVG). Auf die Gebühren für ein Verfahren auf Vollstreckbarerklärung eines Vergleichs ist die Gebühr **zu einem Viertel** anzurechnen.	85 €
4.	Für eine Tätigkeit mit dem Ziel einer außergerichtlichen Einigung mit den Gläubigern über die Schuldenbereinigung auf der Grundlage eines Plans (§ 305 Abs. 1 Nr. 1 InsO) eine **Geschäftsgebühr nach Nr. 2504 bis 2507 VV RVG von** .... gestaffelt nach Anzahl der Gläubiger.	270 € bis 675 €
5.	Wenn die Tätigkeit zu einer außergerichtlichen **Einigung** (Nr. 1000 VV RVG) oder zu einer **Erledigung der Rechtssache** (Nr. 1002 VV RVG) führt, erhält der Rechtsanwalt zusätzlich zur Geschäfts- oder Beratungsgebühr noch eine **Einigungs- oder Erledigungsgebühr** nach Nr. 2508 VV RVG von	150 €

Beispiel

Der mit Berechtigungsschein versehene Mahler wird von RA Fichte außergerichtlich vertreten. Wegen einer Streitsache von 5.000 € berät RA Fichte den Mandanten, auch korrespondiert er mit dem Gegner, und er führt die Sache schließlich nach einer Besprechung mit dem Gegner zu einem außergerichtlichen Vergleich. Welche Gebühren kann RA Fichte liquidieren?

RA Fichte kann folgende Gebühren verlangen:

1. Die **Beratungshilfegebühr** in Höhe von 15 € **nach Nr. 2500 VV RVG** (ohne Postentgelte und Umsatzsteuer) **von Mahler**

2. eine **Geschäftsgebühr nach Nr. 2503 VV RVG** in Höhe von 85 € zuzüglich Postentgelte und Umsatzsteuer für die anwaltliche Vertretung des Mahler **vom Land**

3. schließlich noch eine **Einigungsgebühr nach Nr. 2508 VV RVG** über 150 € zuzüglich Postentgelte und Umsatzsteuer **vom Land** für die außergerichtliche Einigung.

16.3.2 Der Vergütungsantrag und die Erstattungspflicht des Gegners

Die Vergütung ist auf einem gerichtlichen Formular bei dem Gericht zu beantragen, das den Berechtigungsschein erteilt hat.

Muss der Gegner die Kosten tragen (z. B. bei Verzug oder unerlaubter Handlung), geht dieser Erstattungsanspruch auf den Rechtsanwalt über, sodass dieser die Kosten **im eigenen Namen** geltend machen kann. Die eingehenden Zahlungen werden jedoch auf die gem. Nr. 2501 bis 2508 VV RVG gegen die Landeskasse geltend gemachten Gebühren angerechnet.

16.4 Die Prozess-/Verfahrenskostenhilfe

16.4.1 Zuständigkeit und Voraussetzungen

Voraussetzungen für die Bewilligung

Die Prozesskostenhilfe wird bewilligt, wenn eine Partei nach ihren **persönlichen und wirtschaftlichen Verhältnissen** die Prozesskosten nicht, nur teilweise oder nur in Raten aufbringen kann. Wie bei der Beratungshilfe werden auch Zahlungsverpflichtungen Dritter (Rechtsschutzversicherungen, Unterhaltsleistungen) berücksichtigt. Für den Begriff des Einkommens und das einzusetzende Vermögen gelten neben § 115 ZPO auch Regelungen des Sozialgesetzbuchs XII (§ 82 SGB XII).

Zunächst wird von dem **Nettobetrag** ausgegangen. Danach wird ein Abzug der **Freibeträge, Wohnkosten und Abzahlungsverpflichtungen** vorgenommen. Der verbleibende Teil des monatlichen Einkommens wird als **einzusetzendes Einkommen** ermittelt. Der Betrag des einzusetzenden Einkommens wird **durch zwei geteilt** und auf volle Euro abgerundet. Beträgt das einzusetzende Einkommen 300 €, so ergibt sich eine Monatsrate von 150 €. Bei einer Monatsrate von weniger als 10 € wird keine Monatsrate festgesetzt. Bei einem einzusetzenden Einkommen von mehr als 600 € beträgt die Monatsrate 300 € zzgl. des Teils des einzusetzenden Einkommens, der 600 € übersteigt.

Ist abzusehen, dass die Kosten der Prozessführung voraussichtlich **vier Monatsraten** und die aus dem Vermögen aufzubringenden Teilbeträge **nicht übersteigen**, wird **keine Prozess-/Verfahrenskostenhilfe** bewilligt.

Die beabsichtigte Rechtsverfolgung oder Rechtsverteidigung muss hinreichende **Aussicht auf Erfolg** bieten und **nicht mutwillig** erscheinen. Maßstab ist das hypothetische Verhalten einer selbstzahlenden Partei. Außerdem darf kein einfacherer oder billigerer Weg zum gleichen Erfolg führen.

Der **Antrag** auf Bewilligung der Prozess-/Verfahrenskostenhilfe ist beim Prozessgericht zu stellen und erfolgt **für jeden Rechtszug besonders** (§ 119 Abs. 1 ZPO). Die Partei muss dem Antrag eine Erklärung über ihre persönlichen und wirtschaftlichen Verhältnisse (Familienverhältnisse, Beruf, Vermögen, Einkommen, Verpflichtungen) mit Belegen beifügen. Der Antrag ist auf den hierfür entwickelten Vordrucken zu stellen (§ 17 Abs. 1 ZPO).

16.4.2 Wirkungen

Wer Prozess-/Verfahrenskostenhilfe erhält, wird von den Prozesskosten **ganz oder teilweise** befreit oder er braucht nur (höchstens **48 Monate** lang) **Raten** bzw. Teilbeträge (aus seinem Vermögen) zu zahlen (§ 120 ZPO).

Im Anwaltsprozess wird der bedürftigen Partei ein zur Vertretung bereiter Rechtsanwalt ihrer Wahl **beigeordnet**. Beim Amtsgericht erfolgt eine Beiordnung nur auf Antrag und nur dann, wenn die Vertretung durch einen Rechtsanwalt erforderlich erscheint oder der Gegner durch einen Anwalt vertreten ist (vgl. § 121 ZPO).

Mit Bewilligung der Prozess-/Verfahrenskostenhilfe wird eine Partei gem. § 122 Abs. 1 ZPO von der Verpflichtung zur **Sicherheitsleistung für die Prozesskosten befreit**. Der **Anwalt** darf seine **Vergütung gegen die Partei nicht** geltend machen; er rechnet mit der Bundes- bzw. Landeskasse ab. Diese kann die Gerichts- und Gerichtsvollzieherkosten und die Ansprüche der beigeordneten Rechtsanwälte wiederum gegen die Partei im Rahmen der Bestimmungen, die das Gericht trifft (z. B. durch Ratenzahlung) geltend machen.

Für den Fall, dass **die Partei den Prozess verliert**, muss sie gleichwohl dem Gegner die Kosten erstatten. Nur die Kosten des eigenen Rechtsanwalts werden von der Staatskasse übernommen (§ 123 ZPO).

16.4.3 Bewilligungsverfahren

Vor der Bewilligung der Prozess-/Verfahrenskostenhilfe hat das Gericht **dem Gegner Gelegenheit zur Stellungnahme** zu geben, sofern dies nicht unzweckmäßig erscheint. Das Gericht kann die Partei zur **mündlichen Erörterung laden, wenn eine Einigung zu erwarten ist** und einen Vergleich protokollieren (§ 118 Abs. 1 ZPO).

Das Gericht kann verlangen, dass der **Antragsteller seine Angaben glaubhaft** macht, es kann insbesondere auch die Abgabe einer **Versicherung an Eides statt** fordern.

Zur **Prüfung** der Frage, ob die Rechtsverfolgung oder Rechtsverteidigung **hinreichende Aussicht auf Erfolg** bietet und **nicht mutwillig** erscheint, kann das Gericht auch Erhebungen anstellen, z. B. die Vorlegung von Urkunden anordnen, Auskünfte einholen und – allerdings nur ausnahmsweise – Zeugen und Sachverständige vernehmen (§ 118 Abs. 2 ZPO).

Die **Partei** ist verpflichtet, eine **wesentliche Verbesserung** der wirtschaftlichen Verhältnisse und die **Änderung ihrer Anschrift unverzüglich anzuzeigen**, und zwar für einen Zeitraum bis zum Ablauf von vier Jahren ab Rechtskraft der Entscheidung oder eines Vergleichs. Unabhängig davon, hat das Gericht jederzeit die Möglichkeit, ohne besonderen Anlass die Partei zu einer Erklärung über Veränderungen der persönlichen oder wirtschaftlichen Verhältnisse aufzufordern. Eine wesentliche Verbesserung liegt vor, wenn sich z. B. das laufende Einkommen um 100 € verbessert oder aber abzugsfähige Belastungen bei Kreditverbindlichkeiten oder Unterhaltszahlungen wegfallen.

Die Änderungen müssen auf einem **amtlichen Formular** mitgeteilt werden. Sodann wird das Gericht entscheiden, ob die Wesentlichkeitsgrenze überschritten und eine nachhaltige Einkommensverbesserung eingetreten ist. Im Rahmen der Nachprüfung kann das Gericht Gehaltsmitteilungen, Kreditverträge etc. anfordern oder auch die Abgabe der eidesstattlichen Versicherung fordern. In Unterhaltssachen kann das Gericht selbst von den Beteiligten oder auch Dritten (z. B. Arbeitgebern, Sozialversicherungsträgern, dem Finanzamt etc.) Auskünfte einholen.

Sollten sich die Einkommens- und Vermögensverhältnisse **verbessert** haben, muss das Gericht eine **Abänderung der angeordneten Zahlungen** ab dem Zeitpunkt der Verbesserung vornehmen. Das Gericht kann von einer Änderung der Ratenzahlung absehen, wenn durch die bisherige Ratenhöhe der Ausgleich der Gerichts- und Anwaltskosten gesichert ist.

Tritt die Verbesserung durch den Erwerb erheblichen **Vermögens** ein (z. B. durch eine Erbschaft o. Ä.) muss dieses grundsätzlich zur Prozessfinanzierung eingesetzt werden. Auch Geldbeträge, die der Partei aufgrund einer rechtskräftigen Entscheidung oder eines Vergleichs zufließen, sind einzusetzen. Die Bewilligung darf nicht aufgehoben werden, jedoch **kann der Rechtspfleger die sofortige volle Zahlung aller bereits fällig gewordenen Kosten** anordnen oder es wird die angeordneten Zahlungen abändern. Eine **Abänderung unterbleibt**, wenn die Partei bei rechtzeitiger Leistung des durch die Rechtsverfolgung oder Rechtverteidigung Erlangten **ratenfreie** Prozess-/Verfahrenskostenhilfe erhalten hätte (§ 120a ZPO).

Obsiegt die bedürftige Partei in einem Rechtsstreit, so sind die Kosten grundsätzlich nach **§ 91 ZPO von der unterliegenden Partei zu tragen.** Dies führt nicht zur Aufhebung der Prozess-/Verfahrenskostenhilfe. Der Anwalt kann aber nach § 50 Abs. 1 RVG bis zu 48 Raten der Wahlanwaltsgebühren über das Gericht von dem Bedürftigen einziehen.

Das Gericht wird die Bewilligung der Prozess-/Verfahrenskostenhilfe gem. § 124 Abs. 1 ZPO aufheben, wenn

1. die Partei absichtlich das **Streitverhältnis unrichtig** dargestellt

2. sie **absichtlich** oder aus **grober Nachlässigkeit unrichtige Angaben** über die persönlichen oder wirtschaftlichen Verhältnisse gemacht, die **Erklärungen** hierzu oder **Veränderungen und Verbesserungen nicht** oder **ungenügend** angezeigt hat

3. es sich herausstellt, dass die persönlichen und wirtschaftlichen **Voraussetzungen** für die Prozesskostenhilfe **nicht vorgelegen haben** (nach Ablauf von vier Jahren seit der rechtskräftigen Entscheidung oder sonstigen Beendigung des Verfahrens ist die Aufhebung allerdings ausgeschlossen) und

4. die **Partei** länger als **drei Monate** mit der Zahlung in **Verzug** ist.

Oder es erfolgt eine **Teilaufhebung der Prozess-/Verfahrenskostenhilfe**, wenn sich bei bestimmten Beweiserhebungen herausstellt, dass der **Beweisantritt mutwillig** erscheint oder **keine hinreichende Aussicht auf Erfolg** bietet (§ 124 Abs. 2 ZPO).

16.4.4. Entscheidungen und Rechtsmittel

Prozess-/Verfahrenskostenhilfe wird für jede Instanz gesondert bewilligt. In einem **höheren Rechtszug** ist **nicht zu prüfen**, ob die Rechtsverfolgung oder Rechtsverteidigung hinreichend **Aussicht auf Erfolg** bietet **oder mutwillig** erscheint, wenn **der Gegner** das Rechtsmittel eingelegt hat (§ 119 ZPO).

Die **Entscheidung** über die Bewilligung der Prozess/Verfahrenskostenhilfe ergeht **ohne mündliche Verhandlung durch Beschluss**. Zuständig ist das **Prozessgericht**. Wird die Prozess/Verfahrenskostenhilfe für die Zwangsvollstreckung beantragt, ist das für die Zwangsvollstreckung zuständige Gericht zuständig.

Gegen einen **ablehnenden Beschluss** des Gerichts kann **sofortige Beschwerde** innerhalb einer Notfrist von **einem Monat** eingelegt werden. Dies allerdings nur, wenn der Streitwert der Hauptsache **600 €** übersteigt, **es sei denn**, das Gericht hat ausschließlich die **persönlichen oder wirtschaftlichen Voraussetzungen** für die Prozesskostenhilfe verneint (§ 127 Abs. 2 ZPO).

Die **Staatskasse** kann für den Fall, dass weder Monatsraten noch aus dem Vermögen zu zahlende Beträge festgesetzt wurden, ebenfalls sofortige Beschwerde einlegen, allerdings innerhalb eines Monats ab Bekanntgabe des Beschlusses (§ 127 Abs. 3 ZPO). Nach **Ablauf von drei Monaten** ab Verkündung des Beschlusses ist die **Beschwerde nicht mehr zulässig**. Die Kosten des Beschwerdeverfahrens werden nicht erstattet.

16.5 Die Vergütung im Bewilligungsverfahren

Im Verfahren über die Bewilligung der Prozess/Verfahrenskostenhilfe oder die Aufhebung der Bewilligung bestimmt sich der **Gegenstandswert** nach dem für die **Hauptsache** maßgebenden Wert (§ 23a Abs. 1 RVG).

1. Im **Bewilligungsverfahren** erhält der Rechtsanwalt eine auf **1,0 begrenzte Verfahrensgebühr** in Höhe der Verfahrensgebühr für das Verfahren, für das die Prozess-/Verfahrenskostenhilfe beantragt wird (bei Betragsrahmengebühren höchstens 420 €) gem. **Nr. 3335 VV RVG**.

2. Nach § 16 Nr. 2 RVG sind das Bewilligungsverfahren und das Verfahren, für das die PKH beantragt worden ist, **dieselbe Angelegenheit**.

3. Für das Bewilligungsverfahren gilt die Tabelle nach § 13 RVG.

Beispiel

RA Fichte wird von dem bedürftigen Mahler beauftragt, für eine beabsichtigte Klage in Höhe von 5.000 € Prozesskostenhilfe zu beantragen. Das Gericht weist den Antrag zurück. Daraufhin nimmt Mahler von der Klage Abstand.

Gegenstandswert: 5.000 €

1,0 Verfahrensgebühr Nr. 3335, 3100 VV RVG	303,00 €
Postentgelte Nr. 7002 VV RVG	20,00 €
Zwischensumme	323,00 €
19 % Umsatzsteuer Nr. 7008 VV RVG	61,37 €
Gesamt	**384,37 €**

Im Fall 1 wird PKH bewilligt, RA Fichte reicht Klage ein. Nach streitiger Verhandlung und einer Beweisaufnahme ergeht ein Urteil. Wie lauten die Gebühren des RA Fichte für das Prozesskostenhilfe- und Klageverfahren?

Gegenstandswert: 5.000 €

1,3 Verfahrensgebühr Nr. 3100 VV, § 49 RVG	334,10 €
1,2 Terminsgebühr Nr. 3104 VV, § 49 RVG	308,40 €
Postentgelte Nr. 7002 VV RVG	20,00 €
Zwischensumme	662,50 €
19 % Umsatzsteuer Nr. 7008 VV RVG	125,88 €
Gesamt	**788,38 €**

4. Wird die beantragte Prozess-/Verfahrenskostenhilfe **bewilligt**, so geht die im Bewilligungsverfahren verdiente Vergütung in der Vergütung des Hauptsacheverfahrens auf (§ 16 Nr. 2 RVG). Hat der Anwalt die Vergütung für das Bewilligungsverfahren noch nicht abgerechnet, greift mit der Beiordnung **die Sperre des § 122 Abs. 1 Nr. 3 ZPO:** Er kann ab der Beiordnung seine **Vergütung nicht mehr gegen den Auftraggeber** geltend machen. Er erhält ab dann seine Vergütung aus der **Staatskasse**, und zwar nur noch nach der **Tabelle gem. § 49 RVG**. Die weitergehende Vergütung kann evtl. im Rahmen des § 50 RVG geltend gemacht werden, weshalb der RA die Berechnung seiner Regelgebühren unverzüglich zu den Prozessakten reichen soll.

16.6 Die Vergütung des beigeordneten Rechtsanwalts

Der im Wege der Prozess-/Verfahrenskostenhilfe beigeordnete Rechtsanwalt erhält die gesetzliche Vergütung in Verfahren vor Gerichten des Bundes aus der Bundeskasse, in Verfahren vor Gerichten eines Landes aus der Landeskasse (§ 45 Abs. 1 RVG). Der Umfang der Beiordnung und damit des Anspruchs gegen die Staatskasse richtet sich nach dem Bewilligungs- und Beiordnungsbeschluss **(§ 48 RVG)**. So umfasst die Beiordnung zu einer Berufung oder Revision auch die Rechtsverteidigung gegen eine Anschlussberufung oder Anschlussrevision, die Beiordnung zur Erwirkung eines Arrestes, einer einstweiligen Verfügung oder einstweiligen Anordnung grundsätzlich auch die jeweilige Vollziehung oder Vollstreckung (siehe im Einzelnen **§ 48 RVG**).

Die Gebührenarten, die einem beigeordneten Rechtsanwalt im Prozess entstanden sind, unterscheiden sich nicht von denen eines „normalen" Rechtsanwalts, sie sind jedoch der **Gebührentabelle zu § 49 RVG** zu entnehmen.

1. Beträgt der Gegenstandswert **bis 4.000 €**, so erhält der Rechtsanwalt die Normalgebühren, deren Höhe sich aus der Anlage zu **§ 13 Abs. 1 RVG** ergibt.

2. Bei einem Gegenstandswert **über 4.000 €** gilt die Tabelle, die dem **§ 49 RVG** als Anlage beigefügt ist. Die Gebühren in dieser nur für den beigeordneten Rechtsanwalt geltenden Tabelle sind etwas niedriger als die „Normalgebühren". Die Tabelle endet mit einem Gegenstandswert über 30.000 €. Liegt der Gegenstandswert noch höher, so bleibt es bei dem dort notierten Höchstbetrag von 447 €.

Beispiel

Fall:
RA Fichte erhebt für Mahler Klage gegen Berger und stellt gleichzeitig den Antrag auf Bewilligung der PKH. Das Gericht gibt dem Antrag statt. Nach einer streitigen mündlichen Verhandlung und einer Beweisaufnahme mit Weiterverhandlung ergeht ein Urteil.

Wie lautet die Kostenrechnung, wenn der Gegenstandswert

a) 800 €,

b) 8.000 € oder

c) 80.000 €

beträgt?

Lösung:

a) Hier gelten die „Normalgebühren" der Gebührentabelle laut Anlage zu § 13 Abs. 1 RVG.

b) Es gilt nun die Gebührentabelle zu § 49 RVG.

c) Der Höchstbetrag von 447 € bleibt **(§ 49 RVG)**.

Hat bei Beendigung des Prozesses **der Gegner die Kosten zu tragen**, so gibt es für den beigeordneten Rechtsanwalt zwei Wege auf Erstattung der Kosten:

1. Er kann von dem Gericht (Staat) die Erstattung der Gebühren nach **§ 49 RVG** verlangen und den Differenzbetrag zu den Normalgebühren vom Gegner. Vorteil: Der Rechtsanwalt hat die Staatskasse als (zahlungsfähigen) Kostenschuldner.

2. Er lässt sich ausschließlich die (volle) Normalvergütung vom Rechtspfleger des Gerichts erster Instanz gegen die unterlegene Partei festsetzen (**§§ 103 ff. ZPO**).

Muss die Partei, der PKH bewilligt wurde, die Kosten tragen, weil sie den Prozess **verloren** hat, so erhält der beigeordnete Rechtsanwalt die ermäßigten Gebühren gem. **§§ 45, 49 RVG** aus der Staatskasse.

Der beigeordnete Rechtsanwalt hat seine Vergütung auf einem Formblatt bei dem Gericht zu beantragen, das ihn beigeordnet hat.

Sind die Kosten **quotenmäßig** verteilt, ist eine entsprechende Ausgleichsberechnung anzustellen. Ist Prozesskostenhilfe nur für einen **Teil der Kosten** bewilligt, kann der Rechtsanwalt auch nur diesen Teil aus der Staatskasse erstattet verlangen.

Da sich die Gebührenansprüche des Rechtsanwalts gegen den Staat richten, darf er von seinem Mandanten kein Entgelt fordern. Eine hiergegen verstoßende Gebührenvereinbarung ist unwirksam. Zahlt die Partei trotzdem, kann sie das Geld allerdings nicht zurückverlangen. Der Rechtsanwalt kann jedoch von der **Staatskasse** gem. **§ 47 Abs. 1 RVG** einen **angemessenen Vorschuss** fordern.

16.7 Prüfungsfragen

1. Wie lautet die Faustformel für die Abgrenzung der Beratungshilfe von der Prozess-/Verfahrenskostenhilfe?

Beratungshilfe gibt es für die außergerichtliche, Prozess-/Verfahrenskostenhilfe für die gerichtliche Durchsetzung von Ansprüchen.

2. Bei welchem Gericht ist der Antrag auf Beratungshilfe einzureichen?

Bei dem Amtsgericht, in dessen Bezirk der Rechtsuchende seinen allgemeinen Gerichtsstand hat, bei dem der Rechtsstreit durchzuführen wäre oder das Bedürfnis für eine Beratungshilfe besteht.

3. Auf welchen Rechtsgebieten wird Beratungshilfe gewährt?

In allen rechtlichen Angelegenheiten.

4. Welche Voraussetzungen müssen für die Gewährung von Beratungshilfe vorliegen?

Beratungshilfe wird gewährt, wenn

1. der Rechtsuchende die erforderlichen Mittel für die Rechtsverteidigung nach seinen persönlichen und wirtschaftlichen Verhältnissen nicht aufbringen kann,

2. keine anderen Möglichkeiten für eine Hilfe zur Verfügung stehen, deren Inanspruchnahme dem Rechtsuchenden zuzumuten ist und

3. die beabsichtigte Rechtsverfolgung nicht mutwillig erscheint.

5. Unter welchen Umständen wird die Notwendigkeit einer Vertretung bejaht?

Wenn der Rechtssuchende im Hinblick auf den Umfang, die Schwierigkeit und die Bedeutung seine Rechte nicht selbst wahrnehmen kann.

6. Welche Frist muss beachtet werden, wenn die Beratungshilfe nachträglich beantragt wird?

Der Antrag auf Gewährung der Beratungshilfe muss spätestens vier Wochen nach Beginn der Beratungshilfetätigkeit bei Gericht eingegangen sein.

7. Welches Rechtsmittel ist gegen einen Beschluss, der Beratungshilfe ablehnt, zulässig?

Die Erinnerung.

8. Wie rechnet der Anwalt ab, wenn sein nachträglicher Antrag auf Gewährung der Beratungshilfe abgelehnt wird?

Er kann – sofern er bei Mandatsübernahme darauf hingewiesen hat – die gesetzlichen Gebühren verlangen.

9. Wann würde das Gericht die Bewilligung der Beratungshilfe aufheben?

- Wenn es innerhalb eines Jahres davon Kenntnis erlangt, dass zum Zeitpunkt der Bewilligung die Voraussetzungen für die Beratungshilfe nicht vorgelegen haben oder
- wenn der Anwalt die Aufhebung beantragt, weil durch seine Beratung und Vertretung sich die wirtschaftlichen Verhältnisse des Mandanten verbessert haben.

10. Muss der Anwalt auf seinen Vergütungsanspruch gegenüber der Staatskasse verzichten, wenn die Bewilligung der Beratungshilfe aufgehoben wird?

Normalerweise nicht, es sei denn, er selbst hatte Kenntnis oder grob fahrlässige Unkenntnis von dem Nichtvorliegen der Bewilligungsvoraussetzung.

11. Welche Voraussetzungen muss der Anwalt beachten, wenn er beabsichtigt, einen Antrag auf Aufhebung der Beratungshilfe zu stellen?

- Er darf noch nicht mit der Staatskasse abgerechnet haben und
- er muss den Mandanten auf die Möglichkeit seiner Antragstellung und die Folgen für die Abrechnung in Textform hingewiesen haben.

12. Könnte die Staatskasse nach Aufhebung der Bewilligung eine Erstattung der bereits gezahlten Vergütung verlangen?

Ja, aber nicht vonseiten des Anwalts. Sie könnte gegenüber dem Mandanten ihren Erstattungsanspruch geltend machen.

13. Könnte der Anwalt nach Aufhebung der Bewilligung die Wahlanwaltsgebühren abrechnen?

Ja, wenn er bei Übernahme des Mandats auf die Möglichkeit der Aufhebung und die Folgen für die Vergütung hingewiesen hat.

14. Welche Gebühren kann der RA, der im Rahmen einer Beratungshilfe tätig geworden ist, berechnen? Nennen Sie auch die Vorschriften.

Die Schutzgebühr von 15 € nach Nr. 2500 VV RVG und die Gebühren nach Nr. 2501 bis 2508 VV RVG, nämlich

- 35 € bzw. 70 € Beratungsgebühr (Nr. 2501 f. VV RVG),
- 85 € bzw. 270 € bis 675 € Geschäftsgebühr nach Nr. 2503 f. VV RVG und
- 150 € Einigungs- oder Erledigungsgebühr nach Nr. 2508 VV RVG.

15. Kann eine der genannten Gebühren ermäßigt oder ganz erlassen werden?

Die Schutzgebühr von 15 € nach Nr. 2500 VV RVG.

16. Welche der genannten Gebühren wird auf ein nachfolgendes gerichtliches oder behördliches Verfahren angerechnet und in welcher Höhe?

Die Geschäftsgebühr zur Hälfte bzw. auf die Gebühren für ein Verfahren auf Vollstreckbarerklärung eines Vergleichs zu einem Viertel.

17. Welche Voraussetzungen müssen für die Gewährung der Prozess-/Verfahrenskostenhilfe vorliegen?

Eine Bedürftigkeit muss gegeben sein und die beabsichtigte Rechtsverfolgung muss hinreichende Aussicht auf Erfolg bieten und darf nicht mutwillig erscheinen.

18. Das anrechenbare Einkommen beträgt

   a)   78 €

   b)   7 €

   c)   715 €.

   Wie hoch ist die jeweilige PKH-Rate?

   a)   die Hälfte: 39 €

   b)   da weniger als 10 € = 0 €

   c)   600 : 2 = 300 € + 115 € = 415 €.

19. Bei welchem Gericht ist der Antrag auf Prozess-/Verfahrenskostenhilfe zu stellen?

Beim Prozessgericht.

20. Welche Wirkung hat die Bewilligung der Prozess-/Verfahrenskostenhilfe?

- Die Partei wird von den Prozesskosten befreit oder muss höchstens 48 Raten bzw. Teilbeträge aus dem eigenen Vermögen zahlen
- sie wird von der Verpflichtung zur Sicherheitsleistung für die Prozesskosten befreit
- der Anwalt darf seine Vergütung nicht mehr gegen die Partei geltend machen, er darf nur noch mit der Staatskasse abrechnen.

21. Unter welchen Umständen erfolgt eine Beiordnung beim Amtsgericht?

Die Beiordnung erfolgt, wenn die Vertretung durch einen Rechtsanwalt erforderlich erscheint oder der Gegner durch einen Anwalt vertreten ist.

22. Die Partei verliert den Prozess. Wie sieht es mit den Kosten aus?

Sie muss dem Gegner die Kosten erstatten. Ihre eigenen Kosten werden von der Staatskasse übernommen.

23. Was geschieht, wenn sich die Einkommensverhältnisse der Partei verbessert haben?

Das Gericht wird überprüfen, ob eine Abänderung der angeordneten Zahlungen vorzunehmen ist.

24. Wann wird das Gericht von einer Abänderung der angeordneten Zahlungen bei Einkommensverbesserung absehen?

Wenn durch die bisherige Ratenhöhe der Ausgleich der Gerichts- und Anwaltskosten gesichert ist.

25. Wie erhält das Gericht die Informationen über die Einkommensverbesserung?

Die Partei ist verpflichtet, wesentliche Verbesserungen unverzüglich anzuzeigen.

26. Wie lange muss die Partei die Änderung der Anschrift und Einkommensverbesserungen gegenüber dem Gericht unverzüglich anzeigen?

Vier Jahre lang ab Rechtskraft der Entscheidung oder eines Vergleichs.

27. Wann wird das Gericht die Bewilligung der Prozess-/Verfahrenskostenhilfe aufheben?

► Wenn sie absichtlich das Streitverhältnis unrichtig dargestellt hat

► Wenn sie absichtlich oder aus grober Nachlässigkeit unrichtige Angaben über die persönlichen oder wirtschaftlichen Verhältnisse gemacht, die Erklärungen nicht oder Veränderungen und Verbesserungen nicht oder ungenügend angezeigt hat

► Wenn es sich herausstellt, dass die persönlichen oder wirtschaftlichen Voraussetzungen nicht vorgelegen haben

► Wenn die Partei länger als drei Monate mit der Zahlung in Verzug ist.

28. Was kann unternommen werden, wenn die Prozess-/Verfahrenskostenhilfe abgelehnt wird?

Es kann sofortige Beschwerde innerhalb eines Monats eingelegt werden, wenn der Streitwert in der Hauptsache 600 € übersteigt. Der Wert von 600 € gilt nicht, wenn das Gericht die Prozesskostenhilfe ausschließlich wegen der persönlichen und wirtschaftlichen Verhältnisse abgelehnt.

29. Auf welche Höhe ist die Verfahrensgebühr des Rechtsanwalts im Bewilligungsverfahren begrenzt?

Auf 1,0 nach Nr. 3335 VV RVG.

30. Wie hoch ist der Gegenstandswert im Bewilligungsverfahren und welche Tabelle ist anzuwenden?

Der Gegenstandswert richtet sich nach dem Gegenstandswert der Hauptsache. Anzuwenden ist die Tabelle nach § 13 RVG.

31. Das Gericht bewilligt die Prozess-/Verfahrenskostenhilfe. RA Fichte führt das Klageverfahren durch. Kann er für das Bewilligungsverfahren gesonderte Gebühren abrechnen?

Grundsätzlich nicht: das Bewilligungsverfahren und das Verfahren, für das die PKH beantragt worden ist, sind gem. § 16 RVG dieselbe Angelegenheit.

32. Was ist bei der Berechnung der Gebühren zu beachten, wenn ein Verfahren, für das Prozess-/Verfahrenskostenhilfe bewilligt wurde, abgerechnet werden soll?

Es ist die Tabelle nach § 49 RVG maßgeblich.

17. Die Gebühren in Strafsachen

Das VV RVG regelt in Teil 4 die Gebühren des Rechtsanwalts in Strafsachen. Der Wahlverteidiger berechnet seine Gebühren grundsätzlich aus dem Betragsrahmen, der Pflichtverteidiger erhält Festgebühren (= 80 % der Mittelgebühren des Wahlverteidigers). Bei der Berechnung der Mittelgebühr müssen Höchst- und Mindestsatz addiert und dann durch zwei dividiert werden. Der Rechtsanwalt bemisst seine Gebühr nach § 14 RVG (vgl. insoweit die Ausführungen in Kapitel 14). Vertritt der Rechtsanwalt **mehrere Auftraggeber**, so erhöhen sich der Mindest- und der Höchstbetrag der Verfahrensgebühr für jeden weiteren Auftraggeber um jeweils 30 %. Mehrere Erhöhungen dürfen jedoch das Doppelte des Mindest- und des Höchstbetrags nicht übersteigen (vgl. Ausführungen zu Nr. 1008 VV RVG).

17.1 Anwendungsbereich

Die in diesem Kapitel beschriebenen Gebühren gelten für

- den **Verteidiger**,
- den Beistand oder Vertreter eines **Privatklägers**,
- **Nebenklägers**,
- **Einziehungs- oder Nebenbeteiligten**,
- **Verletzten**,
- **Zeugen oder**
- **Sachverständigen** sowie
- im Verfahren nach dem **Strafrechtlichen Rehabilitierungsgesetz**.

Es wird nach verschiedenen Verfahrensstadien unterschieden, die jeweils eine eigene Angelegenheit darstellen und gesondert abgerechnet werden, und zwar

- das vorbereitende **Verfahren**
- das **erstinstanzliche gerichtliche Verfahren**
- das **Berufungsverfahren**
- das **Revisionsverfahren**
- das **Wiederaufnahmeverfahren**
- die **Strafvollstreckung**
- **Einzeltätigkeiten**.

Beschwerdeverfahren sind immer Teil der Hauptsache und lösen keine gesonderte Vergütung aus. Allerdings entstehen im Verfahren über die **Erinnerung oder die Beschwerde gegen einen Kostenfestsetzungsbeschluss** und im Verfahren über die **Erinnerung gegen den Kostenansatz** und **die Beschwerde** gegen die Entscheidung über diese Erinnerung die Gebühren nach Teil 3 des VV RVG.

Der Betragsrahmen der jeweiligen Gebühren wird durch einen festen **Mindest- und Höchstrahmen** bestimmt. Befindet sich der Beschuldigte **nicht auf freiem Fuß**, entstehen die Gebühren mit **Zuschlag**. Neben den Verfahrens- und Terminsgebühren erhält der Rechtsanwalt in den einzelnen Verfahrensstadien die **Grundgebühr**, die die **Einarbeitung in die Rechtssache** abgelten soll. Diese Grundgebühr kann in jedem Verfahrensstadium anfallen, jedoch nur ein einziges Mal. Ist ein Bußgeldverfahren vorausgegangen, so ist die im Bußgeldverfahren verdiente Grundgebühr auf die Grundgebühr im Strafverfahren **anzurechnen**.

	Wahlanwalt	**gerichtlich bestellter oder beigeordneter RA**
Grundgebühr Nr. 4100 VV RVG	40,00 € bis 360,00 €	160,00 €
mit Zuschlag Nr. 4101 VV RVG	40,00 € bis 450,00 €	192,00 €

17.2 Das vorbereitende Verfahren

Das vorbereitende Verfahren beginnt mit

- ▶ dem **Eingang einer Strafanzeige/eines Strafantrags** bei der Staatsanwaltschaft oder der Polizei bzw.
- ▶ deren **Kenntnis der strafbaren Tat**

und endet mit

- ▶ dem **Eingang der Anklageschrift**,
- ▶ dem **Antrag auf Erlass eines Strafbefehls** beim zuständigen Gericht oder
- ▶ dem **Vortrag der Anklage im beschleunigten Verfahren**, wenn diese nur mündlich erhoben wird, sowie
- ▶ der **Verfahrenseinstellung**.

Im vorbereitenden Verfahren erhält der Rechtsanwalt zunächst einmal die **Grundgebühr**, da er sich immer erst einmal einarbeiten muss und darüber hinaus eine

	Wahlanwalt	**gerichtlich bestellter oder beigeordneter RA**
Verfahrensgebühr Nr. 4104 VV RVG	40,00 € bis 290,00 €	132,00 €
mit Zuschlag Nr. 4105 VV RVG	40,00 € bis 362,50 €	161,00 €

Auf die Zuständigkeit des später anzurufenden Gerichts kommt es im Gegensatz zum gerichtlichen Verfahren nicht an. Der Gebührenrahmen ist stets derselbe.

Die **Verfahrensgebühr** nach Nr. 4104 VV RVG verdient der Rechtsanwalt – wie im Zivilverfahren – für das Betreiben des Geschäfts einschließlich der Information in jedem

Verfahrensstadium. Weiterhin erhält er je Hauptverhandlungstag **Terminsgebühren** für die Teilnahme an der Hauptverhandlung.

Werden im Rahmen des Ermittlungsverfahrens Termine durchgeführt und nimmt der Rechtsanwalt an

- **richterlichen Vernehmungen,**
- **Augenscheinseinnahmen,**
- **Vernehmungen durch die Staatsanwaltschaft oder eine andere Strafvollstreckungsbehörde,**
- **Terminen außerhalb der Hauptverhandlung, in denen über die Anordnung oder Fortdauer der Untersuchungshaft oder eine einstweilige Unterbringung verhandelt wird,**
- **Verhandlungen im Rahmen des Täter-Opfer-Ausgleichs sowie**
- **Sühneterminen nach § 380 StPO**

teil und „verhandelt" er (die reine Verkündung des Haftbefehls im Termin löst die Gebühr nicht aus!), so erhält er die

	Wahlanwalt	gerichtlich bestellter oder beigeordneter RA
Terminsgebühr Nr. 4102 VV RVG	40,00 € bis 300,00 €	136,00 €
mit Zuschlag Nr. 4103 VV RVG	40,00 € bis 375,00 €	166,00 €

Diese Terminsgebühr deckt **bis zu drei Termine** außerhalb der Hauptverhandlung je Angelegenheit ab. Erst ab dem vierten Termin, siebten Termin etc. entsteht die Gebühr wieder erneut.

Beispiel

Tätigkeit im vorbereitenden Verfahren:
RA Fichte war im staatsanwaltlichen Ermittlungsverfahren als Verteidiger tätig. Die Staatsanwaltschaft stellt das Verfahren ohne sein Zutun ein. Es ist von einer Mittelgebühr auszugehen.

Kostenrechnung für RA Fichte:

Grundgebühr, Nr. 4100 VV RVG	200,00 €
Verfahrensgebühr, Nr. 4104 VV RVG	165,00 €
Postentgelte, Nr. 7002 VV RVG	20,00 €
Zwischensumme netto	385,00 €
19 % USt, Nr. 7008 VV RVG	73,15 €
Summe brutto	**458,15 €**

Neben dieser Gebühr kann im vorbereitenden Verfahren die **allgemeine Terminsgebühr nach Nr. 4102 VV RVG** (s. o.) anfallen.

Tätigkeit im vorbereitenden Verfahren mit Terminswahrnehmung:
RA Fichte war im staatsanwaltlichen Ermittlungsverfahren als Verteidiger tätig und hat an einem Vernehmungstermin der Staatsanwaltschaft teilgenommen. Die Staatsanwaltschaft stellt das Verfahren ohne sein Zutun ein. Es ist von einer Mittelgebühr auszugehen.

Kostenrechnung für RA Fichte:

Grundgebühr, Nr. 4100 VV RVG	200,00 €
Verfahrensgebühr, Nr. 4104 VV RVG	165,00 €
Terminsgebühr, Nr. 4102 VV RVG	170,00 €
Postentgelte, Nr. 7002 VV RVG	20,00 €
Zwischensumme netto	555,00 €
19 % USt, Nr. 7008 VV RVG	105,45 €
Summe brutto	**660,45 €**

Wird durch die anwaltliche Mitwirkung die **Hauptverhandlung entbehrlich**, so entsteht die

	Wahlanwalt	gerichtlich bestellter oder beigeordneter RA
zusätzliche Gebühr Nr. 4141 VV RVG, i. V. m. Nr. 4106 VV RVG	Anklage wäre zu erheben gewesen vor dem/der AG 40,00 € bis 290,00 €	132,00 €
Nr. 4112 VV RVG	Strafkammer/Jugendkammer[1] 50,00 € bis 320,00 €	148,00 €
Nr. 4118 VV RVG	OLG/Schwurgericht/Strafkammer nach §§ 74a, 74c GVG 100,00 € bis 690,00 €	316,00 €
mit Zuschlag i. V. m. Nr. 4107 VV RVG	Anklage wäre zu erheben gewesen vor dem/der AG 40,00 € bis 362,50 €	161,00 €
Nr. 4113 VV RVG	Strafkammer/Jugendkammer[1] 50,00 € bis 400,00 €	180,00 €
Nr. 4119 VV RVG	OLG/Schwurgericht/Strafkammer nach §§ 74a, 74c GVG 100,00 € bis 862,50 €	385,00 €

Die zusätzliche Gebühr entsteht, wenn

- das Verfahren **nicht nur vorläufig eingestellt** wird
- das Gericht beschließt, **das Hauptverfahren nicht zu eröffnen**

---

[1] Die Gebühr entsteht, wenn nicht ein Fall der Anm. zu Nr. 4118VV vorliegt.

- sich das gerichtliche Verfahren durch **Rücknahme des Einspruchs** gegen den Strafbefehl, **der Berufung oder Revision** des Angeklagten oder anderen Verfahrensbeteiligten erledigt. Ist bereits ein Termin zur Hauptverhandlung bestimmt, entsteht die Gebühr nur, wenn der Einspruch, die Berufung oder die Revision **früher als zwei Wochen** vor Beginn des Tages, der für die Hauptverhandlung vorgesehen war, zurückgenommen wird.

Die Gebühr entsteht **nicht**, wenn eine auf die **Förderung des Verfahrens** gerichtete Tätigkeit **nicht ersichtlich** ist.

Beispiele

Tätigkeit im vorbereitenden Verfahren mit zusätzlicher Gebühr:
RA Fichte war im staatsanwaltlichen Ermittlungsverfahren als Verteidiger tätig. Die Staatsanwaltschaft stellt das Verfahren **aufgrund der Einlassung des RA Fichte** ein. Anklage wäre **vor der Jugendkammer** (kein Fall nach Anm. zu Nr. 4118 VV RVG) zu erheben gewesen. Es ist von einer Mittelgebühr auszugehen.

Kostenrechnung für RA Fichte:

Grundgebühr, Nr. 4100 VV RVG	200,00 €
Verfahrensgebühr, Nr. 4104 VV RVG	165,00 €
zusätzliche Gebühr, Nr. 4141, 4112 VV RVG	185,00 €
Postentgelte, Nr. 7002 VV RVG	20,00 €
Zwischensumme netto	570,00 €
19 % USt, Nr. 7008 VV RVG	108,30 €
Summe brutto	**678,30 €**

Tätigkeit im vorbereitenden Verfahren mit Terminswahrnehmung und zusätzlicher Gebühr:
RA Fichte war im staatsanwaltlichen Ermittlungsverfahren als Verteidiger tätig und hat an einem Vernehmungstermin der Staatsanwaltschaft teilgenommen. Die Staatsanwaltschaft stellt das Verfahren **aufgrund der Einlassung des RA Fichte** ein. Anklage wäre **vor dem Amtsgericht** zu erheben gewesen. Es ist von einer Mittelgebühr auszugehen.

Kostenrechnung für RA Fichte:

Grundgebühr, Nr. 4100 VV RVG	200,00 €
Verfahrensgebühr, Nr. 4104 VV RVG	165,00 €
Terminsgebühr, Nr. 4102 VV RVG	170,00 €
zusätzliche Gebühr, Nr. 4141, 4106 VV RVG	165,00 €
Postentgelte, Nr. 7002 VV RVG	20,00 €
Zwischensumme netto	720,00 €
19 % USt, Nr. 7008 VV RVG	136,80 €
Summe brutto	**856,80 €**

Tätigkeit im vorbereitenden Verfahren mit Terminswahrnehmung, Haft und Haftprüfungstermin und zusätzlicher Gebühr:

RA Fichte war im staatsanwaltlichen Ermittlungsverfahren als Verteidiger tätig und hat an **drei Vernehmungsterminen** der Staatsanwaltschaft teilgenommen. Später wird der Mandant in Haft genommen. Es wird ein **Haftprüfungstermin** durchgeführt. Die Staatsanwaltschaft stellt das Verfahren **aufgrund der Einlassung des RA Fichte** ein. Anklage wäre **vor dem Amtsgericht** zu erheben gewesen. Es ist von einer Mittelgebühr auszugehen.

Kostenrechnung für RA Fichte:

Grundgebühr, Nr. 4100 VV RVG	200,00 €
Verfahrensgebühr, Nr. 4104, 4105 VV RVG	201,25 €
Terminsgebühr, Nr. 4102 VV RVG	170,00 €
Terminsgebühr, Nr. 4102, 4103 VV RVG	207,50 €
zusätzliche Gebühr, Nr. 4141, 4106 VV RVG	165,00 €
Postentgelte, Nr. 7002 VV RVG	20,00 €
Zwischensumme netto	963,75 €
19 % USt, Nr. 7008 VV RVG	183,11 €
Summe brutto	**1.146,86 €**

Während der Einarbeitung befand sich der Mandant auf freiem Fuß. Die Grundgebühr wird also ohne Zuschlag berechnet. Die Verfahrensgebühr erhält RA Fichte aber mit Zuschlag. Während der ersten drei Termine befand sich der Beschuldigte noch nicht in Haft; die Terminsgebühr für die Haftprüfung fällt mit Zuschlag an. Die zusätzliche Gebühr wird grundsätzlich ohne Zuschlag berechnet.

17.3 Das Hauptverfahren

Endet das vorbereitende Verfahren, beginnt das Hauptverfahren – also mit **Eingang der Anklageschrift, Antrag auf Erlass des Strafbefehls** bei Gericht oder auch dem **Vortrag der Anklage im beschleunigten Verfahren**.

Auch im Hauptverfahren kann der Anwalt die **Grundgebühr** verdienen, sofern er erstmals im gerichtlichen Verfahren beauftragt wird. Hat er allerdings die Grundgebühr bereits im vorbereitenden Verfahren verdient, kann sie **nicht erneut** entstehen.

Welche Gebühren anfallen, hängt von der Tätigkeit des Rechtsanwalts ab und davon, **welches Gericht zuständig** ist. Bei den Gebühren handelt es sich um **Pauschgebühren**. Sofern der Beschuldigte sich **nicht auf freiem Fuß** befindet, wird die Gebühr **mit Zuschlag** berechnet.

Neben der

	Wahlanwalt	gerichtlich bestellter oder beigeordneter RA
Verfahrensgebühr **Nr. 4106 VV RVG**	**Verfahren vor dem/der AG** 40,00 € bis 290,00 €	132,00 €
Nr. 4112 VV RVG	**Strafkammer/Jugendkammer**[1] 50,00 € bis 320,00 €	148,00 €
Nr. 4118 VV RVG	**OLG/Schwurgericht/Strafkammer** nach §§ 74a, 74c GVG 100,00 € bis 690,00 €	316,00 €
mit Zuschlag **Nr. 4107 VV RVG**	**Verfahren vor dem/der AG** 40,00 € bis 362,50 €	161,00 €
Nr. 4113 VV RVG	**Strafkammer/Jugendkammer**[1] 50,00 € bis 400,00 €	180,00 €
Nr. 4119 VV RVG	**OLG/Schwurgericht/Strafkammer** nach §§ 74a, 74c GVG 100,00 € bis 862,50 €	385,00 €

kann auch die **allgemeine Terminsgebühr** nach Nr. 4102 VV RVG anfallen, wenn Termine außerhalb der Hauptverhandlung stattfinden. **Für jeden Tag**, an dem der Rechtsanwalt an der Hauptverhandlung teilnimmt, **erhält er eine**

	Wahlanwalt	gerichtlich bestellter oder beigeordneter RA
Terminsgebühr **Nr. 4108 VV RVG**	**Verfahren vor dem/der AG** 70,00 € bis 480,00 €	220,00 €
Nr. 4114 VV RVG	**Strafkammer/Jugendkammer**[1] 80,00 € bis 560,00 €	256,00 €
Nr. 4120 VV RVG	**OLG/Schwurgericht/Strafkammer** nach §§ 74a, 74c GVG 130,00 € bis 930,00 €	424,00 €
mit Zuschlag **Nr. 4109 VV RVG**	**Verfahren vor dem/der AG** 70,00 € bis 600,00 €	268,00 €
Nr. 4115 VV RVG	**Strafkammer/Jugendkammer**[1] 80,00 € bis 700,00 €	312,00 €
Nr. 4121 VV RVG	**OLG/Schwurgericht/Strafkammer** nach §§ 74a, 74c GVG 130,00 € bis 1.162,50 €	517,00 €

---

[1] Die Gebühr entsteht, wenn nicht ein Fall der Anm. zu Nr. 4118 VV vorliegt.

Gemäß Teil 4, Abschnitt 1, Unterabschnitt 5 des VV RVG kommen auch weiterhin **zusätzliche Gebühren** und **Einigungsgebühren** sowie gem. Teil 7 **Postentgelte und Reisekosten** etc. in Betracht.

Beispiele

Tätigkeit im gerichtlichen Verfahren mit Hauptverhandlung:
RA Fichte war im gerichtlichen Verfahren als Verteidiger vor dem **Amtsgericht** tätig. Es fand eine Hauptverhandlung statt. Es ist von einer Mittelgebühr auszugehen.

Kostenrechnung für RA Fichte:

Grundgebühr, Nr. 4100 VV RVG	200,00 €
Verfahrensgebühr, Nr. 4106 VV RVG	165,00 €
Terminsgebühr, Nr. 4108 VV RVG	275,00 €
Postentgelte, Nr. 7002 VV RVG	20,00 €
Zwischensumme netto	660,00 €
19 % USt, Nr. 7008 VV RVG	125,40 €
Summe brutto	**785,40 €**

Tätigkeit im gerichtlichen Verfahren mit Haftprüfungstermin und Hauptverhandlung:
RA Fichte war im gerichtlichen Verfahren als Verteidiger für den inhaftierten Beschuldigten vor der **Strafkammer** tätig. Es fanden ein Haftprüfungstermin und eine Hauptverhandlung statt. Die Grundgebühr ist leicht zu erhöhen (um 20 %, also auf 294,00 €), da das Verfahren fortgeschritten ist und demnach von einer überdurchschnittlichen Tätigkeit auszugehen ist. Ansonsten sind die Mittelgebühren zu berechnen.

Kostenrechnung für RA Fichte:

Grundgebühr, Nr. 4100, 4101 VV RVG	294,00 €
Verfahrensgebühr, Nr. 4112, 4113 VV RVG	225,00 €
Terminsgebühr, Nr. 4102, 4103 VV RVG	207,50 €
Terminsgebühr, Nr. 4114, 4115 VV RVG	390,00 €
Postentgelte, Nr. 7002 VV RVG	20,00 €
Zwischensumme netto	1.136,50 €
19 % USt, Nr. 7008 VV RVG	215,94 €
Summe brutto	**1.352,44 €**

Tätigkeit im gerichtlichen Verfahren mit Hauptverhandlung:
RA Fichte war im gerichtlichen Verfahren als Verteidiger vor der **Strafkammer** tätig. Es fanden eine Hauptverhandlung und zwei Fortsetzungstermine statt. Es ist jeweils von einer Mittelgebühr auszugehen.

Kostenrechnung für RA Fichte:

Grundgebühr, Nr. 4100 VV RVG	200,00 €
Verfahrensgebühr, Nr. 4112 VV RVG	185,00 €
Terminsgebühr, Nr. 4114 VV RVG	320,00 €
Terminsgebühr, Nr. 4114 VV RVG 1. Fortsetzungstermin	320,00 €
Terminsgebühr, Nr. 4114 VV RVG 2. Fortsetzungstermin	320,00 €
Postentgelte, Nr. 7002 VV RVG	20,00 €
Zwischensumme netto	1.365,00 €
19 % USt, Nr. 7008 VV RVG	259,35 €
Summe brutto	**1.624,35 €**

Nimmt der gerichtlich bestellte oder beigeordnete Anwalt an der Hauptverhandlung **mehr als fünf Stunden** teil, so erhält er zusätzlich eine Terminsgebühr.

	gerichtlich bestellter oder beigeordneter RA
Terminsgebühr (mehr als fünf bis zu acht Std.) **Nr. 4110 VV RVG**	**Verfahren vor dem/der AG** 110,00 €
Nr. 4116 VV RVG	**Strafkammer/Jugendkammer**[1] 128,00 €
Nr. 4122 VV RVG	**OLG/Schwurgericht/Strafkammer nach §§ 74a, 74c GVG** 212,00 €
(mehr als acht Stunden) **Nr. 4111 VV RVG**	**Verfahren vor dem/der AG 2** 220,00 €
Nr. 4117 VV RVG	**Strafkammer/Jugendkammer**[1] 256,00 €
Nr. 4123 VV RVG	**OLG/Schwurgericht/Strafkammer nach §§ 74a, 74c GVG** 424,00 €

Beispiel

Tätigkeit des Pflichtverteidigers mit einer Hauptverhandlung über sieben Stunden:
RA Fichte war im gerichtlichen Verfahren als Pflichtverteidiger für seinen inhaftierten Mandanten vor der Strafkammer tätig. Es fanden ein Haftprüfungstermin und eine Hauptverhandlung statt, die insgesamt sieben Stunden dauerte.

---

[1] Die Gebühr entsteht, wenn nicht ein Fall der Anm. zu Nr. 4118 VV vorliegt.

Kostenrechnung für RA Fichte:

Grundgebühr, Nr. 4100, 4101 VV RVG	192,00 €
Verfahrensgebühr, Nr. 4112, 4113 VV RVG	180,00 €
Terminsgebühr, Nr. 4102, 4103 VV RVG	166,00 €
Terminsgebühr, Nr. 4114, 4115 VV RVG	312,00 €
Terminsgebühr, Nr. 4114, 4115, 4116 VV RVG	128,00 €
Postentgelte, Nr. 7002 VV RVG	20,00 €
Zwischensumme netto	998,00 €
19 % USt, Nr. 7008 VV RVG	189,62 €
Summe brutto	**1.187,62 €**

17.4 Die Berufung

War der Rechtsanwalt bereits im vorbereitenden oder im erstinstanzlichen Verfahren tätig, so kann die **Grundgebühr nicht nochmals** entstehen. Er verdient neben der

	Wahlanwalt	gerichtlich bestellter oder beigeordneter RA
Verfahrensgebühr Nr. 4124 VV RVG	80,00 € bis 560,00 €	256,00 €
mit Zuschlag r. 4125 VV RVG	80,00 € bis 700,00 €	312,00 €

auch bei Vertretung in der Hauptverhandlung die

	Wahlanwalt	gerichtlich bestellter oder beigeordneter RA
Terminsgebühr Nr. 4126 VV RVG	80,00 € bis 560,00 €	256,00 €
mit Zuschlag Nr. 4127 VV RVG	80,00 € bis 700,00 €	312,00 €

und als gerichtlich bestellter oder beigeordneter Anwalt, sofern er an einer Hauptverhandlung von **mehr als fünf Stunden** teilnimmt, zusätzlich eine

	gerichtlich bestellter oder beigeordneter RA
Terminsgebühr Nr. 4128 VV RVG (mehr als fünf bis zu acht Std.)	128,00 €
(über acht Std.) **Nr. 4129 VV RVG**	256,00 €

Auch ist es denkbar, dass die **allgemeine Terminsgebühr** nach Nr. 4102 VV RVG sowie **zusätzliche Gebühren und Einigungsgebühren** gemäß Teil 4, Abschnitt 1, Unterabschnitt 5 des VV RVG in Betracht kommen.

Beispiele

Tätigkeit im Berufungsverfahren mit einer Hauptverhandlung:
RA Fichte ist auch im Berufungsverfahren für seinen Mandanten tätig. Die Hauptverhandlung wird durchgeführt.

Kostenrechnung für RA Fichte für das Berufsverfahren:

Verfahrensgebühr, Nr. 4124 VV RVG	320,00 €
Terminsgebühr, Nr. 4126 VV RVG	320,00 €
Postentgelte, Nr. 7002 VV RVG	20,00 €
Zwischensumme netto	660,00 €
19 % USt, Nr. 7008 VV RVG	125,40 €
Summe brutto	**785,40 €**

Tätigkeit des Pflichtverteidigers mit einer Hauptverhandlung, die länger als acht Stunden dauert, der Mandant befindet sich in Haft:
RA Fichte ist auch im Berufungsverfahren für seinen in Haft befindlichen Mandanten als Pflichtverteidiger tätig. Die Hauptverhandlung wird durchgeführt und dauert neun Stunden.

Kostenrechnung für RA Fichte für das Berufsverfahren:

Verfahrensgebühr, Nr. 4124, 4125 VV RVG	312,00 €
Terminsgebühr, Nr. 4126, 4127 VV RVG	312,00 €
Terminsgebühr, Nr. 4128, 4129 VV RVG	256,00 €
Postentgelte, Nr. 7002 VV RVG	20,00 €
Zwischensumme netto	900,00 €
19 % USt, Nr. 7008 VV RVG	171,00 €
Summe brutto	**1.071,00 €**

17.5 Die Revision

Wie im Berufungsverfahren kann die **Grundgebühr nicht nochmals** entstehen, sofern sie bereits schon verdient war. Der Rechtsanwalt verdient neben der

	Wahlanwalt	gerichtlich bestellter oder beigeordneter RA
Verfahrensgebühr Nr. 4130 VV RVG	120,00 € bis 1.110,00 €	492,00 €
mit Zuschlag Nr. 4131 VV RVG	120,00 € bis 1.387,50 €	603,00 €

bei Vertretung in der Hauptverhandlung die

	Wahlanwalt	gerichtlich bestellter oder beigeordneter RA
Terminsgebühr Nr. 4132 VV RVG	120,00 € bis 560,00 €	272,00 €
mit Zuschlag Nr. 4133 VV RVG	120,00 € bis 700,00 €	328,00 €

und als gerichtlich bestellter oder beigeordneter Anwalt, sofern er an einer Hauptverhandlung von **mehr als fünf Stunden** teilnimmt, zusätzlich eine

	gerichtlich bestellter oder beigeordneter RA
Terminsgebühr Nr. 4134 VV RVG (mehr als fünf bis zu acht Std.)	136,00 €
(über acht Std.) Nr. 4135 VV RVG	272,00 €

Beispiel

Tätigkeit im Revisionsverfahren mit einer Hauptverhandlung:
RA Fichte ist auch im Revisionsverfahren für seinen in Haft befindlichen Mandanten tätig. Die Hauptverhandlung wird durchgeführt. Es sind die Mittelgebühren anzusetzen.

Kostenrechnung für RA Fichte für das Revisionsverfahren:

Verfahrensgebühr, Nr. 4130, 4131 VV RVG	753,75 €
Terminsgebühr, Nr. 4132, 4133 VV RVG	410,00 €
Postentgelte, Nr. 7002 VV RVG	20,00 €
Zwischensumme netto	1.183,75 €
19 % USt, Nr. 7008 VV RVG	224,91 €
Summe brutto	**1.408,66 €**

Auch ist es denkbar, dass die **allgemeine Terminsgebühr** nach Nr. 4102 VV RVG sowie **zusätzliche Gebühren und Einigungsgebühren** gemäß Teil 4, Abschnitt 1, Unterabschnitt 5 des VV RVG in Betracht kommen.

Tätigkeit im Revisionsverfahren mit einer Hauptverhandlung und Haftprüfung:
RA Fichte ist auch im Revisionsverfahren für seinen in Haft befindlichen Mandanten tätig. Es kommt zu einem Haftprüfungstermin, in dem der Haftbefehl aufgehoben wird. Die Hauptverhandlung wird durchgeführt. Es sind die Mittelgebühren anzusetzen.

Kostenrechnung für RA Fichte für das Revisionsverfahren:

Verfahrensgebühr, Nr. 4130, 4131 VV RVG	753,75 €
Terminsgebühr, Nr. 4102, 4103 VV RVG	207,50 €
Terminsgebühr, Nr. 4132 VV RVG	340,00 €
Postentgelte, Nr. 7002 VV RVG	20,00 €
Zwischensumme netto	1.321,25 €
19 % USt, Nr. 7008 VV RVG	251,04 €
Summe brutto	**1.572,29 €**

17.6 Prüfungsfragen

1. Für wen gelten die in Teil 4 des VV RVG bestimmten Gebühren?

Für den Verteidiger, den Beistand oder Vertreter des Privatklägers, Nebenklägers, Einziehungs- oder Nebenbeteiligten, des Verletzten, Zeugen oder Sachverständigen und Beteiligten im strafrechtlichen Rehabilitierungsgesetz.

2. Welche Verfahrensabschnitte können jeweils gesondert abgerechnet werden?

Das vorbereitende Verfahren, das erstinstanzliche Verfahren, das Berufungsverfahren, das Revisionsverfahren, das Wiederaufnahmeverfahren, die Strafvollstreckung und weitere Einzeltätigkeiten.

3. Werden Beschwerdeverfahren gesondert abgerechnet?

Nein, Beschwerdeverfahren sind immer Teil der Hauptsache. Lediglich Verfahren über die Kosten lösen gesonderte Gebühren nach Teil 3 des VV RVG aus.

4. Welche Besonderheit gilt, wenn sich der Beschuldigte nicht auf freiem Fuß befindet?

Die Gebühren fallen mit einem Zuschlag an.

5. Welche Gebühr erhält der Rechtsanwalt für die Einarbeitung in die Rechtssache?

Die Grundgebühr nach Nr. 4100 VV RVG.

6. Wie oft kann der Rechtsanwalt diese Gebühr abrechnen?

Nur ein einziges Mal.

7. Wie hoch ist diese Gebühr?

Für den Wahlanwalt 40 € bis 360 € (mit Zuschlag von 40 € bis 450 €), die Mittelgebühr beträgt 200 € (mit Zuschlag 245 €). Für den Pflichtverteidiger 160 € (mit Zuschlag 192 €).

8. Was muss bei der Grundgebühr beachtet werden, wenn bereits ein Bußgeldverfahren vorausgegangen war?

Die im Bußgeldverfahren bereits verdiente Grundgebühr muss auf die Grundgebühr im Strafverfahren angerechnet werden.

9. Für welche Tätigkeiten erhält der Rechtsanwalt die Verfahrensgebühr?

Für das Betreiben des Geschäfts einschließlich der Information in jedem Verfahrensstadium.

10. Wie oft erhält der Rechtsanwalt für die Terminsgebühr für die Hauptverhandlung?

Er erhält je Hauptverhandlungstag eine Terminsgebühr.

11. Für welche Tätigkeiten erhält der Rechtsanwalt die „allgemeine Terminsgebühr" nach Nr. 4102 VV RVG?

Für „Verhandlungen" bei richterlichen Vernehmungen, Augenscheinseinnahmen, Vernehmungen durch die Staatsanwaltschaft oder eine andere Strafvollstreckungsbehörde, Termine außerhalb der Hauptverhandlung, in denen über die Anordnung oder Fortdauer der Untersuchungshaft oder eine einstweilige Unterbringung verhandelt wird, sowie bei Verhandlungen im Rahmen des Täter-Opfer-Ausgleichs und bei Sühneterminen nach § 380 StPO.

12. In welcher Höhe kann diese „allgemeine Terminsgebühr" berechnet werden?

Der Wahlanwalt erhält 40 € bis 300 € (mit Zuschlag von 40 € bis 375 €); die Mittelgebühr beträgt 170 € (mit Zuschlag 207,50 €). Der Pflichtverteidiger erhält 136 € (mit Zuschlag 166 €).

13. Wie viele Termine deckt diese „allgemeine Terminsgebühr" ab?

Bis zu drei Termine.

14. Womit beginnt das vorbereitende Verfahren?

Mit dem Eingang der Strafanzeige, des Strafantrags bei der StA oder der Polizei bzw. deren Kenntnis der strafbaren Tat.

15. Womit endet das vorbereitende Verfahren?

Mit dem Eingang der Anklageschrift, dem Antrag auf Erlass des Strafbefehls beim zuständigen Gericht, dem Vortrag der Anklage im beschleunigten Verfahren oder einer Verfahrenseinstellung.

16. Wie hoch ist die Verfahrensgebühr im vorbereitenden Verfahren?

Für den Wahlanwalt 40 € bis 290 € (mit Zuschlag von 40 € bis 362,50 €); die Mittelgebühr beträgt 165 € (mit Zuschlag 201,25 €). Der Pflichtverteidiger erhält 132 € (mit Zuschlag 161 €).

17. Welche Gebühr kann der Rechtsanwalt zusätzlich abrechnen, wenn durch seine Tätigkeit die Hauptverhandlung entbehrlich wird?

Eine zusätzliche Gebühr nach Nr. 4141.

18. Wovon hängt es ab, in welcher Höhe diese Gebühr abgerechnet werden kann?

Das ist abhängig davon, wo die Anklage zu erheben ist.

19. Kann der Rechtsanwalt auch im Hauptverfahren die Grundgebühr verdienen?

Ja, aber nur dann, wenn er sie nicht bereits im vorbereitenden Verfahren verdient hat.

20. Wovon hängt es ab, in welcher Höhe die Verfahrens- und Terminsgebühren im Hauptverfahren anfallen?

Davon, ob das Verfahren vor dem Amtsgericht, der Strafkammer, vor dem Oberlandesgericht/dem Schwurgericht oder der Strafkammer nach §§ 74a, 74c GVG durchgeführt wird.

21. Können neben den Grund-, Verfahrens- und Terminsgebühren weitere Gebühren im Hauptverfahren anfallen?

Ja, zusätzliche Gebühren nach Teil 4, Abschnitt 1, Unterabschnitt 5 des VV RVG sowie Postentgelte, Reisekosten etc. nach Teil 7 des VV RVG.

22. Welche Besonderheit gilt, wenn der Pflichtverteidiger an einer Hauptverhandlung teilnimmt, die länger als fünf Stunden dauert?

Er kann eine zusätzliche Terminsgebühr abrechnen. Die Höhe ist abhängig davon, wo das Verfahren stattfindet und ob die Verhandlung länger als fünf oder länger als acht Stunden andauert.

23. Welche Gebühren verdient der Rechtsanwalt i. d. R. im Berufungs- und im Revisionsverfahren?

Die Grundgebühr, sofern er diese noch nicht verdient hat, die Verfahrens- und Terminsgebühren, evtl. mit Zuschlag.

18. Die Gebühren in Bußgeldsachen

In Teil 5 des VV RVG sind die Gebühren in Bußgeldsachen geregelt. Neben der einmaligen **Grundgebühr** kann der Anwalt in den einzelnen Verfahrensstadien die **Verfahrens-, Termins-** sowie weiterhin auch **zusätzliche Gebühren** nach Nr. 5115, 5116 VV RVG und **Postentgelte, Reisekosten** etc. nach Teil 7 VV RVG verlangen. Die Grundgebühr bemisst sich nach demselben Gebührenrahmen, während bei dem Verfahren vor der Verwaltungsbehörde und im erstinstanzlichen Verfahren **je nach Bußgeldhöhe** unterschiedliche **Gebührenrahmen** vorgegeben sind. Bei der Berechnung der Mittelgebühr müssen Höchst- und Mindestsatz addiert und sodann durch zwei dividiert werden. Der Rechtsanwalt bemisst seine Gebühr nach § 14 RVG (vgl. insoweit die Ausführungen in Kapitel 1 „Grundlagen des Kostenrechts"). Vertritt der Rechtsanwalt **mehrere Auftraggeber**, so erhöhen sich der Mindest- und der Höchstbetrag der Verfahrensgebühr für jeden weiteren Auftraggeber um jeweils 30 %. Mehrere Erhöhungen dürfen jedoch das Doppelte des Mindest- und des Höchstbetrages nicht übersteigen (vgl. Ausführungen zu Nr. 1008 VV RVG).

18.1 Anwendungsbereich

Die in diesem Kapitel beschriebenen Gebühren gelten für

- den **Verteidiger,**
- den Beistand oder Vertreter eines **Einziehungs- oder Nebenbeteiligten,**
- **Zeugen oder**
- **Sachverständigen.**

Die verschiedenen Verfahrensstadien bilden jeweils eine eigene Angelegenheit und können gesondert abgerechnet werden, und zwar

- das Verfahren vor der **Verwaltungsbehörde** und das **erstinstanzliche gerichtliche Verfahren** (es ist streitig, ob es sich um hierbei um eine oder um zwei Angelegenheiten handelt)
- das Verfahren über die **Rechtsbeschwerde**
- das erstinstanzliche Verfahren nach **Zurückverweisung**
- das **Wiederaufnahmeverfahren.**

Für die Einarbeitung in den Rechtsfall erhält der Rechtsanwalt die **Grundgebühr** und zwar nur **einmal**. Die Grundgebühr entsteht nicht, wenn bereits in einem vorangegangenen Strafverfahren für dieselbe Handlung oder Tat die Gebühr nach 5100 VV RVG entstanden ist. Wechselt der Betroffene den Verteidiger, so entsteht für den neuen Verteidiger erneut eine Grundgebühr. Bei nachträglicher **Verbindung** mehrerer Bußgeldverfahren verbleiben dem Verteidiger die entstandenen Grundgebühren, bei **Verfahrenstrennung** entsteht die Grundgebühr nicht erneut.

	Wahlanwalt	gerichtlich bestellter oder beigeordneter RA
Grundgebühr Nr. 5100 VV RVG	30,00 € bis 170,00 €	80,00 €

18.2 Verfahren vor der Verwaltungsbehörde

Die Gebührensätze sind im Verfahren vor der Verwaltungsbehörde und im gerichtlichen Verfahren vor dem Amtsgericht nach der Geldbuße gestaffelt. Neben der **Grundgebühr** entstehen vor der **Verwaltungsbehörde** bei einer Geldbuße von ...

	Wahlanwalt	gerichtlich bestellter oder beigeordneter RA
weniger als 60,00 € **Verfahrensgebühr** Nr. 5101 VV RVG **Terminsgebühr** Nr. 5102 VV RVG	je 20,00 € bis 110,00 €	je 52,00 €
von 60,00 € bis 5.000,00 € **Verfahrensgebühr** Nr. 5103 VV RVG **Terminsgebühr** Nr. 5104 VV RVG	je 30,00 € bis 290,00 €	je 128,00 €
mehr als 5.000,00 € **Verfahrensgebühr** Nr. 5105 VV RVG **Terminsgebühr** Nr. 5106 VV RVG	je 40,00 € bis 300,00 €	je 136,00 €

Beispiele

Verfahren vor der Verwaltungsbehörde:
RA Fichte war im Verfahren vor der Verwaltungsbehörde als Verteidiger tätig. Es ergeht ein Bußgeldbescheid, der vom Betroffenen akzeptiert wird. Das Bußgeld betrug unter 60 €. Es ist von einer Mittelgebühr auszugehen.

Kostenrechnung für RA Fichte:

Grundgebühr, Nr. 5100 VV RVG	100,00 €
Verfahrensgebühr, Nr. 5101 VV RVG	65,00 €
Postentgelte, Nr. 7002 VV RVG	20,00 €
Zwischensumme netto	185,00 €
19 % USt, Nr. 7008 VV RVG	35,15 €
Summe brutto	**220,15 €**

Verfahren vor der Verwaltungsbehörde mit Vernehmungstermin:
RA Fichte war im Verfahren vor der Verwaltungsbehörde als Verteidiger tätig und hat an einem Vernehmungstermin teilgenommen. Es ergeht ein Bußgeldbescheid, der vom Betroffenen akzeptiert wird. Das Bußgeld betrug 150 €. Es ist von einer Mittelgebühr auszugehen.

Kostenrechnung für RA Fichte:

Grundgebühr, Nr. 5100 VV RVG	100,00 €
Verfahrensgebühr, Nr. 5103 VV RVG	160,00 €
Terminsgebühr, Nr. 5104 VV RVG	160,00 €
Postentgelte, Nr. 7002 VV RVG	20,00 €
Zwischensumme netto	440,00 €
19 % USt, Nr. 7008 VV RVG	83,60 €
Summe brutto	**523,60 €**

Wird durch die anwaltliche Mitwirkung die **Hauptverhandlung entbehrlich**, so entsteht eine zusätzliche Gebühr:

	Wahlanwalt	gerichtlich bestellter oder beigeordneter RA
zusätzliche Gebühr Nr. 5115 bei einer **Geldbuße von weniger als 60,00 €** i. V. m. Nr. 5107 VV RVG oder Nr. 5113 VV RVG **(Rechtsbeschwerdeverfahren)**	20,00 € bis 110,00 € 80,00 € bis 560,00 €	52,00 € 256,00 €
von 60,00 € bis 5.000,00 € i. V. m. Nr. 5109 VV RVG oder Nr. 5113 VV RVG **(Rechtsbeschwerdeverfahren)**	30,00 € bis 290,00 € 80,00 € bis 560,00 €	128,00 € 256,00 €
mehr als 5.000,00 € i. V. m. Nr. 5111 VV RVG oder Nr. 5113 VV RVG **(Rechtsbeschwerdeverfahren)**	50,00 € bis 350,00 € 80,00 € bis 560,00 €	160,00 € 256,00 €

Die zusätzliche Gebühr entsteht, wenn

- das Verfahren **nicht nur vorläufig eingestellt** wird,
- der Einspruch gegen den Bußgeldbescheid **zurückgenommen wird**,
- der **Bußgeldbescheid** nach Einspruch **von der Verwaltungsbehörde zurückgenommen** und gegen einen **neuen Bußgeldbescheid kein Einspruch** eingelegt wird oder
- sich das gerichtliche Verfahren durch **Rücknahme des Einspruchs** gegen den Bußgeldbescheid **oder der Rechtsbeschwerde** des Betroffenen oder eines anderen Verfahrensbeteiligten erledigt. Ist bereits ein Termin zur Hauptverhandlung bestimmt, entsteht die Gebühr nur, wenn der Einspruch oder die Rechtsbeschwerde **früher als zwei Wochen** vor Beginn des Tages, der für die Hauptverhandlung vorgesehen war, zurückgenommen wird oder
- das Gericht nach § 72 Abs. 1 Satz 1 OWiG durch Beschluss entscheidet.

Die Gebühr entsteht **nicht**, wenn eine auf die **Förderung des Verfahrens** gerichtete Tätigkeit **nicht ersichtlich** ist.

Beispiel

Verfahren vor der Verwaltungsbehörde mit Einstellung:
RA Fichte war im Verfahren vor der Verwaltungsbehörde als Verteidiger tätig. Das Verfahren wurde aufgrund der im Vernehmungstermin von RA Fichte vorgetragenen Einlassung zur Sache eingestellt. Das Bußgeld sollte 1.000,00 € betragen. Es ist von einer Mittelgebühr auszugehen.

Kostenrechnung für RA Fichte:

Grundgebühr, Nr. 5100 VV RVG	100,00 €
Verfahrensgebühr, Nr. 5103 VV RVG	160,00 €
Terminsgebühr, Nr. 5104 VV RVG	160,00 €
zusätzliche Verfahrensgebühr, Nr. 5115, 5109 VV RVG	160,00 €
Postentgelte, Nr. 7002 VV RVG	20,00 €
Zwischensumme netto	600,00 €
19 % USt, Nr. 7008 VV RVG	114,00 €
Summe brutto	**714,00 €**

 MERKE

Die zusätzliche Verfahrensgebühr entsteht **immer in Höhe der Mittelgebühr**!

18.3 Gerichtliches Verfahren im ersten Rechtszug

In gerichtlichen Verfahren des ersten Rechtszuges kann die **Grundgebühr** ebenfalls entstehen, sofern der RA sie noch nicht anderweitig verdient hat. Weiterhin entsteht die **Terminsgebühr** für die Teilnahme an gerichtlichen Terminen **auch außerhalb der Hauptverhandlung**. Die Gebühren sind ebenfalls abhängig von der Geldbuße, und zwar bei ...

	Wahlanwalt	gerichtlich bestellter oder beigeordneter RA
weniger als 60,00 € **Verfahrensgebühr** Nr. 5107 VV RVG **Terminsgebühr** Nr. 5108 VV RVG	20,00 € bis 110,00 € 20,00 € bis 240,00 €	52,00 € 104,00 €
von 60,00 € bis 5.000,00 € **Verfahrensgebühr** Nr. 5109 VV RVG **Terminsgebühr** Nr. 5110 VV RVG	30,00 € bis 290,00 € 40,00 € bis 470,00 €	128,00 € 204,00 €
mehr als 5.000,00 € **Verfahrensgebühr** Nr. 5111 VV RVG **Terminsgebühr** Nr. 5112 VV RVG	50,00 € bis 350,00 € 80,00 € bis 560,00 €	160,00 € 256,00 €

Beispiele

Gerichtliches Verfahren mit einem Hauptverhandlungstermin:
RA Fichte war im gerichtlichen Verfahren als Verteidiger tätig und hat an der Hauptverhandlung teilgenommen, in der ein Urteil ergeht. Das Bußgeld betrug 80 €. Es ist von einer Mittelgebühr auszugehen.

Kostenrechnung für RA Fichte:

Grundgebühr, Nr. 5100 VV RVG	100,00 €
Verfahrensgebühr, Nr. 5109 VV RVG	160,00 €
Terminsgebühr, Nr. 5110 VV RVG	255,00 €
Postentgelte, Nr. 7002 VV RVG	20,00 €
Zwischensumme netto	535,00 €
19 % USt, Nr. 7008 VV RVG	101,65 €
Summe brutto	**636,65 €**

Gerichtliches Verfahren, Einspruchsrücknahme vor Anberaumung eines Haupttermins:
RA Fichte nimmt den von seinem Mandanten eingelegten Einspruch nach Akteneinsicht zurück. Das Bußgeld betrug 300 €. Es ist von einer Mittelgebühr auszugehen.

Kostenrechnung für RA Fichte:

Grundgebühr, Nr. 5100 VV RVG	100,00 €
Verfahrensgebühr, Nr. 5109 VV RVG	160,00 €
zusätzliche Verfahrensgebühr, Nr. 5115, 5109	160,00 €
Postentgelte, Nr. 7002 VV RVG	20,00 €
Zwischensumme netto	440,00 €
19 % USt, Nr. 7008 VV RVG	83,60 €
Summe brutto	**523,60 €**

Da noch kein Hauptverhandlungstermin anberaumt war, kann die Ausschlussfrist (mehr als zwei Wochen) nicht greifen!

Verfahren vor der Verwaltungsbehörde, anschließendes gerichtliches Verfahren mit Einziehung von Gegenständen:
RA Fichte wird beauftragt, für seinen Mandanten gegenüber der Verwaltungsbehörde tätig zu sein. Er nimmt auftragsgemäß einen Vernehmungstermin wahr. Es ergeht ein Bußgeldbescheid in Höhe von 1.200 €, gegen den RA Fichte Einspruch einlegt. Es wird eine Hauptverhandlung anberaumt, in der Gegenstände im Wert von 3.000 € eingezogen werden. Es ergeht ein Urteil.

1. Verfahren vor der Verwaltungsbehörde:

Grundgebühr, Nr. 5100 VV RVG	100,00 €
Verfahrensgebühr, Nr. 5103 VV RVG	160,00 €
Terminsgebühr, Nr. 5104 VV RVG	160,00 €
Postentgelte, Nr. 7002 VV RVG	20,00 €
Zwischensumme netto	440,00 €
19 % USt, Nr. 7008 VV RVG	83,60 €
Summe brutto	**523,60 €**

2. Amtsgerichtliches Verfahren:

Verfahrensgebühr, Nr. 5109 VV RVG	160,00 €
Terminsgebühr, Nr. 5110 VV RVG	255,00 €
1,0 Verfahrensgebühr, Nr. 5116 VV RVG, Wert: 3.000 €	201,00 €
Postentgelte, Nr. 7002 VV RVG	20,00 €
Zwischensumme netto	636,00 €
19 % USt, Nr. 7008 VV RVG	120,84 €
Summe brutto	**756,84 €**

18.4 Verfahren über die Rechtsbeschwerde

Hatte der Rechtsanwalt die **Grundgebühr** noch nicht verdient, können neben ihr weiterhin anfallen:

	Wahlanwalt	gerichtlich bestellter oder beigeordneter RA
Verfahrensgebühr Nr. 5113 VV RVG	80,00 € bis 560,00 €	256,00 €
Terminsgebühr Nr. 5114 VV RVG	80,00 € bis 560,00 €	256,00 €

Beispiel

Rechtsbeschwerde mit Hauptverhandlung:
RA Fichte legt gegen das Urteil des Amtsgerichts auftragsgemäß Rechtsbeschwerde ein. Das Oberlandesgericht beraumt einen Termin an, den Fichte als Verteidiger wahrnimmt.

Kostenrechnung für RA Fichte:

Verfahrensgebühr, Nr. 5113 VV RVG	320,00 €
Terminsgebühr, Nr. 5114 VV RVG	320,00 €
Postentgelte, Nr. 7002 VV RVG	20,00 €
Zwischensumme netto	660,00 €
19 % USt, Nr. 7008 VV RVG	125,40 €
Summe brutto	**785,40 €**

Der Verteidiger kann weiterhin die **zusätzliche Gebühr nach Nr. 5115 VV RVG** verdienen, wenn durch seine Mitwirkung eine Hauptverhandlung entbehrlich ist.

Rechtsbeschwerde mit Hauptverhandlung:
RA Fichte legt gegen das Urteil des Amtsgerichts auftragsgemäß Rechtsbeschwerde ein und begründet diese. Das Verfahren wird außerhalb einer Hauptverhandlung eingestellt.

Kostenrechnung für RA Fichte:

Verfahrensgebühr, Nr. 5113 VV RVG	320,00 €
zusätzliche Gebühr, Nr. 5115, 5113 VV RVG	320,00 €
Postentgelte, Nr. 7002 VV RVG	20,00 €
Zwischensumme netto	660,00 €
19 % USt, Nr. 7008 VV RVG	125,40 €
Summe brutto	**785,40 €**

Wird der Rechtsanwalt lediglich mit der Prüfung der **Erfolgsaussicht** einer Rechtsbeschwerde oder mit einem Antrag auf Zulassung der Rechtsbeschwerde beauftragt, so erhält er seine Gebühr nach Teil 2 des VV RVG. Diese Gebühr ist **anzurechnen**, wenn es anschließend zu einer Durchführung des Rechtsbeschwerdeverfahrens kommt.

Beispiel

Prüfung der Erfolgsaussicht einer Rechtsbeschwerde mit anschließend durchgeführtem Verfahren:
RA Fichte wird beauftragt, zunächst zu prüfen, ob ein Antrag auf Zulassung der Rechtsbeschwerde Aussicht auf Erfolg hat. Fichte bejaht dies; die Rechtsbeschwerde wird durchgeführt und der Mandant im Hauptverhandlungstermin freigesprochen.

1. Prüfung der Erfolgsaussicht:

Prüfungsgebühr, Nr. 2102 VV RVG	175,00 €
Postentgelte, Nr. 7002 VV RVG	20,00 €
Zwischensumme netto	195,00 €
19 % USt, Nr. 7008 VV RVG	37,05 €
Summe brutto	**232,05 €**

2. Rechtsbeschwerdeverfahren:

Verfahrensgebühr, Nr. 5113 VV RVG	320,00 €
Anrechnung gem. Anmerkung zu 2102 VV RVG	-175,00 €
Postentgelte, Nr. 7002 VV RVG	20,00 €
Zwischensumme netto	165,00 €
19 % USt, Nr. 7008 VV RVG	31,35 €
Summe brutto	**196,35 €**

18.5 Prüfungsfragen

1. Was ist im Bußgeldverfahren vor der Verwaltungsbehörde und im erstinstanzlichen Verfahren im Hinblick auf den Gebührenrahmen zu beachten?

Je nach Bußgeldhöhe sind unterschiedliche Gebührenrahmen vorgegeben.

2. Welche Gebühr erhält der Rechtsanwalt für die Einarbeitung in die Rechtssache?

Der Wahlanwalt erhält die Grundgebühr nach Nr. 5100 VV RVG in Höhe von 30 € bis 170 € (Mittelgebühr: 100 €); der Pflichtverteidiger in Höhe von 80 €.

3. Was geschieht, wenn zwei Bußgeldverfahren, in denen jeweils die Grundgebühr angefallen war, verbunden werden?

Beide Grundgebühren verbleiben dem Rechtsanwalt.

4. Was geschieht bei Verfahrenstrennung?

Die Grundgebühr entsteht nicht erneut.

5. Welche Gebühren verdient der Rechtsanwalt, wenn er vor der Verwaltungsbehörde tätig ist und einen Vernehmungstermin wahrnimmt?

Er erhält eine Grundgebühr, eine Verfahrensgebühr und eine Terminsgebühr nebst Postentgelt und Umsatzsteuer. Die Höhe der jeweiligen Gebühren ist abhängig von der Geldbuße.

6. Welche Gebühr kann der Rechtsanwalt zusätzlich verdienen, wenn durch sein Zutun die Durchführung eines Hauptverhandlungstermins entbehrlich wird?

Er kann die zusätzliche Gebühr nach Nr. 5115 VV RVG in Höhe der jeweiligen (von der Instanz abhängigen) Verfahrensgebühr des gerichtlichen Verfahrens verdienen.

7. Wann entsteht die zusätzliche Gebühr?

► Wenn das Verfahren nicht nur vorläufig eingestellt wird

► wenn der Einspruch gegen den Bußgeldbescheid zurückgenommen wird

► wenn der Bußgeldbescheid nach Einspruch von der Verwaltungsbehörde zurückgenommen und gegen einen neuen Bußgeldbescheid kein Einspruch eingelegt wird

► wenn sich das gerichtliche Verfahren durch die Rücknahme des Einspruchs gegen den Bußgeldbescheid oder der Rechtsbeschwerde des Betroffenen oder eines anderen Verfahrensbeteiligten erledigt; ist bereits ein Termin zur Hauptverhandlung bestimmt, entsteht die Gebühr nur, wenn der Einspruch oder die Rechtsbeschwerde früher als zwei Wochen vor Beginn des Tages, der für die Hauptverhandlung vorgesehen war, zurückgenommen wird

► wenn das Gericht nach § 72 Abs. 1 Satz 1 OWiG durch Beschluss entscheidet.

8. Wann entsteht die Gebühr nicht, obwohl beispielsweise der Einspruch vonseiten der Verwaltungsbehörde zurückgenommen worden war und gegen einen neuen Bußgeldbescheid kein Einspruch eingelegt wurde?

Wenn eine Tätigkeit des Anwalts auf Förderung des Verfahrens nicht ersichtlich ist.

9. In welcher Höhe entsteht für den Wahlanwalt die zusätzliche Verfahrensgebühr?

Immer in Höhe der Mittelgebühr.

10. Welche Gebühren fallen im gerichtlichen Verfahren an, wenn der Rechtsanwalt den Beschuldigten verteidigt und den Hauptverhandlungstermin, in dem ein Urteil verkündet wird, wahrnimmt?

Je nach Bußgeldhöhe eine Grund-, eine Verfahrens- und eine Terminsgebühr nebst Postentgelt und Umsatzsteuer.

11. Welche Gebühren fallen im gerichtlichen Verfahren an, wenn der Rechtsanwalt den Beschuldigten verteidigt und kurz vor dem Hauptverhandlungstermin den Einspruch gegen den Bußgeldbescheid zurücknimmt?

Je nach Bußgeldhöhe eine Grund- und eine Verfahrensgebühr nebst Postentgelt und Umsatzsteuer. Die Terminsgebühr fällt nicht an, weil der Rechtsanwalt keinen Termin wahrnimmt. Die zusätzliche Gebühr wäre nur angefallen, wenn der Einspruch früher als zwei Wochen vor dem Beginn des Tages, der für die Hauptverhandlung vorgesehen war, zurückgenommen worden wäre.

12. Welche Gebühren fallen im Rechtsbeschwerdeverfahren i. d. R. an?

Unabhängig von der Bußgeldhöhe eine Grundgebühr (sofern der RA diese nicht bereits anderweitig verdient hat), eine Verfahrens- und eine Terminsgebühr (wenn der RA einen Termin wahrnimmt) nebst Postentgelt und Umsatzsteuer.

13. Welche Gebühr kann der Rechtsanwalt bei Einziehung und verwandten Maßnahmen verdienen?

Eine 1,0 Verfahrensgebühr nach Nr. 5116 VV RVG.

14. Welche Gebühren erhält der Rechtsanwalt für die Prüfung der Erfolgsaussichten einer Rechtsbeschwerde?

Die Prüfungsgebühr Nr. 2102 VV RVG.

19. Die Gebühren in Familiensachen

Familiensachen sind **Zivilsachen** und so gelten die gleichen Abrechnungsregeln wie in den allgemeinen Zivilsachen. Allerdings sind zahlreiche **spezielle Regelungen** zu beachten, die sich aus den besonderen Verfahrensgestaltungen (z. B. das Verbundverfahren, die einstweilige Anordnung) in Familiensachen ergeben. Die maßgeblichen Regelungen finden sich im FamFG.

Die **Verfahrenswerte** in Familiensachen sind gesondert geregelt und richten sich nach den §§ 43 ff. FamGKG:

§ 43 **Ehesache**	**Dreimonatiges Nettoeinkommen** zum Zeitpunkt der Einreichung des Scheidungsantrags unter Berücksichtigung aller Umstände des Einzelfalls (wird in der Rechtsprechung sehr unterschiedlich bewertet: Berücksichtigung von Kindern, Vermögen etc.), **mindestens 3.000,00 €, höchstens 1 Mio. €.**
§ 44 **Verbund Kindschaftssache**	**20 % des Ehewertes, höchstens 3.000,00 €** (Eine Kindschaftssache ist ein Gegenstand, auch wenn sie mehrere Kinder betrifft).
§ 45 **Bestimmte Kindschaftssachen**	**3.000,00 €** (Wert kann, sofern er nach besonderen Umständen unbillig ist, höher oder niedriger festgesetzt werden.)
§ 48 **bei Getrenntleben:** **Ehewohnung** **Haushaltssachen** **bei Scheidung:** **Ehewohnung** **Haushaltssachen**	 **3.000,00 €** **2.000,00 €** **4.000,00 €** **3.000,00 €** (Werte können, sofern sie nach besonderen Umständen unbillig sind, höher oder niedriger festgesetzt werden.)

§ 49 **Gewaltschutzsachen** § 1 GewSchG: Maßnahmen zum Schutz vor Gewalt und Nachstellungen	2.000,00 €
§ 2 GewSchG: Überlassung einer gemeinsam genutzten Wohnung	3.000,00 €
	(Werte können, sofern sie nach besonderen Umständen unbillig sind, höher oder niedriger festgesetzt werden.)
§ 50 **Versorgungsausgleich**	für jedes Anrecht **10 %**, nach der Scheidung **20 % des in drei Monaten erzielten Nettoeinkommens der Ehegatten, mindestens 1.000,00 €**
Auskunft oder Abtretung	**500,00 €**
	(Werte können, sofern sie nach besonderen Umständen unbillig sind, höher oder niedriger festgesetzt werden.)
§ 51 **Unterhalt**	**Jahresbetrag ab Einreichung des Antrags, höchstens der geforderte Betrag, Rückstände werden addiert**

19.1 Isolierte Familiensachen in erster Instanz

In den isolierten Familiensachen erhält der Rechtanwalt die Gebühren zunächst einmal grundsätzlich wie in anderen Zivilsachen.

Beispiel

Rechtanwalt Fichte beantragt für seine Mandantin die Übertragung der elterlichen Sorge bezüglich der beiden gemeinsamen Kinder. Im Termin treffen die Parteien nach umfangreicher Erörterung eine Einigung über die elterliche Sorge und treffen auch eine Vereinbarung zum nicht rechtshängigen Umgangsrecht. Die Einigung wird vonseiten des Gerichts genehmigt.

Die Gegenstandswerte richten sich nach § 45 FamGKG: je 3.000 € für die elterliche Sorge (auch wenn die Sache mehrere Kinder betrifft) und 3.000 € für das Umgangsrecht.

1,3 Verfahrensgebühr Nr. 3100 VV RVG		
Gegenstandswert: 3.000 €	261,30 €	
0,8 Verfahrensgebühr Nr. 3100, 3101 VV RVG		
Gegenstandswert: 3.000 €	<u>160,80 €</u>	
geprüft nach § 15 Abs. 3 RVG		422,10 €
1,2 Terminsgebühr Nr. 3104 VV RVG		
Gegenstandswert: 6.000 €		424,80 €
1,0 Einigungsgebühr Nr. 1000 VV RVG		
Gegenstandswert: 3.000 €	201,00 €	
1,5 Einigungsgebühr Nr. 1003 VV RVG		
Gegenstandswert: 3.000 €	<u>301,50 €</u>	
geprüft nach § 15 Abs. 3 RVG		502,50 €
Postentgelte Nr. 7002 VV RVG		<u>20,00 €</u>
		1.369,40 €
19 % USt Nr. 7008 VV RVG		<u>260,19 €</u>
		1.629,59 €

19.2 Verbund von Scheidungs- und Folgesachen

Über die **Ehescheidung** und die **Folgesachen** (Versorgungsausgleich, Unterhalt, Ehe-wohnung, Haushalt, Güterrecht) **ist zusammen zu verhandeln und zu entscheiden** (§ 137 FamFG). Das bedeutet, dass es sich um **eine Angelegenheit** handelt und der Anwalt aus den **zusammengerechneten Werten eine Kostenrechnung** erstellt. Die Ver-fahrenswerte richten sich ebenfalls nach den §§ 43 ff. FamGKG:

Im Scheidungsverbund erhält der Rechtsanwalt — wie in anderen Zivilsachen auch — eine **1,3 Verfahrensgebühr** nach Nr. 3100 VV RVG, die sich bei vorzeitiger Erledigung bzw. Protokollierung einer Einigung von nicht rechtshängigen Folgesachen etc. auf 0,8 nach Nr. 3101 VV RVG ermäßigt. Neben der **1,2 Terminsgebühr** nach Nr. 3104 VV RVG kann der Anwalt auch eine **1,0 Einigungsgebühr** nach Nr. 1003 VV RVG (bzw. 1,5 Eini-gungsgebühr Nr. 1000 VV RVG bei einem Mehrvergleich nicht rechtshängiger Folgesa-chen) verdienen, allerdings nicht in der Ehesache selbst. Dort kommt nur eine **1,0 Aus-söhnungsgebühr Nr. 1001, 1003 VV RVG** in Betracht, da die Beteiligten sich über die Ehesache nicht einigen können.

Beispiel

RA Fichte beantragt für seinen Mandanten Siegfried Mahler die Ehescheidung (Wert: 24.000 €). Im Verbundverfahren wird weiterhin ein Verfahren zur Regelung über den Haushalt, die Ehewohnung, den Versorgungsausgleich (4.800 €) und den Zugewinn-ausgleich (60.000 €) durchgeführt.

Kostenrechnung für RA Fichte

Gegenstandswert:

Ehesache	24.000,00 €
Haushalt	3.000,00 €
Ehewohnung	4.000,00 €
Versorgungsausgleich	4.800,00 €
Zugewinnausgleich	60.000,00 €
	95.800,00 €

1,3 Verfahrensgebühr Nr. 3100 VV RVG	1.953,90 €
1,2 Terminsgebühr Nr. 3104 VV RVG	1.803,60 €
Postentgelte Nr. 7002 VV RVG	20,00 €
	3.777,50 €
19 % USt Nr. 7008 VV RVG	7.17,73 €
	4.495,23 €

19.2.1 Abtrennung einer Folgesache

Allerdings ist es auch möglich, dass das Gericht eine **Folgesache** aus dem Verbund **abtrennt**.

Beispiel

RA Fichte beantragt für seinen Mandanten Siegfried Mahler die Ehescheidung (Wert: 24.000 €). Im Verbundverfahren wird weiterhin ein Verfahren zur Regelung über den Haushalt, die Ehewohnung, den Versorgungsausgleich (4.800 €) und den Zugewinnausgleich (60.000 €) durchgeführt. **Im Scheidungstermin wird der Versorgungsausgleich abgetrennt.**

Auch in diesem Fall bleibt das abgetrennte Verfahren Folgesache und **es wird weiterhin einheitlich abgerechnet**:

Kostenrechnung für RA Fichte

Gegenstandswert:

Ehesache	24.000,00 €
Haushalt	3.000,00 €
Ehewohnung	4.000,00 €
Versorgungsausgleich	4.800,00 €
Zugewinnausgleich	60.000,00 €
	95.800,00 €

1,3 Verfahrensgebühr Nr. 3100 VV RVG	1.953,90 €
1,2 Terminsgebühr Nr. 3104 VV RVG	1.803,60 €
Postentgelte Nr. 7002 VV RVG	20,00 €
	3.777,50 €
19 % USt Nr. 7008 VV RVG	717,73 €
	4.495,23 €

Hier ändert sich also nichts.

19.2.2 Abtrennung einer Kindschaftssache

Wird allerdings eine **Kindschaftssache** (elterliche Sorge, Umgangsrecht, Herausgabe des gemeinschaftlichen Kindes) **abgetrennt**, wird diese aus dem Verbund herausgelöst und als **isolierte Familiensache** fortgeführt (§ 137 Abs. 4 FamFG). In einem solchen Fall kann der Anwalt **wählen**, ob er im **Verbund abrechnet** oder **eine gesonderte Abrechnung** erstellt.

 ACHTUNG

Der **Verfahrenswert** der abgetrennten Kindschaftssache beträgt i. d. R. **3.000 €** (§ 45 Abs. 1 FamGKG). Es ist also auch darauf zu achten, dass der Gegenstandswert sich u. U. ändert: im Verbund beträgt der Wert 20 % der Ehesache, höchstens 3.000 €.

In der Regel ist es für den Anwalt günstiger, getrennt abzurechnen.

Beispiel

RA Fichte beantragt für seinen Mandanten Werner Müller die Ehescheidung (Wert: 6.000 €). Im Verbundverfahren wird ein Verfahren zur Regelung über den Haushalt, die Ehewohnung, den Versorgungsausgleich (1.200 €) und die elterliche Sorge über die beiden Kinder durchgeführt. **Nach mündlicher Verhandlung wird die Folgesache elterliche Sorge abgetrennt und als isoliertes Verfahren fortgeführt.** Sowohl im Verbund als auch im isolierten Verfahren wird nach der Abtrennung erneut verhandelt.

Kostenrechnung für RA Fichte
Gegenstandswert:

Ehesache	6.000,00 €
Haushalt	3.000,00 €
Ehewohnung	4.000,00 €
Versorgungsausgleich	1.200,00 €
Elterliche Sorge	1.200,00 €
	15.400,00 €

I. Gemeinsame Abrechnung Verbundverfahren

1,3 Verfahrensgebühr Nr. 3100 VV RVG	
Gegenstandswert: 15.400 €	845,00 €
1,2 Terminsgebühr Nr. 3104 VV RVG	
Gegenstandswert: 15.400 €	780,00 €
Postentgelte Nr. 7002 VV RVG	20,00 €
	1.645,00 €
19 % USt Nr. 7008 VV RVG	312,55 €
	1.957,55 €

oder

II. Getrennte Abrechnung
a) Verbundverfahren ohne elterliche Sorge

1,3 Verfahrensgebühr Nr. 3100 VV RVG	
Gegenstandswert: 14.200 € (ohne elterliche Sorge -1.200 €)	845,00 €
1,2 Terminsgebühr Nr. 3104 VV RVG	
Gegenstandswert: 14.200 €	780,00 €
Postentgelte Nr. 7002 VV RVG	20,00 €
	1.645,00 €
19 % USt Nr. 7008 VV RVG	312,55 €
	1.957,55 €

b) isoliertes Verfahren elterliche Sorge

Gegenstandswert: 3.000 € (!)	
1,3 Verfahrensgebühr Nr. 3100 VV RVG	
Gegenstandswert: 3.000 € (§ 45 FamGKG)	261,30 €
1,2 Terminsgebühr Nr. 3104 VV RVG	
Gegenstandswert: 3.000 €	241,20 €
Postentgelte Nr. 7002 VV RVG	20,00 €
	522,50 €
19 % USt Nr. 7008 VV RVG	99,28 €
	621,78 €
insgesamt:	**2.579,33 €**

Die getrennte Abrechnung ist für RA Fichte deutlich günstiger.

19.2.3 Aufnahme in den Verbund

Wird die **Scheidungssache anhängig**, wird die bislang **isolierte Familiensache** in den **Verbund aufgenommen** (§ 137 Abs. 4 FamFG). Auch ist eine Aufnahme in den Verbund durch Verbindung nach § 20 FamFG möglich. Für die Zeit **bis zur Aufnahme** in den Verbund ist die Angelegenheit **gesondert abrechenbar**. Allerdings ist zu beachten, dass ein **berücksichtigter Wert nicht erneut** abrechenbar ist.

Beispiel

RA Fichte war für seinen Mandanten Werner Müller beauftragt, ein Umgangsrechtverfahren durchzuführen. Im Termin wurde nach Erörterung vertagt. Frau Müller reicht durch ihren Rechtsanwalt den Scheidungsantrag (Wert: 6.000 € für RA Fichte) ein. Das isolierte Umgangsverfahren wird nun als Folgesache und in den Verbund aufgenommen. Wert für den Versorgungsausgleich: 1.200 €.

Achten Sie auf die Gegenstandswerte!

a) isoliertes Verfahren Umgangsverfahren
Gegenstandswert: 3.000 € (!)
1,3 Verfahrensgebühr Nr. 3100 VV RVG
Gegenstandswert: 3.000 € (§ 45 FamGKG)   261,30 €
1,2 Terminsgebühr Nr. 3104 VV RVG
Gegenstandswert: 3.000 €   241,20 €
Postentgelte Nr. 7002 VV RVG   <u>20,00 €</u>
      522,50 €
19 % USt Nr. 7008 VV RVG   <u>99,28 €</u>
      621,78 €

Diese Gebühren können RA Fichte nicht entfallen. Er hat sie einmal verdient und man kann sie ihm nicht wieder wegnehmen. Allerdings kann RA Fichte den Gegenstand „Umgang" nicht nochmals im Verbund abrechnen. Er rechnet den Verbund ohne das Umgangsrecht wie folgt ab:

b) Abrechnung Verbundverfahren
1,3 Verfahrensgebühr Nr. 3100 VV RVG
Gegenstandswert: 7.200 €   592,80 €
1,2 Terminsgebühr Nr. 3104 VV RVG
Gegenstandswert: 7.200 €   547,20 €
Postentgelte Nr. 7002 VV RVG   <u>20,00 €</u>
      1.160,00 €
      <u>220,40 €</u>
19 % USt Nr. 7008 VV RVG   **1.380,40 €**

oder er hat die Wahl:

II. Gemeinsame Abrechnung im Verbund

1,3 Verfahrensgebühr Nr. 3100 VV RVG	
Gegenstandswert: 8.400 € (7.200 € + 1.200 €)	659,10 €
1,2 Terminsgebühr Nr. 3104 VV RVG	
Gegenstandswert: 8.400 €	608,40 €
Postentgelte Nr. 7002 VV RVG	20,00 €
	1.287,50 €
19 % USt Nr. 7008 VV RVG	244,63 €
	1.532,13 €

Diese Abrechnung ist jedoch deutlich ungünstiger für ihn und kommt daher nicht in Betracht.

19.3 Einstweilige Anordnungen

Einstweilige Anordnungen sind gegenüber der Hauptsache und auch untereinander jeweils **selbstständige Angelegenheiten**, die auch jeweils gesondert abgerechnet werden. Das Verfahren auf Erlass und das Verfahren auf Abänderung oder Aufhebung einer einstweiligen Anordnung sind allerdings eine Angelegenheit (§ 16 Nr. 5 RVG). Die Vergütung erfolgt ebenfalls nach Nr. 3100 ff. VV RVG. Bei einer Einigung entsteht natürlich auch die Einigungsgebühr.

Der **Gegenstandswert** der einstweiligen Anordnungen richtet sich nach § 41 FamGKG: Unter Berücksichtigung der geringeren Bedeutung gegenüber der Hauptsache ist in der Regel von der **Hälfte des für die Hauptsache** bestimmten Werts auszugehen. Diese Regelung ist allerdings nicht zwingend. Sofern **keine geringere Bedeutung** vorliegt, wird der Wert auch **nicht gekürzt**. Beispiel hierzu: Einstweilige Anordnung auf Zahlung von laufendem Unterhalt, ohne dass die Hauptsache anhängig ist.

Beispiel

RA Fichte hatte für seine Mandantin Veronika Müller eine einstweilige Anordnung nach dem GewSchG bewirkt, wonach dem Antragsgegner jeglicher Kontakt zur Mandantin für sechs Monate untersagt wurde. Die Entscheidung erging ohne mündliche Verhandlung.

Eine weitere einstweilige Anordnung auf Zahlung eines Verfahrenskostenvorschusses in Höhe von 2.500 € erging nach mündlicher Verhandlung.

Weiterhin hatte RA Fichte den Scheidungsantrag (9.000 €) eingereicht und die Regelung des Haushalts, der Ehewohnung, einen Zugewinnausgleich in Höhe von 19.500 €, den Versorgungsausgleich (1.800 €), die elterliche Sorge für die Tochter und die Regelung des Umgangsrechts beantragt. Nach umfangreicher Erörterung und mündlicher Verhandlung wurde eine Folgenvereinbarung über den Versorgungsausgleich, den Zugewinn und den noch nicht anhängigen Kindesunterhalt in Höhe von 550 € monatlich (Rückstand 1.650 €) geschlossen.

I. Einstweilige Anordnung nach dem GewSchG
1,3 Verfahrensgebühr Nr. 3100 VV RVG

Gegenstandswert: 1.000 € (½ von 2.000 €, § 49 FamGKG)	104,00 €
Postentgelte Nr. 7002 VV RVG	20,00 €
	124,00 €
19 % USt Nr. 7008 VV RVG	23,56 €
	147,56 €

II. Einstweilige Anordnung Verfahrenskostenvorschuss
1,3 Verfahrensgebühr Nr. 3100 VV RVG

Gegenstandswert: 2.500 €	261,30 €
1,2 Terminsgebühr Nr. 3104 VV RVG	
Gegenstandswert: 2.500 €	241,20 €
Postentgelte Nr. 7002 VV RVG	20,00 €
	522,50 €
19 % USt Nr. 7008 VV RVG	99,28 €
	621,78 €

III. Verbund
Gegenstandswert:

Ehescheidung	9.000,00 €
Haushalt	3.000,00 €
Ehewohnung	4.000,00 €
Zugewinn	19.500,00 €
Versorgungsausgleich	1.800,00 €
Elterliche Sorge	1.800,00 €
Umgangsrecht	1.800,00 €
Insgesamt:	**40.900,00 €**

Wert für den nicht rechtshängigen Anspruch:

12 · 550 €	6.600,00 €
Rückstand	1.650,00 €
	8.250,00 €

1,3 Verfahrensgebühr Nr. 3100 VV RVG		
Gegenstandswert: 40.900 €	1.414,40 €	
0,8 Verfahrensgebühr Nr. 3101,3100 VV RVG		
Gegenstandswert: 8.250 €	405,60 €	
gekürzt nach § 15 Abs. 3 RVG		1.511,90 €
1,2 Terminsgebühr Nr. 3104 VV RVG		
Gegenstandswert: 49.150 €		1.395,60 €
1,0 Einigungsgebühr Nr. 1003 VV RVG		
Gegenstandswert: 21.300 €	742,00 €	
1,5 Einigungsgebühr Nr. 1000 VV RVG		
Gegenstandswert: 8.250 €	760,50 €	
gekürzt nach § 15 Abs. 3 RVG		1.294,50 €
Postentgelte Nr. 7002 VV RVG		20,00 €
		4.222,00 €
19 % USt Nr. 7008 VV RVG		802,18 €
		5.024,18 €

19.4 Prüfungsfragen

1. Wie sind die isolierten Familiensachen abzurechnen?

Grundsätzlich so wie alle anderen Zivilsachen.

2. Nach welchem Gesetz richten sich die Verfahrenswerte in Familiensachen?

Nach dem FamGKG, dort §§ 43 ff. bzw. für die einstweiligen Anordnungen nach § 41 FamGKG.

3. Wie wird der Wert für die Ehesache berechnet?

Unter Berücksichtigung aller Umstände des Einzelfalls (sehr unterschiedlich in der Rechtsprechung!) gilt das 3-monatige Nettoeinkommen.

4. Wie werden die Verfahrenswerte in Kindschaftssachen

   a) im Verbund und

   b) in den isolierten Verfahren berechnet?

   a) Im Verbund werden 20 % des Ehewertes, höchstens 3.000 €

   b) im isolierten Verfahren 3.000 € berechnet.

Eine Kindschaftssache ist ein Gegenstand, auch wenn es sich um mehrere Kinder handelt. Die Werte können auch, sofern sie unbillig sind, vonseiten des Gerichts höher oder niedriger bewertet werden.

5. Wie wird der Wert für die Ehewohnung und für Haushaltssachen bestimmt?

Es wird unterschieden

- ▸ bei Getrenntleben: für die Ehewohnung 3.000 € und den Haushalt 2.000 €
- ▸ bei Scheidung: für die Ehewohnung 4.000 € und den Haushalt 3.0000 €.

6. Wie hoch ist der Wert für Gewaltschutzsachen?

Bei Schutz vor Gewalt und Nachstellungen 2000 €, bei der Überlassung einer gemeinsam genutzten Wohnung 3.000 €.

7. Wie hoch ist der Wert für den Versorgungsausgleich?

Für jedes Anrecht 10 %, nach der Scheidung 20 % des in drei Monaten erzielten Nettoeinkommens der Ehegatten, mindestens 1.000 €. Der Wert für die Auskunft oder eine Abtretung beträgt 500 €. Die Werte können, sofern sie nach besonderen Umständen unbillig sind, höher oder niedriger festgesetzt werden.

8. Wie bemisst sich der Wert für Unterhaltsansprüche?

Hier gilt der Jahreswert ab Einreichung des Antrages, die Rückstände werden addiert.

9. Was ist bezüglich des Verfahrenswertes zu beachten, wenn es sich um eine einstweilige Anordnung handelt?

Grundsätzlich gilt die Hälfte der Hauptsache, da bei einer einstweiligen Anordnung in der Regel eine geringere Bedeutung gegenüber der Hauptsache vorliegt. Liegt aber keine geringere Bedeutung vor, so gilt der Wert der Hauptsache (§ 41 FamGKG).

10. Welche Besonderheit gilt für die Abrechnung des Scheidungsverbundes im Hinblick auf die Folgesachen?

Es wird nur eine Kostenrechnung erstellt, und zwar nach den zusammengerechneten Verfahrenswerten.

11. Wie ist abzurechnen, wenn das Gericht eine Folgesache aus dem Verbund abtrennt?

Grundsätzlich ändert sich nichts; es wird weiterhin einheitlich abgerechnet. Sofern es sich aber um eine Kindschaftssache handelt, gilt die abgetrennte Kindschaftssache als isolierte Familiensache und kann auch gesondert abgerechnet werden.

12. Welche beiden Möglichkeiten bestehen bei der Abrechnung, wenn das Gericht die Folgesache Umgangsrecht abtrennt?

Der Anwalt kann wählen, ob er die Folgesache Umgangsrecht isoliert oder im Verbund abrechnet. Eine Abrechnung im Verbund ist aber in der Regel für ihn ungünstiger.

13. Wann wird eine isolierte Familiensache in den Verbund aufgenommen?

Wenn die Scheidungssache anhängig wird kraft Gesetzes oder durch Verbindung durch das Gericht.

14. Wie wird abgerechnet, wenn eine bislang isolierte Familiensache in den Verbund aufgenommen wird?

Der Anwalt kann wählen:

▸ Er kann die Familiensache bis zur Aufnahme in den Verbund gesondert abrechnen, darf sie dann aber im Verbund nicht nochmals berücksichtigen

▸ er könnte auch nur im Verbund abrechnen, was für ihn im Regelfall aber ungünstiger wäre.

15. Wie werden mehrere einstweilige Anordnungen neben dem Verbundverfahren abgerechnet?

Jede einstweilige Anordnung darf für sich gesondert abgerechnet werden.

Teil III: Das Vollstreckungsrecht

1. Grundlagen

Es nutzt nicht, Recht zu haben; man muss es auch bekommen. Kein Urteil der Welt hilft dem Begünstigten, wenn er nicht auch vom Staat die Macht bekommt, sein tituliertes Recht notfalls auch gegen den Willen des Verpflichteten durchsetzen zu können. Hierzu verhilft ihm das Zwangsvollstreckungsrecht.

1.1 Allgemeines

Die **Zwangsvollstreckung** ist der staatliche Zwang zur Durchsetzung und Erfüllung von Ansprüchen aus einem Titel. Die Parteien heißen nicht mehr Kläger und Beklagter, sondern **Gläubiger** und **Schuldner.**

▸ Die Zwangsvollstreckung zur Befriedigung eines Gläubigers bzw. einiger Gläubiger in einzelne Vermögensstücke des Schuldners ist in der **Zivilprozessordnung (ZPO)** und bezüglich der Vollstreckung in Grundstücke im **Gesetz über die Zwangsversteigerung und die Zwangsverwaltung (ZVG)** geregelt.

▸ Regelungen über die Zwangsvollstreckung in das **gesamte** Vermögen des Schuldners zur Befriedigung aller Gläubiger finden sich in der **Insolvenzordnung (InsO).**

In diesem Buch beschäftigen wir uns lediglich mit der Zwangsvollstreckung in einzelne Vermögensstücke nach der ZPO bzw. dem ZVG. Einer solchen Zwangsvollstreckung geht in der Regel ein **Erkenntnisverfahren** voraus. Hierunter versteht man den prozessualen Weg, der zum Vollstreckungstitel hinführt, also z. B. das Verfahren von der Einreichung der Klage bis zum Erlass des Urteils.

Die Zwangsvollstreckung aus vollstreckbaren Urkunden (§ 794 Abs. 1 Nr. 5 ZPO) ist ein Beispiel für eine Zwangsvollstreckung **ohne** vorausgehendes Erkenntnisverfahren. Die Scheidung einer Ehe oder Auflösung einer OHG durch Gestaltungsurteile oder die Feststellung der Vaterschaft zu einem Kind durch Feststellungsurteil sind Beispiele für **nicht vollstreckungsfähige**, mit Rechtskraft wirksame Urteile.

1.2 Arten der Zwangsvollstreckung

Die Zwangsvollstreckung findet statt:

1. wegen **Geldforderungen**

    a) in das **bewegliche Vermögen** (bewegliche Sachen)

    b) in das **unbewegliche Vermögen** (Grundstücke, Wohnungseigentum)

    c) in **Forderungen** (z. B. Arbeitslohn) **und sonstige Vermögensrechte** (z. B. Urheber- und Patentrechte)

2. zur Erwirkung der **Herausgabe und Räumung einer Sache** sowie zur **Vornahme, Duldung und Unterlassung einer Handlung**

3. (Sonderfall:) im Verfahren zur **Abnahme der Vermögensauskunft.**

1.3 Organe der Zwangsvollstreckung

1. Der **Gerichtsvollzieher** ist zuständig für:

   a) die Zwangsvollstreckung wegen Geldforderungen in das **bewegliche Vermögen**

   b) die Zwangsvollstreckung wegen der **Herausgabe von Sachen**

   c) die Zwangsvollstreckung **wegen Räumung und der Herausgabe unbeweglichen Vermögens**

   d) **die zwangsweise Vorführung** eines Schuldners aufgrund eines Haftbefehls zur Abnahme der Vermögensauskunft

   e) die **Abnahme der Vermögensauskunft**

2. Das **Vollstreckungsgericht** (ausschließlich das **Amtsgericht** des Bezirks, in dem die Zwangsvollstreckung stattfindet oder stattfinden soll) ist zuständig für:

   a) **besondere Entscheidungen** bei der Zwangsvollstreckung wegen Geldforderungen in das bewegliche Vermögen

   Beispiele: Beschlüsse hinsichtlich der Vollstreckung an Sonn- und Feiertagen, anderweitige Verwertung eines Pfandgegenstandes, Vollstreckungsschutzanträge.

   b) die Zwangsvollstreckung wegen Geldforderungen in das **unbewegliche Vermögen** (= Zwangsverwaltung, Zwangsversteigerung)

   c) die Zwangsvollstreckung wegen Geldforderungen in Forderungen **(Pfändungs- und Überweisungsbeschluss)** und sonstige Vermögensrechte

3. Das **Grundbuchamt** ist zuständig für die Zwangsvollstreckung in das unbewegliche Vermögen bei der **Eintragung einer Sicherheitshypothek** und verschiedene Hilfstätigkeiten, wie die vorgeschriebene Eintragung einer gepfändeten Hypothekenforderung in das Grundbuch etc. (§ 830 Abs. 1 und § 857 Abs. 6 ZPO).

4. Die **Schiffsregisterbehörde** ist zuständig für die Eintragung von **Zwangshypotheken auf Schiffe** und die Pfändung von **Schiffshypothekenforderungen**.

5. Das **Prozessgericht erster Instanz** ist zuständig für die Zwangsvollstreckung wegen Ansprüchen auf **Vornahme, Duldung oder Unterlassung** einer Handlung.

1.4 Voraussetzungen der Zwangsvollstreckung

Grundsätzlich sind für den Antrag auf Zwangsvollstreckung erforderlich:

1. ein Vollstreckungs**antrag** (§ 754 ZPO)

2. ein Vollstreckungs**titel** (§ 750 ZPO)

3. eine Vollstreckungs**klausel** (§ 724 ZPO)

4. die **Zustellung** des Titels vor der Zwangsvollstreckung (§ 750 ZPO).

1.5 Vollstreckungstitel

Ein Vollstreckungstitel ist eine Urkunde, aus der die Zwangsvollstreckung betrieben werden kann.

Die wichtigsten Vollstreckungstitel sind (vgl. §§ 704, 794 ZPO):

1. **Urteile** (z. B. Endurteile, Versäumnis- oder Anerkenntnisurteile)

2. **Vollstreckungsbescheide**

3. **Prozessvergleiche**, außergerichtliche **Anwaltsvergleiche** und Vergleiche im selbst-ständigen Beweisverfahren

4. **Kostenfestsetzungsbeschlüsse**

5. **notarielle Urkunden** mit Unterwerfungsklausel

6. **Arreste** und **einstweilige Verfügungen.**

Allerdings gibt es noch weitere Vollstreckungstitel, z. B. einstweilige Anordnungen in Eheverfahren, Zuschlagsbeschlüsse in Zwangsversteigerungsverfahren, Schieds-sprüche, Vergleiche in Verfahren vor privaten Schiedsgerichten sowie Europäische Zahlungsbefehle usw.

Die Zwangsvollstreckung aus Endurteilen findet statt, wenn sie

► **rechtskräftig** oder

► für **vorläufig vollstreckbar** erklärt worden sind.

Ein Urteil ist **rechtskräftig**, wenn es nicht oder nicht mehr durch ein Rechtsmittel ange-fochten werden kann (insbesondere nach Ablauf der Rechtsmittelfrist oder nach Rechtsmittelverzicht).

Wird ein Urteil für **vorläufig vollstreckbar** erklärt, so kann die Zwangsvollstreckung be-reits vor Rechtskraft des Urteils erfolgen. Urteile werden entweder **ohne** Sicherheits-leistung oder **gegen** Sicherheitsleistung für vorläufig vollstreckbar erklärt.

Folgende Urteile sind u. a. kraft Gesetzes (§ 708 ZPO) ohne Sicherheitsleistung vorläu-fig vollstreckbar:

► Anerkenntnis- und Verzichtsurteile

► Versäumnisurteile, Vollstreckungsbescheide (über § 700 Abs. 1 ZPO) und Urteile nach Lage der Akten

► Urteile, durch die der Einspruch gegen ein VU als unzulässig verworfen wird

► Urteile im Urkunden-, Wechsel- und Scheckprozess

- ablehnende oder aufhebende Urteile im Arrest- oder einstweiligen Verfügungsverfahren
- Räumungsurteile
- Urteile auf Zahlung von Unterhalt
- Urteile der OLG in vermögensrechtlichen Angelegenheiten
- Urteile bis 1.250 €.

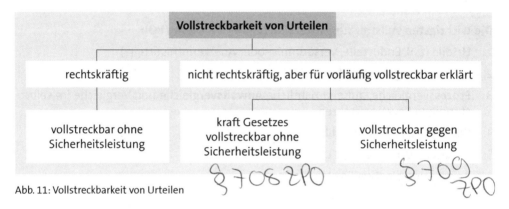

Abb. 11: Vollstreckbarkeit von Urteilen

Das Gericht kann nach **freiem Ermessen** bestimmen, in welcher Art und Höhe die Sicherheit zu leisten ist. Hat das Gericht eine Bestimmung nicht getroffen, wird die Sicherheitsleistung grundsätzlich durch Beibringung einer schriftlichen, unwiderruflichen, unbedingten und unbefristeten **Bankbürgschaft** eines inländischen Kreditinstituts erfolgen (= Regelfall) (§ 108 Abs. 1 ZPO).

Die **Bürgschaftsurkunde** muss dem Schuldner vor der Zwangsvollstreckung **im Original** zugestellt werden.

Die Sicherheitsleistung kann auch durch **Hinterlegung** (Einzahlung) des Geldbetrags oder von geeigneten Wertpapieren bei der Hinterlegungsstelle eines Amtsgerichts bewirkt werden. Auf den hierzu erforderlichen Antrag wird der Rechtspfleger eine **Annahmeanordnung** ausstellen. Nach Einzahlung des zu hinterlegenden Geldbetrags gilt die Sicherheit als geleistet und wird durch **quittierte Annahmeanordnung** nachgewiesen. Sie muss in beglaubigter Abschrift oder Fotokopie vor Beginn der Zwangsvollstreckung dem Gegner in **öffentlich-beglaubigter Form** (nicht von Anwalt zu Anwalt) mit dem Titel zugestellt werden.

Einige Titel, insbesondere Kostenfestsetzungsbeschlüsse, für vollstreckbar erklärte Anwaltsvergleiche und notarielle Urkunden mit Unterwerfungsklausel, in denen sich also der Schuldner der sofortigen Zwangsvollstreckung unterworfen hat, dürfen erst nach einer **Wartefrist von zwei Wochen** ab Zustellung des Schuldtitels vollstreckt werden (§ 798 ZPO).

Teilvollstreckung und Teilsicherheitsleistung

Andere als die in § 708 ZPO aufgeführten Titel sind vom Gericht im Urteilstenor **gegen eine der Höhe nach zu bestimmende Sicherheit** für **vorläufig vollstreckbar** zu erklären. Soll wegen einer Geldforderung vollstreckt werden, so genügt es, wenn die Höhe der Sicherheitsleistung in einem bestimmten **Verhältnis zur Höhe des jeweils zu vollstreckenden Betrages** angegeben wird. Das birgt insbesondere Erleichterungen bei einer Teilvollstreckung, weil auch nur für einen diesem Teil entsprechenden Betrag Sicherheit geleistet zu werden braucht (§ 709 ZPO).

Beispiel

Der Beklagte wird zur Zahlung von 10.000 € verurteilt. Das Urteil wird gegen Sicherheitsleistung in Höhe von 120 % des jeweils zu vollstreckenden Betrages für vorläufig vollstreckbar erklärt. Bei einer Zwangsvollstreckung vor Rechtskraft wegen der gesamten Summe wären also 12.000 €, bei einer Vollstreckung wegen einer Teilforderung von 4.000 € wären 4.800 € zu hinterlegen.

1.6 Vollstreckungsklausel

Die Vollstreckungsklausel lautet (§ 725 ZPO): **„Vorstehende Ausfertigung wird der/ dem ... (Partei) zum Zwecke der Zwangsvollstreckung erteilt."**

Die Vollstreckungsklausel bezeugt die Vollstreckungsreife des Titels und ist die Legitimation für den Gerichtsvollzieher, die Zwangsvollstreckung durchzuführen. Sie ist im Normalfall, wenn also eine **einfache Klausel** vorliegt, von dem Urkundsbeamten der Geschäftsstelle des Prozessgerichts zu unterschreiben und der Ausfertigung des Urteils am Schluss beizufügen und mit dem Gerichtssiegel zu versehen. Im Ausnahmefall der **qualifizierten Klausel** ist der Rechtspfleger zuständig. Die vollstreckbare Ausfertigung von **notariellen Urkunden** wird von dem Notar erteilt, der die Urkunden verwahrt. Befindet sich die Urkunde in der Verwahrung einer Behörde, so hat diese die vollstreckbare Ausfertigung zu erteilen (§§ 724 ff., 797 Abs. 2 ZPO).

Keiner Vollstreckungsklausel bedürfen:

- **Vollstreckungsbescheide** (§ 796 Abs. 1 ZPO)
- **Arreste** und **einstweilige Verfügungen** (§§ 929 Abs. 1 ZPO)
- **Kostenfestsetzungsbeschlüsse** bei vereinfachter Kostenfestsetzung (§ 795a ZPO)
- **Haftbefehle** im Rahmen der Vermögensauskunft (§ 802g ZPO)
- **Pfändungs- und Überweisungsbeschlüsse** im Rahmen der Hilfspfändung.

1.7 Sicherungsvollstreckung

1.7.1 Allgemeines

Rechtskräftige Urteile sind immer **ohne** Sicherheitsleistung vollstreckbar. Urteile, die noch nicht rechtskräftig sind, können grundsätzlich erst dann vollstreckt werden, wenn Sicherheit geleistet worden ist.

Ausnahmen: Die aufgezählten Urteile gem. § 708 ZPO (siehe Kapitel 1.5 Vollstreckungstitel).

Die Erbringung der Sicherheitsleistung benötigt aber Zeit und birgt damit die Gefahr, dass der Schuldner zwischenzeitlich Vermögen beiseite schafft oder (auch schuldlos) in Vermögensverfall gerät. Aus diesem Grunde hat der Gläubiger mit der Sicherungsvollstreckung die Möglichkeit, diesen Zeitverlust zu vermeiden, indem er die Zwangsvollstreckung in folgenden Fällen auch ohne Sicherheitsleistung betreiben darf (§ 720a ZPO):

- in das **bewegliche Vermögen**
- in **Forderungen**
- in das **unbewegliche Vermögen**.

1.7.2 Beschränkungen

Das Vermögen darf in diesen Fällen nur **gesichert, nicht aber verwertet werden**. Das bedeutet:

1. **Bewegliches Vermögen** darf also nur gepfändet, nicht aber versteigert werden.
2. Bei **Forderungen** sind die Vorpfändung gem. § 845 ZPO und der Pfändungsbeschluss zulässig, nicht aber der Überweisungsbeschluss.
3. Bei der **Sicherungszwangsvollstreckung in Grundstücke** ist lediglich der Antrag auf Eintragung einer Sicherungshypothek zulässig.

1.7.3 Verfahren und Kosten

Für die Zuständigkeit gelten keine Besonderheiten. Auf dem Antrag ist zu vermerken:

Es wird lediglich die Sicherungsvollstreckung gem. § 720a ZPO beantragt.

Die Pfändung soll dem Gläubiger nur den Rang sichern. Der Schuldner kann die Zwangsvollstreckung seinerseits durch Sicherheitsleistung **abwenden**. Gepfändetes Geld ist zu hinterlegen. Nach der Wartefrist des § 750 Abs. 3 ZPO darf die Sicherungsvollstreckung erst beginnen, wenn das Urteil und die **qualifizierte Vollstreckungsklausel** mindestens **zwei Wochen vorher zugestellt** wurden. Bei einer einfachen Vollstreckungsklausel gilt die Wartefrist nicht. Der RA erhält für die Sicherungsvollstreckung die normale 0,3 Gebühr, nicht jedoch für den nachfolgenden Verwertungsantrag (einheitlicher Auftrag) (§ 720a Abs. 3 ZPO).

1.8 Prüfungsfragen

1. Was verstehen Sie unter „Zwangsvollstreckung"?

Die Zwangsvollstreckung ist der staatliche Zwang zur Durchsetzung und Erfüllung von Ansprüchen aus einem Titel.

2. Wie heißen die Parteien bei der Zwangsvollstreckung?

Gläubiger und Schuldner.

3. Welche Arten der Zwangsvollstreckung im engeren Sinne kennen Sie?

a) Die Zwangsvollstreckung wegen Geldforderungen in das bewegliche Vermögen, das unbewegliche Vermögen und in Forderungen und andere Rechte.

b) Die Zwangsvollstreckung zur Erwirkung der Herausgabe und Räumung einer Sache sowie zur Vornahme, Duldung und Unterlassung einer Handlung.

c) Das Verfahren zur Abnahme der Vermögensauskunft.

4. Welches sind die Voraussetzungen der Zwangsvollstreckung?

Antrag, Titel, Klausel auf dem Titel und Zustellung des Titels vor oder mit Beginn der Zwangsvollstreckung.

5. Welches sind die Organe der Zwangsvollstreckung?

Der Gerichtsvollzieher, das Vollstreckungsgericht (Amtsgericht), das Grundbuchamt und das Prozessgericht erster Instanz.

6. Wer ist Vollstreckungsorgan bei nachfolgender Zwangsvollstreckung

a) wegen einer Geldforderung in das bewegliche Vermögen?

Gerichtsvollzieher

b) wegen Geldforderungen in Forderungen?

Vollstreckungsgericht

c) wegen Herausgabe von Sachen?

Gerichtsvollzieher

d) bei zwangsweiser Vorführung des Schuldners aufgrund eines Haftbefehls zur Abgabe der Vermögensauskunft?

Gerichtsvollzieher

e) zur Abnahme der Vermögensauskunft?

Gerichtsvollzieher

f) wegen Ansprüchen auf Vornahme, Duldung oder Unterlassung einer Handlung?

Prozessgericht erster Instanz

g) **wegen Geldforderungen in das unbewegliche Vermögen?**

Vollstreckungsgericht, bei einer Sicherungshypothek das Grundbuchamt

h) **wegen einer Zwangshypothek auf ein Schiff?**

Schiffsregisterbehörde

7. **Nennen Sie die wichtigsten Vollstreckungstitel.**

Endurteile einschließlich VU und AU, VB, Prozessvergleiche, Anwaltsvergleiche, Kostenfestsetzungsbeschlüsse, notarielle Urkunden mit Unterwerfungsklausel, Arreste und einstweilige Verfügungen usw.

8. **Was heißt: „Das Urteil ist vorläufig vollstreckbar"?**

Die Zwangsvollstreckung kann vor Rechtskraft des Urteils erfolgen.

9. **Wann wird ein Urteil rechtskräftig?**

Wenn es nicht (mehr) durch ein Rechtsmittel angefochten werden kann.

10. **Kann ein Urteil auch vor Rechtskraft vollstreckt werden?**

Ja, wenn es für vorläufig vollstreckbar erklärt wurde.

11. **Was muss vor Vollstreckung eines nicht rechtskräftigen Urteils zum Schutze des Schuldners i. d. R. geschehen?**

Es muss Sicherheit geleistet werden.

12. **Bei welchen vollstreckbaren Urteilen braucht keine Sicherheit geleistet zu werden?**

Bei rechtskräftigen Urteilen und bei solchen, die kraft Gesetzes ohne Sicherheitsleistung vorläufig vollstreckbar sind.

13. **Nennen Sie die Urteile, die kraft Gesetzes ohne Sicherheitsleistung vorläufig vollstreckbar sind.**

Anerkenntnis- und Verzichtsurteile, VU und Urteile nach Lage der Akten, Urteile, durch die der Einspruch gegen ein VU als unzulässig verworfen wird, Urteile im Urkunden-, Wechsel- und Scheckprozess, ablehnende oder aufhebende Urteile im Arrest- oder einstweiligen Verfügungsverfahren, Räumungsurteile, Urteile auf Zahlung von Unterhalt, Urteile der OLG in vermögensrechtlichen Angelegenheiten, Urteile bis 1.250 €

14. **Welche Bestimmung kann das Gericht über die Sicherheitsleistung treffen?**

Das Gericht kann nach freiem Ermessen bestimmen, in welcher Art und Höhe die Sicherheit zu leisten ist.

15. **Welche Möglichkeiten der Sicherheitsleistung nennt das Gesetz?**

Sicherheit kann durch eine schriftliche, unwiderrufliche, unbedingte und unbefristete Bankbürgschaft eines inländischen Kreditinstituts erfolgen oder durch Hinterlegung (Einzahlung des Geldbetrags oder geeigneter Wertpapiere bei der Hinterlegungsstelle eines Amtsgerichts).

16. Was ist eine Teilsicherheitsleistung?

Die Höhe der Sicherheitsleistung wird in einem bestimmten Verhältnis zur Höhe des jeweils zu vollstreckenden Betrages angegeben. Dann braucht auch nur für einen diesem Teil entsprechenden Betrag Sicherheit geleistet zu werden.

17. Wie muss zugestellt werden vor der Zwangsvollstreckung

a) der Titel?

In der Regel in abgekürzter Form (ohne Tatbestand und Entscheidungsgründe).

b) die quittierte Annahmeanordnung?

In beglaubigter Abschrift oder Fotokopie.

c) die vom Gericht als Sicherheit gestattete Bürgschaftsurkunde?

Im Original.

18. Sie haben das Urteil. Was müssen Sie sich grundsätzlich beschaffen, wenn Sie aus diesem Urteil vollstrecken wollen?

Eine Vollstreckungsklausel.

19. Welche Titel bedürfen keiner Vollstreckungsklausel?

Arreste, einstweilige Verfügungen, Vollstreckungsbescheide, Kostenfestsetzungsbeschlüsse bei vereinfachter Kostenfestsetzung und Haftbefehle im Rahmen der Vermögensauskunft und Pfändungs- und Überweisungsbeschlüsse im Rahmen der Hilfspfändung.

20. Dürfen alle rechtskräftigen oder für vorläufig vollstreckbar erklärten Titel sofort vollstreckt werden?

Nein, u. a. dürfen Kostenfestsetzungsbeschlüsse, für vollstreckbar erklärte Anwaltsvergleiche und notarielle Urkunden mit Unterwerfungsklausel erst nach einer Wartefrist von zwei Wochen ab Zustellung des Titels vollstreckt werden.

21. Wie wird bei einer Sicherungszwangsvollstreckung vollstreckt, wenn sie betrieben wird

a) in bewegliches Vermögen?

Es darf nur gepfändet, nicht aber versteigert werden.

b) bei Forderungen?

Hier sind nur die Vorpfändung gem. § 845 ZPO und der Pfändungsbeschluss zulässig, nicht aber der Überweisungsbeschluss.

c) bei der Sicherungszwangsvollstreckung in Grundstücke?

Bei der Sicherungszwangsvollstreckung in Grundstücke ist lediglich der Antrag auf Eintragung einer Sicherungshypothek zulässig.

2. Die Mobiliarvollstreckung

2.1 Allgemeines

Die Zwangsvollstreckung wegen Geldforderungen in das bewegliche Vermögen, auch Pfändung, Sachpfändung oder Mobiliarvollstreckung genannt, dürfte neben dem Antrag auf Erlass eines Pfändungs- und Überweisungsbeschlusses die häufigste Vollstreckungsart sein.

Zuständiges Vollstreckungsorgan für die Zwangsvollstreckung wegen Geldforderungen in das bewegliche Vermögen ist der **Gerichtsvollzieher**. Der Gläubiger erteilt dem Gerichtsvollzieher unmittelbar oder über die Gerichtsvollzieherverteilerstelle des Amtsgerichts, **in dessen Bezirk die Vollstreckung stattfinden soll**, den **Auftrag** und überreicht die **vollstreckbare Ausfertigung**. Damit wird der Gerichtsvollzieher ermächtigt, Leistungen des Schuldners entgegen zu nehmen, diese zu quittieren und Zahlungsvereinbarungen mit Wirkung für den Gläubiger zu treffen (**§ 754 Abs. 1 ZPO**).

Der Gerichtsvollzieher gilt auch bei einer Vermittlung über die Gerichtsvollzieherverteilerstelle als unmittelbar von dem Gläubiger beauftragt und wird auch nur für diesen tätig. Er wirkt auf eine zügige, vollständige und kostensparende Beitreibung von Geldforderungen hin. Er soll **in jeder Lage des Verfahrens** auf **eine gütliche Einigung** bedacht sein (**§ 802b ZPO**).

Hat der Gläubiger eine **Zahlungsvereinbarung** nicht ausgeschlossen, so kann der Gerichtsvollzieher dem Schuldner einen **Zahlungsaufschub** oder auch **Ratenzahlungen** bewilligen, sofern der Schuldner glaubhaft darlegt, die nach Höhe und Zeitpunkt festzusetzenden Zahlungen erbringen zu können. Die Tilgung soll **binnen zwölf Monaten** abgeschlossen sein. Der **Zahlungsplan wird jedoch hinfällig**, sofern der **Gläubiger widerspricht** oder aber der Schuldner mit einer festgesetzten Zahlung ganz oder teilweise länger als **zwei Wochen in Rückstand** gerät (§ 802b ZPO).

Der Gläubiger kann seinerseits den Gerichtsvollzieher auch **nur mit der gütlichen Erledigung** beauftragen. Diese Maßnahme kann nicht mit anderen Vollstreckungsmaßnahmen kombiniert werden.

Grundsätzlich ist die Zwangsvollstreckung nur zu bestimmten Vollstreckungszeiten zulässig, nämlich an Werktagen in der Zeit vom 06:00 Uhr bis 21:00 Uhr (§ 758a Abs. 4 ZPO).

Außerhalb dieser Zeiten sowie an Sonn- und Feiertagen darf der Gerichtsvollzieher nicht vollstrecken, wenn dies für den Schuldner eine unbillige Härte darstellt oder der zu erwartende Erfolg in einem Missverhältnis zu dem Eingriff steht (§ 758a Abs. 4 ZPO). In **Wohnungen** darf der Gerichtsvollzieher zur **Unzeit** nur mit **gerichtlicher Genehmigung** (Anordnung) vollstrecken. In diesem Falle muss der Gläubiger beim Vollstreckungsgericht einen entsprechenden Beschluss beantragen, der vom Gerichtsvollzieher vor der Vollstreckung dem Schuldner vorgezeigt wird.

Der Beschluss ergeht nach § 758a Abs. 4 ZPO durch das Vollstreckungsgericht, in dessen Bezirk die Pfändung erfolgen soll. Er ist nicht erforderlich bei der Vollstreckung eines Räumungstitels oder eines Haftbefehls zur Abnahme der Vermögensauskunft und gilt nur für die jeweils beantragte Vollstreckungsmaßnahme.

Beispiel

Der Gerichtsvollzieher soll die Zwangsvollstreckung in den Safe einer Wohnung betreiben und hat für die Nacht vom 10. (21:00 Uhr) auf den 11.05. (06:00 Uhr) eine richterliche Erlaubnis. Sie erlischt mit Ablauf der Zeitspanne. Bei einem neuen Vollstreckungsversuch ist ein weiterer Beschluss herbeizuführen.

Für den **Zwangsvollstreckungsauftrag** ist vonseiten des Bundesministeriums der Justiz und für Verbraucherschutz ein **Vordruck** eingeführt worden, der seit dem 01.04.2016 **verbindlich genutzt werden** muss. Wird der Gerichtsvollzieher ausschließlich damit beauftragt, die Zustellung eines Schriftstücks vorzunehmen, ist die Nutzung des Formulars nicht erforderlich.

Neben den Angaben zu den **Parteien** und deren **Vertreter** sind weiterhin die genaue Bezeichnung der **Vollstreckungstitel**, sowie eine **Forderungsaufstellung** nebst Berechnung der Anwaltskosten für den Vollstreckungsauftrag sowie die Erklärung, ob der **Gläubiger vorsteuerabzugsberechtigt** ist, aufzunehmen. Weiterhin sind die **gewünschten Maßnahmen** zu bezeichnen bzw. anzukreuzen.

Ist durch Rechtsverordnung eine elektronische Einreichung zugelassen und wird der Gerichtsvollzieher nach § 754a ZPO beauftragt, die Zwangsvollstreckung aus einem **Vollstreckungsbescheid**, der einer Vollstreckungsklausel nicht bedarf (Regelfall), durchzuführen, so ist ein **elektronisch übermittelter Antrag zulässig** und die Übersendung des Vollstreckungsbescheids selbst nicht notwendig, **wenn**

1. die **Forderung 5.000 € nicht übersteigt** (die Kosten der Zwangsvollstreckung werden nicht berücksichtigt)

2. **andere Urkunden** als der Vollstreckungsbescheid **nicht vorzulegen** sind

3. eine **Abschrift des Vollstreckungsbescheids** nebst Zustellungsbescheinigung als **elektronisches Dokument** sowie

4. **eine Versicherung** übermittelt wird, dass eine Ausfertigung des Vollstreckungsbescheids nebst Zustellungsbescheinigung vorliegt und die Forderung noch besteht.

Ab dem **01.01.2018** ist eine gesonderte Rechtsverordnung für eine elektronische Einreichung nicht mehr nötig, da ab dann die Änderungen des Gesetzes zur Förderung des elektronischen Rechtsverkehrs mit den Gerichten greifen.

Sofern der Gerichtsvollzieher mit dem **Einzug von Zwangsvollstreckungskosten** beauftragt wird, muss der Gläubiger eine **Aufstellung** und die entsprechenden **Belege** als **elektronisches Dokument** beifügen (§ 754a Abs. 1 Satz 2 ZPO).

2.2 Durchführung der Pfändung

Wird der Gerichtsvollzieher mit der **Pfändung nach § 803 ZPO** beauftragt und wurde der Vollstreckungstitel, wie es der Regel entspricht, nicht bereits von Amts wegen zugestellt, so erfolgt die **Zustellung** des Titels spätestens im Auftrag des Gläubigers vor Beginn der Vollsteckung.

Der Gerichtsvollzieher fordert den Schuldner zunächst auf, **freiwillig zu zahlen**. Geschieht dies, quittiert der Gerichtsvollzieher den Betrag und übergibt dem Schuldner die vollstreckbare Ausfertigung des Titels (§ 757 ZPO).

Bei **nicht freiwilliger Zahlung** erfolgt die Pfändung i. d. R. durch Anbringung von **Siegelmarken**. Hierdurch erwirbt der Gläubiger ein Pfandrecht an dem gepfändeten Gegenstand, das einem besonderen strafrechtlichen Schutz infolge der staatlichen Beschlagnahme unterliegt (§ 804 ZPO).

Der Gerichtsvollzieher führt über die Pfändung **Protokoll** (§ 762 ZPO). Der Gläubiger erhält eine **Protokollabschrift**. Der Gerichtsvollzieher kann natürlich an Ort und Stelle die Eigentumsverhältnisse nicht prüfen und hat dies auch nicht nötig. Gegebenenfalls können Dritte ihr Eigentum durch gerichtliche Hilfe wiedererlangen.

Ist der Schuldner einverstanden oder besteht eine **Durchsuchungsanordnung** gem. § 758a ZPO, ist der Gerichtsvollzieher befugt, **die Wohnung und die Behältnisse zu durchsuchen**. Auch kann er verschlossene Haustüren, Zimmertüren und Behältnisse (Kassette, Safe) öffnen lassen. Personen mit Mitgewahrsam haben die Durchsuchung zu dulden. Widerstand kann er notfalls mit polizeilicher Hilfe überwinden (§ 758 ZPO).

Die Wohnungsdurchsuchung darf allerdings nicht gegen den Willen des Schuldners geschehen. Verweigert der Schuldner den Zutritt, so vermerkt dies der Gerichtsvollzieher im Pfändungsprotokoll. Der Rechtsanwalt des Gläubigers kann einen **Antrag auf richterliche Anordnung zur Durchsuchung gem. § 758a Abs. 1 ZPO stellen**. Der Antrag ist auf dem durch die **Zwangsvollstreckungsformular-Verordnung** unter § 1 eingeführten Formular bei dem **Amtsgericht als Vollstreckungsgericht** zu stellen, in dessen Bezirk die Durchsuchung erfolgen soll. Das Gericht wird die **Ermächtigung** auf eine **bestimmte Dauer** befristen. Es kann die Erlaubnis auch auf bestimmte Zeiten beschränken. Die Ermächtigung umfasst die Befugnis, verschlossene Haustüren, Zimmertüren und Behältnisse zu öffnen, die Pfandstücke mitzunehmen oder aber auch abzuholen.

Dem Gerichtsvollzieher ist außerdem ein **Fragerecht** eingeräumt. So kann er sich bei dem Schuldner erkundigen, ob dieser Ansprüche gegen Dritte hat, und den Schuldner oder die zu seinem Hausstand gehörenden erwachsenen Personen nach dem Arbeitgeber befragen. Diese Informationen wird der Gerichtsvollzieher dem Gläubiger mitteilen, wenn eine Pfändung nicht zur gänzlichen Befriedigung des Gläubigers führt. Die zum Hausstand Gehörigen sind allerdings nicht zur Auskunft verpflichtet (§ 806a Abs. 2 Satz 2 ZPO).

Grundsätzlich kann der Gläubiger auch einen **Kombiantrag** einreichen und neben der **Pfändung nach § 803 ZPO** die Abnahme der Vermögensauskunft nach Pfändungsversuch **nach § 807 ZPO** beantragen. Der Gerichtsvollzieher wird dann, sofern der Schuldner die **Durchsuchung nach § 758 verweigert** oder aber der Pfändungsversuch ergibt, dass eine **vollständige Befriedigung des Gläubigers nicht erlangt werden kann**, die Vermögensauskunft sofort abnehmen. Der **Schuldner** kann allerdings der sofortigen Abnahme **widersprechen**. Der Gerichtsvollzieher wird dann einen **Termin** zur Abnahme der Vermögensauskunft anberaumen und den Schuldner laden (§ 807 ZPO).

Häufig **scheitert die Vollstreckung**, da der **Aufenthaltsort des Schuldners** nicht bekannt ist. Der Gläubiger kann dem Gerichtsvollzieher die vollstreckbare Ausfertigung des Titels übersenden und ihn neben der Vollstreckung auch mit der **Auskunft nach § 755 ZPO** beauftragen. Der Gerichtsvollzieher ermittelt dann bei der **Meldebehörde** die **gegenwärtigen Anschriften** und Angaben zur Haupt- und Nebenwohnung des Schuldners.

Der Gerichtsvollzieher kann weiterhin beauftragt werden, durch **Einsicht in das**

- **Handelsregister,**
- **Genossenschaftsregister,**
- **Partnerschaftsregister,**
- **Unternehmensregister oder**
- **Vereinsregister sowie bei**
- **Behörden**, die nach § 14 Abs. 1 der Gewerbeordnung zuständig sind,

Auskünfte einzuholen und die gegenwärtigen Anschriften, den Ort der Hauptniederlassung oder den Sitz des Schuldners zu ermitteln.

Scheitert dies, darf der Gerichtsvollzieher beim

- **Ausländerzentralregister**, bei den
- **Trägern der gesetzlichen Rentenversicherung** sowie bei dem
- **Kraftfahrt-Bundesamt** die Informationen einholen.

2.3 Sonderfälle

Anschlusspfändung

Von einer Anschlusspfändung spricht man, wenn sich der Gläubiger einer ausgebrachten Pfändung anschließt. Hier pfändet also der Gläubiger eine Sache, die bereits von einem anderen Gläubiger vorher gepfändet worden ist. Bei der Verwertung wird der Erlös **in der Reihenfolge** verteilt, in der gepfändet wurde.

Gleichzeitige Pfändung

Von einer gleichzeitigen Pfändung spricht man, wenn ein Gerichtsvollzieher von mehreren Gläubigern vor Ausführung der Pfändung gegen denselben Schuldner Vollstreckungsaufträge erhält. In diesem Fall muss er, unabhängig vom Eingangsdatum, alle Aufträge als gleichzeitig behandeln und die Pfändung für alle Gläubiger gleichzeitig bewirken. Hier wird der Erlös **quotenmäßig** verteilt.

Die Quote erhält man, wenn man den durch die Versteigerung erzielten Erlös durch die Summe der Titel teilt **(Quote = Erlös : Summe der Titel)**.

Beispiel

Es erfolgt eine gleichzeitige Pfändung wegen der Titel A über 10.000 €, B über 20.000 € und C über 30.000 €. Der Erlös bei der Versteigerung betrug 15.000 €.

Die Quote beträgt also ein Viertel. Auf Titel A entfallen demgemäß 2.500 €, auf Titel B 5.000 € und auf Titel C 7.500 €.

Unpfändbare Gegenstände

Die Gegenstände, die grundsätzlich nicht gepfändet werden dürfen, sind in **§ 811 ZPO** aufgeführt. Es lohnt sich, diese Vorschrift einmal in einer stillen Minute gänzlich durchzulesen, um zu sehen, wie umfassend der Gesetzgeber diese Materie geregelt hat.

Zusammenfassend lässt sich feststellen, dass gem. § 811 ZPO alle Gegenstände unpfändbar sind, die der Schuldner

- zum **persönlichen Gebrauch**,
- zur Führung eines **bescheidenen Haushaltes** oder
- zu **gewerblichen/beruflichen Zwecken** benötigt.

Beispiele

Zum persönlichen Gebrauch oder dem **Haushalt** dienen insbesondere Kleidungsstücke, Wäsche, Betten, Haus- und Küchengeräte, soweit der Schuldner ihrer zu einer seiner Berufstätigkeit und seiner Verschuldung angemessenen, bescheidenen Lebens- und Haushaltsführung bedarf.

Gewerblichen/beruflichen Zwecken dienen z. B. Kraftfahrzeuge, Computer, Büromöbel usw.

Grundsätzlich dürfen auch keine **Tiere** gepfändet werden, wenn sie im häuslichen Bereich und nicht zu Erwerbszwecken gehalten werden (Schutz des Schuldners). Hat das Tier jedoch einen hohen Wert und würde die Unpfändbarkeit für den Gläubiger eine Härte bedeuten, weil z. B. weitere pfändbare Gegenstände nicht zur Befriedigung ausreichen, so kann das Vollstreckungsgericht auch insoweit die Pfändung zulassen (Schutz des Gläubigers), wenn nicht berechtigte Interessen des Schuldners oder Belange des Tierschutzes dem entgegenstehen (§ 811c ZPO).

Austauschpfändung

Unpfändbare Gegenstände kann man allerdings durch Austauschpfändung pfänden und versteigern lassen. Den hierzu erforderlichen **Antrag** auf Genehmigung hat der Gläubiger beim Vollstreckungsgericht zu stellen (§ 811a ZPO).

Ist die gerichtliche Genehmigung der Austauschpfändung zu erwarten, kann der Gerichtsvollzieher auch vorher eine **vorläufige Austauschpfändung** durchführen. In diesem Fall muss der Gläubiger nachträglich einen entsprechenden Beschluss des Vollstreckungsgerichts erwirken (§ 811b ZPO).

Pfändungsbeschränkungen

§ 803 ZPO regelt zwei wichtige Pfändungsbeschränkungen bzw. Pfändungsverbote. So darf der Gerichtsvollzieher nicht mehr pfänden, als zur Befriedigung des Gläubigers und zur Deckung der Zwangsvollstreckungskosten erforderlich ist **(Verbot der Überpfändung)** (§ 803 Abs. 1 ZPO).

Ist nach der Verwertung ein Überschuss über die Zwangsvollstreckungskosten nicht zu erwarten, so hat die Pfändung zu unterbleiben, es besteht insoweit ein **Verbot der Unterpfändung**: Keine Vollstreckung nur der Vollstreckung wegen (§ 803 Abs. 2 ZPO)!

Nachpfändung

Die Kehrseite zum Verbot der Überpfändung ist das **Gebot der Nachpfändung**. Reicht der Erlös bei der Versteigerung nicht zur Befriedigung des Gläubigers aus, so muss der Gerichtsvollzieher noch einmal (ohne weiteren Antrag) beim Schuldner pfänden.

Beispiel

Der Gerichtsvollzieher pfändet beim Schuldner auftragsgemäß wegen 5.000 €. Die Versteigerung ergibt jedoch lediglich nach Abzug der Gerichtsvollzieherkosten 3.000 €. Der Gerichtsvollzieher muss noch einmal von sich aus bei dem Schuldner pfänden, wenn überhaupt noch pfändbare Gegenstände vorhanden sind.

2.4 Verwertung

Ziel der Zwangsvollstreckung ist es, Ansprüche aus einem Titel des Gläubigers durchzusetzen, d. h. ihm Geld zu verschaffen, so wie es tituliert ist.

- ▶ **Gepfändetes Geld** wird nach Abzug der Gerichtsvollzieherkosten an den Gläubiger überwiesen (§ 815 ZPO).
- ▶ **Wertpapiere** und Kostbarkeiten werden im Banksafe verwahrt.
- ▶ **Sperriges** wird in der Pfandkammer verwahrt.

Die **gepfändeten Sachen** werden von dem Gerichtsvollzieher **öffentlich versteigert** (§ 814 ZPO), und zwar nach Wahl des Gerichtsvollziehers **vor Ort** oder als allgemein zugängliche Versteigerung im **Internet** über eine Versteigerungsplattform. Die **Mindestfrist** für die Versteigerung beträgt **eine Woche**, gerechnet vom Tage der Pfändung an (§ 816 ZPO).

Ein früherer Versteigerungstermin ist zulässig gem. § 816 Abs. 1 ZPO:

- ▶ wenn sich der Gläubiger und der Schuldner über eine frühere Versteigerung **einigen**
- ▶ wenn ein früherer Termin erforderlich ist, um die Gefahr einer beträchtlichen **Wertverringerung** der zu versteigernden Sachen abzuwenden (Beispiel: verderbliche Ware)
- ▶ um **unverhältnismäßige Kosten** einer längeren Aufbewahrung zu vermeiden.

Die Versteigerung findet in der Gemeinde statt, in der gepfändet wurde, oder an einem anderen Ort im Bezirk des Vollstreckungsgerichts. Gemäß § 816 ZPO sind Zeit und Ort der Versteigerung unter allgemeiner Bezeichnung der zu versteigernden Sache öffentlich bekannt zu machen. Dies gilt nicht bei einer Versteigerung im Internet.

Die Versteigerung beginnt mit der Hälfte des gewöhnlichen Verkaufswertes **(Mindestgebot)**. Dieser Verkaufswert und das Mindestgebot sollen vorher bekannt gegeben werden (§ 817a ZPO).

Sind nach mehrmaligen Versteigerungsterminen keine Kaufinteressenten erschienen, so kann der Gläubiger oder der Schuldner beim Vollstreckungsgericht **Antrag auf anderweitige Verwertung** stellen.

Eine solche andere Verwertung kann sein (§ 825 ZPO):

▸ die Versteigerung an einem **anderen Ort**

▸ die Versteigerung durch eine **andere Person**

Beispiele: Freihändiger Verkauf durch einen Notar oder Kunsthändler.

▸ die Verwertung der gepfändeten Sachen in **anderer Weise**

Beispiele: Übereignung der Pfandsachen an den Gläubiger zur Hälfte des Schätzwertes unter Anrechnung auf die Forderung; Versteigerung zu einer anderen Zeit.

Über die beabsichtigte Verwertung hat der Gerichtsvollzieher den Antragsgegner zu unterrichten. Ohne Zustimmung des Antragsgegners darf der Gerichtsvollzieher die Sache nicht vor Ablauf von **zwei Wochen** nach Zustellung der Unterrichtung verwerten.

2.5 Prüfungsfragen

1. **Welches Formular muss der Gläubiger nutzen, wenn er den Gerichtsvollzieher beauftragen möchte?**

    Das vom Gesetzgeber seit dem 01.04.2016 verbindlich zu nutzende vorgeschriebene Formular.

2. **Wann kann ausnahmsweise der Gerichtsvollzieher elektronisch mit der Zwangsvollstreckung beauftragt werden?**

    ▸ Wenn durch eine Rechtsverordnung die elektronische Einreichung des Antrags zugelassen ist oder der Antrag nach dem 01.01.2018 eingereicht wird

    ▸ wenn die Forderung 5.000 € nicht übersteigt

    ▸ andere Urkunden als der VB nicht vorzulegen sind

    ▸ eine Abschrift des VB nebst Zustellvermerk elektronisch beigefügt wird

    ▸ eine Versicherung elektronisch beigefügt wird, dass eine Ausfertigung des VB nebst Zustellvermerk vorliegt und die Forderung noch besteht.

3. **Zu welchen Uhrzeiten kann der Gerichtsvollzieher normalerweise vollstrecken?**

    An Werktagen in der Zeit von 06:00 bis 21:00 Uhr.

4. **Kann auch außerhalb dieser Zeiten die Vollstreckung betrieben werden?**

    Ja, mit Genehmigung des Vollstreckungsgerichts.

5. **Wie könnte der Schuldner die Vollstreckung noch abwenden?**

    Er könnte mit dem Gerichtsvollzieher vereinbaren, dass dieser ihm eine Zahlungsfrist einräumt oder aber auch Ratenzahlung gestattet, sofern er glaubhaft darlegt, dass er die nach Höhe und Zeitpunkt festzusetzenden Zahlungen wird leisten können und die Tilgung innerhalb von 12 Monaten abgeschlossen sein wird.

6. Wodurch wird die zwischen dem Gerichtsvollzieher und dem Schuldner getroffene Vereinbarung hinfällig?

Durch den Widerspruch des Gläubigers oder wenn der Schuldner mit einer festgesetzten Zahlung ganz oder teilweise länger als zwei Wochen in Rückstand gerät.

7. Was kann ein Gläubiger tun, wenn Wohnsitz oder Aufenthaltsort des Schuldners unbekannt sind?

Er kann den Gerichtsvollzieher mit der Auskunft nach § 755 ZPO beauftragen.

8. Wie kann der Gerichtsvollzieher den Aufenthaltsort des Schuldners ermitteln?

Er kann

- beim **Handelsregister,**
- beim **Genossenschaftsregister,**
- beim **Partnerschaftsregister,**
- beim **Unternehmensregister** oder
- beim **Vereinsregister** sowie
- bei **Behörden,** die nach § 14 Abs. 1 der Gewerbeordnung zuständig sind, Auskünfte einholen.

War dies nicht erfolgreich, so kann er

- beim **Ausländerzentralregister,**
- bei den **Trägern der gesetzlichen Rentenversicherung** sowie
- beim **Kraftfahrt-Bundesamt** Informationen einholen.

9. Weshalb ist ein kombinierter Antrag Pfändung § 803 ZPO und VA nach § 807 ZPO sinnvoll?

Weil der Gerichtsvollzieher nach Durchsuchungsverweigerung durch den Schuldner oder einem erfolglosen Vollstreckungsversuch sofort versuchen würde, die Vermögensauskunft abzunehmen.

10. Wie pfändet der Gerichtsvollzieher

a) Kostbarkeiten?

Kostbarkeiten werden im Banksafe verwahrt.

b) Geld?

Geld wird nach Abzug der Gerichtsvollzieherkosten an den Gläubiger überwiesen.

c) sonstige Gegenstände in der Wohnung des Schuldners?

Sonstige Gegenstände werden i. d. R. durch Anbringung von Siegelmarken gepfändet. Sind sie sperrig, kommen sie in die Pfandkammer.

11. Was geschieht, wenn der Gerichtsvollzieher den Schuldner oder einen Familienangehörigen nicht antrifft oder wenn der Schuldner dem Gerichtsvollzieher den Zutritt verwehrt?

Der Gerichtsvollzieher vermerkt dies im Pfändungsprotokoll. Der Gläubiger könnte einen entsprechenden Antrag auf richterliche Anordnung zur Durchsuchung gem.

§ 758a ZPO beim Vollstreckungsgericht (Amtsgericht) stellen. Achtung: Formularzwang!

12. Können auch Tiere gepfändet werden?

Grundsätzlich nicht, wenn sie im häuslichen Bereich und nicht zu Erwerbszwecken gehalten werden.

13. Was verstehen Sie unter einer Anschlusspfändung, und wie erfolgt die Verteilung des Erlöses?

Anschlusspfändung bedeutet, dass sich der Gläubiger einer anderen ausgebrachten Pfändung anschließt. Der Erlös wird der Reihe nach verteilt.

14. Wann liegt eine gleichzeitige Pfändung vor, und wie erfolgt die Verteilung des Erlöses?

Gleichzeitige Pfändung liegt vor, wenn für mehrere Gläubiger bei demselben Schuldner gleichzeitig gepfändet wird. Der Erlös wird quotenmäßig verteilt.

15. Welche Gegenstände sind unpfändbar?

Solche Gegenstände, die der Schuldner zur Führung eines bescheidenen Haushalts, zum persönlichen Gebrauch oder zu gewerblichen/beruflichen Zwecken benötigt.

16. In welcher Vorschrift ist die Unpfändbarkeit geregelt?

In § 811 ZPO.

17. Kann ein grundsätzlich unpfändbarer Gegenstand gleichwohl gepfändet und versteigert werden?

Ja, durch Antrag auf Genehmigung der Austauschpfändung.

18. Von wem wird dieser Antrag gestellt? Wo wird er gestellt?

Vom Gläubiger beim Vollstreckungsgericht (Amtsgericht).

19. Erläutern Sie das Verbot der Überpfändung.

Der Gerichtsvollzieher darf nicht mehr pfänden, als zur Befriedigung des Gläubigers und zur Deckung der Zwangsvollstreckungskosten erforderlich ist.

20. Erläutern Sie das Verbot der Unterpfändung.

Ist nach der Verwertung ein Überschuss über die Zwangsvollstreckungskosten nicht zu erwarten, so hat die Pfändung zu unterbleiben.

21. Was ist eine Nachpfändung?

Reicht der Erlös bei der Versteigerung nicht zur Befriedigung des Gläubigers aus, so muss der Gerichtsvollzieher noch einmal (ohne weiteren Antrag) beim Schuldner pfänden.

22. Wie erfolgt die Verwertung

    a) **von gepfändeten Sachen?**

        In öffentlicher Versteigerung durch den Gerichtsvollzieher vor Ort oder im Internet.

    b) **von gepfändetem Geld?**

        Durch Überweisung an den Gläubiger nach Abzug der Gerichtsvollzieherkosten.

23. Zur Versteigerungsfrist:

a) Welche Mindestfrist gilt zwischen der Pfändung und der Versteigerung?

Die Mindestfrist beträgt eine Woche ab Pfändung.

b) Kann auch zu einem früheren Zeitpunkt versteigert werden?

Zu einem früheren Zeitpunkt kann versteigert werden bei Einigung mit dem Schuldner, um die Gefahr einer beträchtlichen Wertverringerung abzuwenden (bei verderblichen Waren) und bei unverhältnismäßig hohen Aufbewahrungskosten.

24. Was unternehmen Sie, wenn bei mehreren Versteigerungsterminen keine Kaufinteressenten erschienen sind?

Beim Vollstreckungsgericht Antrag auf anderweitige Verwertung stellen.

25. Welche anderweitige Verwertung sieht § 825 ZPO vor?

Versteigerung an einem anderen Ort, durch eine andere Person oder in anderer Weise (z. B. durch Übereignung der Pfandsache zur Hälfte des Schätzwertes an den Gläubiger unter Anrechnung auf die Forderung).

26. An welchem Ort findet normalerweise die Versteigerung statt?

Am Ort der Pfändung, an einem anderen Ort im Bezirk des Vollstreckungsgerichts oder an dem Ort, über den sich die Parteien geeinigt haben, oder als allgemein zugängliche Versteigerung im Internet über eine Versteigerungsplattform.

27. Mit welchem Betrag beginnt die Versteigerung?

Mit der Hälfte des gewöhnlichen Verkaufswertes (Mindestgebot).

28. Der Gerichtsvollzieher erhält von drei Gläubigern den Auftrag, bei dem Schuldner Schmidt aufgrund von drei Titeln die Pfändung zu betreiben:

Titel A lautet über 10.000 €, Titel B lautet über 30.000 € und Titel C lautet über 50.000 €. Die Verwertung ergibt nach Abzug der Kosten 30.000 €.

Wie ist dieser Betrag auf die Gläubiger zu verteilen,

a) wenn der Gerichtsvollzieher zunächst wegen des Titels A gepfändet hat und wegen der übrigen Titel eine Anschlusspfändung vorgenommen hat?

Bei der Anschlusspfändung wird der Reihe nach verteilt, es entfallen auf Titel A 10.000 €, auf Titel B 20.000 € und auf Titel C nichts.

b) wenn der Gerichtsvollzieher im Wege der gleichzeitigen Pfändung vollstreckt hat?

Bei der gleichzeitigen Pfändung wird der Erlös quotenmäßig verteilt. Da die Quote hier 30.000,00 : 90.000,00 = $^1/_3$ beträgt, entfallen auf Titel A 3.333,33 €, auf Titel B 10.000,00 € und auf Titel C 16.666,67 €.

3. Die Immobiliarvollstreckung

Wird der Beklagte zur Zahlung verurteilt, so haftet er als Schuldner mit dem gesamten Vermögen – und dazu gehören neben den beweglichen Sachen auch die unbeweglichen, nämlich Grundstücke.

3.1 Arten

Bei der Immobiliarvollstreckung, also der Zwangsvollstreckung in ein Grundstück, bestehen gem. § 866 ZPO folgende Möglichkeiten:

1   die **Eintragung einer Sicherungshypothek** (auch: **Zwangshypothek**), § 867 ZPO

2.   die **Zwangsverwaltung** (im ZVG geregelt)

3.   die **Zwangsversteigerung** (ebenfalls im ZVG geregelt).

Jede dieser Möglichkeiten kann **allein oder neben den übrigen** ausgeführt werden (§ 866 Abs. 2 ZPO).

3.2 Die Sicherungshypothek

Die **Zwangs- oder Sicherungshypothek** ist eine dingliche Sicherheit, aus der notfalls die Zwangsversteigerung betrieben werden kann.

Die Zwangshypothek darf nur eingetragen werden, wenn die titulierte Forderung **einschließlich Kosten, aber ohne Zinsen (!) über 750 € beträgt**. Hat derselbe Gläubiger mehrere Titel gegen den Schuldner, so kann für sie eine einheitliche Sicherungshypothek eingetragen werden (§ 866 Abs. 3 ZPO).

Wegen desselben Titels können auch **mehrere Grundstücke** des Schuldners mit der Sicherungshypothek belastet werden. In diesem Falle ist genau anzugeben, in welcher Höhe welches Grundstück haftet. **Der Mindestbetrag von über 750 € muss dann jedoch für jedes einzelne Grundstück erreicht werden.**

Der **Antrag** auf Eintragung einer Sicherungshypothek muss bei dem Grundbuchamt des Amtsgerichts gestellt werden, in dessen Bezirk sich das Grundstück befindet. Dem Antrag ist der Titel beizufügen. Bei mehreren Grundstücken muss angegeben werden, mit welchen bestimmten **Teilbeträgen** die Hypotheken auf den einzelnen Grundstücken eingetragen werden sollen.

3.3 Die Zwangsverwaltung

Die im ZVG geregelte **Zwangsverwaltung** (vgl. die Verweisungsnorm des § 869 ZPO) dient der Befriedigung des Gläubigers aus den **Erträgen** des Grundstücks. Zuständig für den Antrag auf Anordnung der Zwangsverwaltung ist das **Amtsgericht** des Bezirks, in dem das Grundstück liegt. Der vom Gericht bestellte **Zwangsverwalter** verteilt die Überschüsse aus der Zwangsverwaltung an den/die Gläubiger nach einem Verteilungsplan, der vom Gericht erstellt wurde.

Beispiele für Grundstückserträge: Miet- und Pachtforderungen

Jeder weitere Gläubiger des Schuldners mit vollstreckbarem Titel kann dem Zwangsverwaltungsverfahren durch entsprechenden Antrag beitreten und erhält die nächstfolgende Rangstelle.

3.4 Die Zwangsversteigerung

Zweck der **Zwangsversteigerung** ist die Befriedigung des Gläubigers aus dem Erlös des Grundstücks. Zuständiges Gericht für den Antrag auf Zwangsversteigerung ist das Amtsgericht, in dessen Bezirk das Grundstück gelegen ist. Dem Antrag ist der Vollstreckungstitel beizufügen.

Die Zwangsversteigerung wird durch **gerichtlichen Beschluss** angeordnet. Aufgrund dieses Beschlusses wird in das Grundbuch der **Zwangsversteigerungsvermerk** eingetragen.

Das Grundstück wird im Versteigerungstermin versteigert. Den Zuschlag erhält derjenige, der das **Höchstgebot (Meistgebot)** dazu abgegeben hat. Allerdings muss das sogenannte **geringste Gebot** erreicht sein, das sich zusammensetzt aus den bestehen bleibenden Rechten (= im Grundbuch eingetragene Lasten) und aus dem bar zu zahlenden Teil (Bargebot), das sind die Verfahrenskosten des Gerichts, rückständige Steuern und Abgaben und laufende wiederkehrende Leistungen der bestehen bleibenden Rechte.

3.5 Prüfungsfragen

1. **Nennen Sie die Arten der Zwangsvollstreckung in ein Grundstück.**

   Die Eintragung einer Sicherungshypothek (Zwangshypothek), die Zwangsverwaltung und die Zwangsversteigerung.

2. **In welchen Gesetzen sind die Arten der Zwangsvollstreckung in Grundstücke geregelt?**

   Die Zwangshypothek ist in der ZPO und die Zwangsverwaltung und Zwangsversteigerung sind im ZVG geregelt.

3. Welches Gericht ist sachlich und örtlich zuständig für die Anordnung der jeweiligen Zwangsvollstreckungsmaßnahme in das Grundstück?

Das Amtsgericht (Vollstreckungsgericht) bzw. das Grundbuchamt, in dessen Bezirk das Grundstück gelegen ist.

4. Welcher Betrag muss mindestens für die Eintragung einer Zwangshypothek erreicht sein?

Über 750 € einschließlich Kosten, aber ohne Zinsen.

5. Können wegen desselben Titels auch mehrere Grundstücke des Schuldners belastet werden?

Ja, in diesem Falle ist genau anzugeben, in welcher Höhe welches Grundstück haftet.

6. Gilt für den Fall, dass die Hypotheken in Teilbeträgen für mehrere Grundstücke eingetragen werden sollen, auch der Mindestbetrag?

Ja, der Mindestbetrag von über 750 € muss dann jedoch für jedes einzelne Grundstück erreicht werden.

7. Gilt der Mindestbetrag auch für die Einleitung des Zwangsversteigerungs- oder Zwangsverwaltungsverfahrens?

Nein, hier gilt kein Mindestbetrag.

8. Nennen Sie den Zweck der Zwangsverwaltung.

Die Zwangsverwaltung dient der Befriedigung des Gläubigers aus den Erträgen des Grundstücks.

9. Nennen Sie Beispiele für Grundstückserträge, bei denen eine Zwangsverwaltung in Betracht kommt.

Miete und Pacht.

10. Welchen Zweck hat die Zwangsversteigerung?

Die Zwangsversteigerung bezweckt die Befriedigung des Gläubigers aus dem Erlös des Grundstücks bei dessen Verwertung.

11. Wer nimmt die Zwangsverwaltung vor?

Ein vom Gericht bestellter Zwangsverwalter.

4. Die Zwangsvollstreckung in Forderungen und andere Rechte

In vielen Fällen ist weder eine Mobiliarvollstreckung möglich, weil keine pfändbaren Gegenstände vorhanden sind, noch kann die Immobiliarvollstreckung betrieben werden, weil der Schuldner nicht Eigentümer eines Grundstücks ist. Kann der Schuldner aber seinerseits Forderungen gegen Dritte geltend machen, etwa den Arbeitslohn, so kommt eine Pfändung und Überweisung dieser Geldforderung in Betracht.

4.1 Der Pfändungs- und Überweisungsbeschluss

Durch den Pfändungs- und Überweisungsbeschluss wird die Zwangsvollstreckung in Geldforderungen und andere vermögensrechtliche Ansprüche des Schuldners gegen Dritte (Drittschuldner) betrieben.

Beispiele: Lohn- und Gehaltsforderungen, Lebensversicherungsansprüche, Darlehensansprüche, Guthaben auf Bankkonten und Postgirokonten, Unterhaltsansprüche.

Zuständig für den Antrag eines Pfändungs- und Überweisungsbeschlusses ist das **Amtsgericht als Vollstreckungsgericht**, in dessen **Bezirk der Schuldner** seinen Wohnsitz hat; bearbeitet wird die Sache von dem Rechtspfleger (§ 828 Abs. 2 ZPO).

Der Antrag muss auf dem zwingend **vorgeschriebenen Formular** (siehe Zwangsvollstreckungsformular-Verordnung § 2 Anlage 2 und Anlage 3) gestellt werden. Die Belege zu den vorherigen Vollstreckungsmaßnahmen müssen nicht beigefügt, **die Kosten müssen** lediglich **glaubhaft gemacht werden**. Es genügt, wenn der Rechtsanwalt die Richtigkeit anwaltlich versichert.

Der Pfändungs- und Überweisungsbeschluss enthält:

► das **Verbot** für den **Drittschuldner**, an den Schuldner zu zahlen

► das **Gebot** an den **Schuldner**, sich jeder freien Verfügung über die gepfändete Forderung, insbesondere ihrer Einziehung oder Abtretung, zu enthalten.

Die Pfändung mehrerer Geldforderungen gegen verschiedene Drittschuldner soll auf Antrag des Gläubigers durch **einheitlichen Beschluss** ausgesprochen werden, soweit dies für die Vollstreckung geboten erscheint und kein Grund zu der Annahme besteht, dass schutzwürdige Interessen der Drittschuldner entgegenstehen (§ 829 Abs. 1 Satz 3 ZPO).

Der **Schuldner** ist aufgrund des Beschlusses **verpflichtet**, dem Gläubiger die zur Geltendmachung der Forderung nötige Auskunft zu erteilen und ihm die über die Forderung vorhandenen Urkunden herauszugeben. Geschieht dies nicht, so ist er auf Antrag des Gläubigers verpflichtet, die Auskünfte zu Protokoll zu geben und die Angaben **an Eides statt zu versichern** (§ 836 Abs. 3 ZPO). Diese Erzwingung der Schuldnerauskunft erfordert kein Klageverfahren mehr, gegebenenfalls ist eine Haft möglich. Zuständig ist der Gerichtsvollzieher im Bezirk des Schuldners. Sind Urkunden herauszugeben, kann der Gläubiger den Gerichtsvollzieher beauftragen, diese beim Schuldner herauszuholen.

Der Pfändungs- und Überweisungsbeschluss **wird erst mit Zustellung an den Drittschuldner wirksam**. Er soll auch dem Schuldner zugestellt werden. Die Zustellung erfolgt im **Parteibetrieb** i. d. R. durch den Gerichtsvollzieher.

„Die Zustellung an den Drittschuldner nach § 840 ZPO" bedeutet, dass der Beschluss vom Gerichtsvollzieher dem Drittschuldner persönlich zugestellt werden soll, damit dieser **die Fragen gem. § 840 ZPO beantworten kann**, nämlich

► ob und inwieweit er die Forderung als begründet anerkennt und Zahlung zu leisten bereit ist,

► ob und welche Ansprüche andere Personen an die Forderung erheben,

► ob und wegen welcher Ansprüche die Forderung bereits für andere Gläubiger gepfändet ist,

► ob innerhalb der letzten zwölf Monate im Hinblick auf das Konto, dessen Guthaben gepfändet worden ist, nach § 850i ZPO die Unpfändbarkeit des Guthabens angeordnet worden ist und

► ob es sich bei dem Konto, dessen Guthaben gepfändet worden ist, um ein Pfändungsschutzkonto im Sinne von § 840k Abs. 7 ZPO handelt.

Die Aufforderung zur Abgabe dieser Erklärung muss in die Zustellungsurkunde aufgenommen werden. Wird die Auskunft sofort bei Zustellung erteilt, dann genügt es, wenn sie **mündlich** erfolgt, da sie vom Gerichtsvollzieher zu Protokoll genommen wird. Der Drittschuldner muss diese Erklärungen unterschreiben. Beantwortet der Drittschuldner die Fragen **schriftlich**, so hat dies innerhalb einer Frist von **zwei Wochen** zu geschehen.

Gibt der **Drittschuldner** die Erklärung nicht oder nicht ordnungsgemäß ab, so haftet er dem Gläubiger gegenüber für den dadurch entstandenen Schaden. Der Gläubiger kann den Drittschuldner (anders als beim Schuldner) nicht unmittelbar zur Auskunftserteilung zwingen, sondern kann ihn nur auf Zahlung verklagen (§ 840 Abs. 2 ZPO).

Will der Gläubiger aus der gepfändeten Forderung heraus den Anspruch **einklagen**, ist er verpflichtet, dem Schuldner gerichtlich den **Streit zu verkünden**, sofern nicht eine Zustellung im Ausland oder eine öffentliche Zustellung erforderlich ist (§ 841 ZPO). Handelt es sich um die Pfändung von Ansprüchen aus einem Arbeitsvertrag, so ist für diese Klage das Arbeitsgericht sachlich zuständig.

4.2 Vereinfachter Antrag bei Vollstreckungsbescheiden

Ab dem 01.01.2018 kann der Antrag auf Pfändung und Überweisung elektronisch übermittelt werden (§ 829a ZPO), wenn

1. aus einem **Vollstreckungsbescheid** vollstreckt wird, der keiner Vollstreckungsklausel bedarf (= Regelfall)

2. die **Forderung 5.000 € nicht übersteigt** (die Kosten der Zwangsvollstreckung werden nicht berücksichtigt)

3. **andere Urkunden** als der Vollstreckungsbescheid **nicht vorzulegen** sind

4. eine **Abschrift des Vollstreckungsbescheids** nebst Zustellungsbescheinigung als **elektronisches Dokument** sowie

5. **eine Versicherung** übermittelt wird, dass eine Ausfertigung des Vollstreckungsbescheids nebst Zustellungsbescheinigung vorliegt und die Forderung noch besteht.

Vor dem 01.01.2018 muss durch Rechtsverordnung die elektronische Einreichung zugelassen sein. Sofern der Gerichtsvollzieher mit dem **Einzug von Zwangsvollstreckungskosten** beauftragt wird, so muss der Gläubiger eine Aufstellung und die entsprechenden **Belege** als **elektronisches Dokument** beifügen.

4.3 Die Vorpfändung

Mit einem vorläufigen Zahlungsverbot (Vorpfändung) gem. § 845 ZPO kann der Gläubiger schon vor Erlass eines Pfändungs- und Überweisungsbeschlusses eine Vorpfändung vornehmen. In solch einem Fall braucht der Titel noch nicht zugestellt zu sein. Das Gericht wirkt bei einem vorläufigen Zahlungsverbot nicht mit. Dadurch, dass der „Umweg" über das Vollstreckungsgericht vermieden wird, sollen dem Gläubiger zeitliche Nachteile erspart werden. Auch ist die Vorpfändung bei Konkurrenzgläubigern von Bedeutung: Da nach § 804 Abs. 3 ZPO der Grundsatz „wer zuerst kommt, mahlt zuerst" gilt, geht das früher entstandene Pfandrecht dem späteren vor.

Wirkung des vorläufigen Zahlungsverbotes:

Die Pfändung der Forderung gilt als vom Tage der Zustellung ab bewirkt, wenn **binnen eines Monats** dem Drittschuldner der endgültige Pfändungs- und Überweisungsbeschluss zugestellt wird. Auf diese Frist ist das Gericht bei Antrag des Pfändungs- und Überweisungsbeschlusses zweckmäßigerweise hinzuweisen.

Wird die Frist versäumt, ist die Vorpfändung wirkungslos. Eine weitere, neu beginnende, Monatsfrist kann man nur durch nochmalige Zustellung eines vorläufigen Zahlungsverbotes erhalten.

Der Drittschuldner kann die vorgepfändeten Beträge erst nach rechtzeitiger Zustellung eines Pfändungs- und Überweisungsbeschlusses an den Gläubiger überweisen und ist auch erst danach verpflichtet, die Fragen nach § 840 ZPO zu beantworten.

4.4 Prüfungsfragen

1. Wie wird die Zwangsvollstreckung in Forderungen und Rechte des Schuldners, die er gegen Dritte hat, eingeleitet?

Durch Antrag auf Erlass eines Pfändungs- und Überweisungsbeschlusses.

2. Nennen Sie Beispiele für solche pfändbaren Forderungen.

Lohn- und Gehaltsforderungen, Lebensversicherungsansprüche, Darlehensansprüche, Unterhaltsansprüche, Guthaben auf Bankkonten und Postgirokonten.

3. Was muss dem Antrag beigefügt werden?

Der Vollstreckungstitel einschließlich Zustellungsurkunde, sämtliche Belege über die im Antrag verlangten bisher entstandenen Vollstreckungskosten (Vollstreckungsunterlagen).

4. Welches Gericht ist sachlich und örtlich für den Erlass des Pfändungs- und Überweisungsbeschlusses zuständig?

Das Amtsgericht als Vollstreckungsgericht, in dessen Bezirk der Schuldner wohnt.

5. Wie wird der Pfändungs- und Überweisungsbeschluss zugestellt?

Im Parteibetrieb durch den Gerichtsvollzieher.

6. Ab wann ist die Pfändung wirksam?

Ab Zustellung an den Drittschuldner.

7. Was bedeutet es, wenn die Zustellung an den Drittschuldner nach § 840 ZPO erfolgen soll?

Der Gerichtsvollzieher muss dem Drittschuldner den Beschluss persönlich zustellen, damit dieser die Fragen beantworten kann.

8. Welche Fragen soll der Drittschuldner beantworten?

Der Gerichtsvollzieher wird den Drittschuldner fragen,

- ob und inwieweit er die Forderung als begründet anerkennt und zur Zahlung bereit ist
- ob und welche Ansprüche andere Personen an die Forderung erheben
- ob und wegen welcher Ansprüche die Forderung bereits für andere Gläubiger gepfändet ist
- ob innerhalb der letzten zwölf Monate im Hinblick auf das Konto, dessen Guthaben gepfändet worden ist
- nach § 850i ZPO die Unpfändbarkeit des Guthabens angeordnet worden ist
- ob es sich bei dem Konto, dessen Guthaben gepfändet worden ist, um ein Pfändungsschutzkonto im Sinne von § 840k ZPO handelt.

9. In welcher Form und innerhalb welcher Frist müssen diese Fragen beantwortet werden?

Entweder sofort (dann mündlich) oder binnen zwei Wochen (dann schriftlich).

10. Ist der Schuldner zur Auskunft verpflichtet?

Ja, er muss dem Gläubiger die zur Geltendmachung der Forderung nötige Auskunft erteilen und ihm die über die Forderung vorhandenen Urkunden herausgeben.

11. Wie kann der Gläubiger die Auskunft des Schuldners erzwingen?

Der Schuldner ist auf Antrag des Gläubigers verpflichtet, die Auskünfte zu Protokoll zu geben und die Angaben an Eides statt zu versichern.

12. Welche Voraussetzungen müssen bei einer elektronischen Beantragung erfüllt sein?

- ► Die elektronische Beantragung muss durch Rechtsverordnung zugelassen sein oder ab dem 01.01.2018 erfolgen

- ► es muss aus einem Vollstreckungsbescheid, der keiner Vollstreckungsklausel bedarf, vollstreckt werden

- ► die Geldforderung aus dem Vollstreckungsbescheid darf nicht mehr als 5.000 € betragen

- ► die Vorlage anderer Urkunden ist nicht vorgeschrieben

- ► Vollstreckungsbescheid, Zustellungsnachweis, eventuell auch Vollstreckungsbelege und eine nachprüfbare Kostenaufstellung müssen dem Antrag in elektronischer Form beigefügt werden

- ► der Gläubiger muss versichern, dass ihm der Vollstreckungsbescheid nebst Zustellungsurkunde vorliegt und die Forderung noch besteht.

13. Was wird man unternehmen, wenn die Pfändung der Geldforderung eilt?

Man wird ein vorläufiges Zahlungsverbot zustellen.

14. Welche Frist ist nach Zustellung des vorläufigen Zahlungsverbotes zu beachten?

Binnen eines Monats muss der Pfändungs- und Überweisungsbeschluss dem Drittschuldner zugestellt werden.

15. Welche Rechtsfolge tritt ein, wenn die Frist nicht eingehalten wird?

Die Vorpfändung wird wirkungslos.

16. Wann kann der Drittschuldner die aufgrund des Zahlungsverbotes eingehaltenen Beträge an den Gläubiger überweisen?

Erst nach rechtzeitiger Zustellung des Pfändungs- und Überweisungsbeschlusses.

5. Die Zwangsvollstreckung wegen anderer Ansprüche

Es geht den Parteien nicht immer nur um Geld, es geht ihnen häufig auch um die Errichtung eines Werkes, um den Widerruf ehrenrühriger Behauptungen und vieles mehr. In Betracht kommt die Zwangsvollstreckung wegen Herausgabe beweglicher und unbeweglicher Sachen, wegen Vornahme, Duldung und Unterlassung einer Handlung sowie wegen der Abgabe einer Willenserklärung.

5.1 Die Herausgabe von beweglichen Sachen

Hat der Schuldner bewegliche vertretbare oder nicht vertretbare Sachen herauszugeben, so sind sie ihm vom Gerichtsvollzieher wegzunehmen und dem Gläubiger zu übergeben (§§ 883, 884 ZPO).

Beispiele: Herausgabe einer entliehenen Brosche, eines gestohlenen Fahrrads, eines Sparbuchs.

Kann der Gerichtsvollzieher die herauszugebende Sache **nicht finden**, so ist der Schuldner verpflichtet, auf Antrag des Gläubigers die **eidesstattliche Versicherung** abzugeben, **dass er die Sache nicht besitze und auch nicht wisse, wo die Sache sich befinde.** Auch für diesen Antrag ist der Gerichtsvollzieher beim Amtsgericht zuständig (§ 883 Abs. 2 ZPO).

Bei einer solchen Erklärung ist die Vollstreckung i. d. R. beendet und der Gläubiger muss beim erstinstanzlichen Prozessgericht seinen **Anspruch auf Schadensersatz** umstellen.

Befindet sich die herauszugebende Sache **im Besitz eines Dritten,** so kann der Gerichtsvollzieher die Sache nur herausholen, wenn der Dritte zur Herausgabe bereit ist. Andernfalls muss sich der Gläubiger den Herausgabeanspruch des Schuldners gegen den Dritten **pfänden und überweisen lassen.** Gibt der Dritte die Sache auch dann nicht heraus, ist **Klage** erforderlich. Der Gläubiger wird in diesem Fall dem Schuldner **den Streit verkünden** mit der Aufforderung, ihm in diesem Rechtsstreit beizutreten (§ 886 ZPO).

5.2 Die Räumung und Herausgabe von unbeweglichen Sachen

Hat der Schuldner eine **unbewegliche Sache**, z. B. ein gepachtetes Grundstück oder eine Wohnung, herauszugeben, zu überlassen oder zu räumen, so bestimmt der Gerichtsvollzieher einen Termin, an dem er den Schuldner aus dem Besitz setzt (durch Entfernung von Möbeln usw.) und den Gläubiger in den Besitz einweist (durch Übergabe der Schlüssel) (§ 885 Abs. 1 ZPO).

Bei der Räumung entfernte, dem Schuldner gehörende Gegenstände werden von dem Gerichtsvollzieher weggeschafft und dem Schuldner oder, wenn dieser abwesend ist, einem Bevollmächtigten des Schuldners oder einem erwachsenen Familienangehörigen übergeben. Sind die genannten Personen nicht anwesend, so kann der Gerichtsvollzieher die Sachen auf Kosten des Schuldners wegschaffen und in Verwahrung nehmen sowie Gegenstände, an denen offensichtlich kein Interesse besteht **unverzüglich vernichten**. Der Gläubiger ist für die Kosten der Zwangsvollstreckung vorschusspflichtig (§ 885 Abs. 2, 3 ZPO).

Beispiele: Kosten für Transportfahrzeuge, für Möbelträger, Schlosser, Verwahrungskosten.

Der **Gläubiger** kann aber auch den Gerichtsvollzieher mit der bloßen Besitzverschaffung nach § 885a ZPO beauftragen und dann **selbst** die Gegenstände des Schuldners **wegschaffen** und in Verwahrung nehmen. Der Gerichtsvollzieher führt ein Protokoll und dokumentiert eventuell mithilfe von elektronischen Bildaufnahmen den Bestand und den Zustand der vom Schuldner in den Wohnraum eingebrachten beweglichen Sachen (§ 885a Abs. 2 ZPO).

5.3 Die Zwangsvollstreckung wegen Vornahme von Handlungen

5.3.1 Vertretbare Handlungen

Ist der Schuldner aufgrund des Vollstreckungstitels zu einer Handlung verpflichtet, so sind die Zwangsvollstreckung wegen vertretbarer und die Zwangsvollstreckung wegen unvertretbarer Handlungen zu unterscheiden.

Vertretbare Handlungen können auch von einem Dritten an Stelle des Schuldners vorgenommen werden.

Beispiele: Reparatur eines Pkw, das Schneidern eines Maßanzugs, Abbruch eines Gebäudes.

Vertretbare Handlungen werden vollstreckt, indem der Gläubiger von dem Prozessgericht erster Instanz auf Antrag ermächtigt wird, auf Kosten des Schuldners die Handlungen vornehmen zu lassen. Der Gläubiger kann zugleich beantragen, den Schuldner zur Vorauszahlung der Kosten zu verurteilen, die durch die Vornahme der Handlung entstehen werden, unbeschadet des Rechts auf eine Nachforderung, wenn die Vornahme der Handlung einen größeren Kostenaufwand verursacht (§ 887 Abs. 1 ZPO).

5.3.2 Unvertretbare Handlungen

Unvertretbare Handlungen können nur durch den Schuldner persönlich in der erforderlichen Weise vorgenommen werden.

Beispiele: Auskunftserteilung, Erstellung eines Nachlassverzeichnisses durch den Erben an Pflichtteilsberechtigte, Ausstellung eines Zeugnisses, Schreiben eines wissenschaftlichen Buchs, Malen eines künstlerischen Bildes.

Unvertretbare Handlungen werden vollstreckt, indem das Prozessgericht erster Instanz auf Antrag des Gläubigers den Schuldner zur Vornahme der Handlung **durch Zwangsgeld oder Zwangshaft** anhält. Das einzelne Zwangsgeld darf den Betrag von **25.000 €** nicht übersteigen (§ 888 ZPO).

5.4 Duldung und Unterlassung

Es ist denkbar, dass der Schuldner zur **Unterlassung** verurteilt wurde.

Beispiele

Der Abwehranspruch nach **§ 1004 BGB** wegen Beeinträchtigungen, etwa Lärm, Geruchs- oder sonstige Beeinträchtigungen vom Nachbargrundstück; außerdem die Verpflichtung, künftig keine wahrheitswidrigen, geschäftsschädigenden Behauptungen aufzustellen; die Unterlassung, künftig einen bestimmten Namen nicht mehr zu Werbezwecken zu verwenden

Ebenfalls ist denkbar, dass der Schuldner zur **Duldung** verurteilt wurde (z. B. Duldung, einen Weg zu befahren, ein Gewässer zu benutzen).

In diesen Fällen kann der Schuldner auf Antrag des Gläubigers bei jeder Zuwiderhandlung von dem Prozessgericht erster Instanz zu einem **Ordnungsgeld**, ersatzweise zu einer **Ordnungshaft**, oder direkt zu einer Ordnungshaft verurteilt werden. Der Verurteilung muss eine entsprechende Androhung vorausgehen. Das einzelne Ordnungsgeld darf für eine Zuwiderhandlung den Betrag von **250.000 €** nicht übersteigen, die Ordnungshaft darf für eine Zuwiderhandlung **höchstens sechs Monate** betragen, bei mehreren Zuwiderhandlungen **insgesamt nicht mehr als zwei Jahre** (§ 890 Abs. 1 ZPO).

5.5 Abgabe einer Willenserklärung

Der Schuldner kann auch zur Abgabe einer Willenserklärung verurteilt worden sein.

Beispiele

Alle rechtsgeschäftlichen Erklärungen wie Einigung, Auflassung, Abtretungserklärungen, Zustimmung zur Änderung eines Gesellschaftsvertrages; auch Urlaubsgewährung sowie sogar Prozesshandlungen wie Klagerücknahme.

In diesem Falle braucht das Urteil nicht besonders vollstreckt zu werden. **Die Willenserklärung gilt vielmehr als abgegeben, sobald das Urteil rechtskräftig ist.** Ist die Willenserklärung von einer **Gegenleistung** abhängig gemacht, so tritt diese Wirkung erst ein, wenn die Gegenleistung erbracht wurde und das Gericht eine vollstreckbare Ausfertigung, d. h. eine Vollstreckungsklausel, erteilt hat (§ 894 ZPO).

5.6 Prüfungsfragen

1. Wie erfolgt die Zwangsvollstreckung bei der Herausgabe von beweglichen Sachen?

Der Gerichtsvollzieher nimmt die Sache dem Schuldner weg und händigt sie dem Gläubiger aus.

2. Was unternimmt man, wenn der Gerichtsvollzieher die Sache nicht findet oder wenn der Schuldner erklärt, er wisse nicht, wo sie sich befindet?

Es ist ein Antrag auf Abgabe einer eidesstattlichen Versicherung dahingehend zu stellen, dass der Schuldner erklärt, er besitze die Sache nicht und wisse auch nicht, wo sie sich befindet.

3. Kann der Gerichtsvollzieher die Sache auch bei einem Dritten herausholen?

Nur, wenn der Dritte einverstanden ist.

4. Was unternimmt man, wenn der Dritte zur Herausgabe nicht bereit ist?

Der Gläubiger muss sich den Herausgabeanspruch des Schuldners gegen den Dritten pfänden und überweisen lassen.

5. Was unternimmt man, wenn der Dritte die Sache auch dann nicht herausgibt?

Der Gläubiger kann Klage erheben und dem Schuldner den Streit verkünden.

6. Wie erfolgt eine Zwangsvollstreckung aus einem Räumungsurteil?

Der Gerichtsvollzieher bestimmt einen Räumungstermin, an dem er den Schuldner aus dem Besitz setzt und den Gläubiger in den Besitz einweist.

7. Wozu ist der Gläubiger vor der Räumung verpflichtet?

Er muss Vorschuss leisten.

8. Welche Vollstreckungsarten unterscheidet man bei der Zwangsvollstreckung wegen Vornahme von Handlungen?

Die Zwangsvollstreckung wegen vertretbarer und wegen unvertretbarer Handlungen.

9. Was sind vertretbare Handlungen?

Vertretbare Handlungen sind Handlungen, die anstelle des Schuldners auch von einem Dritten vorgenommen werden können.

10. Nennen Sie Beispiele für vertretbare Handlungen.

Reparatur eines Pkw, Anfertigung eines Maßanzuges, Abbruch eines Gebäudes.

11. Was sind unvertretbare Handlungen?

Unvertretbare Handlungen können nur durch den Schuldner persönlich in erforderlicher Weise vorgenommen werden.

12. Nennen Sie Beispiele für unvertretbare Handlungen.

Auskunftserteilung, Ausstellung eines Nachlassverzeichnisses oder eines Zeugnisses.

13. Wie werden vertretbare Handlungen vollstreckt?

Das Prozessgericht erster Instanz hat auf Antrag des Gläubigers durch Beschluss diesen zu ermächtigen, die Handlung auf Kosten des Schuldners vornehmen zu lassen.

14. Wie werden unvertretbare Handlungen vollstreckt?

Das Prozessgericht erster Instanz hat auf Antrag des Gläubigers den Schuldner zur Vornahme der Handlung durch Zwangsgeld oder Zwangshaft anzuhalten.

15. Wie werden Duldungen oder Unterlassungen vollstreckt?

Das Prozessgericht erster Instanz hat auf Antrag des Gläubigers gegen den Schuldner ein Ordnungsgeld, ersatzweise Ordnungshaft, oder direkt eine Ordnungshaft festzusetzen.

16. Wie wird die Abgabe einer Willenserklärung vollstreckt?

Grundsätzlich ist eine Vollstreckung nicht erforderlich, da die Willenserklärung mit Rechtskraft des Urteils als abgegeben gilt.

17. Nennen Sie Beispiele für Willenserklärungen, in die der Schuldner (Beklagte) verurteilt werden kann.

Vertragliche Einigung, Grundstücksauflassung, Abtretungserklärungen, Urlaubsgewährung, Klagerücknahme.

notarieller Vertrag
Formvorschrift
gerichtliches Verfahren
Vergleich (gerichtlich)
erfüllt
Grundbuchamt muss umschreibe

6. Verfahren zur Abnahme der Vermögensauskunft

Jetzt wird es ernst: Der Schuldner kann nicht zahlen! Das Verfahren zur Abnahme der Vermögensauskunft unterscheidet sich hinsichtlich der Zielsetzung erheblich von den bisher besprochenen Vollstreckungsmaßnahmen: Bisher ging es vor allem darum, durch Vollstreckung unmittelbar eine Befriedigung des Gläubigers herbeizuführen. Nun geht es lediglich um Informationen, wie eine solche Vollstreckung überhaupt durchgesetzt werden kann, z. B. weil die vergangenen Maßnahmen bisher fehlgeschlagen sind und Erkundigungen eingeholt werden müssen, damit neu überlegt werden kann, wie in Zukunft vorzugehen ist. Weiterhin stellt das Verfahren auch ein Druckmittel gegen den Schuldner dar, da dieser durch den Eintrag in das Schuldnerverzeichnis erhebliche wirtschaftliche Nachteile erleidet.

6.1 Allgemeines

Das Verfahren beginnt mit dem **Antrag** des Gläubigers (siehe auch Kapitel „Mobiliarvollstreckung"). Das vonseiten des Bundesministeriums der Justiz und Verbraucherschutz eingeführte **Formular** muss **verbindlich** genutzt werden), der neben den Angaben zu den **Parteien**, den **Vertretern**, den **vollstreckbaren Titeln**, einer **Forderungsaufstellung** nebst Berechnung der **Anwaltskosten** und der Erklärung, ob der Gläubiger **vorsteuerabzugsberechtigt** ist, die gewünschten Maßnahmen bezeichnet und ankreuzen kann.

Zuständig für den Antrag ist der **Gerichtsvollzieher** bei dem Amtsgericht, in dessen Bezirk der Schuldner wohnt bzw. seinen Aufenthaltsort hat (§ 802e ZPO).

6.2 Verfahrensablauf

Voraussetzung für ein Verfahren zur Abnahme der Vermögensauskunft ist der Antrag nebst Titel, Klausel und Zustellung. Der Gläubiger kann einen **Kombiantrag** (Pfändung und Vermögensauskunft) erteilen. Er kann unter Punkt „N" des Formulars die Reihenfolge der einzelnen Aufträge bestimmen. In der Regel wird der Gerichtsvollzieher beauftragt, zunächst die **Pfändung** zu versuchen und – sollte dies nicht erfolgreich sein oder der Schuldner der Durchsuchung seiner Wohnräume widersprechen – anschließend die **Vermögensauskunft** abzunehmen. Widerspricht der Schuldner der sofortigen Abnahme, wird der Gerichtsvollzieher einen Termin anberaumen und den Schuldner in seine Geschäftsräume laden und nach § 807 ZPO verfahren. Das Setzen einer Zahlungsfrist ist nicht mehr nötig.

Der Gläubiger kann aber auch nur die **Vermögensauskunft des Schuldners** beantragen. Bei einem solchen Antrag setzt der Gerichtsvollzieher dem Schuldner für die Begleichung der Forderung eine **Frist von zwei Wochen** (diese Fristsetzung ist entbehrlich, wenn der Gerichtsvollzieher bereits zuvor zur Zahlung aufgefordert hatte und seit dieser Aufforderung zwei Wochen verstrichen sind) und bestimmt für den Fall, dass die Forderung nach Fristablauf nicht vollständig beglichen ist, einen **Termin zur Abgabe der Vermögensauskunft** alsbald nach Fristablauf und **lädt den Schuldner** zu diesem Termin entweder in seine Geschäftsräume (dann hat der Schuldner die zur Abgabe der Vermögensauskunft **erforderlichen Unterlagen** mitzubringen) oder zur Abgabe in der **Wohnung** des Schuldners. Der Terminsanberaumung in der Wohnung kann der Schuldner jedoch innerhalb **einer Woche widersprechen**.

Zahlungsaufforderungen, Ladungen, Bestimmungen und **Belehrungen** sind dem **Schuldner zuzustellen**, auch wenn dieser einen Verfahrensbevollmächtigten bestellt hat. Mit der Terminsladung wird der Schuldner über seine Rechte und Pflichten und die Folgen einer unentschuldigten Terminssäumnis **belehrt**.

6.2.1 Das Vermögensverzeichnis

Der Schuldner ist verpflichtet, ein Verzeichnis über sein Vermögen anzufertigen (§ 802c ZPO). Der Schuldner muss **Auskunft** über die ihm gehörenden **Vermögensgegenstände** erteilen sowie

▸ seinen **Geburtsnamen**, sein **Geburtsdatum** und seinen **Geburtsort** angeben.

▸ Handelt es sich um eine juristische Person oder um eine Personenvereinigung, so ist die **Firma**, die Nummer des **Registerblattes** im Handelsregister und der Sitz zu benennen.

▸ Bei **Forderungen** sind der Grund und die Beweismittel zu bezeichnen. Weiterhin sind

▸ die **entgeltlichen Veräußerungen des Schuldners** an eine nahestehende Person, die dieser in den **letzten zwei Jahren** vorgenommen hat, sowie

▸ die **unentgeltlichen Leistungen des Schuldners**, die dieser in den **letzten vier Jahren** vor dem Termin vorgenommen hat, sofern sie sich nicht auf gebräuchliche Gelegenheitsgeschenke geringen Wertes richten, anzugeben.

Unpfändbare Sachen, die dem **persönlichen Gebrauch** und dem **Haushalt** dienen, sowie **Nahrungs-, Feuerungs- und Beleuchtungsmittel für vier Wochen** für sich und seine Haushaltsangehörigen (ersatzweise ein entsprechender Geldbetrag) müssen **nicht in das Vermögensverzeichnis** aufgenommen erden.

Der Gerichtsvollzieher fertigt das **Vermögensverzeichnis in einem elektronischen Dokument** und liest die Angaben dem Schuldner entweder vor oder stellt sie ihm zur Durchsicht auf einem Bildschirm bereit. Auf Verlangen stellt er dem Schuldner einen Ausdruck zur Verfügung.

Sodann nimmt er dem Schuldner die eidesstattliche Versicherung nach § 802c Abs. 3 ZPO ab, d. h. der Schuldner versichert an Eides statt, dass er seine Angaben nach bestem Wissen und Gewissen richtig und vollständig gemacht hat.

Der Gerichtsvollzieher **hinterlegt das Vermögensverzeichnis** bei dem zuständigen **zentralen Vollstreckungsgericht** und leitet dem **Gläubiger unverzüglich einen Ausdruck** zu. Der Ausdruck muss den Vermerk enthalten, dass er mit dem Inhalt des Vermögensverzeichnisses übereinstimmt. **Anstelle des Ausdrucks** kann dem Gläubiger auf Antrag das

Vermögensverzeichnis **als elektronisches Dokument** übermittelt werden, wenn dieses mit einer qualifizierten elektronischen Signatur versehen und gegen unbefugte Kenntnisnahme geschützt ist (§ 802d Abs. 2 ZPO).

Die hinterlegten **Vermögensverzeichnisse** werden landesweit von folgenden **zentralen Vollstreckungsgerichten** in elektronischer Form **verwaltet** (§ 802k Abs. 3 ZPO) und können über eine **zentrale und länderübergreifende Abfrage im Internet** abgerufen werden:

Baden-Württemberg	Amtsgericht Karlsruhe
Bayern	Amtsgericht Hof
Berlin	Amtsgericht Berlin-Mitte
Brandenburg	Amtsgericht Nauen
Bremen	Amtsgericht Bremerhaven
Hamburg	Amtsgericht Hamburg
Hessen	Amtsgericht Hünfeld
Mecklenburg-Vorpommern	Amtsgericht Neubrandenburg
Niedersachsen	Amtsgericht Goslar
Nordrhein-Westfalen	Amtgericht Hagen
Rheinland-Pfalz	Amtsgericht Kaiserlautern
Saarland	Amtsgericht Saarbrücken
Sachsen	Amtsgericht Zwickau
Sachsen-Anhalt	Amtsgericht Dessau-Roßlau
Schleswig-Holstein	Amtsgericht Schleswig
Thüringen	Amtsgericht Meiningen

Ein Vermögensverzeichnis ist nach **Ablauf von zwei Jahren** seit Abgabe der Auskunft oder bei **Eingang eines neuen Vermögensverzeichnisses zu löschen** (§ 802k ZPO).

Der Schuldner ist **vor Ablauf dieser zwei Jahre** zur **erneuten Vermögensauskunft** nur verpflichtet, wenn ein Gläubiger in seinem Antrag **nach § 802d ZPO** Tatsachen glaubhaft macht, die auf eine **wesentliche Veränderung der Vermögensverhältnisse** des Schuldners schließen lassen. Andernfalls leitet der Gerichtsvollzieher dem Gläubiger einen Ausdruck des letzten abgegebenen Vermögensverzeichnisses zu (§ 802d Abs. 1 Satz 2 ZPO). Ein Verzicht des Gläubigers auf die Zuleitung ist unbeachtlich.

6.2.2 Informationsbeschaffung durch den Gerichtsvollzieher

Der Gläubiger hat weiterhin die Möglichkeit, über den Gerichtsvollzieher Informationen zum Schuldner einzuholen, und zwar durch einen Antrag auf **Auskunft nach § 802l Abs. 1 ZPO,**

▸ wenn der **Schuldner** seiner Pflicht zur Abgabe der **Vermögensauskunft nicht nachgekommen** ist oder aber

▸ bei einer **Vollstreckung** in die dort aufgeführten Vermögensgegenstände eine **vollständige Befriedigung** des Gläubigers voraussichtlich **nicht zu erwarten** ist

▸ und die Erhebung oder das Ersuchen zur Vollstreckung erforderlich ist.

Der Gerichtsvollzieher darf dann

1. bei den **Trägern der gesetzlichen Rentenversicherung** den Namen, die Vornamen oder die Firma sowie die Anschriften der **derzeitigen Arbeitgeber** eines versicherungspflichtigen Beschäftigungsverhältnisses **des Schuldners** erfragen,

2. das **Bundeszentralamt für Steuern** ersuchen, bei den Kreditinstituten die Angaben zu **Konten und Depots** abzurufen sowie

3. beim **Kraftfahrt-Bundesamt** die **Fahrzeug- und Halterdaten** der auf den Schuldner zugelassenen Fahrzeuge erheben.

Über das Ergebnis setzt der Gerichtsvollzieher den **Gläubiger unverzüglich** und den **Schuldner innerhalb von vier Wochen** nach Erhalt in Kenntnis. Anstelle der Zuleitung eines Ausdrucks kann dem Gläubiger auch auf Antrag ein **elektronisches Dokument**, das mit einer qualifizierten elektronischen Signatur versehen und gegen unbefugte Kenntnisnahme geschützt ist, übermittelt werden. Die oben genannte **2-jährige Sperrfrist gilt hier nicht**.

6.2.3 Verweigerung der Vermögensauskunft

Sofern der Schuldner

▸ dem **Termin** zur Vermögensauskunft **unentschuldigt fernbleibt** oder

▸ ohne Grund die Abgabe der **Vermögensauskunft verweigert** oder aber

▸ sich **weigert**, die **eidesstattliche Versicherung** abzugeben,

kann der Gläubiger einen **Haftbefehl** zur Erzwingung der Vermögensauskunft **beantragen**.

Bei den Anträgen zur Vermögensauskunft sollte daher nicht versäumt werden, folgende Anträge zu stellen:

Bleibt der Schuldner dem Termin zur Abgabe der Vermögensauskunft unentschuldigt fern, oder weigert er sich, die Vermögensauskunft zu erteilen, beantrage ich den Erlass eines Haftbefehls nach § 802g ZPO. Der Gerichtsvollzieher wird gebeten, den Antrag an das zuständige Vollstreckungsgericht weiterzuleiten

und

nach Erlass des Haftbefehls wird um Weiterleitung an den zuständigen Gerichtsvollzieher gebeten, der mit der anschließenden Verhaftung beauftragt wird

oder

nach Erlass des Haftbefehls wird um Zusendung des Haftbefehls gebeten, ein Haftauftrag wird nicht erteilt.

Für die **Vollstreckung des Haftbefehls** ist ebenfalls der **Gerichtsvollzieher** zuständig. Der Gläubiger beantragt die **Verhaftung § 802g ZPO**.

Der Haftbefehl muss bei der Verhaftung dem Schuldner in beglaubigter Abschrift übergeben werden. Sind seit Erlass des Haftbefehls **zwei Jahre verstrichen**, ist die Vollziehung des Haftbefehls **unstatthaft** (§ 802h ZPO).

Zur Erzwingung kann der Schuldner bis zu **sechs Monate in Zwangshaft** genommen werden. Der Gläubiger muss allerdings für die Zwangshaft **Vorschuss** (einschließlich Verpflegungskosten) zahlen. Nach Ablauf der sechs Monate oder nach Abgabe der Vermögensauskunft wird der Schuldner von Amts wegen aus der Haft entlassen (§ 802i Abs. 2, § 802j Abs. 1 ZPO).

Grundsätzlich kann gegen einen Schuldner auch eine Haft von sechs Monaten innerhalb der Sperrfrist von zwei Jahren nur **einmal** vollzogen werden. Haben sich jedoch die **Vermögensverhältnisse des Schuldners wesentlich verändert**, so kann ein Schuldner **erneut** auf Antrag zur Abgabe der Vermögensauskunft durch Haft angehalten werden.

6.2.4 Das Schuldnerverzeichnis

wird beim zuständigen zentralen Vollstreckungsgericht geführt.

Ein Eintrag in das Verzeichnis führt zu erheblichen wirtschaftlichen Nachteilen, da Auskunfteien und Banken insoweit Verzeichnisse führen. Unter anderem gibt es ggf. also **keine Kredite und keine Ratenzahlungen mehr!**

Der zuständige Gerichtsvollzieher ordnet **von Amts wegen** die **Eintragung des Schuldners** in das Schuldnerverzeichnis an, wenn

1. der Schuldner seiner **Pflicht zur Abgabe der Vermögensauskunft nicht nachgekommen ist**

2. **eine Vollstreckung** nach dem Inhalt des Vermögensverzeichnisses offensichtlich nicht geeignet wäre, **zu einer vollständigen Befriedigung des Gläubigers** zu führen,

auf dessen Antrag die Vermögensauskunft erteilt oder dem die erteilte Auskunft zugeleitet wurde

3. der Schuldner dem Gerichtsvollzieher **nicht innerhalb eines Monats** nach Abgabe der Vermögensauskunft oder Bekanntgabe der Zuleitung des Verzeichnisses an den Gläubiger nach § 802d Abs. 1 Satz 2 ZPO die **vollständige Befriedigung des Gläubigers** nachweist.

Nach Abgabe der Vermögensauskunft und der eidesstattlichen Versicherung erhält der **Schuldner demnach noch eine letzte Frist von einem Monat (!)**, innerhalb derer er es noch verhindern kann, in das Schuldnerverzeichnis eingetragen zu werden.

Gegen die Eintragungsanordnung kann der Schuldner innerhalb von **zwei Wochen** ab Bekanntgabe **Widerspruch** bei dem zuständigen Vollstreckungsgericht erheben, der allerdings die Vollziehung nicht hemmt. Der Schuldner kann aber beim Vollstreckungsgericht beantragen, dass die Eintragung einstweilen ausgesetzt wird.

Der **Eintrag** im Schuldnerverzeichnis **wird gelöscht,** wenn

▶ seit dem Tag der Eintragungsanordnung des zentralen Vollstreckungsgerichts **drei Jahre verstrichen** sind, (bei einem Eintrag wegen Insolvenz beträgt die Frist fünf Jahre),

▶ die **vollständige Befriedigung des Gläubigers** nachgewiesen ist,

▶ das **Fehlen** oder der **Wegfall** des **Eintragungsgrundes bekannt** geworden oder

die Ausfertigung der vollstreckbaren Entscheidung über die **Aussetzung oder Aufhebung der Eintragungsanordnung** vorgelegt ist.

6.2.5 Gebührenrechtliche Besonderheiten

Dem Gläubigervertreter entsteht in der Regel für jede Vollstreckungsmaßnahme eine **0,3 Verfahrensgebühr** nach Nr. 3109 VV RVG zzgl. Postentgelte und Mehrwertsteuer. Der Gegenstandswert berechnet sich gem. § 25 Abs. 1 RVG nach der Hauptforderung zzgl. Kosten und Zinsen. Im Verfahren zur **Abgabe der Vermögensauskunft** ist der Gegenstandswert allerdings **höchstens 2.000 €**. Nimmt ein Gläubigervertreter einen gerichtlichen Termin oder einen Termin zur Abgabe der Vermögensauskunft wahr, so entsteht zusätzlich eine **0,3 Terminsgebühr** nach Nr. 3110 VV RVG. Auch ist der Anfall einer **Einigungsgebühr** denkbar. Allerdings beträgt der **Gegenstandswert nur 20 %** des Anspruchs, wenn es sich bei der Einigung um eine **Zahlungsvereinbarung** handelt. Ist über die Forderung ein gerichtliches Zwangsvollstreckungsverfahren oder ein Verfahren vor dem Gerichtsvollzieher anhängig, so reduziert sich die Einigungsgebühr gem. 1000 VV RGV von 1,5 auf **1,0** (Nr. 1003 VV RVG).

6.3 Prüfungsfragen

1. **Welchem Zweck dient das Verfahren auf Abnahme der Vermögensauskunft?**

   ▸ Die Vermögensverhältnisse des Schuldners sollen offengelegt werden.

   ▸ Der Schuldner wird unter Druck gesetzt, da er durch einen Eintrag im Schuldnerverzeichnis seine Kreditwürdigkeit verliert.

2. **Was muss der Gläubiger bei seinem Antrag beachten?**

   Er muss das verbindlich eingeführte Formular benutzen. Er muss im Antrag:

   ▸ die Parteien,

   ▸ die Vertreter,

   ▸ den vollstreckbaren Titel,

   ▸ die Forderungsaufstellung,

   ▸ die Berechnung der Anwaltskosten und

   ▸ die Erklärung, ob er vorsteuerabzugsberechtigt ist, aufnehmen und weiterhin angeben,

   ▸ welche Maßnahmen er wünscht.

3. **Welches Vollstreckungsorgan ist für dieses Verfahren zuständig?**

   Zuständig ist der Gerichtsvollzieher bei dem Amtsgericht, in dessen Bezirk der Schuldner wohnt bzw. seinen Aufenthaltsort hat.

4. **Welches sind die Voraussetzungen für das Verfahren auf Abnahme der Vermögensauskunft?**

   Antrag, Titel, Klausel und Zustellung.

5. **Womit wird der Gerichtsvollzieher beauftragt, wenn der Gläubiger einen „Kombiantrag" stellt?**

   Der Gerichtsvollzieher wird beauftragt,

   ▸ die Pfändung in das bewegliche Vermögen zu versuchen und – sollte dies nicht erfolgreich sein oder aber der Schuldner die Durchsuchung seiner Wohnung nicht erlauben –

   ▸ die Vermögensauskunft sofort in der Wohnung des Schuldners abzunehmen.

   Er kann die Reihenfolge der einzelnen Aufträge bestimmen.

6. **Wie könnte der Schuldner diese Vollstreckung kurzfristig abwenden?**

   Er könnte der Durchsuchung seiner Wohnung und der Abnahme der Vermögensauskunft widersprechen.

7. **Wie würde der Gerichtsvollzieher dann weiter verfahren?**

   ▸ Der Gerichtsvollzieher könnte (sofern der Gläubiger dies gewünscht hat) die Vollstreckungsunterlagen an den Gläubiger zurücksenden und diesen darüber informieren, dass der Schuldner der Durchsuchung widersprochen hat oder

- ► einen neuen Termin in seinen Geschäftsräumen anberaumen und den Schuldner hierzu laden.

8. Wie verfährt ein Gerichtsvollzieher, wenn er nur mit der Vermögensauskunft nach §§ 802c, 802f ZPO beauftragt wird?

- ► Der Gerichtsvollzieher setzt dem Schuldner eine Zahlungsfrist von zwei Wochen,

- ► bestimmt einen Termin zur Abgabe der Vermögensauskunft und lädt den Schuldner.

9. Welche Besonderheit gibt es bei den Zustellungen der Zahlungsaufforderungen, Ladungen, Bestimmungen und Belehrungen in diesem Verfahren?

Auch wenn ein Verfahrensbevollmächtigter bestellt ist, sind alle Zustellungen dennoch an den Schuldner durchzuführen.

10. Was muss der Schuldner im Vermögensverzeichnis angeben?

- ► alle **Vermögensgegenstände**

- ► seinen **Geburtsnamen**, sein **Geburtsdatum** und seinen **Geburtsort**.

- ► Handelt es sich um eine juristische Person oder um eine Personenvereinigung, so ist die **Firma**, die Nummer des **Registerblattes** im Handelsregister und der **Sitz** zu benennen.

- ► Bei **Forderungen** sind der Grund und die Beweismittel zu bezeichnen. Weiterhin sind

- ► die **entgeltlichen Veräußerungen des Schuldners** an eine nahestehende Person, die dieser in den **letzten zwei Jahren** vorgenommen hat sowie

- ► die **unentgeltlichen Leistungen des Schuldners**, die dieser in den **letzten vier Jahren** vor dem Termin vorgenommen hat, sofern sie sich nicht auf gebräuchliche Gelegenheitsgeschenke geringen Wertes richten, anzugeben.

11. Was bedeutet es, wenn der Schuldner im Rahmen dieses Verfahrens die eidesstattliche Versicherung abgibt?

Der Schuldner versichert an Eides Statt, dass er seine Angaben im Vermögensverzeichnis nach bestem Wissen und Gewissen gemacht hat.

12. In welcher Form fertigt der Gerichtsvollzieher das Vermögensverzeichnis?

In elektronischer Form.

13. Wo wird der Gerichtsvollzieher das Vermögensverzeichnis hinterlegen?

Beim zuständigen zentralen Vollstreckungsgericht.

14. In welcher Form kann dem Gläubiger das Vermögensverzeichnis übermittelt werden?

Der Gläubiger erhält das Vermögensverzeichnis unverzüglich entweder

- ► als Ausdruck (versehen mit dem Vermerk, dass der Ausdruck mit dem Verzeichnis übereinstimmt) oder

► wenn er es beantragt, als elektronisches Dokument, wenn dieses mit einer qualifizierten elektronischen Signatur versehen und gegen unbefugte Kenntnisnahme geschützt ist.

15. Wann wird das zentrale Vollstreckungsgericht das Vermögensverzeichnis löschen?

► Nach Ablauf von zwei Jahren seit Abgabe der Auskunft oder

► bei Eingang eines neuen Vermögensverzeichnisses.

16. Kann vor Ablauf der 2-Jahres-Frist eine erneute Vermögensauskunft verlangt werden?

Ja, sofern Tatsachen glaubhaft gemacht werden, die auf eine wesentliche Veränderung der Vermögensverhältnisse des Schuldners schließen lassen.

17. Wo darf der Gerichtsvollzieher welche Auskünfte nach § 802l ZPO einholen?

Der Gerichtsvollzieher darf

► bei den **Trägern der gesetzlichen Rentenversicherung** den Namen, die Vornamen oder die Firma sowie die Anschriften der **derzeitigen Arbeitgeber** eines versicherungspflichtigen Beschäftigungsverhältnisses **des Schuldners** erfragen,

► das **Bundeszentralamt für Steuern** ersuchen, bei den **Kreditinstituten** die Angaben zu **Konten und Depots** abzurufen sowie

► beim **Kraftfahrt-Bundesamt** die **Fahrzeug- und Halterdaten** der auf den Schuldner zugelassenen Fahrzeuge erheben.

18. Welche Voraussetzungen müssen vorliegen, damit der Gerichtsvollzieher die Auskünfte einholen darf?

Der Gerichtsvollzieher wird die Auskünfte nur einholen, wenn

► der **Schuldner** seiner Pflicht zur Abgabe der **Vermögensauskunft nicht nachgekommen** ist oder aber

► bei einer **Vollstreckung** in die dort aufgeführten Vermögensgegenstände eine **vollständige Befriedigung** des Gläubigers voraussichtlich **nicht zu erwarten** ist

► das Ersuchen oder die Erhebung zur Vollstreckung erforderlich ist.

19. Innerhalb welcher Frist werden Gläubiger und Schuldner über die Auskunftseinholung in Kenntnis gesetzt?

Der Gläubiger wird unverzüglich, der Schuldner innerhalb von vier Wochen nach Erhalt in Kenntnis gesetzt.

20. Gilt die 2-jährige Sperrfrist auch für die Auskunftseinholung nach § 802l ZPO?

Nein.

21. Was beantragt man vorsorglich, falls der Schuldner zum Termin nicht erscheint?

Den Haftbefehl.

22. Wie lange kann aus einem Haftbefehl im Rahmen der Vermögensauskunft vollstreckt werden?

Zwei Jahre lang.

23. Wie lange dauert die Zwangshaft höchstens?

Sechs Monate.

24. Was soll mit dem Haftbefehl erzwungen werden?

Die zwangsweise Vorführung des Schuldners zur Abgabe der Vermögensauskunft.

25. Wann wird der Schuldner von Amts wegen aus der Haft entlassen?

- ► Wenn er die Zahlung nachweist,
- ► er die Vermögensauskunft abgegeben hat oder
- ► nach Ablauf von sechs Monaten.

26. Kann der Schuldner innerhalb der Sperrfrist von zwei Jahren erneut in Haft genommen werden?

Ja, aber nur wenn sich die Vermögensverhältnisse des Schuldners wesentlich verändert haben.

27. Wo wird das Schuldnerverzeichnis geführt?

Ebenfalls beim zuständigen zentralen Vollstreckungsgericht.

28. Was bewirkt ein Eintrag in das Schuldnerverzeichnis?

Erhebliche wirtschaftliche Nachteile: der Schuldner verliert seine Kreditwürdigkeit.

29. Wann erfolgt ein Eintrag?

Der Eintrag erfolgt, wenn

- ► der Schuldner seiner **Pflicht zur Abgabe der Vermögensauskunft nicht nachgekommen ist**
- ► **eine Vollstreckung** nach dem Inhalt des Vermögensverzeichnisses offensichtlich **nicht** geeignet wäre, **zu einer vollständigen Befriedigung des Gläubigers** zu führen, auf dessen Antrag die Vermögensauskunft erteilt oder dem die erteilte Auskunft zugeleitet wurde
- ► der Schuldner dem Gerichtsvollzieher **nicht innerhalb eines Monats** nach Abgabe der Vermögensauskunft oder Bekanntgabe der Zuleitung des Verzeichnisses an den Gläubiger nach § 802d Abs. 1 Satz 2 ZPO **die vollständige Befriedigung des Gläubiger**s nachweist.

30. Wie kann sich der Schuldner gegen die Eintragungsanordnung wehren?

Durch Widerspruch innerhalb von zwei Wochen ab Bekanntgabe beim zuständigen Vollstreckungsgericht.

31. Wann wird der Eintrag in das Schuldnerverzeichnis gelöscht?

Der Eintrag wird gelöscht, wenn

- ► seit dem Tag der Eintragungsanordnung des zentralen Vollstreckungsgerichts **drei Jahre verstrichen** sind (bei einem Eintrag wegen Insolvenz beträgt die Frist fünf Jahre);
- ► die **vollständige Befriedigung des Gläubigers** nachgewiesen ist;

- das **Fehlen** oder der **Wegfall** des **Eintragungsgrundes bekannt** geworden oder

- die Ausfertigung der vollstreckbaren Entscheidung über die **Aussetzung oder Aufhebung der Eintragungsanordnung** vorgelegt ist.

32. Welche Gebühren können im anhängigen Verfahren entstehen?

Neben der **0,3 Verfahrensgebühr** nach Nr. 3109 VV RVG für jede Zwangsvollstreckungsmaßnahme, auch eine **0,3 Terminsgebühr** nach Nr. 3110 VV RVG und eine **1,0 Einigungsgebühr** nach Nr. 1003 VV RVG.

33. Welche Besonderheit gilt im Hinblick auf den Gegenstandswert?

Im Verfahren zur Vermögensauskunft beträgt der Gegenstandswert für die Anwaltsgebühren **höchstens 2.000 €** und der **Gegenstandswert** reduziert sich – wenn es sich bei der Einigung lediglich um eine **Zahlungsvereinbarung** handelt – auf **20 %** des Anspruchs.

7. Arrest und einstweilige Verfügung

Die bisher besprochene Zwangsvollstreckung diente der Befriedigung des Gläubigers, d. h. der Erfüllung seiner titulierten Ansprüche durch staatlichen Zwang. Das zum Vollstreckungstitel hinführende Erkenntnisverfahren nimmt jedoch häufig sehr lange Zeit in Anspruch. Ein böswilliger Schuldner könnte in diesem Falle durch Vermögensverschiebung oder auf sonstige Weise versuchen, die Vollstreckung des Titels zu vereiteln. In solchen Fällen besteht für den Gläubiger ein berechtigtes Bedürfnis auf **Sicherung** der Durchsetzung seiner Ansprüche.

7.1 Allgemeines

Dieser Sicherung dienen der Arrest und die **einstweilige Verfügung**. Der Arrest unterteilt sich noch einmal in den **dinglichen** und den **persönlichen Arrest**.

Der **Arrest** findet zur Sicherung der Zwangsvollstreckung in das bewegliche oder unbewegliche Vermögen wegen einer **Geldforderung** oder wegen eines Anspruchs statt, der in eine Geldforderung übergehen kann (§§ 916 ff. ZPO).

Die **einstweilige Verfügung** dient der Sicherung **anderer Ansprüche** (§§ 935 ff. ZPO).

7.2 Der Arrest

Man unterscheidet den **dinglichen** und den **persönlichen Arrest**.

7.2.1 Der dingliche Arrest

Der dingliche Arrest ist nur zulässig, wenn ein **Arrestgrund** glaubhaft gemacht werden kann (§ 917 ZPO). Ein **Arrestgrund** liegt vor, wenn die Gefahr besteht, dass die Vollstreckung des Urteils vereitelt oder wesentlich erschwert werden würde. Ein Arrestgrund ist entbehrlich, wenn der Arrest nur zur Sicherung der Zwangsvollstreckung in ein Schiff stattfindet.

Beispiele

Schuldner verschwendet sein Vermögen, verschiebt wesentliche Vermögensstücke, gibt Wohnsitz auf, ohne neuen zu begründen oder will sich ins Ausland absetzen.

Auch: Das Urteil müsste im Ausland (nicht: EU-Staat!) vollstreckt werden und die Gegenseitigkeit ist nicht verbürgt (§ 917 Abs. 2 ZPO).

7.2.2 Der persönliche Arrest

Der sehr selten verhängte **persönliche (Sicherheits-)Arrest** dient der Sicherstellung des Schuldners in Person durch Freiheitsentzug (Haft, Hausarrest, Einziehung des Reisepasses). Der persönliche Arrest ist nur zulässig, wenn das Vermögen auf andere Weise, insbesondere durch den dinglichen Arrest, nicht sichergestellt werden kann (§ 918 ZPO).

7.2.3 Arrestverfahren

Arrest und einstweilige Verfügungen sind Verfahren, die der vorläufigen Sicherung, nicht der endgültigen Befriedigung des Gläubigers, dienen. Das Hauptkennzeichen ist, dass in diesem Verfahren grundsätzlich eine mündliche Verhandlung und eine volle Beweisführung entbehrlich sind. So führen die Verfahren zu einer schnellen gerichtlichen Entscheidung, die beabsichtigt, dass der Schuldner keine Gelegenheit erhält, Vermögen beiseite zu schaffen. Die Parteien heißen im Arrestverfahren **Antragsteller** und **Antragsgegner**. Der Arrestantrag (das Arrestgesuch) hat die **Parteien**, den **Arrestanspruch** und den **Arrestgrund** anzugeben.

Arrestanspruch und Arrestgrund sind lediglich **glaubhaft** zu machen (§ 920 Abs. 2 ZPO).

Arrestanspruch kann nur eine Geldforderung oder ein solcher Anspruch sein, der in eine Geldforderung übergehen kann (Beispiel: Fälle der Mängelhaftung) (§ 916 ZPO).

Zuständig für die Anordnung des Arrestes ist sowohl das **Gericht der Hauptsache** als auch das **Amtsgericht**, in dessen Bezirk der mit Arrest zu belegende Gegenstand oder die in ihrer persönlichen Freiheit zu beschränkende Person sich befindet (§ 919 ZPO). Die Entscheidung über das Arrestgesuch kann erfolgen (§ 922 ZPO).

► mit mündlicher Verhandlung durch **Urteil** oder

► ohne mündliche Verhandlung durch **Beschluss**.

Wird der Arrest durch **Beschluss** angeordnet, so ist hiergegen **(fristloser) Widerspruch** zulässig (§ 924 Abs. 1 ZPO). Der Widerspruch wird beim Arrestgericht eingelegt. Das Gericht entscheidet über den Widerspruch nach mündlicher Verhandlung durch **Endurteil** (§ 925 Abs. 1 ZPO). Hiergegen wiederum ist das Rechtsmittel der **Berufung** zulässig, nicht aber die Revision.

Der Arrestbeschluss wird an die Gegenseite **im Parteibetrieb zugestellt** (§ 922 Abs. 2 ZPO).

7.2.4 Vollziehung des Arrestes

Der Arrest ist ein Vollstreckungstitel, der grundsätzlich **keiner Vollstreckungsklausel** bedarf. Eine solche ist nur erforderlich, wenn die Vollziehung für einen anderen als den in dem Befehl bezeichneten Gläubiger oder Schuldner erfolgen soll (§ 929 Abs. 1 ZPO).

Der Arrestbefehl muss **binnen eines Monats** ab Verkündung oder ab Zustellung an den Antragsteller vollzogen werden. **Dem Gläubiger** wird der Arrest **von Amts wegen** zugestellt. Der Arrest kann sogar noch vor Zustellung des Arrestbefehls an den Schuldner vollzogen werden, wenn er bereits verkündet wurde. In diesem Fall muss jedoch die Zustellung innerhalb **einer Woche** nach der Vollziehung erfolgen; dabei darf die genannte Monatsfrist noch nicht verstrichen sein (§ 929 Abs. 2, 3 ZPO).

Die Vollziehung des Arrestes wird bewirkt:

1. in bewegliches Vermögen und in Forderungen durch **Pfändung** (§ 930 ZPO) und

2. in Grundstücke durch Eintragung einer **Sicherungshypothek (Arresthypothek**, § 932 ZPO).

In dem Arrestbefehl ist ein Geldbetrag festzustellen **(Lösungssumme, Abwendungsbefugnis)**, durch dessen Hinterlegung die Vollziehung des Arrests gehemmt und der Schuldner zu einem Antrag auf Aufhebung des vollzogenen Arrests berechtigt wird (§ 923 ZPO).

7.3 Die einstweilige Verfügung

Bei der einstweiligen Verfügung handelt es sich um die Regelung eines einstweiligen Zustands. Sie dient der **vorläufigen Sicherung von Ansprüchen, die nicht Geldansprüche sind**.

Beispiele

Herausgabe eines Hypothekenbriefs, Vormerkung oder Widerspruch im Grundbuch, Herausgabe von Sachen, Unterlassung von Wettbewerbsverletzungen oder anderen Handlungen.

Eine einstweilige Verfügung ist zulässig, wenn die Gefahr besteht, dass ein **Recht** des Antragstellers **vereitelt oder wesentlich erschwert wird** (einstweilige Verfügung in Bezug auf den Streitgegenstand durch Sicherungsverfügung, § 935 ZPO).

Eine einstweilige Verfügung kann auch zur Regelung eines einstweiligen Zustands in Bezug auf ein **streitiges Rechtsverhältnis** beantragt werden, wenn sie zur Sicherung des Rechtsfriedens nötig ist, um **wesentliche Nachteile** oder **drohende Gewalt** abzuwenden (§ 940 ZPO).

Beispiele

Entziehung der Geschäftsführungsbefugnis des allein berechtigten Gesellschafters einer OHG und Übertragung an einen Dritten, Verbot der Verbreitung ehrenrühriger Behauptungen, vorläufige Regelung von Streitigkeiten aus einem Arbeitsverhältnis.

Bei der einstweiligen Verfügung sind im Übrigen die Vorschriften über den Arrest entsprechend anzuwenden, soweit nicht gesonderte Regelungen getroffen worden sind (§ 936 ZPO).

Zuständig ist das **Gericht der Hauptsache**. Das ist i. d. R. das Prozessgericht erster Instanz; ist die Hauptsache in der Berufungsinstanz rechtshängig, so ist das Berufungsgericht zuständig. In dringenden Fällen kann auch das **Amtsgericht**, in dessen Bezirk sich der Streitgegenstand befindet, eine einstweilige Verfügung erlassen (§§ 937, 942 f. ZPO).

Nach § 937 Abs. 2 ZPO kann die Entscheidung **ohne mündliche Verhandlung** in dringenden Fällen und **wenn der Antrag** auf Erlass einer einstweiligen Verfügung **zurückzuweisen** ist, ergehen, und zwar durch Beschluss. Nach mündlicher Verhandlung ergeht – wie im Arrestverfahren – ein Urteil. Das Gericht bestimmt nach freiem Ermessen, welche Anordnungen erforderlich sind.

7.4 Prüfungsfragen

1. **Welchen Zweck verfolgt das Arrestverfahren?**

   Die Sicherung der Zwangsvollstreckung wegen einer Geldforderung (oder wegen eines Anspruchs, der in eine Geldforderung übergehen kann) in das Vermögen des Schuldners.

2. **Welche verschiedenen Arten des Arrests kennen Sie?**

   Den dinglichen und persönlichen Arrest.

3. **Nennen Sie Arrestgründe für den dinglichen Arrest.**

   Der Schuldner verschwendet sein Vermögen; verschiebt wesentliche Vermögensstücke; gibt seinen Wohnsitz auf, ohne einen neuen zu begründen, will sich ins Ausland absetzen.

4. **Welches Gericht ist für den Arrest sachlich und örtlich zuständig?**

   Das Gericht der Hauptsachen oder das Amtsgericht, in dessen Bezirk sich der vom Arrest betroffene Gegenstand befindet.

5. **Wie erfolgt die Zustellung des Arrestbeschlusses**

   a) **an den Antragsteller?**

   Von Amts wegen.

b) **an den Antragsgegner?**

Im Parteibetrieb.

6. **Wie ergeht die Anordnung des Arrestes**

a) **nach mündlicher Verhandlung?**

Durch Endurteil.

b) **ohne mündliche Verhandlung?**

Durch Beschluss.

7. **Wie heißen die Parteien im Arrestverfahren?**

Antragsteller und Antragsgegner.

8. **Warum stellt das Gericht dem Antragsteller den Beschluss zu?**

Zur Wahrung der Vollzugsfrist.

9. **Wie lautet die Vollzugsfrist?**

Einen Monat ab Verkündung des Urteils oder Zustellung des Beschlusses an den Antragsteller.

10. **Welche Rechtsmittel gibt es gegen das Arresturteil?**

Berufung, nicht aber Revision.

11. **Welchen Rechtsbehelf gibt es gegen die Anordnung des Arrestes durch Beschluss?**

Den Widerspruch.

12. **Binnen welcher Frist?**

Fristlos.

13. **Welche Entscheidung ergeht nach Einlegung des Widerspruchs?**

Ein Endurteil.

14. **Wie wird der dingliche Arrest vollzogen**

a) **in das bewegliche Vermögen?**

b) **in Forderungen?**

a) + b) Durch Pfändung.

15. **Wie wird der dingliche Arrest in ein Grundstück vollzogen?**

Durch Eintragung einer Sicherungshypothek (Arresthypothek).

16. **Muss der Arrestbeschluss vor der Vollstreckung zugestellt werden?**

Nein.

17. **Muss der Arrestbeschluss überhaupt zugestellt werden?**

Ja, spätestens eine Woche nach Vollziehung.

18. **Wann werden die aufgrund des Arrestes gepfändeten Gegenstände versteigert?**

Nach Vorlage eines vollstreckbaren Zahlungstitels.

19. Welchen Zweck verfolgt die einstweilige Verfügung?

Sie dient der Sicherung von Ansprüchen, die nicht Geldansprüche sind.

20. Nennen Sie Beispiele für solche Ansprüche.

Herausgabe von Sachen, Unterlassung von Wettbewerbsverletzungen oder anderen Handlungen, Herausgabe eines Hypothekenbriefes.

21. Welches Gericht ist für den Erlass der einstweiligen Verfügung zuständig?

Grundsätzlich das Gericht der Hauptsache, nur in dringenden Fällen das Amtsgericht, in dessen Bezirk sich der Streitgegenstand befindet.

Wert bis €	0,3	0,8	1,0	1,2	1,3	1,5	1,6	2,3
500,00 €	15,00 €*	36,00 €	45,00 €	54,00 €	58,50 €	67,50 €	72,00 €	103,50 €
1.000,00 €	24,00 €	64,00 €	80,00 €	96,00 €	104,00 €	120,00 €	128,00 €	184,00 €
1.500,00 €	34,50 €	92,00 €	115,00 €	138,00 €	149,50 €	172,50 €	184,00 €	264,50 €
2.000,00 €	45,00 €	120,00 €	150,00 €	180,00 €	195,00 €	225,00 €	240,00 €	345,00 €
3.000,00 €	60,30 €	160,80 €	201,00 €	241,20 €	261,30 €	301,50 €	321,60 €	462,30 €
4.000,00 €	75,60 €	201,60 €	252,00 €	302,40 €	327,60 €	378,00 €	403,20 €	579,60 €
5.000,00 €	90,90 €	242,40 €	303,00 €	363,60 €	393,90 €	454,50 €	484,80 €	696,90 €
6.000,00 €	106,20 €	283,20 €	354,00 €	424,80 €	460,20 €	531,00 €	566,40 €	814,20 €
7.000,00 €	121,50 €	324,00 €	405,00 €	486,00 €	526,50 €	607,50 €	648,00 €	931,50 €
8.000,00 €	136,80 €	364,80 €	456,00 €	547,20 €	592,80 €	684,00 €	729,60 €	1.048,80 €
9.000,00 €	152,10 €	405,60 €	507,00 €	608,40 €	659,10 €	760,50 €	811,20 €	1.166,10 €
10.000,00 €	167,40 €	446,40 €	558,00 €	669,60 €	725,40 €	837,00 €	892,80 €	1.283,40 €
13.000,00 €	181,20 €	483,20 €	604,00 €	724,80 €	785,20 €	906,00 €	966,40 €	1.389,20 €
16.000,00 €	195,00 €	520,00 €	650,00 €	780,00 €	845,00 €	975,00 €	1.040,00 €	1.495,00 €
19.000,00 €	208,80 €	556,80 €	696,00 €	835,20 €	904,80 €	1.044,00 €	1.113,60 €	1.600,80 €
22.000,00 €	222,60 €	593,60 €	742,00 €	890,40 €	964,60 €	1.113,00 €	1.187,20 €	1.706,60 €
25.000,00 €	236,40 €	630,40 €	788,00 €	945,60 €	1.024,40 €	1.182,00 €	1.260,80 €	1.812,40 €
30.000,00 €	258,90 €	690,40 €	863,00 €	1.035,60 €	1.121,90 €	1.294,50 €	1.380,80 €	1.984,90 €
35.000,00 €	281,40 €	750,40 €	938,00 €	1.125,60 €	1.219,40 €	1.407,00 €	1.500,80 €	2.157,40 €
40.000,00 €	303,90 €	810,40 €	1.013,00 €	1.215,60 €	1.316,90 €	1.519,50 €	1.620,80 €	2.329,90 €
45.000,00 €	326,40 €	870,40 €	1.088,00 €	1.305,60 €	1.414,40 €	1.632,00 €	1.740,80 €	2.502,40 €
50.000,00 €	348,90 €	930,40 €	1.163,00 €	1.395,60 €	1.511,90 €	1.744,50 €	1.860,80 €	2.674,90 €
65.000,00 €	374,40 €	998,40 €	1.248,00 €	1.497,60 €	1.622,40 €	1.872,00 €	1.996,80 €	2.870,40 €
80.000,00 €	399,90 €	1.066,40 €	1.333,00 €	1.599,60 €	1.732,90 €	1.999,50 €	2.132,80 €	3.065,90 €
95.000,00 €	425,40 €	1.134,40 €	1.418,00 €	1.701,60 €	1.843,40 €	2.127,00 €	2.268,80 €	3.261,40 €
110.000,00 €	450,90 €	1.202,40 €	1.503,00 €	1.803,60 €	1.953,90 €	2.254,50 €	2.404,80 €	3.456,90 €
125.000,00 €	476,40 €	1.270,40 €	1.588,00 €	1.905,60 €	2.064,40 €	2.382,00 €	2.540,80 €	3.652,40 €
140.000,00 €	501,90 €	1.338,40 €	1.673,00 €	2.007,60 €	2.174,90 €	2.509,50 €	2.676,80 €	3.847,90 €
155.000,00 €	527,40 €	1.406,40 €	1.758,00 €	2.109,60 €	2.285,40 €	2.637,00 €	2.812,80 €	4.043,40 €
170.000,00 €	552,90 €	1.474,40 €	1.843,00 €	2.211,60 €	2.395,90 €	2.764,50 €	2.948,80 €	4.238,90 €
185.000,00 €	578,40 €	1.542,40 €	1.928,00 €	2.313,60 €	2.506,40 €	2.892,00 €	3.084,80 €	4.434,40 €
200.000,00 €	603,90 €	1.610,40 €	2.013,00 €	2.415,60 €	2.616,90 €	3.019,50 €	3.220,80 €	4.629,90 €
230.000,00 €	639,90 €	1.706,40 €	2.133,00 €	2.559,60 €	2.772,90 €	3.199,50 €	3.412,80 €	4.905,90 €
260.000,00 €	675,90 €	1.802,40 €	2.253,00 €	2.703,60 €	2.928,90 €	3.379,50 €	3.604,80 €	5.181,90 €
290.000,00 €	711,90 €	1.898,40 €	2.373,00 €	2.847,60 €	3.084,90 €	3.559,50 €	3.796,80 €	5.457,90 €
320.000,00 €	747,90 €	1.994,40 €	2.493,00 €	2.991,60 €	3.240,90 €	3.739,50 €	3.988,80 €	5.733,90 €
350.000,00 €	783,90 €	2.090,40 €	2.613,00 €	3.135,60 €	3.396,90 €	3.919,50 €	4.180,80 €	6.009,90 €
380.000,00 €	819,90 €	2.186,40 €	2.733,00 €	3.279,60 €	3.552,90 €	4.099,50 €	4.372,80 €	6.285,90 €
410.000,00 €	855,90 €	2.282,40 €	2.853,00 €	3.423,60 €	3.708,90 €	4.279,50 €	4.564,80 €	6.561,90 €
440.000,00 €	891,90 €	2.378,40 €	2.973,00 €	3.567,60 €	3.864,90 €	4.459,50 €	4.756,80 €	6.837,90 €
470.000,00 €	927,90 €	2.474,40 €	3.093,00 €	3.711,60 €	4.020,90 €	4.639,50 €	4.948,80 €	7.113,90 €
500.000,00 €	963,90 €	2.570,40 €	3.213,00 €	3.855,60 €	4.176,90 €	4.819,50 €	5.140,80 €	7.389,90 €
550.000,00 €	1.008,90 €	2.690,40 €	3.363,00 €	4.035,60 €	4.371,90 €	5.044,50 €	5.380,80 €	7.734,90 €
600.000,00 €	1.053,90 €	2.810,40 €	3.513,00 €	4.215,60 €	4.566,90 €	5.269,50 €	5.620,80 €	8.079,90 €
650.000,00 €	1.098,90 €	2.930,40 €	3.663,00 €	4.395,60 €	4.761,90 €	5.494,50 €	5.860,80 €	8.424,90 €
700.000,00 €	1.143,90 €	3.050,40 €	3.813,00 €	4.575,60 €	4.956,90 €	5.719,50 €	6.100,80 €	8.769,90 €
750.000,00 €	1.188,90 €	3.170,40 €	3.963,00 €	4.755,60 €	5.151,90 €	5.944,50 €	6.340,80 €	9.114,90 €
800.000,00 €	1.233,90 €	3.290,40 €	4.113,00 €	4.935,60 €	5.346,90 €	6.169,50 €	6.580,80 €	9.459,90 €
850.000,00 €	1.278,90 €	3.410,40 €	4.263,00 €	5.115,60 €	5.541,90 €	6.394,50 €	6.820,80 €	9.804,90 €
900.000,00 €	1.323,90 €	3.530,40 €	4.413,00 €	5.295,60 €	5.736,90 €	6.619,50 €	7.060,80 €	10.149,90 €
950.000,00 €	1.368,90 €	3.650,40 €	4.563,00 €	5.475,60 €	5.931,90 €	6.844,50 €	7.300,80 €	10.494,90 €
1.000.000,00 €	1.413,90 €	3.770,40 €	4.713,00 €	5.655,60 €	6.126,90 €	7.069,50 €	7.540,80 €	10.839,90 €

* Mindestgebühr

Alles was Recht ist.

Dieses für den Einsatz in der Erwachsenenbildung konzipierte Lehr- und Arbeitsbuch macht Sie mit den Grundlagen des deutschen Rechtssystems vertraut. Es stellt die juristischen Inhalte leicht verständlich und mithilfe vieler praxisorientierter Beispiele und Fälle dar. Schaubilder, Grafiken und Tabellen verdeutlichen Zusammenhänge und erleichtern das Lernen.

Im Übungsteil finden Sie rund 400 Wiederholungsaufgaben und Übungsfälle, mit denen Sie Ihr Wissen selbst überprüfen können. Die Musterlösungen ermöglichen dabei eine sofortige Lernerfolgskontrolle.

- Einführung in das Recht
- Bürgerliches Recht
- Handels- und Gesellschaftsrecht
- Arbeitsrecht
- Wiederholungsfragen und Lösungen

Geeignet für Auszubildende, angehende Betriebswirte, Fachwirte, Fachkaufleute und Meister.

Grundlagen der Rechtslehre
Hau
9. Auflage · 447 Seiten · € 28,-
ISBN 978-3-470-63159-2

Kiehl ist eine Marke des NWB Verlags

Bestellen Sie bitte unter: **www.kiehl.de** oder per Fon **02323.141-900**
Unsere Preise verstehen sich inkl. MwSt.